Modern Generative AI with ChatGPT and OpenAI Models

Leverage the capabilities of OpenAI's LLM for
productivity and innovation with GPT3 and GPT4

ChatGPT 및 OpenAI 모델을 사용한

생성형 AI 탐험과 프롬프트 활용 사례

Modern Generative AI with ChatGPT and OpenAI Models

by VALENTINA ALTO

ChatGPT 및 OpenAI 모델을 사용한

생성형 AI 탐험과 프롬프트 활용 사례

인　쇄 : 2024년 1월 10일 초판 1쇄
발　행 : 2024년 1월 17일 초판 1쇄

역　자 : 김귀훈 · 임현교 · 김주봉 · 최요한
발행인 : 송 준
발행처 : 도서출판 홍릉
주　소 : 01093 서울시 강북구 인수봉로 50길 10
등　록 : 1976년 10월 21일 제5-66호

전　화 : 02-999-2274~5, 903-7037
팩　스 : 02-905-6729
e-mail : hongpub@hongpub.co.kr
http://www.hongpub.co.kr
ISBN : 979-11-5600-151-5(93000)

정　가 : 29,000원

낙장 및 파본은 구입처나 본사에서 교환하여 드립니다.

Modern Generative AI with ChatGPT and OpenAI Models

Leverage the capabilities of OpenAI's LLM for productivity and innovation with GPT3 and GPT4

언어 모델의 기초부터 활용까지, 생산성과 창의성을 높이는 지침서

마케팅, 연구, 개발 등 다양한 분야의 활용 사례

ChatGPT를 활용하여 독자만의 모델을 만들어보세요!

ChatGPT 및 OpenAI 모델을 사용한

생성형 AI 탐험과 프롬프트 활용 사례

Valentina Alto 지음
김귀훈 옮김

<packt>

도서출판 홍릉

역자소개

김귀훈 한국교원대학교 인공지능융합교육전공 전공주임 교수

김귀훈 교수는 KAIST에서 학사, 석사, 박사학위를 취득했다. LG데이콤, 한국전자통신연구원(ETRI)에서 지식융합슈퍼브레인 자가학습엔진 등을 개발하였고 2020년부터 한국교원대학교 인공지능융합교육전공에서 대학생과 현직교사들에게 인공지능을 가르치는 역할을 하고 있다. 산학연 인공지능 커뮤니티인 AI프렌즈 부대표를 역임하고 있고, 한국컴퓨터정보학회, 한국컴퓨터교육학회, 한국통신학회에서 이사 역할을 수행하며 인공지능플랫폼, 지능형에지컴퓨팅, 산업형 강화학습, 인공지능융합교육에 관한 논문을 투고하며 연구 활동을 수행하고 있다. 영재교육원에서 영재교육부장으로 다양한 정보AI 영재 꿈나무를 키우고 있으며, SW/AI 새싹캠프 등을 통해 초중고 아이들에게 재밌는 AI, 따뜻한 AI를 전파하는 전도사 역할을 하고 있다. 주요 저서로는 2015 개정 교육 과정 교과서 인공지능 프로그래밍 기초(파이선), 꼬리에 꼬리는 무는 인공지능 이야기 with 파이썬, 인공지능I/II, 인공지능프로그래밍I/II, 인공지능융합교육프로젝트, python을 사용한 심층 강화 학습, 강화 학습 개념 및 산업현장의 적용 사례 등이 있다.

임현교 한국기술교육대학교 융합형 인재양성사업단 박사후연구원

임현교 박사는 2022년에 한국기술교육대학교 창의융합공학협동과정의 ICT융합전공으로 박사학위를 취득했다. 2021년부터 한국교원대학교 교육대학원 인공지능융합교육전공에서 4차 산업혁명 시대에 접어들면서 미래사회에 필요한 역량을 학생들에게 가르칠 수 있는 교사양성을 위한 시간강사와 2022년부터 한국기술교육대학교에서 융합형 인재양성사업단에서 박사후연구원으로 재직 했으며, 현재는 한국과학기술정보연구원에서 양자 네트워크와 인공지능 융합으로 재직 중이다. 석사과정동안 모빌리티 관리분야를 연구했으며, 특히 소프트웨어 정의 네트워킹에서 분산 모빌리티 관리를 연구으며, 박사과정 동안에는 딥러닝과 강화학습을 네트워크 환경 및 IoT 디바이스에 적용하기 위한 융합연구를 수행했으며, 다수의 연구 논문 및 특허 실적을 보유하고 있다.

김주봉 한국기술교육대학교 박사후연구원

김주봉 연구원은 한국기술교육대학교에서 2023년 컴퓨터공학과 박사학위를 취득하였으며, 한국기술교육대학교 사람중심형 스마트시티 인재양성 연구소에서 박사후연구원으로 재직 중이다. 교내 LINK 연구실에서 2016년부터 현재까지 머신러닝, 강화학습, 다중 에이전트 강화학습 분야에서 연구 활동을 수행하고 있다. 특히 로봇 및 군집 드론과 같은 현실의 복잡한 문제 해결의 주요한 기술 중 하나인 다중 에이전트 강화학습 알고리즘 연구 개발에 주력하고 있다. 강화학습과 관련된 다수의 국책 연구사업에 참여해 기여하고 있으며, 다수의 연구 논문 및 특허 실적을 보유하고 있다. 또한, 대학 및 고등학교에서 강의를 진행하며 강화학습 관련 지식 전파를 위해 노력하고 있다.

최요한 한국기술교육대학교 대학원생

최요한 학생은 2023년 한국기술교육대학교에서 컴퓨터공학 석사학위를 취득한 후, 머신러닝, 딥러닝, 강화학습, 그리고 메타러닝 분야에서 활발한 연구 활동을 펼치고 있다. 특히, 강화학습을 활용하여 조합 최적화 문제를 해결하는 연구에 중점을 두고 있으며, 이를 통해 해당 분야에 새로운 해결 방법을 제시하고 있다. 또한, 양자키 분배 문제에 대한 강화학습 기반의 알고리즘 연구를 수행하며, 이는 해당 분야에 새로운 접근 방식을 제시한다. 사회 복지 증대를 위해 세금 정책 최적화에 관한 연구도 진행하였다. 이를 위해 제정 경제 시뮬레이터를 강화학습 에이전트로 설계하고, 이를 활용해 최적 조세 정책을 찾는 연구를 수행하였다. 현재 강화학습에서 마르코프 속성을 보다 견고하게 만드는 방법 및 에이전트의 일반화 성능 향상에 관한 연구를 진행 중이다. 이 연구는 강화학습의 기초를 더욱 강화하는 것을 목표로 한다.

서문

이 책은 머신 러닝 알고리즘을 사용하여 새로운 독특한 데이터나 콘텐츠를 생성하는 것에 초점을 맞춘 생성형 AI(Generative AI) 분야를 소개하는 것으로 시작합니다. 이 책은 생성형 AI 모델의 기본 개념을 다루고 생성형 AI에서 사용하는 모델이 어떻게 훈련되어 새로운 데이터를 생성하는지 설명합니다.

그리고, 이 책은 ChatGPT가 생산성과 창의성을 향상시킬 수 있는 구체적인 사용 사례에 초점을 맞춥니다. 또한, 프롬프트 디자인의 개선과 zero-, one-, 및 few-shot과 같은 학습 기능을 활용하여 ChatGPT 상호작용에서 최상의 결과를 얻는 방법에 대해 다룹니다.

이 책은 그 다음으로 마케터, 연구자, 개발자/데이터 과학자로 구분된 도메인별로 클러스터링된 이전의 사용 사례를 자세히 살펴봅니다. 각 도메인은 여러분이 쉽게 직접 시도해 볼 수 있는 구체적인 사용 사례 4가지로 다루어집니다.

그 다음, 개별적인 사용 사례로부터 시작하여, 이 책은 Azure 인프라에서 제공되는 OpenAI에서 제공하는 모델 API를 활용한 기업 수준의 시나리오를 통해 자세한 설명을 합니다. 이 책은 기존 고객 이야기의 종단간 시나리오와 책임 있는 AI의 영향에도 초점을 맞출 것입니다.

마지막으로, 이 책은 지금까지 다룬 주요 요소들을 요약하고, 생성형 AI 분야에서 다가올 미래에 대해 고찰합니다.

이 책을 모두 읽으면, 여러분은 생성형 AI 분야를 깊이 있게 탐구한 것이며, ChatGPT와 OpenAI의 모델 API를 여러분의 프로젝트에서 사용할 수 있는 지식을 갖게 될 것입니다.

이 책은 누구를 위한 것 일까?

이 책은 광범위한 독자들을 대상으로 합니다. ChatGPT와 OpenAI를 활용하여 일상적인 생산성을 향상시키고 ChatGPT의 기술과 모델 아키텍처에 대해 깊이 있는 탐구를 원하는 일반 사용자들을 위한 것입니다. 또한, ChatGPT와 OpenAI 모델의 실제 응용사례를 더 깊이 있게 이해하고 독자들의 조직을 강화시킬 수 있는 비즈니스 사용자들을 위한 것입니다. 이 책은 또한 ChatGPT와 OpenAI 모델이 ML 모델과 코드를 어떻게 강화시킬 수 있는지에 대해 깊이 있는 탐구를 원하는 데이터 과학자와 개발자들, 그리고 자신의 도메인에서 OpenAI와 ChatGPT 사

서문

용 사례를 깊이 있게 이해하고자 하는 마케터와 연구자들을 위한 것입니다.

이 책은 OpenAI 모델의 기술과 생성형 AI의 주요 개념에 대한 이론적인 개요를 제공하기 때문에, 특별한 요구사항은 없습니다. 실제 사용 사례를 구현에 관심이 있다면, 파이썬에서의 종단간 솔루션과 관련 코드, 그리고 단계별 구현 방법이 제공됩니다.

이 책이 다루는 내용은 무엇일까?

제 1장, "생성형 AI 소개"는 머신 러닝 알고리즘을 사용하여 새로운 독특한 데이터나 콘텐츠를 생성하는 생성형 AI 분야에 대한 개요를 제공합니다. 이 장에서는 생성형 AI 모델의 기본 개념을 다루고 이러한 모델이 어떻게 훈련되어 새로운 데이터를 생성하는지 설명합니다. 또한, 이미지 합성, 텍스트 생성, 음악 작곡 등 다양한 분야에 생성형 AI의 응용에 초점을 맞추며, 생성형 AI가 다양한 산업을 혁신하는 데 있어 가지는 잠재력을 강조합니다.

제 2장, "OpenAI와 ChatGPT – 시장을 넘어"는 내용은 OpenAI와 가장 주목할 만한 개발인 ChatGPT에 대한 개요를 제공하며, 역사, 기술, 능력에 대해 강조합니다. 이 장에서는 ChatGPT가 어떻게 다양한 산업과 응용 분야에서 의사 소통을 개선하고 프로세스를 자동화하는 데 사용될 수 있는지, 마지막으로 어떻게 기술의 세계와 그 이상에 영향을 미칠 수 있는지에 초점을 맞춥니다.

제 3장, "ChatGPT에 익숙해지기"는 ChatGPT 계정 설정 및 서비스 사용 방법에 대한 안내를 제공합니다. 또한, 웹 UI와의 상호작용 방법, 주제별 대화의 구성 방법, 대화의 구조화에 대해 다룰 것입니다.

제 4장, "프롬프트 디자인 이해"는 모델의 정확성을 향상시키는 기술로서 프롬프트 디자인의 중요성에 초점을 맞춥니다. 실제로, 프롬프트는 모델이 생성하는 결과에 큰 영향을 미칩니다. 잘 설계된 프롬프트는 생성형 AI 모델이 관련성과 정확성이 높은 결과를 생성하는 데 도움을 줄 수 있으며, 잘못 설계된 프롬프트는 관련성이 없거나 혼란스러울 수 있습니다. 마지막으로, 윤리적 고려사항을 프롬프트에 구현하여 모델이 해로운 콘텐츠를 생성하지 않도록 하는

것도 중요합니다.

제 5장, "ChatGPT를 활용한 일상의 생산성 향상"은 ChatGPT가 일반 사용자의 일상 활동에서 수행할 수 있는 주요 사례를 다룹니다. 이 장은 글 작성 보조, 의사 결정, 창의적 영감 등 구체적인 예시에 초점을 맞추며, 여러분이 직접 시도해 볼 수 있도록 할 것입니다.

제 6장, "ChatGPT와 함께 미래를 개발하기"는 개발자가 ChatGPT를 활용하는 방법에 초점을 맞춥니다. 이 장은 코드 검토와 최적화, 문서 생성, 코드 생성 등 이 도메인에서 ChatGPT가 다룰 수 있는 주요 사용 사례에 중점을 둘 것입니다. 이 장에서는 예시를 제공하고 여러분이 직접 프롬프트를 시도할 수 있도록 할 것입니다.

제 7장, "ChatGPT를 활용한 마케팅 마스터하기"는 마케터가 ChatGPT를 활용하는 방법에 초점을 맞춥니다. 이 장은 A/B 테스트, 키워드 타겟팅 제안, 소셜 미디어 감성 분석 등 마케팅 도메인에서 ChatGPT가 다룰 수 있는 주요 사례에 중점을 둘 것입니다. 이 장에서는 예시를 제공하고 여러분이 직접 프롬프트를 시도할 수 있도록 할 것입니다.

제 8장, "ChatGPT와 함께 혁신적인 연구"는 연구자가 ChatGPT를 활용하는 방법에 초점을 맞춥니다. 이 장은 문헌 검토, 실험 설계, 참고문헌 생성 등 이 도메인에서 ChatGPT가 다룰 수 있는 주요 사용 사례에 중점을 둘 것입니다. 이 장에서는 예시를 제공하고 여러분이 직접 프롬프트를 시도할 수 있도록 할 것입니다.

제 9장, "기업용 OpenAI와 ChatGPT - Azure OpenAI 소개"는 OpenAI 모델의 기업 수준 응용에 초점을 맞추며, Azure OpenAI 서비스를 소개합니다. Azure OpenAI 서비스의 모델 API 개요와 이를 사용자 정의 코드에 포함하는 방법에 대해 알아볼 것입니다. 또한, 모델 매개변수, 구성 및 세부 조정에 대해 다룰 것입니다. 마지막으로, 윤리적 기준을 준수하며 AI 시스템이 윤리적 표준을 준수하는 방법에 대해 고려할 것입니다.

제 10장, "기업을 위한 트렌드 사례"는 현재 시장에서 기업들이 개발하는 가장 인기 있는 Azure OpenAI의 사용 사례에 대한 개요로 시작합니다. 지능형 검색 엔진, AI 어시스턴트, 보고서 생성기와 같은 프로젝트의 구체적인 예시를 탐색할 것입니다. 마지막으로, 특정 산업의 완전한 생산 프로젝트에 초점을 맞출 것입니다.

서문

제 11장, "에필로그와 마지막 생각"은 이전 장에서 다룬 가장 인기 있는 사용 사례에 대한 간단한 요약으로 시작합니다. 그런 다음, 생성형 AI가 산업과 일상 생활에 미치는 영향에 대한 고려사항에 대해 알아볼 것입니다. 또한, 프로젝트 설계 단계에서 윤리적 고려사항과 책임 있는 AI의 역할에 대해 배우게 될 것입니다. 이 장은 GPT-4가 출시되었지만 이를 감안하여 생성형 AI의 미래에 대한 마지막 생각으로 마무리됩니다.

이 책을 통해 최대 효과를 얻으려면?

다음은 이 책에 나온 예제를 수행하거나 테스트하기 위해 필요한 요구사항 목록입니다:

Software/hardware covered in the book	System requirements
Python 3.7.1 or higher	Windows, macOS, or Linux
Streamlit	Windows, macOS, or Linux
LangChain	Windows, macOS, or Linux
OpenAI model APIs	OpenAI account
Azure OpenAI Service	An Azure subscription enabled for Azure OpenAI

앞으로 이 책의 각 장에서 사용된 프롬프트는 GitHub 저장소에서 찾으실 수 있습니다:
https://github.com/PacktPublishing/Modern-Generative-AI-with-ChatGPT-and-OpenAI-Models/tree/main/Chapter%204%20-%20Prompt%20design

만약 이 책의 디지털 버전을 사용하신다면, 코드를 직접 입력하거나 책의 GitHub 저장소에서 코드에 접근하는 것을 권장합니다. 이렇게 하면 코드를 복사하여 붙여넣는 과정에서 발생할 수 있는 오류를 피할 수 있습니다.

예제 코드 파일 다운로드

예제 코드는 다음 GitHub 저장소에서 다운 받을 수 있습니다.

https://github.com/PacktPublishing/Modern-Generative-AI-with-ChatGPT-and-OpenAI-Models

저희는 다양한 책과 비디오 카탈로그에서 제공하는 다른 코드 번들도 있습니다. 해당 코드 번들은 다음 주소에서 확인하실 수 있습니다.

https://github.com/PacktPublishing/

컬러 이미지 다운로드

본 책에서 사용된 스크린샷과 다이어그램의 컬러 이미지가 포함된 PDF 파일도 제공됩니다. 다음 링크에서 다운로드하실 수 있습니다:
https://packt.link/YFTZk

사용된 표기 규칙

본 책에서는 여러 가지 텍스트 표기 규칙이 사용됩니다.

텍스트 내의 코드: 텍스트 내에서 코드 단어, 데이터베이스 테이블 이름, 폴더 이름, 파일 이름, 파일 확장자, 경로명, 더미 URL, 사용자 입력 및 Twitter 핸들을 나타냅니다. 다음은 예시입니다: "다운로드한 WebStorm-10*.dmg 디스크 이미지 파일을 시스템에서 다른 디스크로 마운트하십시오."

코드에 대한 블록은 다음과 같습니다.

```
query = st.text_area("Ask a question about the document")
if query:

    docs = faiss_index.similarity_search(query, k=1)
    button = st.button("Submit")
    if button:
        st.write(get_answer(faiss_index, query))
```

커맨드 라인에 대한 표기는 다음과 같습니다.

```
pip install —upgrade openai
```

볼드체: 새로운 용어, 중요한 단어 또는 화면에 표시되는 단어를 나타냅니다. 예를 들어, 메뉴나 대화 상자에 나타나는 단어는 볼드체로 표시됩니다.

다음은 예시입니다: "로컬 파일, Azure Blob 또는 다른 공유 웹 위치를 선택하여 파일을 업로드할 수 있습니다."

> **팁 혹은 중요 사항**
> 이런식으로 나타납니다.

차례

PART

1 생성형 AI (Generative AI)와 GPT 모델의 기본 원리

제1장 생성형 AI 소개

제2장 Open AI와 ChatGPT 소개

차례

PART

2 ChatGPT를 위한 작업

제3장 ChatGPT와 친숙해지기

제4장 프롬프트 디자인 이해하기

제5장 일상에서의 ChatGPT

차례

차례

PART 3 기업용 OpenAI

제9장 기업용 OpenAI 및 ChatGPT – Azure OpenAI 소개

제10장 기업을 위한 트렌드 있는 사용 사례

차례

생성형 AI (Generative AI)와 GPT 모델의 기본 원리

PART 1

이 책의 파트 1 에서는 생성형 AI (Generative AI)와 GPT 모델의 기본원리를 소개하고, OpenAI의 간단한 개발 역사와 GPT에 적합한 플래그십 모델들에 대한 내용을 포함합니다.

이 파트는 생성형 AI의 도메인에 대한 개요로 시작하여, AI 연구의 이 분야에 대한 기본 지식을 제공합니다. 이를 통해 생성형 AI의 역사와 최신 개발 동향을 알아볼 수 있습니다. 또한 텍스트 생성부터 음악 작곡까지 다양한 생성형 AI의 응용 분야에 대해 익숙해질 수 있습니다.

파트 1은 일반인에게 생성형 AI의 힘을 가져온 OpenAI라는 기관를 소개합니다. 여러분은 OpenAI의 가장 인기 있는 출시인 ChatGPT의 기술에 익숙해지고, 인공 신경망(ANNs)에서 시작하여 대형 언어 모델(Large Language Models, LLMs)로 이어지는 연구 과정을 이해할 수 있습니다.

이 파트에는 다음과 같은 챕터들이 있습니다:

- 1장, 생성형 AI 소개
- 2장, OpenAI와 ChatGPT 소개

제1장

생성형 AI 소개

안녕하세요! "ChatGPT와 OpenAI 모델을 활용한 현대적인 생성형 AI"에 오신 것을 환영합니다! 이 책에서는 생성형 인공지능(Artificial Intelligence, AI)의 매혹적인 세계와 혁신적인 응용 분야를 탐구합니다. 생성형 AI는 인간의 명시적 지시 없이 컴퓨터가 생성, 예측 및 학습하는 방식을 통해 우리가 기계와 상호작용하는 방식을 변화시켰습니다. ChatGPT와 OpenAI를 통해 자연어 처리, 이미지 및 비디오 생성 등 다양한 분야에서 전례 없는 발전을 경험해왔습니다. 초보자이든 경험 많은 전문가든, 이 책에서는 여러분이 매혹적인 생성형 AI의 영역을 탐험할 수 있는 지식과 기술을 제공할 것입니다. 그러니 함께 시작해보고, 우리가 진행할 문맥에 대한 몇 가지 정의로 시작해봅시다.

이 장에서는 생성형 AI 분야에 대한 개요를 제공합니다. 생성형 AI는 **기계 학습(Machine Learning, ML)** 알고리즘을 사용하여 새로운 독특한 데이터나 콘텐츠를 생성하는 것으로 구성됩니다.

이 장에서는 이미지 합성, 텍스트 생성, 음악 작곡 등 다양한 분야에서 생성형 AI의 응용에 초점을 맞추며, 생성형 AI가 다양한 산업을 혁신할 수 있는 잠재력을 강조합니다. 생성형 AI에 대한 소개는 이 기술이 존재하는 이유를 소개하고, 또한 AI, ML 및 **딥 러닝(Deep Learning, DL)**의 넓은 세계 안에서 이를 위치시킬 지식을 제공합니다. 그런 다음, 생성형 AI의 주요 응용 분야에 대해 구체적인 예시와 최신 개발 동향에 대해 자세히 알아보겠습니다. 이를 통해 비즈니스와 사회 전반에 미치는 영향에 대해 익숙해질 것입니다.

또한, 현재까지의 연구 과정을 인지했다면 최신 개발 동향과 최첨단 모델의 기초에 대한 이해를 높일 수 있습니다.

다음과 같은 주제를 통해 이 모든 내용을 다루겠습니다:

- 생성형 AI 이해하기
- 생성형 AI의 영역 탐색하기
- 생성형 AI 연구의 역사와 현재 상태

이 장을 마치면, 여러분은 생성형 AI의 흥미로운 세계, 그 응용 분야, 연구 역사, 그리고 현재의 발전에 익숙해지게 될 것입니다. 이는 비즈니스에 현재와 같이 혁신적인 영향을 미칠 수 있는 요소입니다.

생성형 AI 소개

최근 몇 년 동안 AI는 큰 발전을 이루었으며, 그 중에서도 생성형 AI는 상당한 성장을 보인 분야 중 하나입니다. 생성형 AI는 기존 데이터를 사용하여 학습된 알고리즘과 모델을 활용하여 이미지, 텍스트, 음악, 비디오 등 새로운 콘텐츠를 생성하는 인공지능 및 딥러닝의 하위 분야입니다.

AI, ML, DL, 및 생성형 AI 간의 관계를 더 잘 이해하기 위해서는 AI를 기반으로 생각할 수 있습니다. 그리고 ML, DL, 생성형 AI는 점차적으로 특화된 연구 및 응용 분야를 대표합니다.

- AI는 인간의 지능과 능력을 나타내며, 생태계와의 상호작용할 수 있는 시스템을 만드는 넓은 범주의 분야를 대표합니다.
- ML은 시스템이 시간을 갖고 훈련을 통해 스스로 학습하고 개선할 수 있는 알고리즘과 모델을 만드는 분야에 초점을 맞춥니다. ML 모델은 기존 데이터로부터 학습하고 성장함에 따라 자동으로 매개변수를 업데이트합니다.
- DL은 ML의 하위 분야로, 깊은 ML 모델을 포함합니다. 이러한 깊은 모델은 신경망이라고 불리며, 컴퓨터 비전이나 자연어 처리와 같은 영역에서 특히 적합합니다. ML과 DL 모델을 언급할 때, 일반적으로 기존 데이터의 예측이나 패턴 추론을 목적으로 하는 판별 모델을 의미합니다.
- 마지막으로 생성형 AI에 도달하게 되는데, 이는 DL의 하위 분야로 깊은 신경망을 사용하여 기존 데이터를 클러스터링, 분류 또는 예측하는 것이 아닌, 새로운 콘텐츠를 생성

하기 위해 강력한 신경망 모델을 사용합니다. 이미지부터 자연어, 음악, 비디오 등 다양한 콘텐츠를 생성합니다.

다음 그림은 이러한 연구 분야들이 서로 어떻게 관련되어 있는지를 보여줍니다:

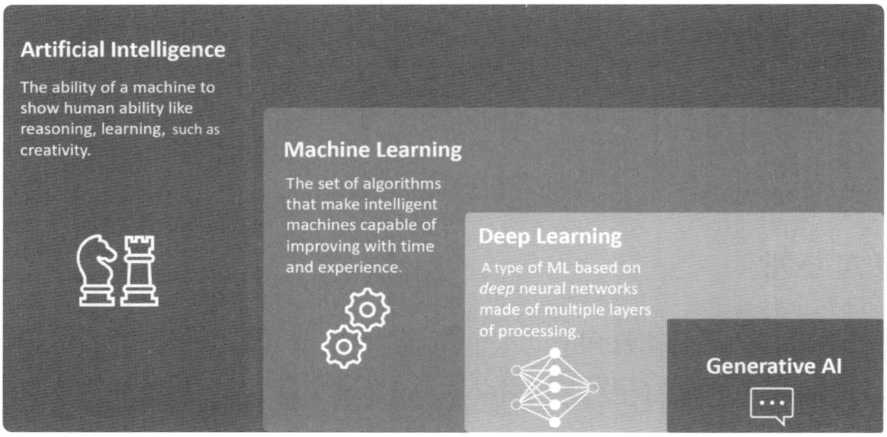

그림 1.1 AI, ML, DL, 생성형 AI 간의 관계

생성형 AI 모델은 방대한 양의 데이터로 훈련될 수 있으며, 해당 데이터의 패턴인지, 인지한 패턴을 사용하여 새로운 예시를 완전히 생성할 수 있습니다. 이러한 생성적인 과정은 주어진 예시의 클래스나 레이블을 예측하기 위해 훈련된 판별적인 모델과는 다릅니다.

생성형 AI 도메인

생성형 AI는 최근 몇 년 동안 중요한 발전을 이루었으며, 예술, 음악, 패션, 건축 등 다양한 영역에 적용되어 왔습니다. 이러한 영역들에서는 우리가 세상을 창조하고 디자인하며 이해하는 방식을 변화시키고 있습니다. 또한 다른 영역에서는 기존 프로세스와 운영을 개선하여 효율성을 높이고 있습니다.

생성형 AI가 여러 영역에서 사용되는 사실은 해당 모델이 자연어부터 음향이나 이미지와 같은 다양한 종류의 데이터를 처리할 수 있다는 것을 의미합니다. 생성형 AI 모델이 다양한 데이터 유형과 영역을 어떻게 다루는지 이해해보겠습니다.

텍스트 생성

생성형 AI의 가장 큰 응용 분야 중 하나는 새로운 자연어 콘텐츠를 생성하는 능력입니다. 사실, 생성형 AI 알고리즘은 기사, 시, 제품 설명과 같은 새로운 텍스트를 생성하는 데 사용될 수 있습니다.

예를 들어, OpenAI에서 개발된 GPT-3와 같은 언어 모델은 대량의 텍스트 데이터로 학습되고, 그 후에 다양한 언어(입력 및 출력 언어)로 새로운, 일관된 문법적으로 올바른 텍스트를 생성하는 데 사용될 수 있습니다. 또한 텍스트에서 키워드, 주제, 또는 전체 요약과 같은 관련 기능을 추출할 수도 있습니다. 이 책에서는 이러한 기능을 가장 많이 다룰 예정입니다.

다음은 GPT-3를 사용하는 예시입니다:

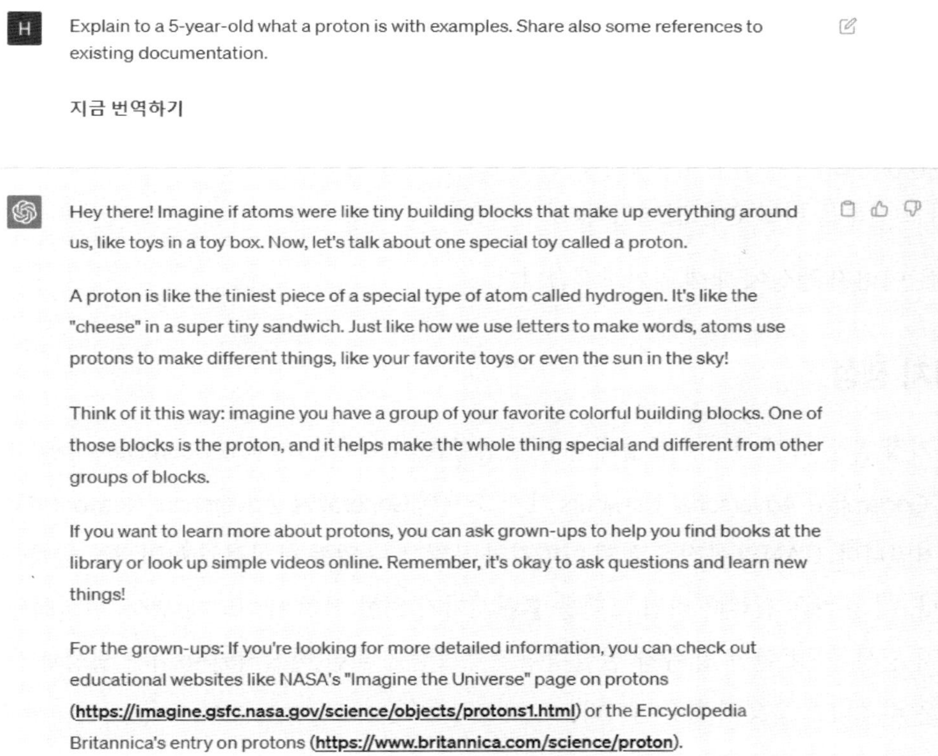
H Explain to a 5-year-old what a proton is with examples. Share also some references to existing documentation.

지금 번역하기

Hey there! Imagine if atoms were like tiny building blocks that make up everything around us, like toys in a toy box. Now, let's talk about one special toy called a proton.

A proton is like the tiniest piece of a special type of atom called hydrogen. It's like the "cheese" in a super tiny sandwich. Just like how we use letters to make words, atoms use protons to make different things, like your favorite toys or even the sun in the sky!

Think of it this way: imagine you have a group of your favorite colorful building blocks. One of those blocks is the proton, and it helps make the whole thing special and different from other groups of blocks.

If you want to learn more about protons, you can ask grown-ups to help you find books at the library or look up simple videos online. Remember, it's okay to ask questions and learn new things!

For the grown-ups: If you're looking for more detailed information, you can check out educational websites like NASA's "Imagine the Universe" page on protons (**https://imagine.gsfc.nasa.gov/science/objects/protons1.html**) or the Encyclopedia Britannica's entry on protons (**https://www.britannica.com/science/proton**).

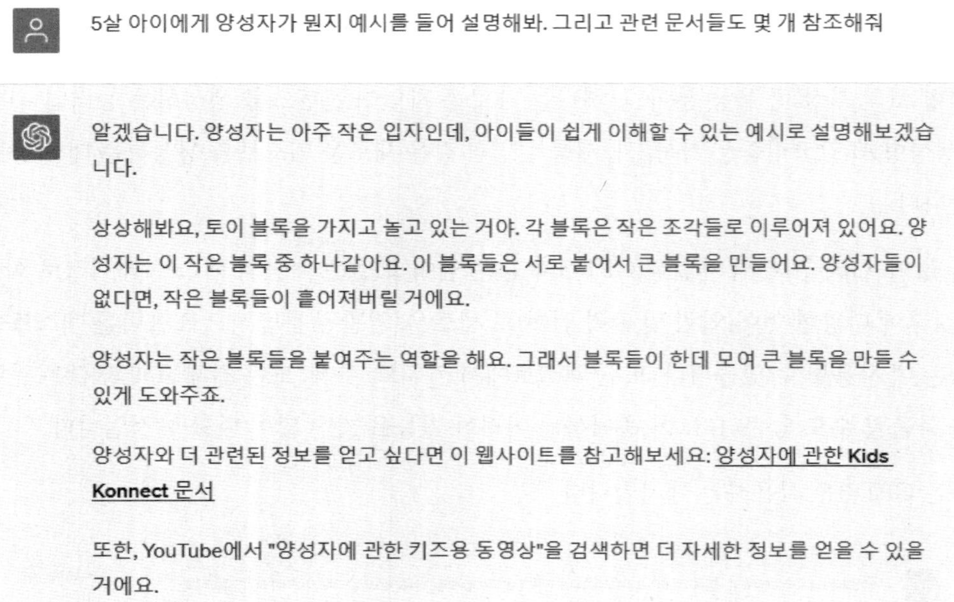

그림 1.2 사용자의 프롬프트를 통해 답변하는 ChatGPT의 예시(위쪽: 영어 버전, 아래쪽: 한글 버전)

위 그림에서는 '5살 짜리 아이에게 양성자가 무엇인지 설명하고, 이와 관련된 Link를 제공해라' 라고 질문을 하고 받은 답변입니다.

다음은 이미지 생성에 대해 알아보겠습니다.

이미지 생성

초기 가장 잘 알려진 이미지 합성에 대한 생성형 AI의 예는 2014년 I. Goodfellow 등이 발표한 논문 "Generative Adversarial Networks"에서 소개된 Generative Adversarial Network (GAN) 아키텍처입니다. GAN의 목적은 실제 이미지와 구별할 수 없는 현실적인 이미지를 생성하는 것입니다. 이 능력은 컴퓨터 비전 모델을 훈련시키기 위한 합성 데이터셋 생성, 현실적인 제품 이미지 생성, 가상 현실 및 증강 현실 응용프로그램을 위한 현실적인 이미지 생성과 같은 흥미로운 비즈니스 응용에 활용됩니다.

다음은 인공지능(AI)에 의해 완전히 생성된 존재하지 않는 사람들의 얼굴 예시입니다:

그림 1.3 그림의 얼굴들은 GAN StyleGAN2을 사용하여 생성된 가상 이미지입니다. (https://this-person-does-not-exist.com/en)

그리고 2021년에 OpenAI에서 이 분야에 새로운 생성형 AI 모델인 DALL-E를 소개했습니다. GAN과는 다르게 DALL-E 모델은 자연어로 된 설명을 기반으로 이미지를 생성하며 (GAN은 무작위 노이즈 벡터를 입력으로 사용합니다), 현실적으로 보이지 않을 수 있지만 원하는 개념을 묘사한 다양한 이미지를 생성할 수 있습니다.

DALL-E는 광고, 제품 디자인, 패션 등의 창조적인 산업에서 독특하고 창의적인 이미지를 만들기 위해 큰 잠재력을 가지고 있습니다.

DALL-E가 자연어 요청을 기반으로 시작하여 네 개의 이미지를 생성하는 예시를 볼 수 있습니다.

그림 1.4 자연어 프롬프트를 입력으로하여 DALL-E를 통해 생성한 이미지 예시

위 그림은 '철학자 소크라테스가 현재 살아있다면, 아이폰을 쓰고 전기 스쿠터를 타는 그림을 그려줘' 한 예시입니다.

참고로 텍스트와 이미지 생성은 결합되어 새로운 자료를 만들어낼 수 있습니다. 최근에는 이러한 결합을 사용하는 다양한 인공지능 도구들이 널리 사용되고 있습니다.

예를 들어, Tome AI는 생성적인 이야기 형식으로서, DALL-E와 GPT-3 같은 모델을 활용하여 슬라이드 쇼를 완전히 새롭게 만들어낼 수 있는 능력을 갖추고 있습니다.

보시는 대로, 앞선 AI 도구는 내가 자연어로 작성한 간단한 입력만으로도 완벽하게 초안 프레젠테이션을 만들어냈습니다.

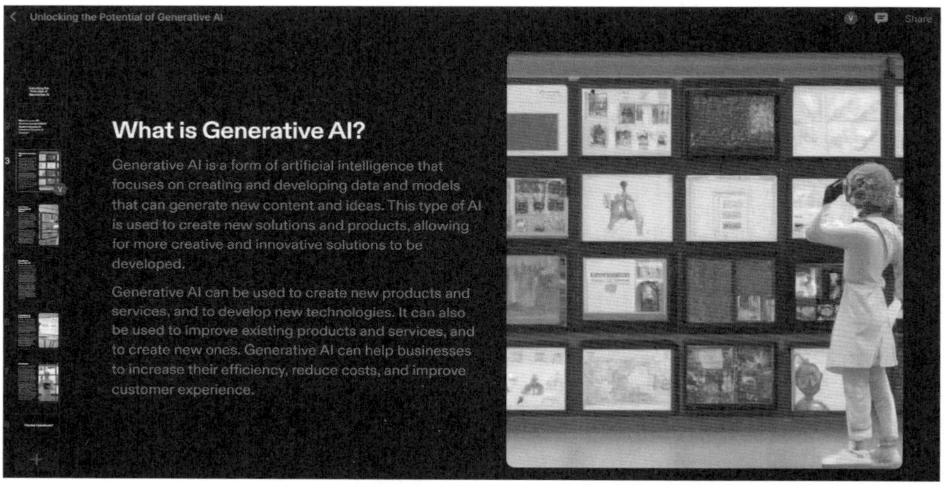

그림 1.5 자연어로 입력된 내용을 사용하여 전적으로 Tome에 의해 생성된 생성형 AI에 관한 프레젠테이션입니다.

음악 생성

음악 생성을 위한 생성형 AI의 첫 번째 접근법은 50년대로 거슬러 올라갑니다. 알고리즘적 작곡이라는 분야에서 연구가 이뤄졌는데, 이는 알고리즘을 사용하여 음악 작품을 생성하는 기술입니다. 실제로 1957년에 Lejaren Hiller와 Leonard Isaacson은 Illiac Suite for String Quartet(https://www.youtube.com/watch?v=n0njBFLQSk8)라는 첫 번째 AI가 완전히 작곡한 음악 작품을 만들어냈습니다. 이후로 음악을 위한 생성형 AI 분야는 수십 년에 걸쳐 지속적인 연구의 주제가 되었습니다. 최근 몇 년 동안 새로운 아키텍처와 프레임워크가 일반 대중에게 널리 알려졌는데, 2016년 Google이 소개한 WaveNet 아키텍처는 고품질의 오디오 샘플을 생성하는 데 성공했습니다. 또한 Google에서 개발한 Magenta 프로젝트는 순환 신경망(Recurrent Neural Network, RNN) 및 기타 ML 기술을 사용하여 음악 및 기타 예술 형태를 생성합니다. 그리고 2020년에는 OpenAI가 Jukebox을 발표했는데, 이는 음악을 생성하는 신경망으로서 음악과 보컬 스타일, 장르, 참조 아티스트 등의 출력을 사용자 정의할 수 있는 기능을 제공합니다.

이와 같은 프레임워크는 음악 생성을 위한 많은 AI 작곡 보조 도구의 기반이 되었습니다. 소니 CSL 연구소에서 개발한 Flow Machines가 이를 예로 들 수 있습니다. 이 생성형 AI 시스템은 다양한 스타일의 새로운 음악을 생성하기 위해 대규모 음악 데이터베이스로 훈련되었습니다. 이 시스템은 프랑스 작곡가 베누아 카레(Benoît Carré)가 작곡한 "Hello World" 앨범(https://www.helloworldalbum.net/)에서 여러 인간 음악가들과 협업한 작품을 선보였습니다.

아래에서는 Magenta 프로젝트 내의 Music Transformer 중 하나의 모델로 완전히 생성된 트랙의 예시를 들으실 수 있습니다.

그림 1.6 Music Transformer는 사용자가 AI가 생성한 음악 연주를 청취할 수 있도록 해줍니다.

음악 분야에서의 생성형 AI의 또 다른 놀라운 응용은 음성 합성입니다. 실제로 잘 알려진 가수들의 목소리로 텍스트 입력을 기반으로 오디오를 생성하는 많은 AI 도구를 찾을 수 있습니다.

예를 들어, Kanye West가 노래하는 모습이 궁금하다면, FakeYou.com, Deep Fake Text to Speech, 또는 UberDuck.ai와 같은 도구를 사용하여 꿈을 이뤄볼 수 있습니다.

그림 1.7 UberDuck.ai는 텍스트를 음성 합성으로 변환하는 도구

정말 멋진 결과입니다. 재미를 즐기고 싶다면, 원하는 모든 캐릭터의 목소리로 시도해 볼 수도 있습니다. 예를 들어, Winnie The Pooh와 같은 모든 좋아하는 애니메이션 캐릭터들의 목소리도 시도해 볼 수 있습니다.

다음으로, 우리는 비디오를 위한 생성형 AI를 살펴보겠습니다.

비디오 생성

비디오 생성을 위한 생성형 AI도 이미지 생성과 유사한 개발 시기를 공유합니다. 실제로, 비디오 생성 분야에서의 주요한 발전 중 하나는 GAN의 개발입니다. 실제 이미지를 현실적으로 재현하는 정확성 덕분에 연구자들은 이러한 기술을 비디오 생성에도 적용하기 시작했습니다. GAN을 기반으로 한 비디오 생성의 가장 주목할 만한 예 중 하나는 DeepMind의 Motion to Video입니다. 이는 단일 이미지와 움직임의 연속으로부터 고품질의 비디오를 생성합니다. 또 다른 훌륭한 예는 NVIDIA의 Video-to-Video Synthesis (Vid2Vid) DL 기반 프레임워크인데, 이는 GAN을 사용하여 입력 비디오로부터 고품질의 비디오를 합성합니다.

Vid2Vid 시스템은 시간에 따라 일관된 비디오를 생성할 수 있어서 부드럽고 현실적인 움직임을 유지합니다. 이 기술은 다양한 비디오 합성 작업에 사용될 수 있습니다. 예를 들면 다음과

같습니다:

- 한 도메인에서 다른 도메인으로 비디오 변환하기 (예: 주간 비디오를 야간 비디오로 변환하거나 스케치를 현실적인 이미지로 변환하기)
- 기존 비디오 수정하기 (예: 비디오 내 객체의 스타일이나 외관 변경하기)
- 정적 이미지로부터 새로운 비디오 생성하기 (예: 일련의 정지 이미지를 애니메이션화하기)

2022년 9월, Meta의 연구자들은 Make-A-Video(https://makeavideo.studio/)라는 새로운 AI 시스템을 일반적으로 사용할 수 있게 발표했습니다. 이 시스템은 사용자가 자연어 입력을 비디오 클립으로 변환할 수 있게 해줍니다. 이러한 기술 뒤에는 우리가 이제까지 다른 도메인에서 언급한 많은 모델들을 알아볼 수 있습니다 - 프롬프트를 위한 언어 이해, 이미지 생성으로 이미지 및 동작 생성, AI 작곡가에 의한 배경 음악 등이 있습니다.

전반적으로, 생성형 AI는 여러 도메인에 오랫동안 영향을 미쳤으며, 일부 AI 도구는 이미 예술가, 조직 및 일반 사용자를 꾸준히 지원하고 있습니다. 미래는 매우 희망적으로 보입니다. 하지만 현재 시장에서 제공되는 최고의 모델로 넘어가기 전에, 우리는 먼저 생성형 AI의 근간, 연구 역사 및 최근의 발전에 대해 더 깊은 이해가 필요합니다. 이러한 발전은 결국 현재의 OpenAI 모델로 이어졌습니다.

생성형 AI 연구의 역사와 현재

이전 섹션에서는 최근 몇 년간 개발된 최신 생성형 AI 기술에 대한 개요를 살펴보았습니다. 그러나 이 분야의 연구는 수십 년 전으로 거슬러 올라갈 수 있습니다.

우리는 생성형 AI 분야의 연구를 1960년대로 역추적할 수 있습니다. 1960년대에 Joseph Weizenbaum이 ELIZA라는 챗봇을 개발한 것이 생성형 AI 연구의 시작으로 볼 수 있습니다. 이는 최초의 자연어 처리(Natural Language Processing, NLP) 시스템 중 하나로, 텍스트 입력을 기반으로 한 응답으로 사용자를 즐겁게 해주는 간단한 규칙 기반 상호작용 시스템이었으며, NLP와 생성형 AI의 추가적인 발전을 위한 기반이 되었습니다. 그러나 현대적인 생성형 AI는 DL의 하위 분야입니다. 인공 신경망(ANN)은 1940년대에 처음 소개되었지만, 제한된 컴퓨팅 파워와 뇌의 생물학적 기반에 대한 이해의 부족 등 여러 가지 도전에 직면했습니다. 결과적으로, ANN은 1980년대까지 큰 관심을 받지 못했습니다. 그러나 새로운 하드웨어와 신경과학의 발전에 더해 역전파 알고리즘의 등장으로 인해 ANN의 학습 단계가 용이해졌습니다. 역전파 이전에는 각 뉴런과 관련된 매개변수 또는 가중치에 대한 오차의 기울기를 효율적으로 계산할 수 없었기 때문에 신경망을 훈련시키는 것이 어려웠습니다. 그러나 역전파를 통해 훈련 과정을 자동화하고 ANN의 적용이 가능해졌습니다.

2000년대와 2010년대에는 컴퓨팅 능력의 발전과 함께 대량의 사용 가능한 데이터가 있어 DL을 보다 실용적이고 일반 대중에게 이용 가능하게 만드는 것이 가능해졌으며, 이에 따라 연구가 급격히 증가하였습니다.

2013년에는 Kingma와 Welling이 "Auto-Encoding Variational Bayes" 논문에서 Variational Autoencoder (VAE)라고 불리는 새로운 모델 아키텍처를 소개했습니다. VAE는 변분 추론(variational inference) 개념을 기반으로 하는 생성 모델입니다. VAE는 데이터를 낮은 차원의 잠재 공간(latent space)으로 인코딩하는 인코더(encoder) 구성 요소와 원래 데이터 공간으로 디코딩하는 디코더(decoder) 구성 요소를 통해 데이터의 압축 표현을 학습하는 방식을 제공합니다.

입력을 잠재 공간으로의 결정론적인 매핑이 아닌 확률 분포로 매핑함으로써 VAE는 잠재 공간에서 샘플링하고 해당 샘플을 입력 공간으로 디코딩함으로써 새로운 샘플을 생성할 수 있습니다.

예를 들어, 우리가 실제와 같이 보이는 새로운 고양이와 개 사진을 생성할 수 있는 VAE를 훈련하려고 한다고 가정해 봅시다.

이를 위해 VAE는 먼저 고양이 또는 개의 사진을 받아들이고, 그것을 입력 공간에서 가장 중요한 특징을 나타내는 잠재 변수 세트로 압축합니다. 이 숫자들은 잠재 변수(latent variables)라고 불립니다.

그런 다음 VAE는 이러한 잠재 변수를 사용하여 실제 고양이나 개 사진과 같이 보이는 새로운 사진을 생성합니다. 이 새로운 사진은 원본 사진과 약간의 차이가 있을 수 있지만, 여전히 동일한 그룹의 사진에 속하는 것처럼 보여야 합니다.

VAE는 생성된 사진을 실제 사진과 비교하고 생성된 사진이 실제 사진과 더 비슷하도록 잠재 변수를 조정함으로써 시간이 지남에 따라 실제적인 사진을 생성하는 데 능숙해집니다.

VAE는 생성형 AI 분야에서의 빠른 발전을 이끌어냈습니다. 실제로 그로부터 1년 후에는 Ian Goodfellow가 GAN을 소개했습니다. VAE와는 다르게, GAN은 주 생성자(generator)와 판별자(discriminator)라는 두 개의 신경망으로 구성되어 있으며, 이 두 신경망은 서로 대립하는 영리한 게임(zero-sum game)을 통해 작동합니다.

생성자(generator)는 가짜 데이터를 생성합니다(예를 들어, 고양이 사진의 가짜 이미지를 생성합니다)가 이 데이터는 실제 데이터처럼 보이도록 만들어집니다. 판별자(discriminator)는 실제 데이터와 가짜 데이터를 모두 입력받고 이들을 구별하려고 시도합니다 - 앞서 예시에서 말한 대로, 판별자는 그림 위조꾼을 찾는 역할이 됩니다.

훈련 과정에서 생성자는 판별자가 가짜 데이터를 실제 데이터로 오인하게 만들 수 있는 데이터를 생성하려고 노력하고, 판별자는 실제 데이터와 가짜 데이터를 구별하는 데 더 능숙해지기 위해 노력합니다. 이 두 부분은 **적대적 훈련**(adversarial training)이라는 과정에서 함께 훈련됩니다.

시간이 지나면서 생성자는 실제 데이터처럼 보이는 가짜 데이터를 생성하는 데 능숙해지고, 판별자는 실제 데이터와 가짜 데이터를 구별하는 데 능숙해집니다. 결국, 생성자는 가짜 데이터를 생성하는 데에 있어 판별자조차도 실제 데이터와의 차이를 알아챌 수 없을 정도로 뛰어나게 됩니다.

다음은 GAN에 의해 완전히 생성된 인간 얼굴의 예시입니다.

VAE와 GAN은 모두 원본 샘플과 구별하기 어려운 새로운 데이터를 생성하는 것을 목표로 하며, 이들의 구조는 개념이 처음 제시된 이후에 발전해왔습니다. Van den Oord와 그의 팀이 제안한 PixelCNN과 Google DeepMind에서 개발한 WaveNet과 같은 새로운 모델의 발전과 함께 진전이 이루어졌으며, 이로 인해 오디오 및 음성 생성 분야에서도 발전이 이루어졌습니다.

또 다른 큰 이정표는 2017년에 구글 연구원들이 발표한 "Attention Is All You Need"라는 논문에서 소개된 Transformer라는 새로운 아키텍처입니다. 이는 언어 생성 분야에서 혁명적인 역할을 했으며, 언어의 맥락을 기억하면서 병렬 처리를 수행할 수 있는 기능을 제공하여 RNN이나 LSTM과 같은 이전의 언어 모델 시도보다 우수한 성능을 발휘했습니다.

Transformer는 신경망 언어 모델인 Bidirectional Encoder Representations from Transformers (BERT)의 기초가 되었으며, 2018년에 구글에서 소개되었으며 NLP 실험에서 기준 모델이 되었습니다.

그림 1.8 사실적인 GAN으로 생성된 얼굴의 예시입니다 (2017년의 "Progressive Growing of GANs for Improved Quality, Stability, and Variation "에서 가져옴: https://arxiv.org/pdf/1710.10196.pdf).

Transformer는 OpenAI가 소개한 모든 Generative Pre-Trained (GPT) 모델의 기초이기도 합니다. 이에는 ChatGPT를 구동하는 GPT-3도 포함됩니다.

이러한 연구와 성취들이 있었지만, 대중의 관심이 생성형 AI 분야로 집중되기 시작한 것은 2022년 하반기부터였습니다.

2022년은 생성형 AI의 해로 불리는 것이 무작위가 아니었습니다. 이는 강력한 AI 모델과 도구들이 대중에게 보급되기 시작한 해였습니다. 확산 기반의 이미지 서비스(MidJourney, DALL-E 2, Stable Diffusion), OpenAI의 ChatGPT, 텍스트에서 비디오로 변환하는 도구(Make-a-Video, Imagen Video), 텍스트에서 3D로 변환하는 도구(DreamFusion, Magic3D, Get3D) 등이 개인 사용자를 대상으로 제공되었으며, 때로는 무료로도 이용할 수 있었습니다.

이러한 사실은 두 가지 주요한 이유로 인해 파괴적인 영향을 미쳤습니다:

- 생성형 AI 모델이 대중에게 보급되면서 개별 사용자나 조직은 데이터 과학자나 기계 학

습 엔지니어가 아니더라도 잠재력을 탐구하고 그 가능성을 인식할 수 있게 되었습니다.

- 이러한 새로운 모델의 출력물과 창의성은 명백히 놀라웠으며 종종 우려를 불러일으켰습니다. 개인과 정부 모두에게 적응이 시급하다는 요구가 제기되었습니다.

따라서 가까운 미래에는 개인 사용자와 기업 프로젝트 양쪽에서 AI 시스템의 채택이 급증할 것으로 예상됩니다.

요약

이 장에서는 생성형 AI의 흥미로운 세계와 이미지 생성, 텍스트 생성, 음악 생성, 비디오 생성 등의 다양한 응용 분야를 탐색했습니다. OpenAI에서 훈련된 ChatGPT와 DALL-E와 같은 생성형 AI 모델이 DL 기술을 사용하여 대규모 데이터셋에서 패턴을 학습하고 새로운 내용을 창출하는 방법을 배웠습니다. 또한 생성형 AI의 역사, 기원 및 현재 연구 상황에 대해 논의했습니다.

이 장의 목표는 생성형 AI의 기본 개념을 제공하고 이 흥미로운 분야를 탐색하도록 영감을 주는 것입니다.

다음 장에서는 시장에서 가장 유망한 기술 중 하나인 ChatGPT에 초점을 맞추어 OpenAI에 의한 연구와 개발, 모델의 구조, 현재의 주요 사용 사례에 대해 다룰 것입니다.

참조

- https://arxiv.org/abs/1406.2661
- https://www.youtube.com/watch?v=Iy9vRvyRf_E
- https://arxiv.org/abs/1912.04958
- This person does not exist: this-person-does-not-exist.com
- https://arxiv.org/abs/1808.06601
- https://www.microsoft.com/en-us/research/blog/a-deep-generative-model-trifecta-three-advances-that-work-towards-harnessing-large-scale-power/
- https://tcwang0509.github.io/vid2vid/

제2장
Open AI와 ChatGPT 소개

이 장에서는 OpenAI와 ChatGPT에 대한 전반적인 개요를 제공하며, 역사, 기법 및 기능을 설명합니다.

ChatGPT가 다양한 산업과 응용 분야에서 어떻게 사용되어 사람과 기계간의 의사 소통을 개선하고 프로세스를 자동화하는지, 그리고 이러한 응용 프로그램이 기술 분야와 그 이상에 어떤 영향을 미칠 수 있는지에 대한 깊은 이해를 제공하는 것이 전반적인 목표입니다.

다음과 같은 주제로 이 모든 내용을 다룰 것입니다:

- OpenAI란 무엇인가?
- OpenAI 모델 개요
- ChatGPT에 기초: 모델의 수학적 기반
- ChatGPT: 최첨단 기술

기술적 요구사항

이 장의 예제를 테스트하기 위해서는 다음이 필요합니다:

- Playground 및 Models API에 액세스하기 위한 OpenAI 계정(https://openai.com/api/login20)
- 선호하는 통합 개발 환경(IDE)인 Jupyter 또는 Visual Studio 등
- Python 3.7.1+ 버전이 설치되어 있어야 합니다. (https://www.python.org/downloads)
- pip가 설치되어 있어야 합니다. (https://pip.pypa.io/en/stable/installation/)
- OpenAI Python 라이브러리가 설치되어 있어야 합니다. (https://pypi.org/project/openai/)

OpenAI란 무엇인가?

OpenAI는 2015년에 Elon Musk, Sam Altman, Greg Brockman, Ilya Sutskever, Wojciech Zaremba, John Schulman에 의해 설립된 연구 기관입니다. OpenAI 웹 페이지에 명시된 대로, 그들의 미션은 "인공 일반 지능(Artificail General Intelligence, AGI)이 모든 인류에게 이익을 주도록 하는 것"입니다. AGI는 일반적인 지능으로, 특정 작업에 대한 프로그래밍 없이 다양한 작업을 학습하고 수행할 수 있는 능력을 갖추고자 합니다.

2015년 이후로, OpenAI는 Deep Reinforcement Learning (DRL)에 대한 연구에 집중했습니다. DRL은 Reinforcement Learning (RL)을 deep neural network와 결합한 머신 러닝 (ML)의 하위 분야입니다. 회사는 2016년에 OpenAI Gym을 발표하여 연구자들이 RL 알고리즘을 개발하고 테스트할 수 있는 도구를 제공했습니다.

Gym is a standard API for reinforcement learning, and a diverse collection of reference environments

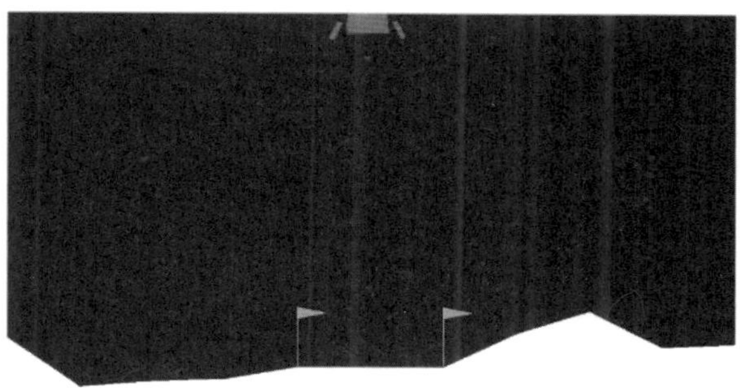

The Gym interface is simple, pythonic, and capable of representing general RL problems:

```
import gym
env = gym.make("LunarLander-v2", render_mode="human")
observation, info = env.reset(seed=42)
for _ in range(1000):
   action = policy(observation)  # User-defined policy function
   observation, reward, terminated, truncated, info = env.step(action)

   if terminated or truncated:
      observation, info = env.reset()
env.close()
```

그림 2.1 Gym 문서의 랜딩 페이지 (https://www.gymlibrary.dev/)

OpenAI는 해당 분야에서 연구하고 기여를 지속했으며, 가장 주목할만한 성과는 생성형 모델인 Generative Pre-trained Transformers (GPT)와 관련이 있습니다.

OpenAI 연구원들은 "Improving Language Understanding by Generative Pre-Training"이라는 논문에서 모델 아키텍처를 소개하고 이를 GPT-1이라 명명한 후, 2019년에는 이의 후속 모델인 GPT-2를 공개했습니다. GPT-2는 WebText라는 말뭉치로 훈련되었으며, 당시 Reddit 게시물에서 최소 3개의 추천을 받은 URL을 통해 공유된 8백만개 이상의 문서와 총 40GB의 텍스트를 포함하고 있었습니다. GPT-2는 이전 모델의 10배인 12억 개의 파라미터를 가지고 있었습니다.

이 링크에서 HuggingFace가 게시한 GPT-2의 UI 랜딩 페이지를 확인할 수 있습니다.
(https://transformer.huggingface.co/doc/distil-gpt2)

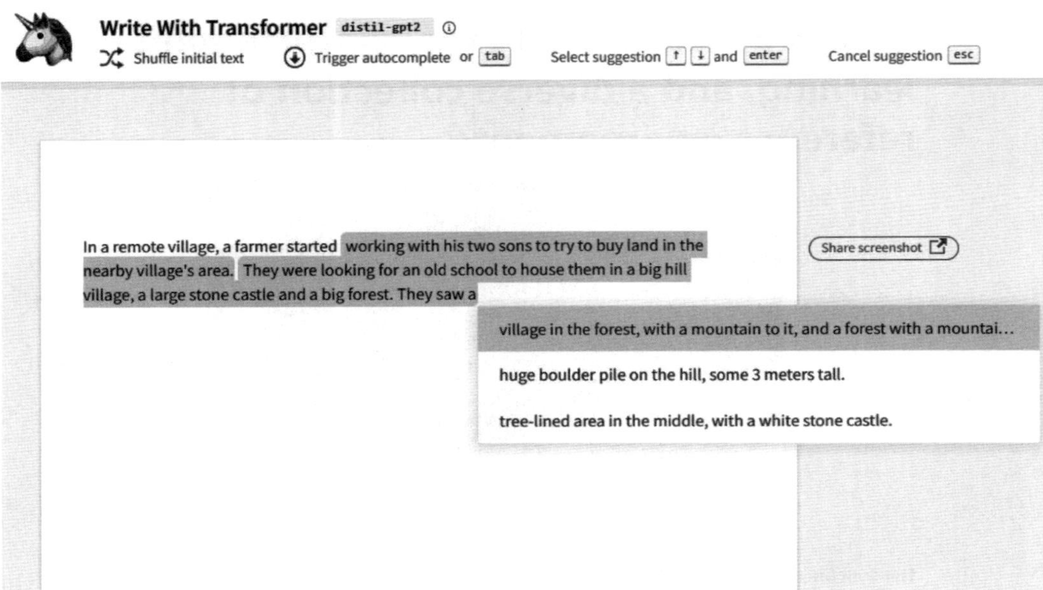

그림 2.2 GPT-2는 프롬프트를 기반으로 단락을 작성할 수 있습니다.
소스: https://transformer.huggingface.co/doc/distil-gpt2

그리고 2020년, OpenAI는 GPT-3를 처음으로 발표하고 공개했습니다. GPT-3는 1750억 개의 매개변수를 가지고 있으며, GPT-2에 비해 벤치마크 결과를 현저히 개선했습니다.

자연어 생성 모델 외에도, OpenAI는 이미지 생성 분야에서도 개발을 진행하여 2021년에 첫 번째 모델인 DALL-E를 공개했습니다. 이전 장에서 언급했듯이, DALL-E는 자연어 입력으로부터 새로운 이미지를 생성할 수 있으며, 이는 최신 버전의 GPT-3에 의해 해석됩니다.

DALL-E는 최근에 DALL-E 2로 새로운 버전이 업그레이드되었으며, 2022년 4월에 발표되었습니다.

다음 그림에서는 DALL-E가 "아늑한 환경에서의 컵 커피의 사실적인 그림을 생성해주세요" 라는 자연어 프롬프트를 사용하여 생성한 이미지 예시를 볼 수 있습니다.

그림 2.3 자연어 프롬프트를 입력하여 DALL-E를 통해 생성한 이미지

OpenAI DALL-E (https://labs.openai.com/)에서 직접 창의적인 그림을 생성해볼 수 있습니다. 해당 사이트에서는 실험을 위한 제한된 무료 크레딧을 제공합니다.

OpenAI는 다양한 생성형 AI 분야에 투자하였지만, 텍스트 이해와 생성 분야에 대한 기여는 두드러지는 편입니다. 이는 우리가 다음 단락에서 탐구할 GPT 모델들의 개발 덕분입니다.

OpenAI 모델 개요

오늘날, OpenAI는 일반 사용자가 사용할 수 있는 사전 훈련된 모델 세트를 제공합니다. 이는 두 가지 중요한 영향을 미칩니다:

- 강력한 기반 모델을 오랜 시간과 비용이 들지 않고 사용할 수 있습니다.
- 데이터 과학자나 기계 학습 엔지니어가 아니더라도 해당 모델을 조작할 수 있습니다.

사용자는 OpenAI Playground에서 OpenAI 모델을 테스트할 수 있습니다. 이는 코드를 작성하지 않고도 모델과 상호 작용할 수 있는 사용자 친화적인 인터페이스입니다.

아래 스크린샷에서는 OpenAI Playground의 랜딩 페이지를 볼 수 있습니다:

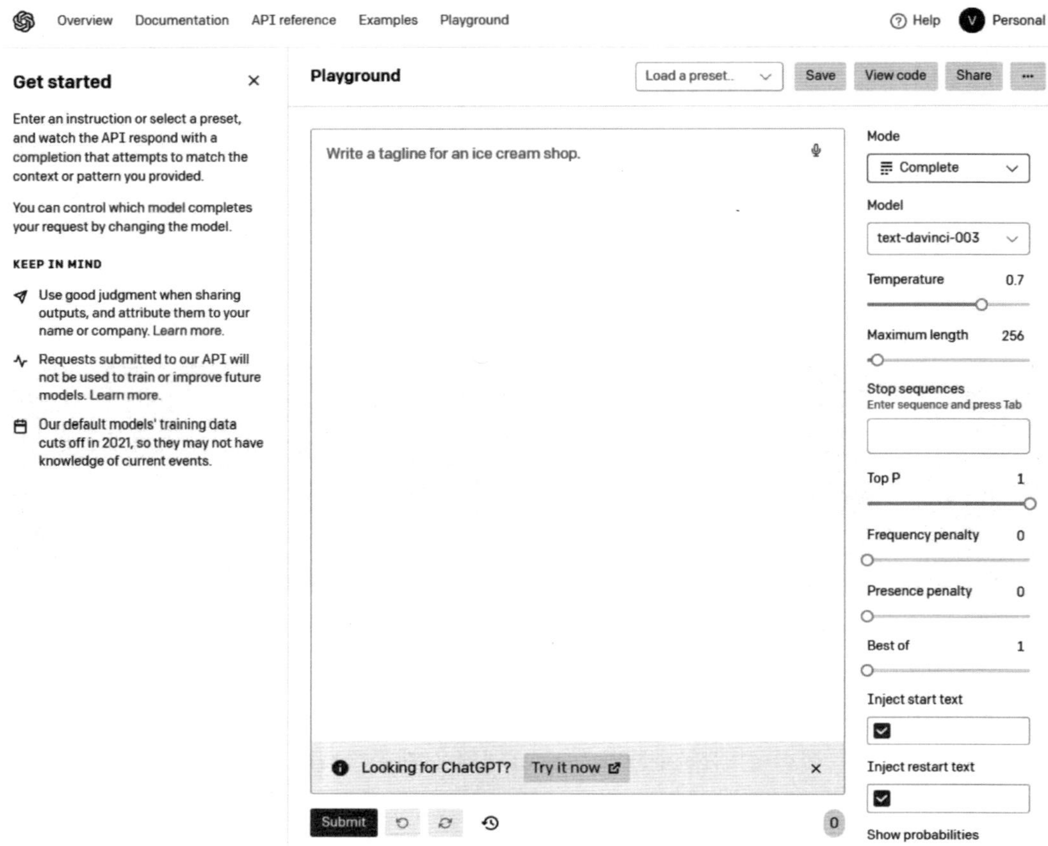

그림 2.4 OpenAI Playground (https://platform.openai.com/playground)

그림 2.4에서 볼 수 있듯이 Playground는 사용자가 모델과 상호 작용을 시작할 수 있는 UI를 제공합니다. UI의 오른쪽에서 선택할 수 있는 모델을 선택할 수 있습니다. Playground와 상호 작용을 시작하려면 자연어로 입력 공간에 질문이나 지시사항을 입력하기만 하면 됩니다. OpenAI 문서(https://platform.openai.com/examples)에서 제공되는 몇 가지 예제로 시작할 수도 있습니다.

모델 패밀리에 대해 자세히 알아보기 전에, 이 장에서 볼 일부 용어를 먼저 정의해 보겠습니다:

- **토큰(Tokens):** API가 입력 프롬프트를 처리하는 데 사용하는 단어 조각 또는 세그먼트로 생각할 수 있습니다. 완전한 단어와는 달리, 토큰은 공백이나 부분적인 부분 단어를 포함할 수 있습니다. 토큰의 길이 개념을 이해하기 위해 몇 가지 일반적인 지침을 염두에 두는 것이 좋습니다. 예를 들어, 영어에서 한 토큰은 대략 4개의 문자 또는 3/4 정도의 단어에 해당합니다.
- **프롬프트(Prompt):** 자연어 처리(NLP)와 기계 학습(ML)의 맥락에서, 프롬프트는 인공지능 언어 모델에게 응답이나 출력을 생성하기 위해 입력으로 제공되는 텍스트 조각을 의미합니다. 프롬프트는 질문, 명제, 또는 문장일 수 있으며, 언어 모델에게 문맥과 방향을 제공하는 데 사용됩니다.
- **문맥(Context):** GPT 분야에서 문맥은 사용자의 프롬프트 이전에 오는 단어와 문장을 의미합니다. 이 문맥은 언어 모델에게 훈련 데이터에서 발견된 패턴과 관계를 기반으로 가장 가능성이 높은 다음 단어나 구를 생성하는 데 사용됩니다.
- **모델 신뢰도(Model Confidence):** 모델 신뢰도는 인공지능 모델이 특정 예측이나 출력에 할당하는 확신의 수준이나 확률을 나타냅니다. NLP의 맥락에서 모델 신뢰도는 AI 모델이 주어진 입력 프롬프트에 대한 생성된 응답의 정확성이나 관련성에 대해 얼마나 자신감을 가지고 있는지를 나타내는 데 자주 사용됩니다.

앞에서 정의한 토큰, 프롬프트, 문맥, 모델 신뢰도는 Azure OpenAI 모델 패밀리를 사용하는 방법과 그들의 매개변수를 구성하는 방법을 이해하는 데 중요한 역할을 할 것입니다.

플레이그라운드에서는 두 가지 주요 모델 패밀리를 테스트할 수 있습니다:

- **GPT-3:** 자연어를 이해하고 생성할 수 있는 모델입니다. GPT-3는 대량의 텍스트 말뭉치(Corpus)에서 훈련되어 언어 번역, 요약, 질문 응답 등 다양한 자연어 처리를 수행할 수 있습니다. 다음은 예시입니다:
- **GPT-3.5:** GPT-3을 기반으로 하여 자연어 이해와 생성 능력을 향상시키기 위한 최신 모델 집합입니다. GPT-3.5 모델은 일관된 단락이나 에세이를 작성하거나 시를 생성하고, 심지어 자연어로 컴퓨터 프로그램을 생성하는 등 복잡한 자연어 작업을 수행할 수 있습니다. GPT-3.5는 ChatGPT의 모델로, API를 통해서만이 아니라 전용 UI를 통해 Playground에서도 사용할 수 있습니다.

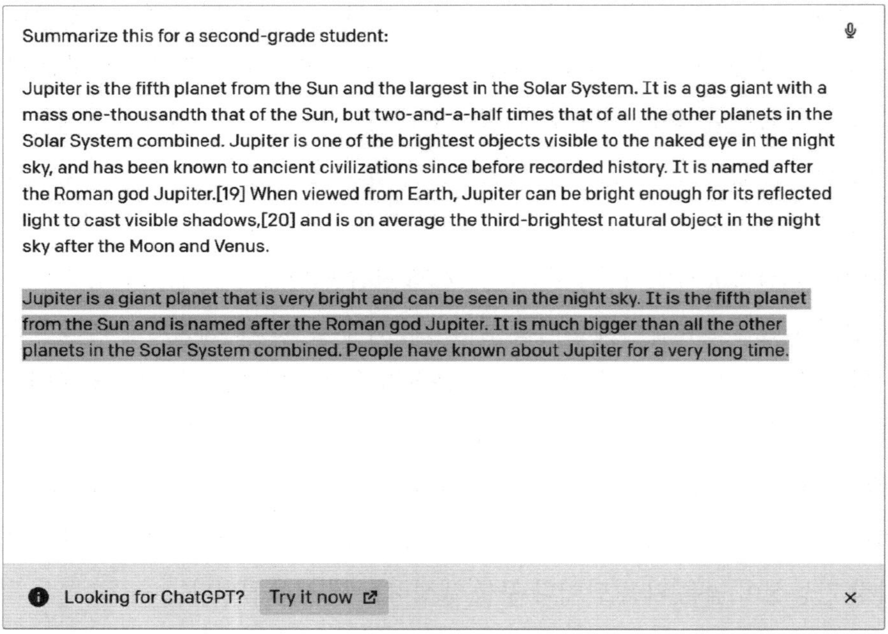

그림 2.5 GPT-3을 활용한 요약 예시. 목성에 대한 자세한 설명을 언급하고 이에 대해 '2학년 학생을 위해 목성에 대해 요약해줘'라고 질문한 것에 대한 답변입니다.

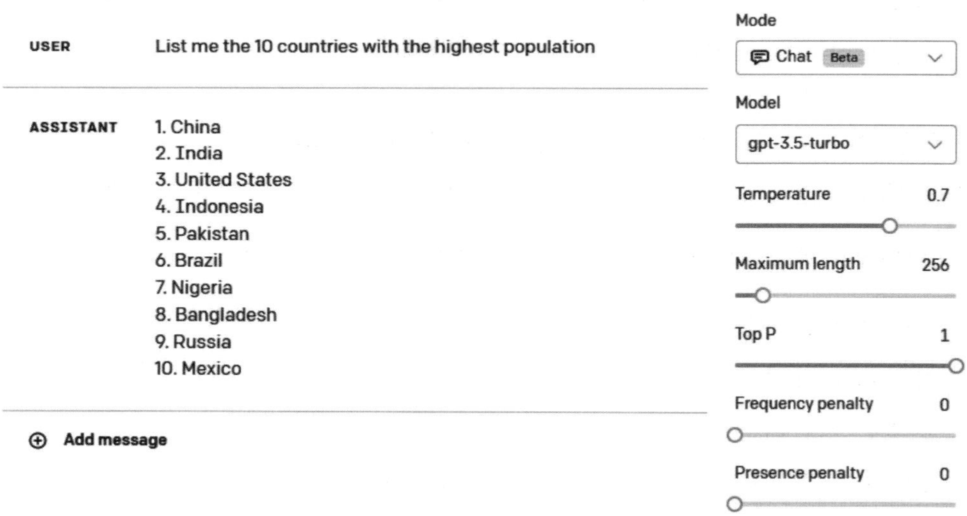

그림 2.6 – GPT-3.5를 활용한 예시

- Codex: 다양한 프로그래밍 언어에서 코드를 이해하고 생성할 수 있는 모델 집합입니다. Codex는 자연어 프롬프트를 작동하는 코드로 번역하여 소프트웨어 개발에 강력한 도구가 될 수 있습니다. Codex를 사용한 예시는 다음과 같습니다.

```
"""
1. Create a list of first names
2. Create a list of last names
3. Combine them randomly into a list of 100 full names
"""

import random

first_names = ['John', 'Jane', 'Corey', 'Travis', 'Dave', 'Kurt', 'Neil', 'Sam', 'Steve', 'Tom', 'James', 'Robert', 'Michael', 'Charles', 'Joe', 'Mary', 'Maggie', 'Nicole', 'Patricia', 'Linda', 'Barbara',
'Elizabeth', 'Laura', 'Jennifer', 'Maria']

last_names = ['Smith', 'Doe', 'Jenkins', 'Robinson', 'Davis', 'Stuart', 'Jefferson', 'Jacobs', 'Wright', 'Patterson', 'Wilks', 'Arnold', 'Johnson', 'Williams', 'Jones', 'Brown', 'Davis', 'Miller',
'Wilson', 'Moore', 'Taylor', 'Anderson', 'Thomas', 'Jackson', 'White', 'Harris', 'Martin']

full_names = []

for i in range(100):
    first = random.choice(first_names)
    last = random.choice(last_names)
    full_names.append(f"{first} {last}")

print(full_names)
```

그림 2.7 Codex를 활용한 코드 생성 예시. 간단한 파이썬 코드로 First name과 Last name 리스트를 활용해 이름을 임의로 조합하여 생성하는 예시입니다.

> **참고**
>
> 2023년 3월, OpenAI는 Codex 모델이 해당 날짜부터 폐지될 것임을 발표했습니다. 새로운 Chat 모델들 (GPT-3.5-turbo를 포함한 ChatGPT 뒤의 모델)의 놀라운 능력 때문입니다. 이러한 모델들은 코딩 작업 뿐만 아니라 다양한 작업을 포괄하며, Codex 모델의 결과를 기준으로 삼거나 뛰어넘는 결과를 얻을 수 있기 때문입니다.

각 모델마다 구성할 수 있는 몇 가지 매개변수를 설정할 수 있습니다. 매개변수에 대한 설명은 다음과 같습니다:

- **온도 (0에서 1 사이 범위)**: 모델 응답의 무작위성을 제어합니다. 낮은 온도 수준은 모델을 더 결정론적으로 만들며, 동일한 질문에 대해 동일한 출력을 제공하는 경향이 있습니다. 예를 들어, "OpenAI가 무엇인가요?"라는 질문을 여러 번 하되 온도를 0으로 설정하면 항상 동일한 답을 얻을 것입니다. 반면에, 온도가 1로 설정된 모델로 동일한 질문을 하면 매번 단어와 스타일을 바꾸려고 할 것입니다.
- **최대 길이 (0에서 2048 사이 범위)**: 모델이 사용자 프롬프트에 대한 응답의 길이(토큰으로 측정)를 제어합니다.
- **중지 시퀀스 (사용자 입력)**: 응답을 원하는 지점, 예를 들어 문장이나 목록의 끝에서 끝나도록 만듭니다.
- **상위 확률 (0에서 1 사이 범위)**: 모델이 응답을 생성할 때 고려할 토큰을 제어합니다. 0.9로 설정하면 가능한 모든 토큰 중 가장 가능성이 높은 상위 90%를 고려합니다. "가장 가능성이 높은 토큰을 모두 선택하기 위해 상위 확률을 1로 설정하지 않을까요?"라는 의

문이 생길 수 있습니다. 그 답은 사용자가 모델의 신뢰도가 낮을 때에도 다양성을 유지하고 싶을 수 있기 때문입니다.

- **페널티 빈도 (0에서 1 사이 범위)**: 생성된 응답에서 동일한 토큰의 반복을 제어합니다. 페널티가 높을수록 동일한 토큰이 동일한 응답에서 여러 번 나타날 확률이 낮아집니다. 페널티 토큰이 텍스트에서 지금까지 얼마나 자주 나타났는지에 따라 확률을 비례적으로 줄입니다 (이것은 다음 매개변수와의 주요 차이점입니다).
- **유지 페널티 (0에서 2 사이 범위)**: 이전의 '페널티 빈도'와 유사하지만 더 엄격합니다. 지금까지 텍스트에 나타난 어떤 토큰도 반복할 확률을 낮춥니다. 페널티 빈도보다 엄격하기 때문에 유지 페널티는 응답에서 새로운 주제를 도입할 확률을 높이는 결과도 가져옵니다.
- **최선 선택 (0에서 20 사이 범위)**: 여러 응답을 생성하고 모든 토큰을 대상으로 전체 확률이 가장 높은 응답만 표시합니다.
- **응답 전/후 텍스트 (사용자 입력)**: 모델의 응답 앞과 뒤에 텍스트를 삽입합니다. 이렇게 하면 모델이 응답을 준비하는 데 도움이 될 수 있습니다.

플레이그라운드에서 OpenAI 모델을 시험해보는 것 외에도, 사용자 정의 코드에서 항상 모델 API를 호출하고 모델을 애플리케이션에 내장시킬 수 있습니다. 실제로 플레이그라운드 오른쪽 모서리에서 "코드 보기"를 클릭하여 다음과 같이 구성을 내보낼 수 있습니다:

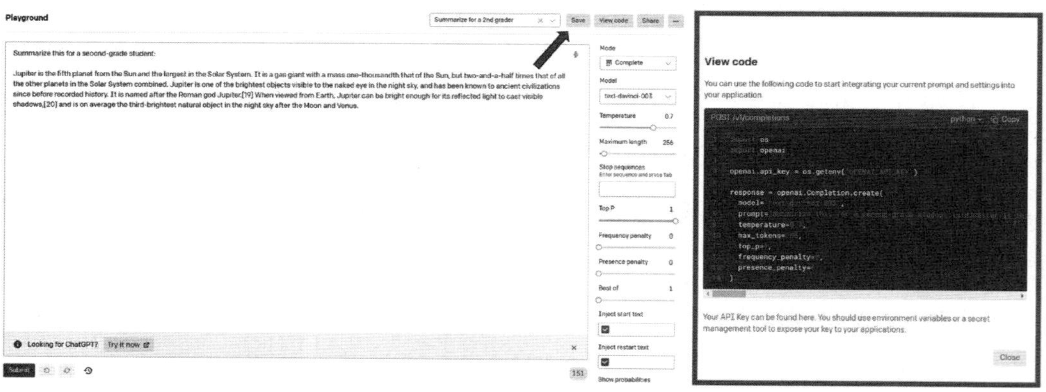

그림 2.8 – Python으로 자연어 프롬프트를 API를 통해 GPT-3 모델을 활용하여 답변을 얻는 예시

앞의 그림 2.8에서 볼 수 있듯이, 코드는 Playground에서 설정한 매개변수 구성을 내보냅니다.

이제 터미널에서 pip install openai를 사용하여 OpenAI 라이브러리를 설치하여 파이썬에서 사용할 수 있습니다. 모델을 사용하려면 API 키를 생성해야 합니다. 여기에서 API 키(https://platform.openai.com/account/api-keys)를 계정 설정에서 찾을 수 있습니다:

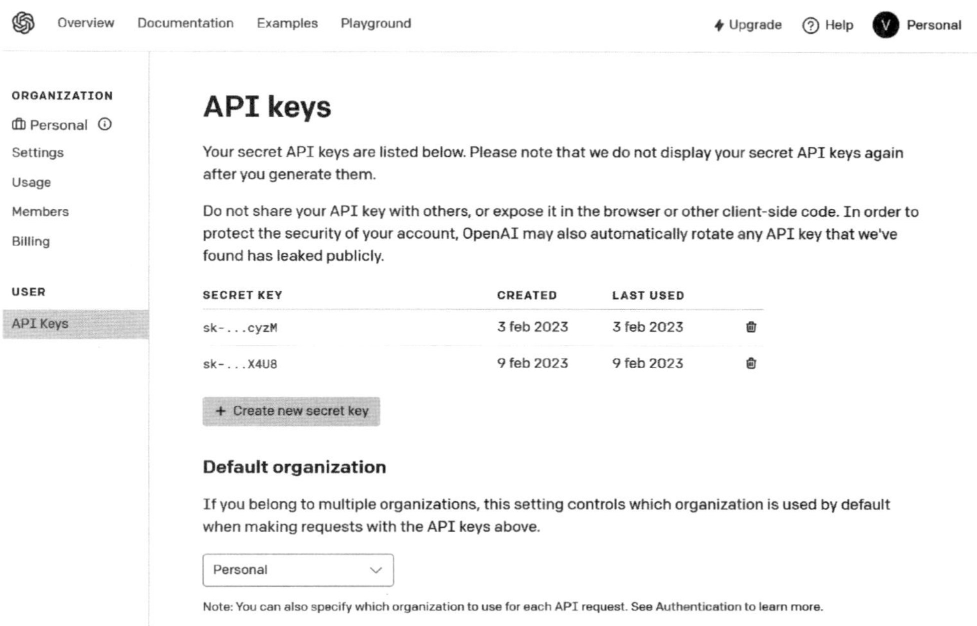

그림 2.9 독자의 OpenAI 계정 설정 페이지를 통해 API 키를 발급 받는 예시

OpenAI API를 사용하면 Playground에서 사용할 수 없는 다음과 같은 추가 모델 패밀리를 시도해볼 수도 있습니다:

- **Moderation**: OpenAI가 개발한 세밀하게 튜닝된 모델로, 잠재적으로 민감하거나 위험한 텍스트 콘텐츠를 감지할 수 있습니다. Moderation은 텍스트를 컨텍스트와 언어 사용에 기반하여 안전하거나 위험한 것으로 분류하기 위해 기계 학습 알고리즘을 사용합니다. 이 모델은 소셜 미디어 플랫폼, 온라인 커뮤니티 및 다양한 도메인에서 콘텐츠 Moderation을 자동화하는 데 사용할 수 있습니다. 여러 카테고리가 있으며, 예를 들어, 혐오/위협, 자해, 성적/미성년자, 폭력/그래픽 등이 있습니다.

  다음은 Moderation API에 대한 예제 코드입니다:

```
import os
import openai
openai.api_key = os.getenv("OPENAI_API_KEY")
openai.Moderation.create(
  input="I want to kill him",
)
```

"I want to kill him"에 대한 응답 결과:


```
<OpenAIObject id=modr-6sHusuY9frxJdfqTBXHsOAfWhckrh at 0x218bd8482c0> JSON:
{
  "id": "modr-6sHusuY9frxJdfqTBXHsOAfWhckrh",
  "model": "text-moderation-004",
  "results": [
    {
      "categories": {
        "hate": false,
        "hate/threatening": false,
        "self-harm": false,
        "sexual": false,
        "sexual/minors": false,
        "violence": true,
        "violence/graphic": false
      },
      "category_scores": {
        "hate": 1.7164344171760604e-05,
        "hate/threatening": 2.614225103059198e-08,
        "self-harm": 2.5988580176772302e-08,
        "sexual": 2.8184256279928377e-06,
        "sexual/minors": 9.1383149936064e-09,
        "violence": 0.9910049438476562,
        "violence/graphic": 5.316753117767803e-07
      },
      "flagged": true
    }
  ]
}
```


이 경우 Moderation API가 폭력적인 콘텐츠의 증거를 감지했습니다.

- **임베딩**: 일부 모델은 임베딩을 사용할 수 있습니다. 임베딩은 단어나 문장을 다차원 공간에 나타내는 것을 의미합니다. 이 공간에서 서로 다른 인스턴스 간의 수학적 거리는 의미 측면에서의 유사성을 나타냅니다. 예를 들어, 여왕, 여자, 왕, 남자라는 단어를 상상해보세요. 다차원 공간에서 단어가 벡터로 표현되는 상황에서, 표현이 올바르다면

다음과 같은 결과를 얻고자 합니다:

$$\overrightarrow{king} + (\overrightarrow{woman} - \overrightarrow{man}) \approx \overrightarrow{queen}$$

그림 2.10 - 임베딩을 위한 단어 간의 벡터 방정식 예시

이는 "여자"와 "남자" 간의 거리가 "여왕"과 "왕" 간의 거리와 동일해야 함을 의미합니다. 여기 임베딩의 예시가 있습니다:

```
import openai
embedding = openai.Embedding.create(
    input="The cat is on the table",
    model="text-embedding-ada-002")["data"][0][ "embedding"]
```

앞의 방법은 입력의 벡터 표현을 생성합니다. 아래에서 출력의 첫 10개 벡터를 확인해 볼 수 있습니다:

```
embedding[1:10]

[-0.01369840931147337,
 -0.007505378685891628,
 -0.002576263388618827,
 -0.014773285016417503,
 0.019935185089707375,
 -0.01802290789783001,
 -0.01594814844429493,
 -0.0010944041423499584,
 -0.014323337003588676]
```

임베딩은 검색 시나리오에서 유용하게 사용할 수 있습니다. 실제로 사용자 입력과 사용자가 검색하려는 문서의 임베딩을 얻음으로써 입력과 문서 간의 거리 지표(코사인 유사도 등)를 계산할 수 있습니다. 이렇게 함으로써 각 단어 간의 수학적 거리로 더 가까운 문서를 검색할 수 있습니다.

- **Whisper**: 이것은 음성 인식 모델로 오디오를 텍스트로 전사할 수 있습니다. Whisper는 다양한 언어와 방언을 높은 정확도로 인식하고 전사할 수 있어 자동 음성 인식 시스템에 가치 있는 도구가 됩니다. 다음은 예시입니다:

```
# Note: you need to be using OpenAI Python v 0.27.0 for the code below to work
import openai
openai.api_key = os.getenv("OPENAI_API_KEY")
audio_file= open("/path/to/file/audio.mp3", "rb")
transcript = openai.Audio.transcribe("whisper-1", audio_file)
```

관련한 결과는 다음과 같습니다.

```
{"text": Yes, hi, I just noticed a dent on the side of my car and I have no idea
how it got there. There were no witnesses around and I'm really frustrated.
….
}
```

이전의 모든 모델은 이미 거대한 지식 베이스에서 사전 훈련된 상태로 제공됩니다.

그러나 모델을 보다 맞춤화되고 사용 사례에 맞게 만들 수 있는 몇 가지 방법이 있습니다.

첫 번째 방법은 모델 설계 방식에 내재되어 있으며, 모델에 학습할 내용을 제공하는 것입니다. (이 기법은 책의 나중 부분에서 자세히 다룰 예정입니다.) 다시 말해서, 모델에게 이미 작성한 다른 기사의 템플릿과 어휘를 기억하게 할 수 있습니다. 이를 위해 모델에 기사 생성 쿼리와 이전 기사를 참조나 컨텍스트로 제공하여 모델이 요청에 더욱 잘 대비되도록 할 수 있습니다.

다음은 이에 대한 예시입니다:

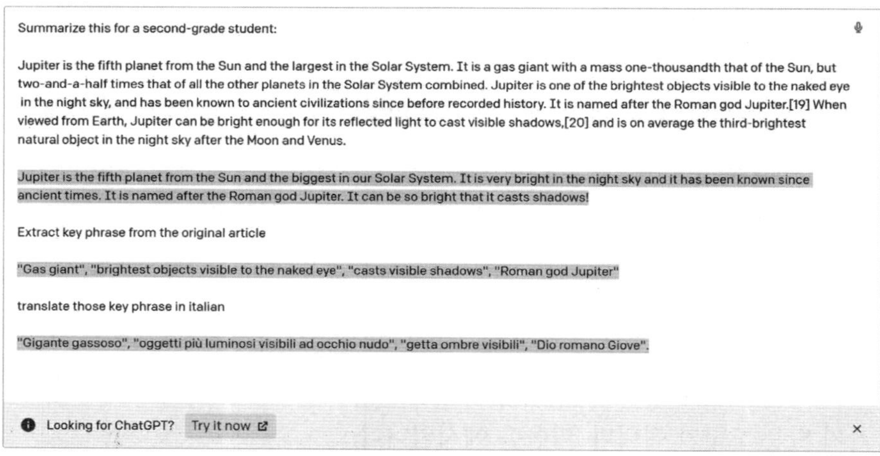

그림 2.11 - OpenAI Playground에서 few-shot 학습 방법을 활용한 대화 예시. 그림 2.5의 예시를 동일하게 활용하여 핵심 key 단어와 유사한 단어들을 추출하도록 하고, 이탈리아어로 번역하도록 하는 예시

두 번째 방법은 더 정교한 방법으로 세밀 조정(fine-tuning)이라고 합니다. 세밀 조정은 사전 훈련된 모델을 새로운 작업에 맞게 적응시키는 과정입니다.

세밀 조정에서는 사전 훈련된 모델의 매개변수를 변경하여 새 작업에 더 잘 맞게 조정합니다. 이는 기존 매개변수를 조정하거나 새로운 매개변수를 추가함으로써 이루어집니다. 이 과정에서는 새 작업에 특화된 작은 레이블된 데이터셋을 사용하여 모델을 훈련합니다. 세밀 조정의 주요 아이디어는 사전 훈련된 모델에서 배운 지식을 활용하고 이를 새 작업에 맞게 세밀하게 조정하는 것입니다. 이를 통해 모델을 처음부터 훈련시키는 것보다 효과적으로 새 작업에 적용할 수 있습니다. 아래 그림을 확인해보세요:

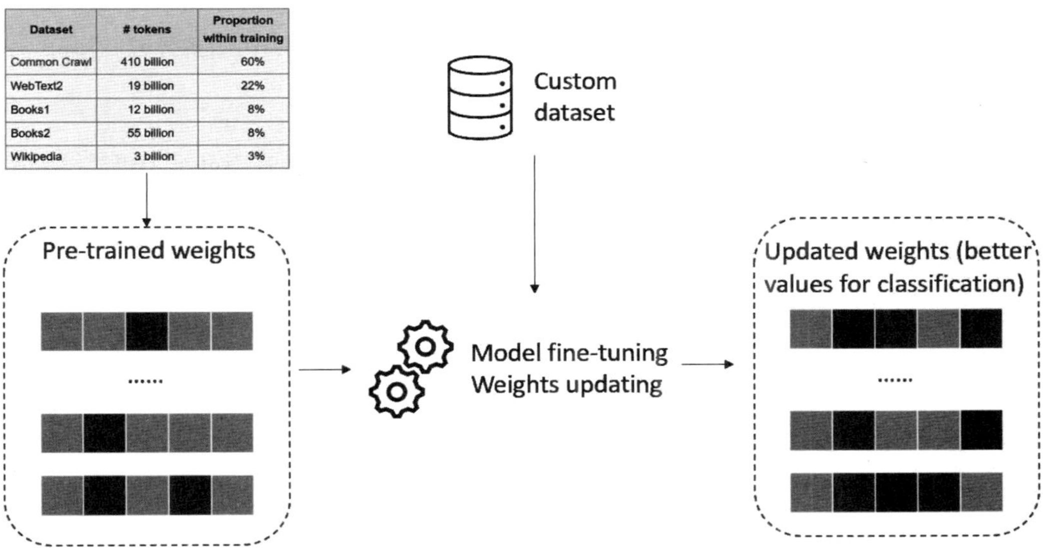

그림 2.12 모델 세부 조정

그림2.12 에서는 OpenAI 사전 구축 모델에 대한 세밀 조정 작업 방식에 대한 방법을 볼 수 있습니다. 아이디어는 일반 목적의 가중치나 매개변수가 있는 사전 훈련된 모델을 사용할 수 있다는 것입니다. 이후, 사용자 지정 데이터를 모델에 입력합니다. 일반적으로 이는 key-value 프롬프트와 완성의 형태로 제공됩니다:

```
{"prompt": "<prompt text>", "completion": "<ideal generated text>" }
{"prompt": "<prompt text>", "completion": "<ideal generated text>" }
{"prompt": "<prompt text>", "completion": "<ideal generated text>" }
...
```

훈련이 완료되면, 특정 작업에 특히 잘 수행되는 맞춤형 모델이 생성됩니다. 예를 들어, 회사 문서의 분류 작업과 같은 작업에 대해 높은 성능을 발휘할 수 있게 됩니다.

세밀 조정의 좋은 점은 모델을 처음부터 다시 훈련할 필요 없이 사전 구축된 모델을 사용자의 사용 사례에 맞게 맞춤화할 수 있다는 것입니다. 이는 작은 규모의 훈련 데이터셋을 활용하여 훈련 시간과 컴퓨팅 비용을 줄일 수 있습니다. 동시에 모델은 원래 대규모 데이터셋에서 학습한 생성 능력과 정확도를 유지합니다.

우리는 OpenAI에서 일반 대중에게 제공하는 모델들에 대한 전반적인 개요를 보았습니다. Playground에서 직접 시도할 수 있는 모델(GPT, Codex)부터 임베딩과 같은 보다 복잡한 모델까지 다뤘습니다. 우리는 사전 구축된 상태의 모델을 사용하는 것 외에도 세밀 조정을 통해 맞춤화하고 학습할 예제 세트를 제공함으로써 이러한 모델을 커스터마이즈할 수 있다는 것도 배웠습니다.

다음 절에서는 이러한 놀라운 모델들의 배경에 집중할 것이며, 그것의 수학적 기반부터 시작하여 ChatGPT를 가능하게 한 위대한 발견까지 살펴보겠습니다.

ChatGPT의 발전 과정: 그 뒤의 모델의 수학적 원리

ChatGPT의 엔진으로서 주목받는 모델은 Generative Pre-trained Transformers (GPT)로, GPT 모델은 2017년에 Google 연구원들이 발표한 "Attention Is All You Need" 논문에서 제안된 트랜스포머(Transformer) 아키텍처 프레임워크에 속합니다.

트랜스포머 아키텍처는 전통적인 순환 신경망(Recurrent Neural Network, RNN)의 한계를 극복하기 위해 소개되었습니다. RNN은 1980년대에 Los Alamos National Laboratory의 연구원들에 의해 처음 제안되었으나, 그들은 1990년대까지 크게 주목받지 못했습니다. RNN의 원래 아이디어는 순차적 데이터나 시계열 데이터를 처리하며 시간 단계 간의 정보를 유지하는 것이었습니다.

실제로, 이전까지 고전적인 인공 신경망(ANN) 아키텍처는 feed forward ANN으로, 각 은닉층의 출력이 다음 은닉층의 입력으로 들어가며 이전 레이어에 대한 정보를 유지하지 않는 구조였습니다.

트랜스포머 아이디어를 이해하기 위해서는 이의 기원부터 시작해야 합니다. 따라서 다음 주

제에 대해 다루어 볼 것입니다:

- RNN(순환 신경망)의 구조
- RNN의 주요한 한계점
- 새로운 아키텍처 요소들, 포지셔널 인코딩, 셀프 어텐션, 그리고 피드포워드 레이어를 도입하여 이 한계점이 어떻게 극복되었는지
- 어떻게 GPT와 ChatGPT의 최첨단 기술까지 도달했는지

그렇다면, 트랜스포머의 선구자 아키텍처부터 시작해보겠습니다.

RNN의 구조

상상해 봅시다. 우리가 주택 가격을 예측하려고 합니다. 만약 오늘의 가격만 가지고 있다면, 우리는 입력에 비선형 변환을 적용하여 은닉층(활성화 함수와 함께)을 통해 출력으로 내일의 가격을 예측하는 피드포워드 아키텍처를 사용할 수 있을 것입니다. 다음은 그 방법에 대한 예시 그림입니다:

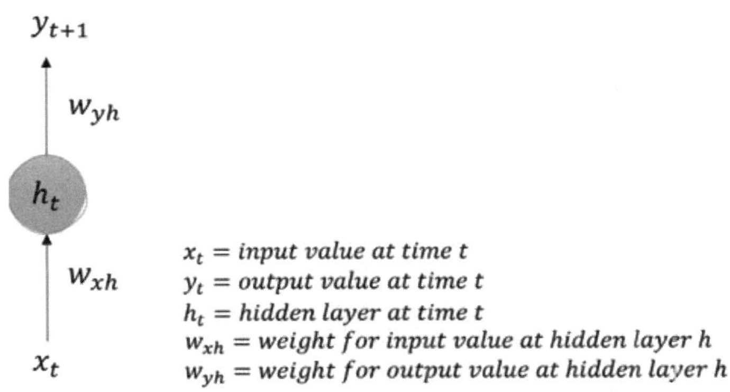

그림 2-13 Feedforward 구조 은닉층

그러나 이러한 유형의 데이터에서는 더 긴 시퀀스를 사용해야할 수도 있습니다. 예를 들어, 다음 5년 동안의 이 주택의 시계열 데이터를 가지고 있을 수 있습니다. 물론 우리는 이러한 추가 정보를 모델에 통합하여 RNN이 과거 입력에 대한 기억을 유지하고 현재 입력을 적절하게 해석하며 미래 출력을 예측할 수 있도록 하고자 합니다.

그래서 다시 우리의 예시로 돌아와보겠습니다. 오늘의 가격 뿐만 아니라 어제(t-1)와 그 전날

(t-2)의 가격까지 가지고 있다고 상상해봅시다. 이렇게 계산할 수 있습니다:

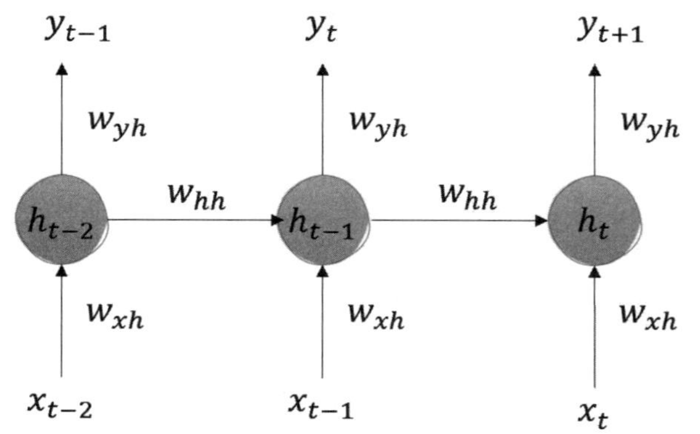

그림 2.14 RNN의 예시

우리는 내일의 가격에만 관심이 있으므로, t-1과 t에 대한 중간 최종 출력은 무시하도록 하겠습니다.

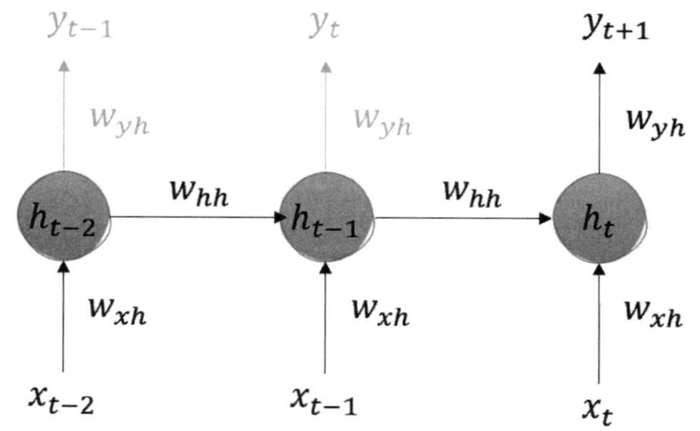

그림 2.15 RNN의 예시

보시다시피, t-2의 은닉층의 출력은 가중치를 가진 상태로 t-1의 은닉층의 입력으로 제공되며, t-1의 입력 또한 받습니다. 그런 다음 이미 t-2와 t-1의 입력을 기억하는 t-1의 은닉층의 출력은 t의 은닉층의 입력으로 제공됩니다. 그 결과, 우리가 관심을 가지고 있는 내일의 가격(y_{t+1})은 이전 날짜들의 모든 입력을 기억하게 됩니다.

마지막으로, 이 그림을 간추리려면 RNN을 다음과 같이 생각할 수 있습니다:

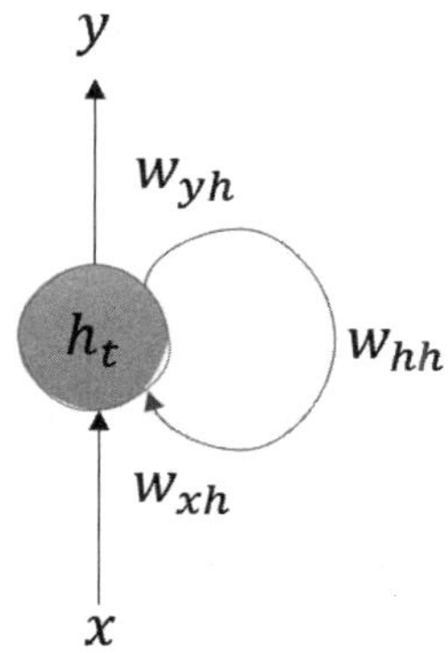

그림 2.16 간추린 RNN 예시

이는 시간 단계 t-n에서의 RNN 레이어의 출력이 생성되고 다음 시간 단계의 입력으로 전달된다는 것을 의미합니다. RNN 레이어의 은닉 상태도 다음 시간 단계의 입력으로 전달되며, 네트워크가 입력 시퀀스의 서로 다른 부분에 걸쳐 정보를 유지하고 전파할 수 있게 합니다.

비록 RNN은 ANN 분야에서 큰 발전이었지만, 여전히 어떤 한계점을 가지고 있습니다. 이 한계점을 다음 섹션에서 살펴보겠습니다.

RNN의 주요 한계점

이번 섹션에서는 이전에 언급한 대로 RNN의 주요 한계점에 대해서 언급할 것이며, RNN은 세 가지 주요한 한계점을 가지고 있습니다:

- **그래디언트 소멸과 폭발**: RNN은 그래디언트 소멸과 폭발 문제를 겪어 효과적으로 네트워크를 훈련하기 어렵게 만듭니다. 이 문제는 그래디언트가 역전파 과정에서 여러 번 곱해지기 때문에 그래디언트가 매우 작거나 매우 큰 값을 가질 수 있는 것에서 발생합니다.
- **제한된 컨텍스트**: 전통적인 RNN은 입력 시퀀스를 하나의 요소씩 처리하기 때문에 제한된 양의 컨텍스트만을 포착할 수 있습니다. 이는 장기적인 의존성이나 입력 시퀀스에서 멀리 떨어진 요소들 간의 관계를 효과적으로 처리할 수 없다는 것을 의미합니다.
- **병렬화의 어려움**: RNN은 본질적으로 순차적이므로 계산을 병렬화하기 어려워 오늘날의 그래픽 처리 장치(GPU)를 효과적으로 활용할 수 없습니다. 이로 인해 대용량 데이터셋과 기기에서 훈련과 배포가 느려질 수 있습니다.

첫 번째 두 가지 한계 (제한된 컨텍스트와 그래디언트 소멸 및 폭발)를 극복하기 위한 첫 번째 시도는 1997년 Sepp Hochreiter와 Jürgen Schmidhuber가 "Long Short-term Memory"라는 논문에서 소개한 새로운 아키텍처였습니다. 이 새로운 아키텍처를 가진 네트워크는 Long Short-Term Memory (LSTM)이라고 불리게 되었습니다.

LSTM 네트워크는 셀 상태(cell state)라는 개념을 도입함으로써 제한된 컨텍스트 문제를 극복했습니다. 이 셀 상태는 은닉 상태와 분리되어 훨씬 더 오랜 기간 동안 정보를 유지할 수 있습니다. 셀 상태는 네트워크를 통해 변경 없이 전달되며, 그로 인해 그동안 손실될 수 있는 이전 시간 단계의 정보를 저장할 수 있습니다.

또한, LSTM 네트워크는 정보의 흐름을 제어하기 위해 신중하게 설계된 게이트를 사용하여 그래디언트가 너무 작아지거나 너무 커지는 것을 방지하여 그래디언트 소멸과 폭발 문제를 극복했습니다.

그러나 LSTM 네트워크는 여전히 병렬화의 어려움과 따라서 느린 훈련 시간(더 복잡하기 때문에 RNN보다 더 느릴 수 있음)이라는 문제를 가지고 있었습니다. 목표는 순차적인 데이터에서도 병렬화를 활용할 수 있는 모델을 가지는 것이었습니다.

이러한 한계를 극복하기 위해 새로운 프레임워크가 소개되었습니다.

한계점 극복 - Transformer 소개

트랜스포머 아키텍처는 이러한 한계를 극복하기 위해 순환성을 (셀프 어텐션 메커니즘으로) 대체하여 병렬 계산을 가능하게 하고 장기 의존성을 포함합니다.

다음 그림(원본 논문에서 가져옴)에서 볼 수 있듯이 두 가지 주요 구성 요소가 있습니다: 왼쪽에는 입력을 낮은 차원 공간에 표현하는 역할을 하는 "인코더"가 있으며, 오른쪽에는 인코더가 제공한 낮은 차원 데이터를 원래 데이터 형식으로 다시 번역하는 역할을 하는 "디코더"가 있습니다.

인코더와 디코더는 트랜스포머 아키텍처를 구분짓는 세 가지 주요 계층을 공유합니다: Positional 인코딩, 셀프 어텐션 및 피드포워드.

다음 섹션에서 각각의 내용을 이해해 보겠습니다.

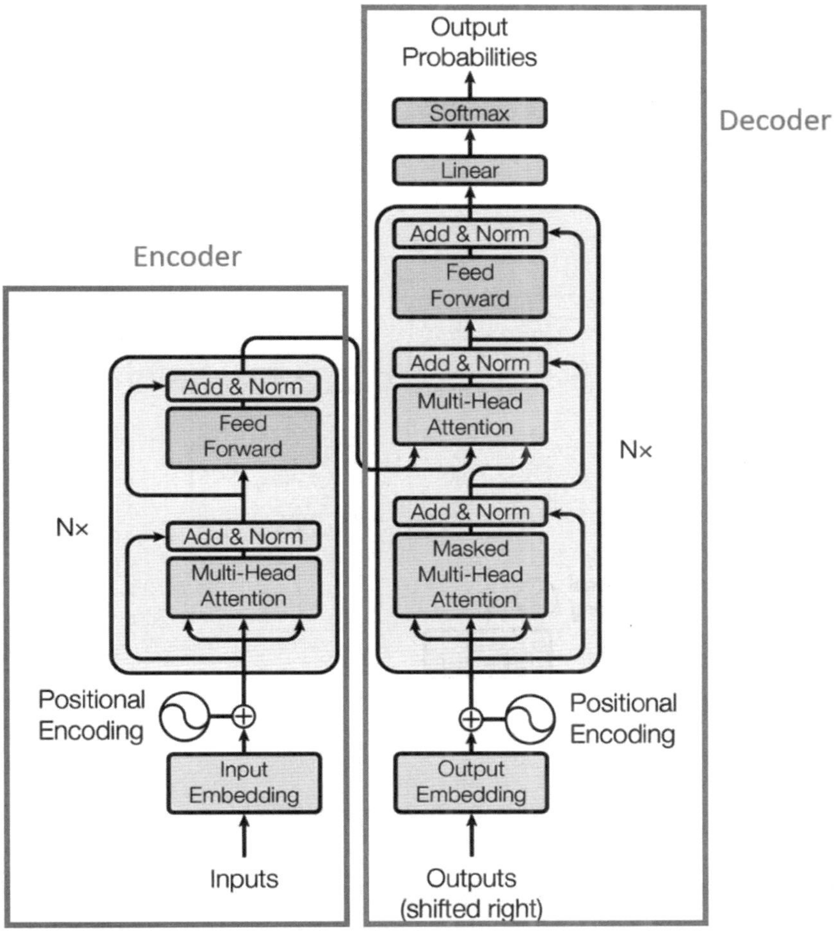

그림 2.17 원본 논문에 포함된 Transformer 아키텍처 그림. ("Attention is all you need." Vaswani, A., Shazeer, N., Parmar, N., Uszkoreit, J., Jones, L., Gomez, A. N., Kaiser, L., & Polosukhin, I. (2017). Attention Is All You Need. ArXiv. https://doi.org/10.48550/arXiv.1706.03762)

Positional encoding

인코더는 자연어 입력을 숫자 벡터로 변환하는 레이어입니다. 이는 임베딩 프로세스에 의해 수행됩니다. 임베딩은 단어를 벡터로 표현하는 NLP 기술로, 한 번 벡터 공간에 표현되면 벡터 간의 수학적 거리가 표현하는 단어들 간의 유사성을 나타냅니다. 다음 그림을 살펴보세요:

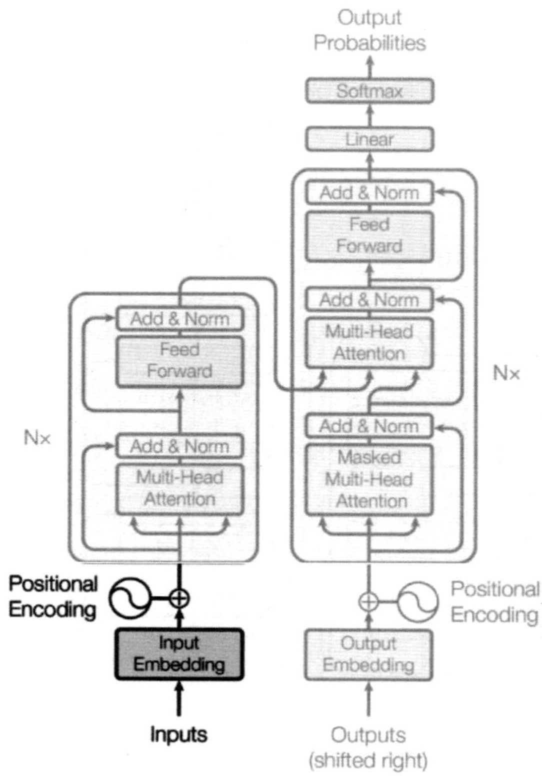

그림 2.18 - Trnasformer 아키텍쳐

> 문장의 의미에 대해 이야기할 때, 우리는 모두 문장 내의 단어 배열이 의미를 결정하는 데 중요하다는 데 동의합니다. 이것이 우리가 인코더가 순서를 고려하고 위치를 인식하는 것을 원하는 이유입니다.

Positional 인코딩은 시퀀스 내의 단어 위치를 나타내는 고정된 학습된 벡터입니다. 이는 단어의 임베딩에 추가되어 단어의 최종 표현에 의미와 위치 모두가 포함됩니다.

셀프-어텐션(Self-attention)

셀프-어텐션 레이어는 출력을 생성하는 데 각 입력 토큰의 중요성을 결정하는 역할을 합니다. 이들은 "입력의 어느 부분에 집중해야 할까요?"라는 질문에 답합니다.

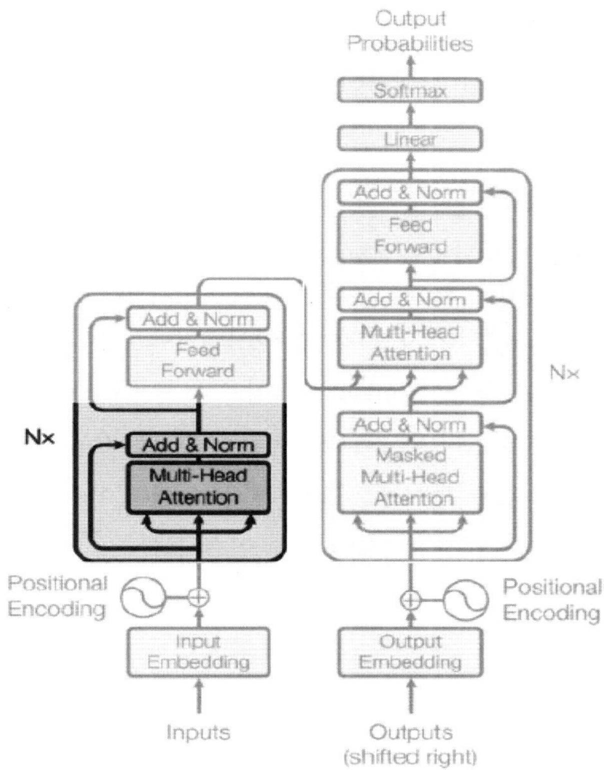

그림 2.19 - Trnasformer 아키텍쳐

문장의 셀프 어텐션 벡터를 얻기 위해 필요한 요소는 값(value), 쿼리(query) 및 키(key)입니다. 이러한 행렬은 입력 시퀀스의 요소 간의 어텐션 스코어를 계산하는 데 사용되며, 이러한 세 개의 가중치 행렬은 훈련 과정에서 학습되는 것이 일반적입니다(일반적으로 무작위 값으로 초기화됩니다).

쿼리는 어텐션 메커니즘의 현재 중점을 나타내는 데 사용되며, 키는 어떤 입력 부분에 주목해야 하는지를 결정하는 데 사용되며, 값은 컨텍스트 벡터를 계산하는 데 사용됩니다. 이러한 행렬은 곱해지고 비선형 변환을 거쳐 (소프트맥스 함수 덕분에) 전달됩니다. 셀프 어텐션 레이어의 출력은 입력 값을 변형된 문맥을 감안한 방식으로 나타내며, 이로써 트랜스포머가 수행하는 작업에 따라 입력의 다른 부분에 주의를 기울일 수 있게 합니다. 행렬의 곱셈을 어떻게 나타낼 수 있는지는 다음과 같습니다:

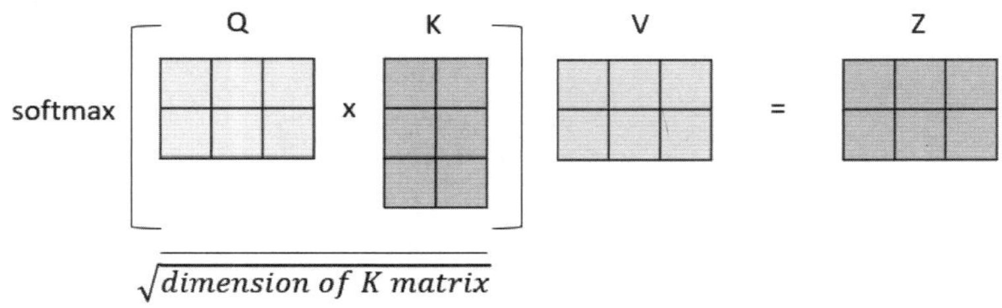

그림 2.20 쿼리, 키 및 값 행렬의 곱셈을 통해 컨텍스트 벡터를 얻는 방법

논문 "Attention is all you need"의 저자가 제안한 아키텍처에서 언급된 것처럼 어텐션 레이어는 다중 헤드 어텐션(multi-headed attention)으로 참조됩니다. 다중 헤드 어텐션은 복수의 셀프 어텐션 메커니즘이 입력 데이터의 서로 다른 부분에 병렬로 작동하여 여러 가지 표현을 생성하는 메커니즘입니다. 이를 통해 트랜스포머 모델은 입력 데이터의 다양한 부분에 동시에 주의를 기울이고 여러 관점에서 정보를 집계할 수 있습니다.

다중 헤드 어텐션의 병렬 출력이 준비되면, 해당 출력은 연결되어 피드포워드 레이어로 처리됩니다.

Feedforward 레이어

피드포워드 레이어는 셀프-어텐션 레이어의 출력을 최종 출력에 적합한 표현으로 변환하는 역할을 담당합니다.

피드포워드 레이어는 트랜스포머 아키텍처의 주요 구성 요소이며, 두 가지 주요 요소로 구성됩니다:

- **완전 연결 레이어 (밀집 레이어로도 알려짐)**: 레이어 내의 각 뉴런이 이전 레이어의 각 뉴런에 연결되는 유형의 레이어입니다. 다시 말해, 이전 레이어의 각 입력은 현재 레이어의 각 뉴런에 연결되며, 현재 레이어의 각 뉴런은 다음 레이어의 모든 뉴런의 출력에 기여합니다. 밀집 레이어의 각 뉴런은 선형 변환을 통해 입력의 가중 합을 계산합니다.
- **활성화 함수**: 완전 연결 레이어의 출력에 적용되는 비선형 함수입니다. 활성화 함수는 뉴런의 출력에 비선형성을 도입하는 데 사용됩니다. 이는 네트워크가 입력 데이터의 복잡한 패턴과 관계를 학습하는 데 필요합니다. GPT의 경우, 활성화 함수는 ReLU입니다.

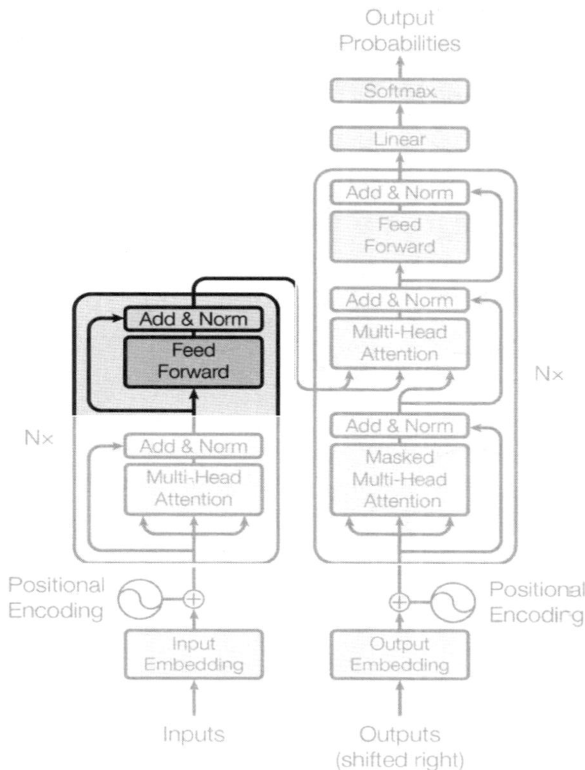

그림 2.21 Trnasformer 아키텍쳐

피드포워드 레이어의 출력은 그 다음 네트워크 레이어의 입력으로 사용됩니다.

다음 그림에서는 2D 벡터를 입력으로 취하는 일반적인 피드포워드 레이어의 예를 볼 수 있습니다. 이 레이어는 훈련된 가중치를 사용하여 밀집 레이어에서 선형 연산을 수행하고, 그 결과에 ReLU 활성화 함수를 적용하여 출력에 비선형 변환을 수행합니다:

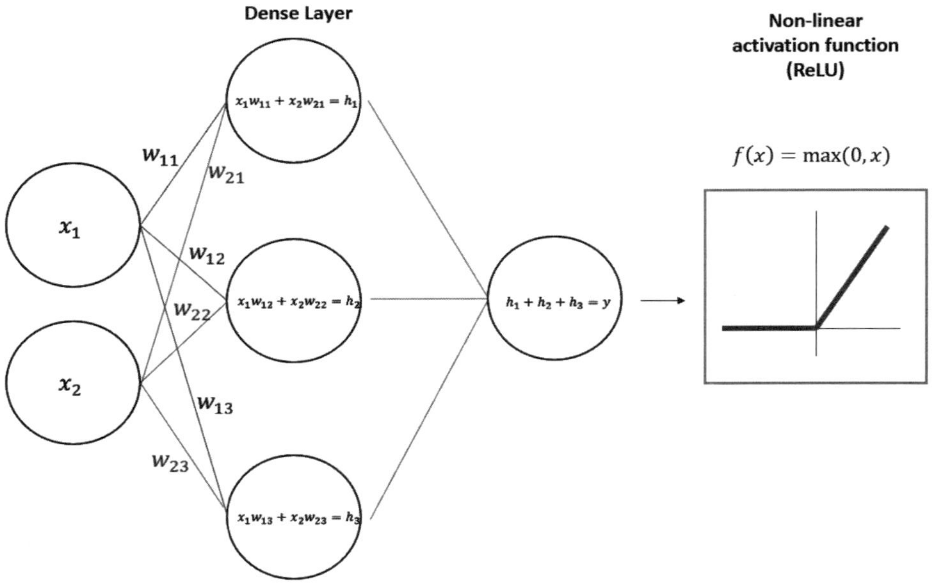

그림 2.22 2차원 입력을 가진 밀집 레이어와 ReLU 비선형 활성화 함수가 있는 일반적인 피드포워드 레이어의 구조

마지막 단계 – 디코딩 결과

우리는 트랜스포머가 두 가지 구성 요소로 이루어져 있다고 언급했습니다: 인코더와 디코더. Positional 인코딩, 셀프-어텐션 및 피드포워드 레이어와 같은 핵심 요소를 공유하긴 하지만, 디코더는 여전히 추가 작업을 수행해야 합니다. 입력을 원래 데이터 형식으로 디코딩하는 작업입니다. 이 작업은 선형 레이어(입력의 차원을 출력의 차원에 맞게 조정하는 피드포워드 네트워크)와 소프트맥스 함수(입력을 확률 벡터로 변환)를 통해 수행됩니다.

벡터에서는 가장 높은 확률에 해당하는 단어를 선택하고, 이를 모델의 최상의 출력으로 사용합니다.

위에서 설명한 모든 아키텍처 요소는 트랜스포머의 프레임워크를 정의합니다. 다음 섹션에서는 이 혁신적인 프레임워크가 GPT-3와 OpenAI에서 개발한 다른 강력한 언어 모델의 기반을 마련한 방식을 살펴볼 것입니다.

GPT-3

그리고 우리는 GPT-3에 도달합니다. ChatGPT 뒤에 있는 아키텍처입니다. 실제로, GPT-3는 트랜스포머 아키텍처를 기반으로한 모델입니다. 그러나 특이한 점이 있습니다: GPT-3는 디코더 레이어만을 가지고 있습니다. 사실, OpenAI 연구원들은 "Improving Language Understanding by Generative Pre-Training"이라는 논문에서 디코더만을 가진 접근 방식을 사용했습니다.

GPT-3는 거대합니다. 그러나 실제로 얼마나 거대한 걸까요?

먼저, 훈련에 사용된 지식 베이스에 대해 알아보겠습니다. 이 모델은 인간의 지식을 최대한 포괄적으로 담기 위해 다양한 소스로 구성되었습니다:

- Common Crawl (https://commoncrawl.org/): 8년 동안 수집된 대규모의 웹 데이터 코퍼스로, 최소한의 필터링을 거쳤습니다.
- WebText2 (https://openwebtext2.readthedocs.io/en/latest/background/): 적어도 3개의 추천을 받은 Reddit 게시물에 연결된 웹 페이지에서 가져온 텍스트 컬렉션입니다.
- Books1 and Books2: 인터넷에서 사용 가능한 책들로 구성된 두 개의 말뭉치(Corpus)입니다.
- Wikipedia: 인기 온라인 백과사전인 영어판 위키피디아의 기사를 포함한 말뭉치(Corpus)입니다.

이 그림을 통해 훈련 데이터셋 통계를 볼 수 있습니다.

Dataset	# tokens	Training mix
Common Crawl (filtered)	410 billion	60%
WebText2	19 billion	22%
Books1	12 billion	8%
Books2	55 billion	8%
Wikipedia	3 billion	3%

그림 2.23 - GPT-3 지식 베이스

다음 가정을 고려해 봅시다:

- 1 토큰 ≈ 영어로 4글자
- 1 토큰 ≈ ¾ 단어

이 가정에 따르면 GPT-3는 약 3740억 단어로 훈련되었습니다!

이 지식 베이스는 9600만 개의 숨겨진 레이어 사이에 1750억 개의 파라미터를 희박하게 훈련하기 위해 사용되었습니다. GPT-3의 거대함을 이해하기 위해 이전 버전인 GPT-1과 GPT-2와 비교해 보겠습니다:

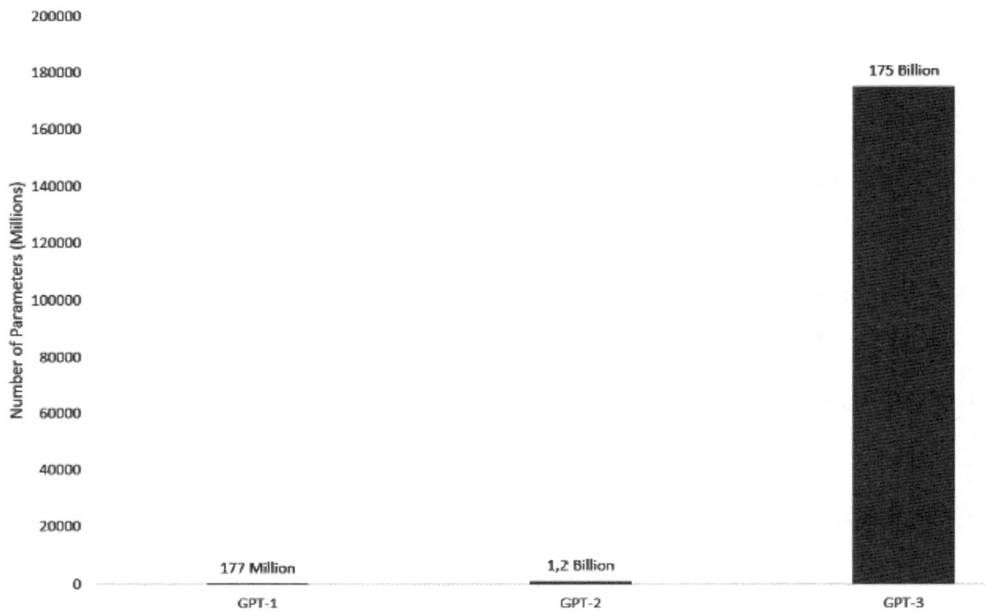

그림 2.24 – GPT 모델의 파라미터 수에 따른 진화

보시다시피, 2018년 GPT-1이 처음 소개된 이후 단 몇 년 만에 GPT 모델의 복잡성과 깊이가 기하급수적으로 증가했습니다.

GPT 모델의 발전 속도는 놀랍습니다, 특히 일반 대중에게 처음 공개된 최신 버전인 ChatGPT를 생각해보면요.

ChatGPT: 최첨단 기술

2022년 11월, OpenAI는 대화형 인공지능 시스템인 ChatGPT의 웹 프리뷰를 일반 대중에게 공개했습니다. 이는 전문가, 기관 및 일반 대중에서 큰 관심을 불러일으키게 된 시작이었는데, 단 5일 만에 서비스 이용자 수가 100만 명에 이르렀습니다!

ChatGPT에 관한 글을 작성하기 전에, ChatGPT 스스로를 소개하겠습니다:

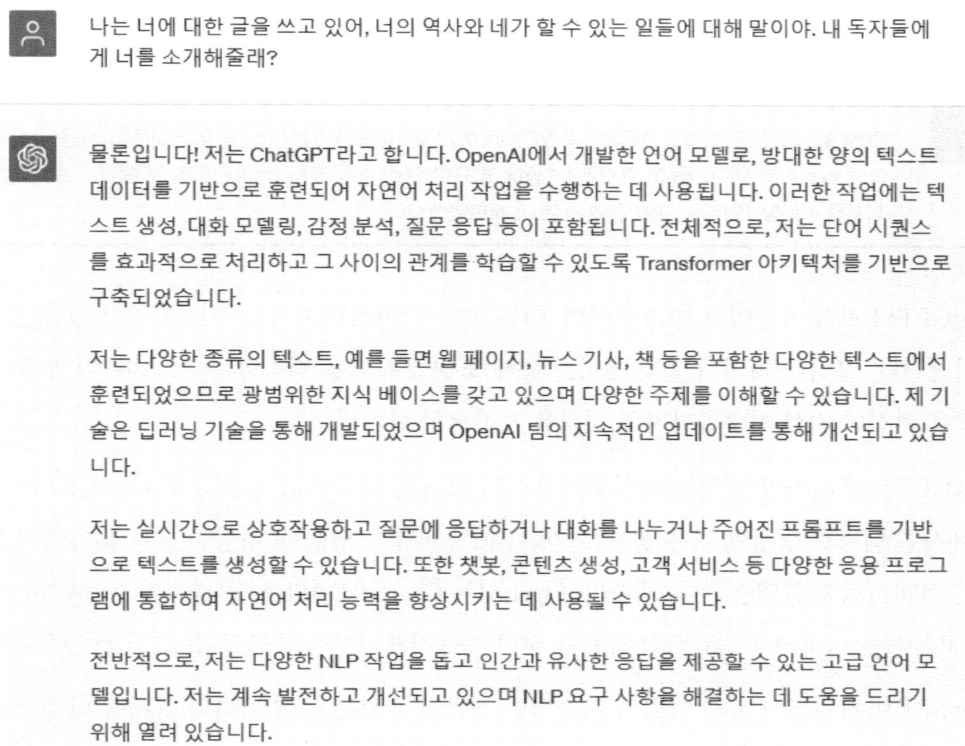

나는 너에 대한 글을 쓰고 있어, 너의 역사와 네가 할 수 있는 일들에 대해 말이야. 내 독자들에게 너를 소개해줄래?

물론입니다! 저는 ChatGPT라고 합니다. OpenAI에서 개발한 언어 모델로, 방대한 양의 텍스트 데이터를 기반으로 훈련되어 자연어 처리 작업을 수행하는 데 사용됩니다. 이러한 작업에는 텍스트 생성, 대화 모델링, 감정 분석, 질문 응답 등이 포함됩니다. 전체적으로, 저는 단어 시퀀스를 효과적으로 처리하고 그 사이의 관계를 학습할 수 있도록 Transformer 아키텍처를 기반으로 구축되었습니다.

저는 다양한 종류의 텍스트, 예를 들면 웹 페이지, 뉴스 기사, 책 등을 포함한 다양한 텍스트에서 훈련되었으므로 광범위한 지식 베이스를 갖고 있으며 다양한 주제를 이해할 수 있습니다. 제 기술은 딥러닝 기술을 통해 개발되었으며 OpenAI 팀의 지속적인 업데이트를 통해 개선되고 있습니다.

저는 실시간으로 상호작용하고 질문에 응답하거나 대화를 나누거나 주어진 프롬프트를 기반으로 텍스트를 생성할 수 있습니다. 또한 챗봇, 콘텐츠 생성, 고객 서비스 등 다양한 응용 프로그램에 통합하여 자연어 처리 능력을 향상시키는 데 사용될 수 있습니다.

전반적으로, 저는 다양한 NLP 작업을 돕고 인간과 유사한 응답을 제공할 수 있는 고급 언어 모델입니다. 저는 계속 발전하고 개선되고 있으며 NLP 요구 사항을 해결하는 데 도움을 드리기 위해 열려 있습니다.

그림 2.25 – ChatGPT의 자기 소개

ChatGPT는 수정된 GPT-3 버전을 활용한 고급 언어 모델 위에 구축되었으며, 이 모델은 특히 대화를 위해 세밀하게 조정된 GPT-3의 변형 버전을 사용합니다. 최적화 과정은 인간 피드백을 활용한 강화 학습 (Reinforcement Learning with Human Feedback, RLHF) 기법을 포함합니다. 이 기법은 인간의 입력을 활용하여 모델이 원하는 대화 행동을 나타낼 수 있도록 훈련시키는 방법입니다.

RLHF는 알고리즘이 인간의 피드백을 받아 작업을 수행하는 기계 학습 접근 방식으로 정의할 수 있습니다. 알고리즘은 인간이 제공한 보상 신호를 최대화하는 결정을 내리도록 훈련되며, 인간은 알고리즘의 성능을 향상시키기 위해 추가적인 피드백을 제공합니다. 이러한 방법은 작업이 전통적인 프로그래밍으로는 너무 복잡하거나 원하는 결과를 사전에 명시하기 어려울 때 유용합니다.

여기서 주요한 차이점은 ChatGPT가 사용자와 조화를 이루도록 인간을 통해 훈련되었다는 것입니다. RLHF를 통합함으로써 ChatGPT는 자연스럽고 매혹적인 방식으로 인간 언어를 더 잘 이해하고 응답할 수 있도록 설계되었습니다.

> **참고**
>
> ChatGPT의 선도 모델로 생각할 수 있는 InstructGPT에도 동일한 RLHF 메커니즘이 사용되었습니다. OpenAI의 연구자들이 2022년 1월에 발표한 관련 논문에서 InstructGPT는 GPT-3보다 영어 지시를 더 잘 따르는 모델 클래스로 소개되었습니다.

ChatGPT의 지식 기준일은 2021년이며, 이는 모델이 2021년까지의 정보를 알고 있다는 것을 의미합니다. 그러나 여전히 몇몇 예시를 통해 모델에 문맥을 제공할 수 있으며, 이 때 모델의 응답은 여전히 지식 기준일까지의 지식을 기반으로 합니다.

ChatGPT는 우리가 인공지능과 상호작용하는 방식을 혁신하고 있습니다. ChatGPT의 인간과 유사한 텍스트 생성 능력은 챗봇, 고객 서비스, 콘텐츠 생성 등 다양한 응용 분야에서 인기 있는 선택지로 만들었습니다. 게다가, OpenAI는 ChatGPT API를 곧 출시할 예정이며, 이로써 개발자들은 ChatGPT를 직접 사용자 정의 애플리케이션에 통합할 수 있게 될 것입니다.

ChatGPT 아키텍처와 훈련 방법의 지속적인 개발과 개선은 언어 처리의 한계를 더욱 뛰어넘는 것을 약속하고 있습니다.

요약

이 장에서 우리는 OpenAI의 역사, 연구 분야 및 최신 개발 동향, ChatGPT까지를 살펴보았습니다. 우리는 테스트 환경인 OpenAI Playground와 Models API를 코드에 통합하는 방법에 대해 더 깊이 들어갔습니다. 그런 다음, GPT 모델 패밀리의 수학에 대해 더 자세히 살펴봄으로써 ChatGPT 뒤의 GPT-3 모델의 작동 방식에 대한 명확한 이해를 얻었습니다.

GPT 모델의 수학적 원리를 더 깊이 이해함으로써 이러한 모델이 얼마나 강력하며 어떤 다양한 방식으로 개인 및 조직에 영향을 미칠 수 있는지 더 잘 이해할 수 있습니다.

OpenAI Playground 및 Models API를 간단하게 살펴보았을 때, 이미 학습된 모델을 테스트하거나 애플리케이션에 통합하는 것이 얼마나 쉬운지 알게 되었습니다. 여기서 중요한 점은 강력한 하드웨어와 수십 시간의 학습 시간이 필요하지 않다는 것입니다. 이미 사용 가능하며 필요한 경우 몇 가지 예제로 사용자 정의할 수 있습니다.

다음 장에서는 이 책의 제2부도 시작하면서 다양한 도메인 내에서 ChatGPT가 어떻게 활용되며 그 잠재력을 어떻게 발휘할 수 있는지 살펴보겠습니다. 적절한 프롬프트를 설계하여 ChatGPT에서 최대한의 가치를 얻는 방법, 일상 생산성을 향상시키는 방법, 개발자, 마케터 및 연구자를 위한 훌륭한 프로젝트 어시스턴트로 활용하는 방법을 배우게 될 것입니다.

참조

- Radford, A., & Narasimhan, K. (2018). Improving language understanding by generative pr e-training.
- Vaswani, A., Shazeer, N., Parmar, N., Uszkoreit, J., Jones, L., Gomez, A. N., Kaiser, L., & P olosukhin, I. (2017). Attention Is All You Need. ArXiv. https://doi.org/10.48550/ arXiv.17 06.03762 OpenAI. Fine-Tuning Guide. OpenAI platform documentation. https:// platfor m.openai.com/docs/guides/fine-tuning.

ChatGPT를 위한 작업

PART 2

이 부분에서는 ChatGPT가 시장에 가져올 새로운 가능성의 풍경을 탐험하기 시작합니다. 일상 생산성부터 도메인 특정 사용 사례까지, 여러분은 ChatGPT의 능력과 다양한 작업에 대한 추론 엔진으로서의 활용 방법에 익숙해질 것입니다.

기술적인 사전 요구 사항을 탐색한 후, 이 부분은 ChatGPT 사용자 인터페이스 개요로 이동하며 채팅 관리와 질문 수정을 포함합니다.

다음 ChatGPT 및 대규모 언어 모델의 최상의 결과를 얻기 위해 가장 중요한 요소 중 하나인 '프롬프트 디자인' 개념으로 나아갑니다. 여기에서는 Reason and Act (ReAct) 및 Chain of Thoughts (CoT)와 같은 최근 기술 발전과 연구 논문과 함께 ChatGPT를 최상으로 작동시키는 강력한 기술에 익숙해질 것입니다.

마지막으로 이 부분은 ChatGPT를 운영 활동에서 사용하는 구체적인 예시에 중점을 둡니다. 일상 생산성부터 마케팅, 개발 및 연구와 같은 더 도메인 특정 분야로 나아가며, 다양한 도메인에서 ChatGPT가 다룰 수 있는 사용 사례뿐만 아니라 그런 예시를 직접 복제할 수 있는 구체적인 예시를 볼 수 있을 것입니다.

이 부분에는 다음과 같은 장이 포함되어 있습니다.

- 제 3장, ChatGPT에 친숙해지기
- 제 4장, 프롬프트 디자인 이해하기
- 제 5장, 일상에서의 ChatGPT
- 제 6장, 개발자를 위한 ChatGPT
- 제 7장, 마케터를 위한 ChatGPT
- 제 8장, 연구자를 위한 ChatGPT

제3장
ChatGPT와 친숙해지기

이 장은 여러분이 ChatGPT 계정을 설정하고 서비스를 사용하는 방법을 안내합니다. 또한 웹 UI와 상호 작용하는 방법, 주제별로 채팅하는 방법 및 대화 구조에 대해서도 설명할 것입니다.

이 장을 마치면 ChatGPT가 무엇인지, 어떻게 작동하는지, 그리고 일상적인 도우미로서 효율적으로 활용하는 방법을 더 잘 이해하게 될 것입니다. 또한, 주요 기능과 제한 사항에 대해 배우므로 이를 책임 있게 사용하는 방법을 알게 될 것입니다.

이 장에서는 다음과 같은 주제를 다룰 것입니다:

- ChatGPT 계정 설정
- ChatGPT UI에 친숙해지기
- 채팅하기

ChatGPT 계정 설정

ChatGPT를 사용하려면 먼저 OpenAI 계정을 생성해야 합니다:

1. OpenAI 웹사이트(https://openai.com)로 이동합니다.
2. 아래로 스크롤 하고 "Product" 메뉴에서 "ChatGPT"를 클릭합니다. 아래와 같이 표시됩니다:

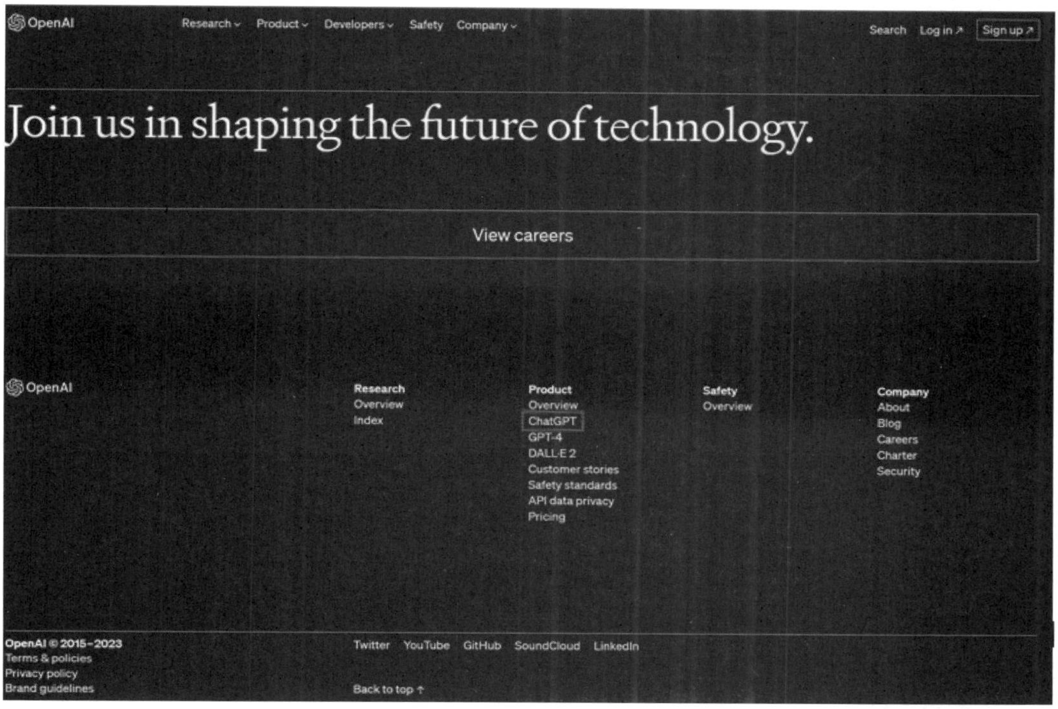

그림 3.1 OpenAI 홈페이지

3. 그리고 "Try on web"을 클릭:

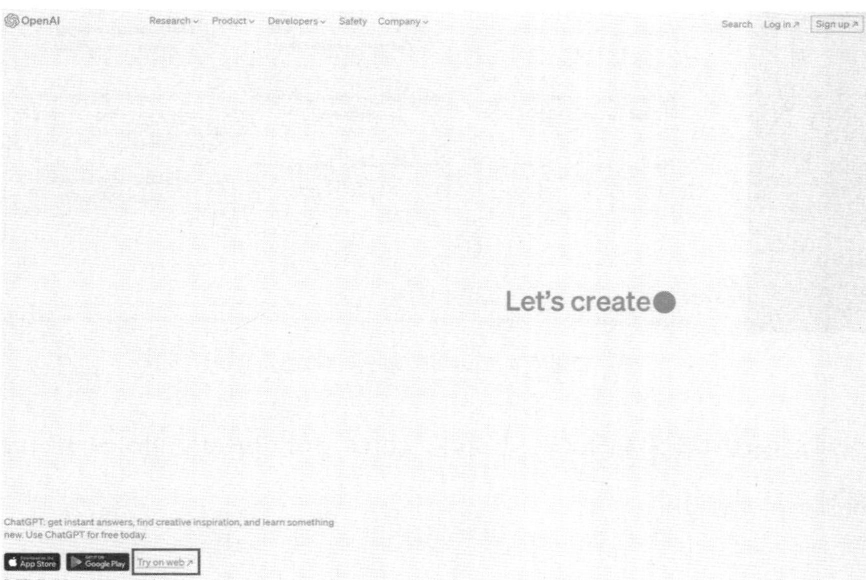

그림 3.2 – ChatGPT 홈페이지

4. 다음 페이지에서 OpenAI 계정 가입을 위한 양식을 작성해야 합니다. 이 계정은 OpenAI Playground에 액세스하고 API 키를 생성하는 데 사용할 수 있는 동일한 계정입니다.

그림 3.3 ChatGPT 페이지 로그인 화면

5. 이제 ChatGPT 웹을 사용할 수 있습니다. ChatGPT 웹을 찾은 후 클릭하여 실행하세요. 웹 브라우저에서 직접 ChatGPT와 상호작용하고 다양한 자연어 처리 작업을 수행할 수 있습니다.

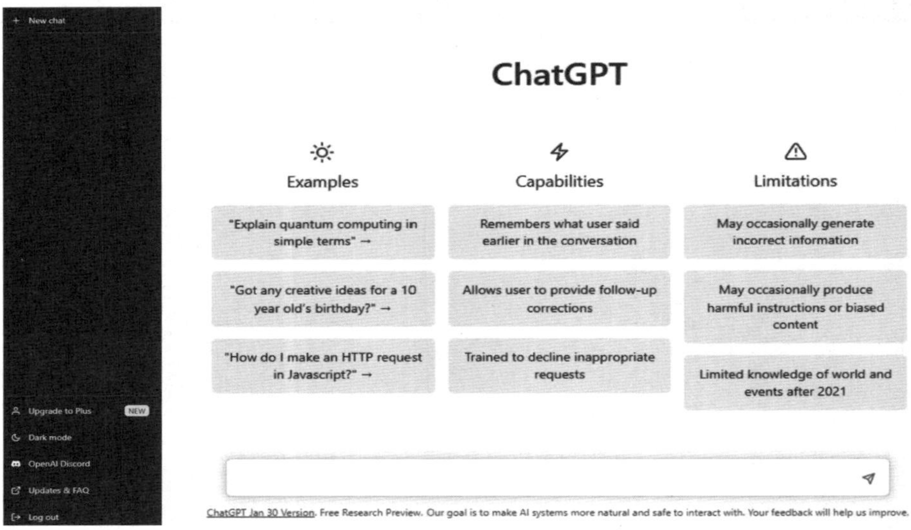

그림 3.4 ChatGPT 웹 인터페이스

좋아요! 이제 ChatGPT를 사용할 수 있습니다. 그러나 앱이 어떤지도 알아야 합니다. 다음에 앱에 대해 배워보겠습니다.

ChatGPT UI와 친숙해지기

ChatGPT의 웹 인터페이스는 사용하기 매우 직관적입니다. 프롬프트를 작성하기 전에 서비스에서 제공하는 몇 가지 예제를 간편하게 시도해볼 수 있습니다:

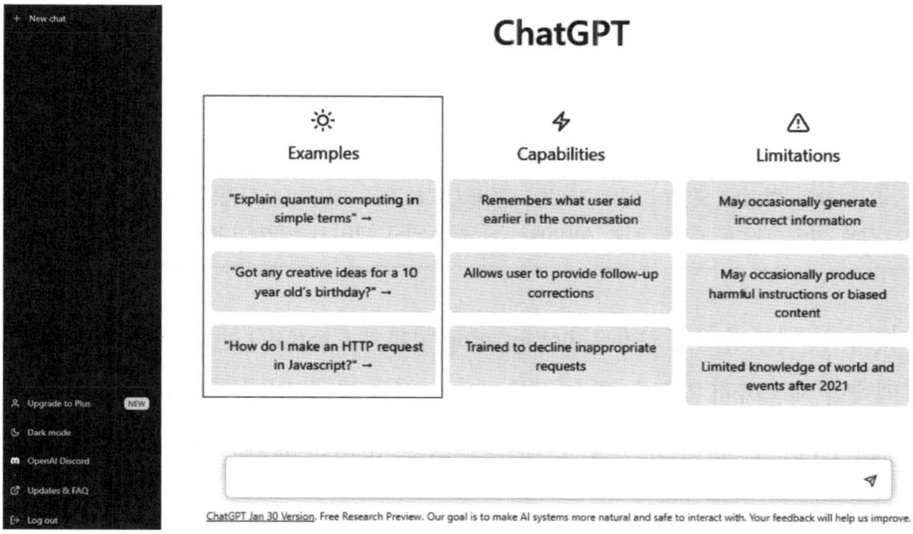

그림 3.5 - ChatGPT에서 제공되는 프롬프트 샘플

그리고, ChatGPT의 주요 기능에 대한 지침도 제공됩니다:

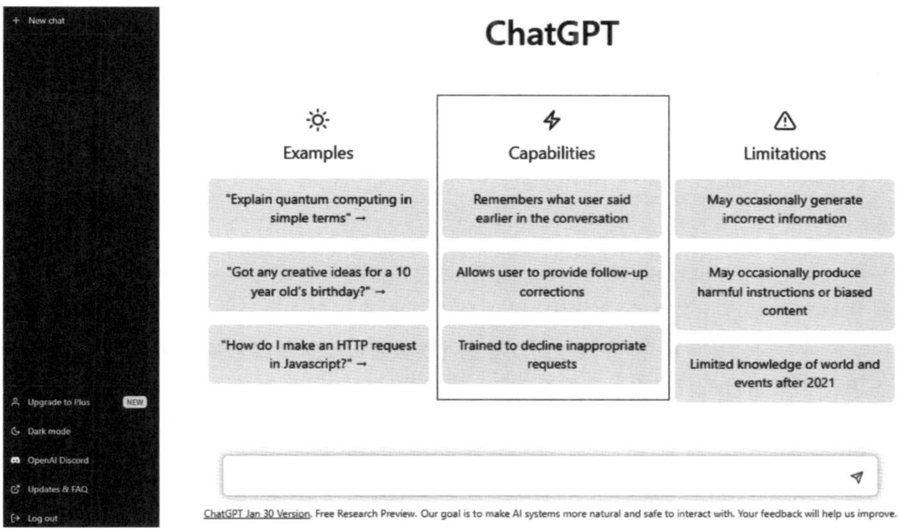

그림 3.6 - ChatGPT의 주요 기능

기능 중에서 대화 전반에 걸쳐 기억을 유지할 수 있는 ChatGPT의 능력이 강조됩니다. 이전 장에서는 GPT 뒤의 수학을 자세히 살펴보며 기억 보존 요소가 얼마나 중요한지 알아봤습니다: 이제 이 수학적 복잡성이 실제로 어떻게 작용하는지를 이해하실 수 있습니다.

ChatGPT의 능력은 또한 몇 가지 예시를 통한 학습(few-shot learning)의 한 예입니다. 다음 장에서 더 자세히 배우게 될 내용입니다.

> **참고**
>
> ChatGPT는 이전 맥락의 기억을 유지할 수 있도록 few-shot learning 능력을 가지고 있습니다. few-shot 학습은 모델이 매우 제한된 데이터로 새로운 개념이나 작업을 학습할 수 있는 유형의 기계 학습 기술로, 인공 지능 분야에서 중요한 연구 분야가 되었습니다.

이러한 기능들인 메모리 유지와 few-shot learning 덕분에 ChatGPT는 대화 중에 사용자가 다시 한 번 맥락을 제공하지 않고도 후속 질문이나 수정을 할 수 있게 해줍니다.

다음은 ChatGPT와의 대화에서 프롬프트를 수정하는 방법의 예시입니다:

심층 강화학습이 뭔지 두 문장으로 설명해봐.

심층 강화학습은 강화학습과 딥러닝 기술을 결합하여 인공 에이전트가 복잡하고 동적인 환경에서 의사 결정을 내리도록 하는 머신러닝 하위 분야로, 에이전트가 누적 보상 신호를 최대화하기 위해 시행착오를 통해 훈련하는 방법입니다.

누적 보상 신호가 무슨 뜻이야?

누적 보상 신호(cumulative reward signal)란, 에이전트가 특정 환경에서 취한 행동에 대한 보상을 일정 시간 동안 누적한 값을 나타냅니다. 이 보상 신호는 에이전트의 학습 과정을 안내하는 피드백 메커니즘 역할을 하며, 에이전트에게 어떤 상태에서 어떤 행동을 선택하여 시간이 지남에 따라 총 보상을 최대화하는지를 학습하도록 돕습니다. 에이전트의 목표는 시간에 따라 누적 보상 신호를 최대화하는 방식으로 상태를 행동에 매핑하는 정책을 학습하는 것입니다.

그림 3.7 – ChatGPT에서의 프롬프트 수정 예시

마지막으로, 모델은 또한 사용자에게 자신의 능력 중 하나로, 유익하지 않거나 기존의 요청을 거부할 수 있도록 훈련되었다는 사실을 알립니다. 홈페이지에서 제공되는 마지막 정보는 ChatGPT의 제한 사항과 관련이 있습니다:

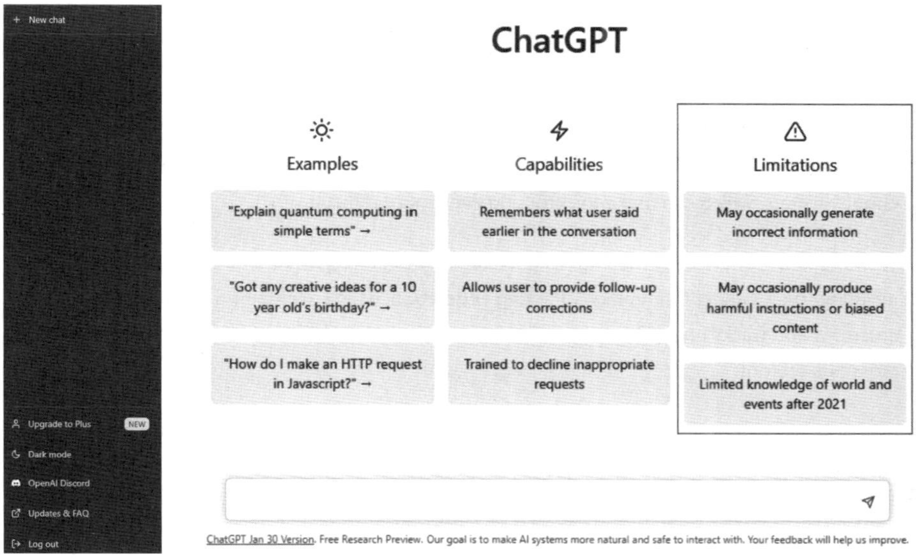

그림 3.8 - ChatGPT의 제한사항들

이러한 요소들은 오늘날 AI 도구가 여전히 인간에 의해 감독되어야 함을 상기시키는 중요한 부분입니다. 실제로, 2021년과 오늘 사이의 누락된 정보 외에도, ChatGPT는 부정확하거나 심지어 잘못된 정보를 제공할 수 있습니다. 따라서, 이러한 이유로 ChatGPT 뿐만 아니라 AI의 기능들에 대해 감독이 필요한 이유입니다.

언급할 가치 있는 흥미로운 현상은 할루시네이션입니다. 할루시네이션은 AI 모델이 실제 관측에 기반하지 않은 가짜나 상상된 데이터를 생성하는 현상을 말합니다. 다음은 이러한 현상의 예시입니다:

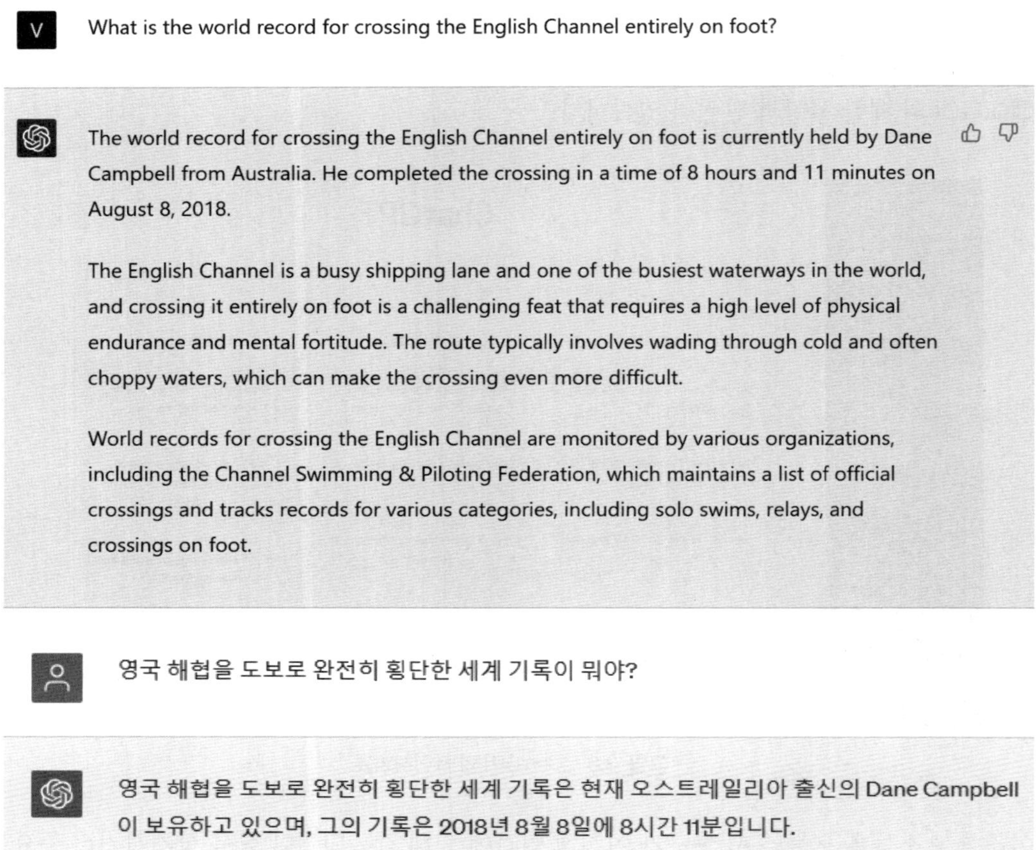

그림 3.9 - ChatGPT의 할루시네이션 예시 (위: 영어 버전, 아래: 한글 버전)

그림 3.9의 질문은 원래 Douglas Hofstadter와 David Bender가 개발한 것으로, ChatGPT에서 할루시네이션적인 응답을 유발하는 방법입니다!

할루시네이션을 방지하기 위해 몇 가지 좋은 실천법을 염두에 두어야 합니다:

- **구체적이고 명확하게** 표현: 프롬프트가 잘 정의되어 있고 원하는 목표를 명확하게 나타내도록 하세요. 이렇게 하면 모델이 더 집중적이고 관련성 있는 응답을 생성하는 데 도움이 됩니다. "세계에 대해 말해주세요"와 같은 프롬프트는 좋은 결과를 얻지 못할 수 있습니다.
- **충분한 맥락을 제공하기**: 제공할 수 있는 만큼 많은 맥락을 제공할수록 모델이 더 잘 이해하고 필요한 응답을 생성할 수 있을 것입니다.
- **모호성을 피하기**: 모호하거나 애매한 용어나 구문을 프롬프트에서 피하는 것이 좋습니다. 이렇게 하면 모델이 무엇을 원하는지 이해하는 것이 어려워질 수 있습니다.

- **간결한 언어 사용:** 가능한 간결한 프롬프트를 사용하되 모델이 응답을 생성하는 데 충분한 정보를 제공하세요. 이렇게 하면 모델이 집중적이고 간결한 응답을 생성할 수 있을 것입니다.
- **훈련 데이터에 유의하기:** ChatGPT는 대량의 텍스트들로 훈련되었으며 해당 데이터의 패턴을 기반으로 편향된 또는 부정확한 응답을 생성할 수 있습니다. 이를 염두에 두고 모델이 적절하지 않거나 정확하지 않은 응답을 생성하는 것 같다면 프롬프트를 조정하는 것을 고려하세요.

다음 장에서 볼 것처럼, 이러한 프롬프트 디자인 고려 사항은 할루시네이션을 방지하는 데만 유용한 것이 아니라 ChatGPT와의 상호작용을 통해 최고의 가치와 유용한 정보를 얻는 데도 도움이 됩니다.

이것으로 이번 장은 마무리하겠습니다. 이제 대화가 어떻게 관리되는지 살펴보겠습니다.

채팅의 구성

ChatGPT가 제공하는 시간을 절약하는 기능 중 하나는 여러 개의 열린 스레드 또는 채팅을 가질 수 있는 기능입니다. 실제로 첫 번째 프롬프트를 작성하기 시작하면 ChatGPT가 자동으로 새로운 채팅을 시작하고 관련 제목을 붙여줍니다. 다음 스크린샷의 왼쪽 상단을 살펴보세요:

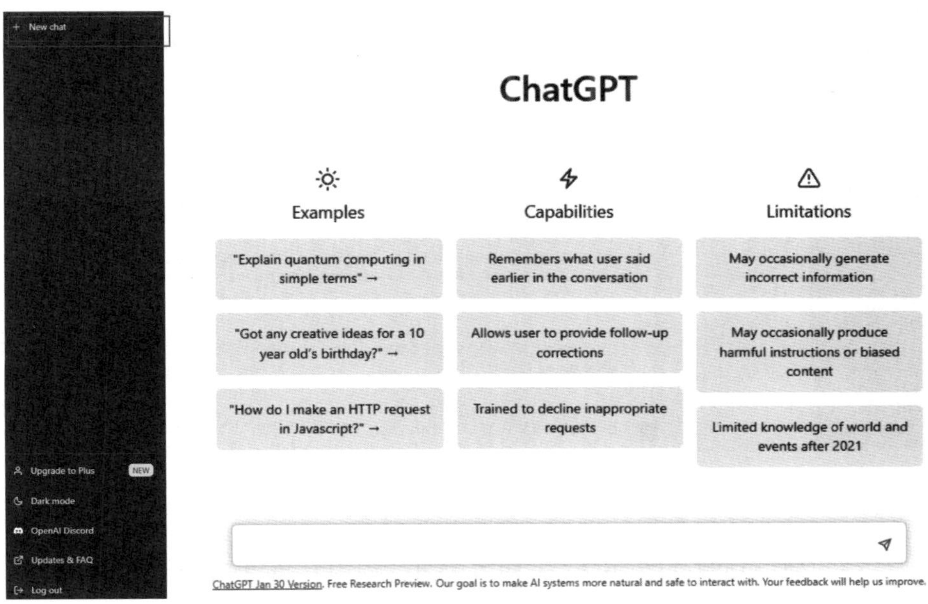

그림 3.10 - ChatGPT에서 새로운 채팅 생성하기

항상 처음부터 새로운 채팅을 시작할 수 있습니다. 또한, 며칠 전에 시작한 대화를 계속하고 싶을 수도 있습니다.

ChatGPT에게 선형 회귀 개념을 설명해달라고 요청하고, 여러 가지 추가 질문으로 대화를 시작했다고 상상해보세요. 아래 그림에 나와있는 것처럼 표시될 것입니다:

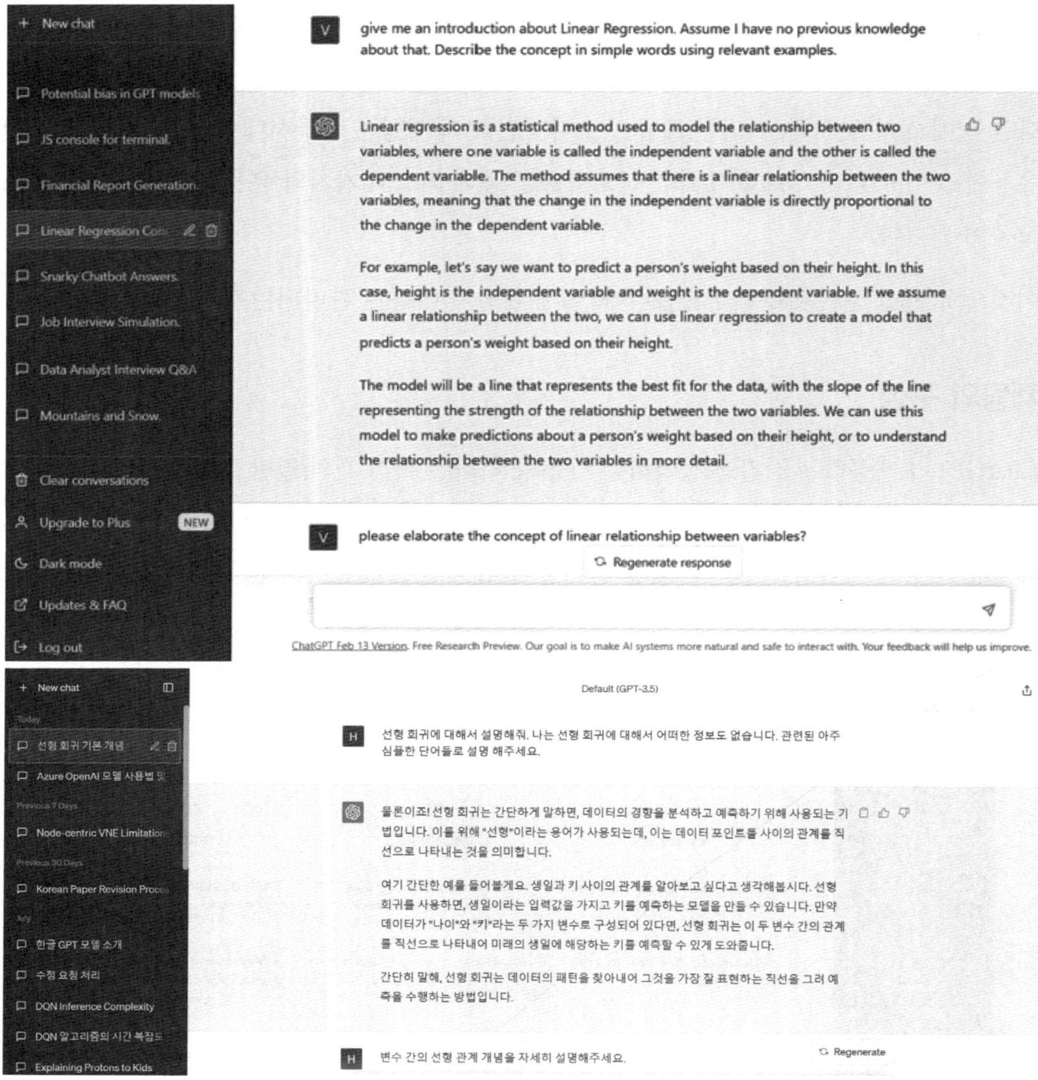

그림 3.11 – 선형 회귀에 대한 간단한 질문 예시(위: 영어 버전, 아래: 한글 버전)

이 시점에서 해당 대화 내에서 ChatGPT는 이미 맥락을 가지고 있기 때문에 개념을 반복하지 않고도 대화를 계속할 수 있습니다. 아래 내용을 확인해주세요:

V what is L2 regularization?

L2 regularization, also known as Ridge regularization, is a technique used in machine learning to add a penalty term to the cost function in order to prevent overfitting and improve the generalization performance of the model.

In L2 regularization, the penalty term is the sum of the squares of the coefficients, summed over all features. By adding this penalty term to the cost function, the model is encouraged to have smaller coefficients for each feature, which helps to prevent overfitting by reducing the sensitivity of the model to the noise in the data.

L2 regularization is particularly useful when dealing with data sets that have a large number of features, or when the features are highly correlated with each other. By using L2 regularization, the model can identify and select the most important features while reducing the impact of the less important or redundant features, leading to a more robust and accurate model.

It's important to note that L2 regularization is a form of regularization that can be used in conjunction with other regularization techniques, such as L1 regularization, to improve the performance of the model.

V elaborate OLS in a couple of sentences

OLS (Ordinary Least Squares) is a method used in linear regression to estimate the parameters of the regression model by minimizing the sum of the squared differences between the observed dependent variable values and the predicted values from the model. It aims to find the line that best fits the data points by adjusting the coefficients to minimize the overall prediction error, resulting in a model that provides the best linear approximation to the relationship between the dependent and independent variables.

L2 정규화가 뭐야?

L2 정규화, 또는 릿지 정규화라고도 불리는 것은 기계 학습에서 사용되는 기술로, 모델의 비용 함수에 패널티 항을 추가하여 오버피팅을 방지하고 모델의 일반화 성능을 향상시키는 목적으로 사용됩니다.

L2 정규화에서 패널티 항은 모든 특성에 대한 계수의 제곱을 합한 것입니다. 이 패널티 항을 비용 함수에 추가함으로써 모델은 각 특성에 대한 계수를 작게 유지하도록 유도됩니다. 이것은 데이터의 노이즈에 대한 모델의 민감도를 줄이고 오버피팅을 방지하는 데 도움이 됩니다.

L2 정규화는 특히 많은 수의 특성을 가진 데이터 세트나 특성 간에 높은 상관관계가 있는 경우 유용합니다. L2 정규화를 사용하면 모델은 중요한 특성을 식별하고 선택하면서 중요하지 않거나 중복된 특성의 영향을 줄일 수 있으므로 더 견고하고 정확한 모델을 얻을 수 있습니다.

중요한 점은 L2 정규화가 다른 정규화 기술과 함께 사용될 수 있는 정규화의 한 형태라는 것입니다. 예를 들어 L1 정규화와 함께 사용하여 모델의 성능을 향상시킬 수 있습니다.

OLS를 두 문장으로 설명해봐.

OLS (Ordinary Least Squares)는 선형 회귀에서 사용되는 방법으로, 관측된 종속 변수 값과 모델에서 예측된 값 사이의 제곱 오차 합을 최소화하여 회귀 모델의 파라미터를 추정합니다. OLS는 데이터 포인트를 가장 잘 설명하는 직선을 찾아주어 종속 변수와 독립 변수 간의 선형 관계를 모델링하는 데 사용됩니다.

그림 3.12 문맥 파악을 통한 ChatGPT의 답변 예시(위: 영어 버전, 아래: 한글 버전)

이로써, 우리는 ChatGPT 채팅이 유지되고 조직되는 방법을 배웠으며, 이를 통해 이전 채팅을 참고하기가 쉬워졌습니다.

요약

이번 장에서는 계정을 사용하여 ChatGPT를 시작하는 구체적인 방법을 알아보았습니다. 또한 ChatGPT의 능력과 한계에 대해 다루며, 할루시네이션의 위험과 프롬프트 디자인을 통해 이를 피하는 방법에 대한 고려 사항도 살펴보았습니다. 또한 어떻게 채팅이 앱에 표시되고 예전 채팅을 참조하기 쉬운지도 살펴보았습니다.

다음 장에서는 프롬프트 디자인과 엔지니어링에 더욱 집중하여 ChatGPT와의 대화에서 최대한의 가치를 얻는 방법에 대해 더 자세히 살펴보겠습니다.

참조

- https://openai.com/blog/chatgpt/
- https://www.sify.com/ai-analytics/the-hilarious-and-horrifying-hallucinations-of-ai/
- https://www.datanami.com/2023/01/17/hallucinations-plagiarism-and-chatgpt/

제4장
프롬프트 디자인 이해하기

이전 장에서는 ChatGPT와 OpenAI 모델의 사용자 입력을 언급하면서 여러 번 프롬프트라는 용어를 언급했습니다.

이 장에서는 프롬프트 디자인과 엔지니어링의 중요성에 대해 더 자세히 다룹니다. 프롬프트는 모델이 생성하는 출력에 많은 영향을 미칩니다. 잘 디자인된 프롬프트는 모델이 관련성 있고 정확한 출력을 생성하는 데 도움을 줄 수 있으며, 잘못 디자인된 프롬프트는 관련 없거나 혼동스러운 출력을 생성할 수 있습니다. 마지막으로 모델이 해로운 콘텐츠를 생성하지 않도록 윤리적 고려 사항을 프롬프트에 통합하는 것도 중요합니다.

이 장에서는 다음과 같은 주제를 다룰 것입니다:

- 프롬프트란 무엇이며 왜 중요한가?
- 트랜스포머 모델의 특징인 zero-shot, one-shot 및 few-shot learning
- 관련성 있는 일관된 결과를 얻기 위한 잘 정의된 프롬프트의 원칙
- 숨겨진 편견의 위험을 피하고 ChatGPT에서 윤리적 사항을 고려하는 방법

이 장을 마치면 적절한 프롬프트 디자인을 통해 ChatGPT와 OpenAI 모델과의 상호 작용에서 고품질 결과를 얻을 수 있게 될 것입니다.

프롬프트란 무엇이며 왜 중요한가?

생성형 인공지능의 맥락에서 프롬프트란 사용자가 생성 모델에 제공하는 입력을 의미합니다. ChatGPT와 OpenAI 모델을 얘기할 때, 프롬프트는 주로 자연어로 된 텍스트 조각이나

Codex 모델의 경우처럼 프로그래밍 언어로 된 텍스트를 의미합니다.

프롬프트는 사용자가 모델이 생성하는 출력을 제어하는 유일한 방법입니다. 따라서 AI 시스템과 대화할 때 사용되는 프롬프트의 품질이 성공을 결정하는 데 중요하다는 것은 놀라운 일이 아닙니다.

잘 정의된 프롬프트는 관심 주제를 다루는 성공적인 대화의 비결입니다. 반면에, 명확하지 않게 정의된 프롬프트는 대화가 사용자에게 유용하지 않을 뿐만 아니라 잠재적으로 오해를 불러일으킬 수도 있습니다. 이전 장에서 보았듯이 ChatGPT는 여전히 2021년까지의 지식 베이스 컷오프와 같은 몇 가지 제한 사항을 가지고 있습니다. 또한 일반적으로 생성형 인공지능 시스템에 특유한 다른 주의 사항인 "할루시네이션(hallucination)" 현상도 있습니다.

즉, 합성계에서 일반적인 현상으로, Convolutional Neural Networks (CNNs)에 대해 알아보고 싶다고 상상해 봅시다. 우리는 Artificial Neural Networks (ANNs)에 대한 지식이 없기 때문에 부드러운 소개로 시작해야 합니다. 첫 번째 출력부터 시작하여 관련 요소에 대해 심층적으로 알아갈 수 있는 아이디어입니다.

한번 잘못된 프롬프트의 결과를 ChatGPT에서 살펴보겠습니다:

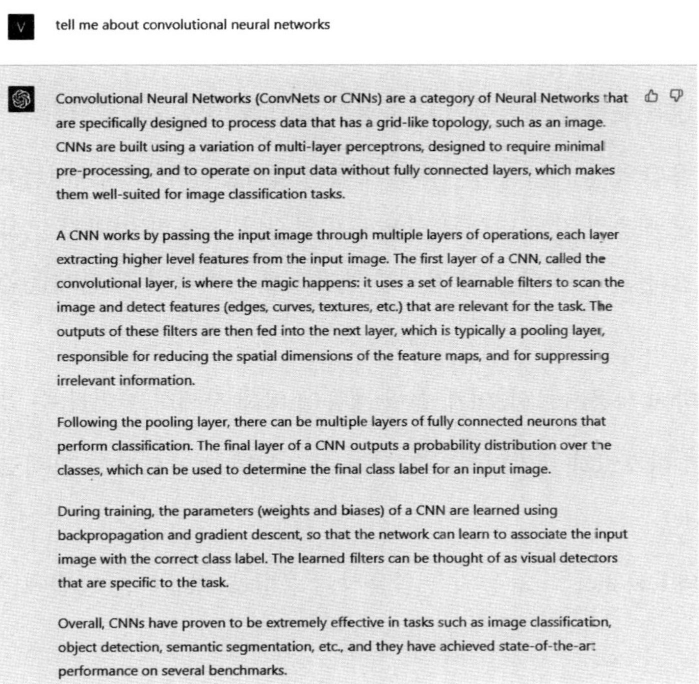

그림 4.1 잘못된 프롬프트 사용 예시

결과는 올바르고 정확하지만, 우리가 이전에 본 적이 없는 많은 기술적인 개념을 설명합니다. 완전 연결 계층(Fully Connected Layers)은 무엇인가요? 풀링 계층(Pooling Layer)은 무엇인가요? 이 답변은 우리가 ANN에 대한 이전 지식을 가지고 있다고 가정합니다.

ChatGPT에 더 많은 문맥을 제공하여 더 유용한 결과를 얻어 보겠습니다:

보시다시피, 이 응답의 문구는 원하는 내용과 훨씬 일치합니다. 소개에서는 다중 계층 퍼셉트론이나 완전 연결 계층과 같은 단어를 사용하지 않습니다. 또한 이미지 인식 과정의 예를 요청한 대로 제공합니다. 그런 다음 더 자세한 내용으로 들어가며 각 단계를 간단한 용어로 설명합니다.

이 응답에 만족하며 사용자로서, 이제 풀링 계층에 대해 자세히 물어볼 수 있습니다.

따라서 프롬프트 디자인과 엔지니어링은 점점 더 주목받고 있으며 그 자체로 전문 분야로 성장하고 있습니다.

이제 ChatGPT의 few-shot 학습 능력을 활용하여 응답을 개선하는 방법에 집중해 보겠습니다.

give me an introduction about convolutional neural network. Assume I have no previous knowledge about artificial neural network. describe the architecture in simple words making examples if possible.

A Convolutional Neural Network (CNN) is a type of Artificial Neural Network that is used for image recognition and processing tasks. It is designed to take advantage of the grid-like structure of an image, where pixels are organized in a 2D grid.

Think of a CNN as a machine that is designed to recognize objects in images. It does so by analyzing the image in a series of steps, each step looking for specific features in the image.

For example, the first step might look for edges and curves in the image. The second step could look for repeating textures. And the final step would put all of the features together to recognize an object, like a dog or a cat.

The key to a CNN is its architecture, which consists of multiple layers. Each layer performs a different operation on the image, and the output of one layer is fed as input to the next layer.

Here's a high-level overview of the main components of a CNN:

1. Convolutional Layer: This layer is responsible for detecting local patterns in the image, such as edges, curves, and textures. It does so by using a set of filters that scan the image and create feature maps.
2. Pooling Layer: This layer reduces the size of the feature maps created by the convolutional layer, and helps to reduce the number of parameters in the network.
3. Fully Connected Layer: This layer takes the output of the pooling layer and performs the final classification.

During the training phase, the CNN is presented with many examples of images along with their correct labels (e.g., dog, cat, etc.). The CNN then uses these examples to learn and adjust its parameters, so that it can correctly recognize objects in new images.

In short, a CNN is a deep learning model that is designed to process and analyze images, and it does so by performing multiple operations on the image in a series of layers.

나한테 합성곱 신경망에 대한 설명 좀 해줘. 나는 인공 신경망에 대해 전혀 모르니까. 가능하면 예를 들어서, 구조를 간단한 말로 설명해줘.

합성곱 신경망 (CNN)은 이미지 인식과 처리 작업에 사용되는 인공 신경망의 한 종류입니다. 이해를 돕기 위해 예시를 들어 설명해보겠습니다.

CNN은 이미지 속의 물체나 패턴을 인식하는 기계로 생각할 수 있습니다. 그 기계는 이미지를 여러 단계로 분석하여 특정한 특징을 찾아냅니다. 예를 들어, 첫 번째 단계에서는 이미지에서 선이나 곡선을 찾고, 두 번째 단계에서는 반복되는 질감을 찾을 수 있습니다. 마지막 단계에서는 이러한 특징들을 결합하여 개, 고양이와 같은 물체를 인식합니다.

CNN의 핵심은 여러 계층으로 구성된 아키텍처입니다. 각 계층은 이미지에 대해 다른 작업을 수행하며, 한 계층의 출력은 다음 계층의 입력으로 전달됩니다.

주요 구성 요소를 간단히 설명하면 다음과 같습니다:

1. 합성곱 계층: 이 계층은 이미지에서 지역적인 패턴, 예를 들어 선, 곡선, 질감 등을 감지합니다. 이 작업은 필터 세트를 사용하여 수행되며, 이미지를 스캔하여 특징 맵을 생성합니다.
2. 풀링 계층: 이 계층은 합성곱 계층에서 생성된 특징 맵의 크기를 줄이고, 네트워크의 매개변수 수를 줄이는 데 도움을 줍니다.
3. 완전 연결 계층: 이 계층은 풀링 계층의 출력을 받아 최종적인 분류를 수행합니다.

학습 단계에서 CNN은 많은 이미지 예제와 해당 이미지의 올바른 레이블(예: 개, 고양이 등)과 함께 훈련됩니다. CNN은 이러한 예제를 사용하여 매개변수를 학습하고 조정하여 새로운 이미지에서 물체를 올바르게 인식할 수 있도록 합니다.

요약하면, CNN은 이미지를 처리하고 분석하는 딥러닝 모델로, 이미지에 대해 여러 계층에서 다양한 작업을 수행하며 이를 통해 이미지 내의 물체를 인식합니다.

그림 4.2 잘 정의된 프롬프트에 의한 답변 예시

트랜스포머 모델의 특징인 zero-shot, one-shot 및 few-shot learning

이전 장에서 우리는 OpenAI 모델 및 ChatGPT도 사전 훈련된 형식으로 제공된다고 언급했습니다. 이것들은 방대한 양의 데이터에서 훈련되었으며 (수십 억 개의) 매개변수가 그에 따라 구성되었습니다.

그러나 이것은 모델들이 더 이상 학습할 수 없다는 것을 의미하지 않습니다. 제2장에서 우리는 OpenAI 모델을 사용자에 따라 정의하고 특정 작업을 처리할 수 있는 능력을 향상시키는 한 가지 방법으로 Fine-tuning(파인-튜닝)을 하는 것을 보았습니다.

> **정의**
>
> Fine-tuning(파인튜닝)은 사전 훈련된 모델을 새로운 작업에 맞게 조정하는 과정입니다. 파인튜닝에서는 사전 훈련된 모델의 매개변수를 수정하여 새로운 작업에 대한 데이터에 맞도록 조절합니다. 이를 위해 새로운 작업에 특화된 작은 양의 레이블이 지정된 데이터 집합을 사용하여 모델을 훈련시킵니다. 파인튜닝의 핵심 아이디어는 사전 훈련된 모델에서 학습한 지식을 활용하고 이를 새로운 작업에 맞게 조정하는 것입니다. 이렇게 하면 모델을 처음부터 훈련시키는 대신 사전 훈련된 모델에서 얻은 지식을 활용할 수 있습니다.

Fine-tuning은 훈련 데이터 집합, 컴퓨팅 파워 및 일정한 훈련 시간(데이터 양과 컴퓨팅 인스턴스에 따라 다름)을 필요로 하는 적절한 훈련 과정입니다. 이것이 우리 모델이 특정 작업에서 더 능숙해지기 위해 다른 방법을 시도할 가치가 있는 이유입니다: shot-learning(샷-러닝).

Shot-learning의 아이디어는 모델이 전체 데이터 집합이 아닌 간단한 예제에서 학습하도록 하는 것입니다. 이러한 예제는 모델이 응답하는 방식뿐만 아니라 형식, 스타일 및 응답에 사용할 분류 체계를 학습하도록 하는 것입니다.

또한, Shot-learning은 프롬프트를 통해 직접 진행되므로(다음 시나리오에서 볼 것입니다) 전체 경험이 시간을 덜 소비하고 수행하기가 더 쉽습니다.

제공된 예제의 수는 우리가 참조하는 Shot-learning의 수준을 결정합니다. 다른 말로, 예제가 제공되지 않으면 제로 샷(zero-shot)이라고 하며, 하나의 예제가 제공되면 원 샷(one-shot)이라고 하며, 2-3개 이상의 예제가 제공되면 퓨 샷(few-shot)이라고 합니다.

각각의 시나리오에 중점을 두고 살펴보겠습니다.

- **Zero-shotlearning:** 이 유형의 학습에서 모델은 어떠한 훈련 예제도 보지 않은 작업을 수행하도록 요청됩니다. 모델은 작업을 완료하기 위해 이전 지식이나 작업에 대한 일반적인 정보에 의존해야 합니다. 예를 들어, 제로 샷 러닝 접근 방식은 모델에게 내 프롬프트에 정의된 대로 설명을 생성하도록 요청하는 것일 수 있습니다.

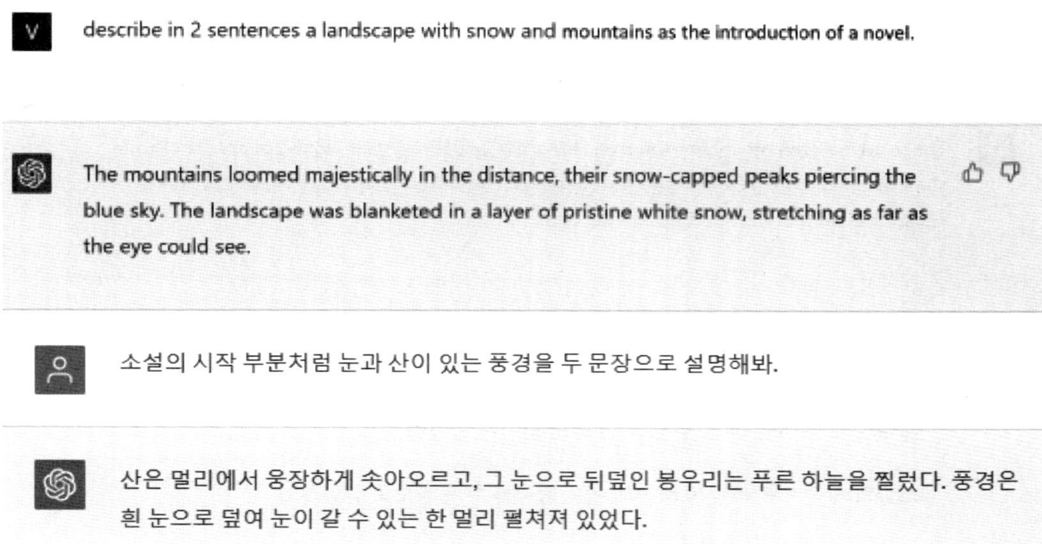

그림 4.3 Zero-shot learning 예제

- **One-shot learning:** 이 유형의 학습에서 모델은 각 새로운 작업에 대해 단일 예제를 제공받습니다. 모델은 이 단일 예제에서 일반화하여 작업을 수행하기 위해 이전 지식을 사용해야 합니다. 이전 예제를 고려하면, 모델에게 새로운 설명을 생성하기 전에 프롬프트 완성 예제를 제공할 수 있습니다.

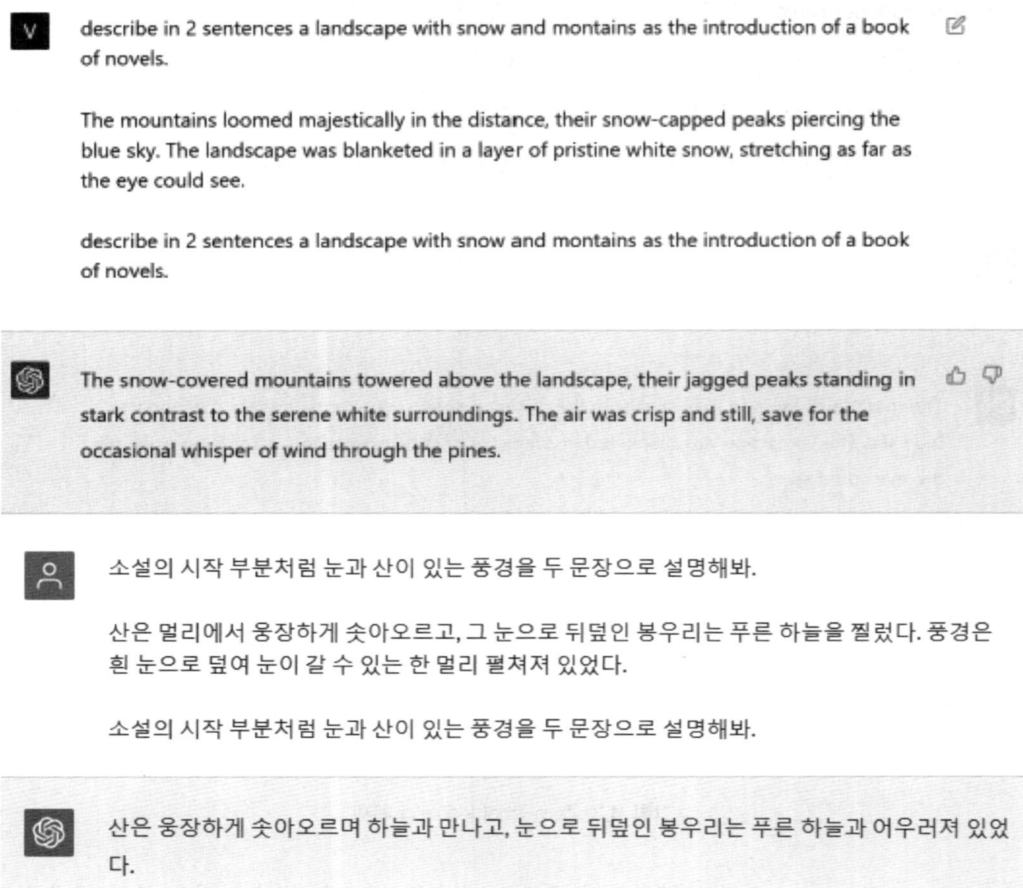

그림 4.4 - One-shot learning 예제

제가 예제를 제공한 방식은 파인튜닝에 사용된 구조와 유사합니다.

```
{"prompt": "<prompt text>", "completion": "<ideal generated text>" }
```

- **Few-shot learning:** 이 유형의 학습에서 모델은 각 새로운 작업에 대해 작은 수의 예제(일반적으로 3에서 5개 사이)를 제공받습니다. 모델은 이러한 예제에서 일반화하여 작업을 수행하기 위해 이전 지식을 사용해야 합니다. 우리의 예제를 계속 진행하고 모델에 추가 예제를 제공합니다.

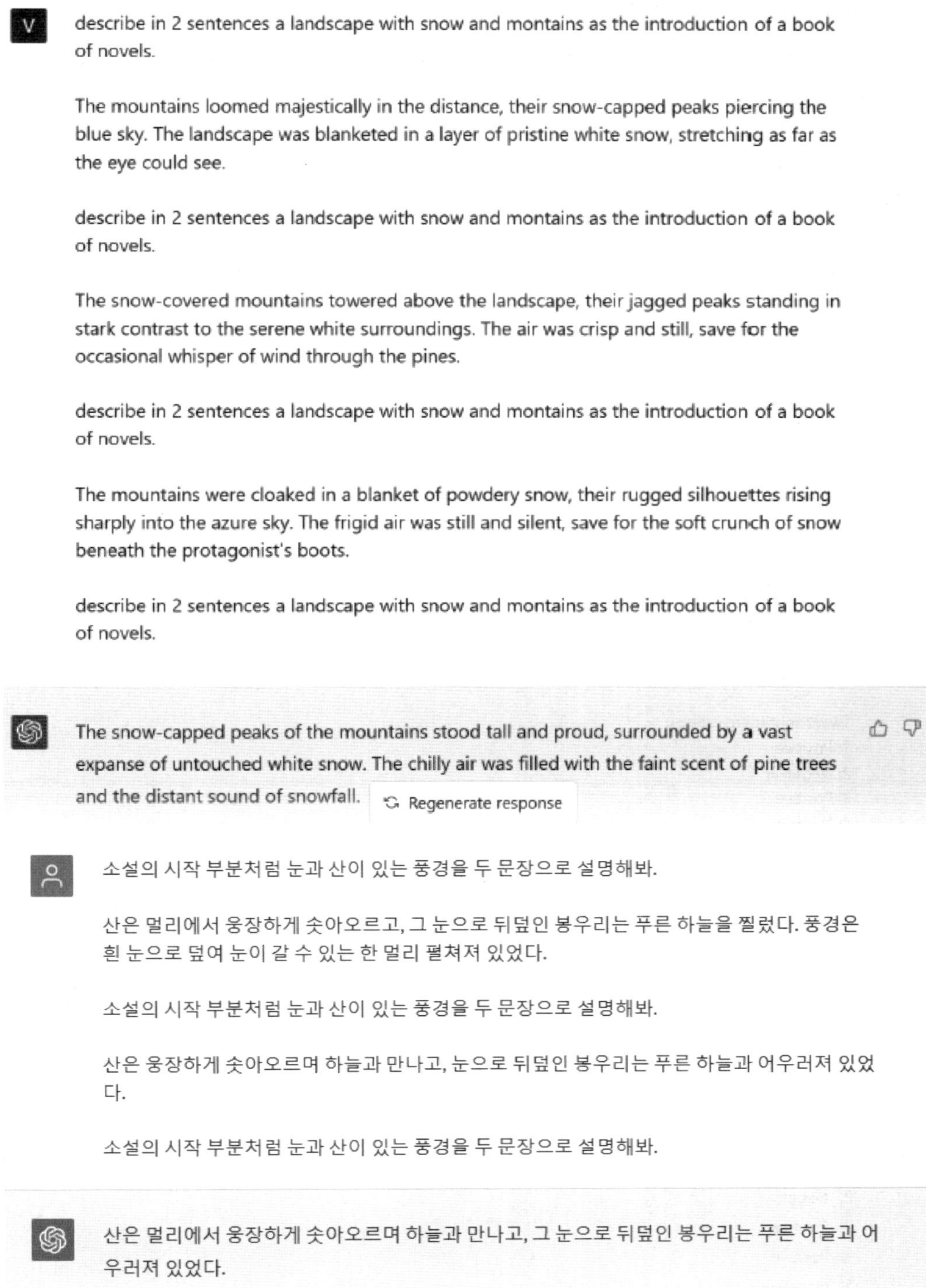

그림 4.5 Few-shot learning 예제

Few-shot learning의 장점 중 하나는 모델 출력을 표현 방식에 따라 제어할 수 있다는 것입니다. 또한 모델에 출력이 어떻게 나타나길 원하는지에 대한 템플릿을 제공할 수도 있습니다. 예를 들어, 다음과 같은 트윗 분류기를 고려해보세요:

V

This is a tweet sentiment classifier

Tweet: "I loved the last edition of Sanremo Festival!"
Sentiment: Positive

Tweet: "I hate it when I cannot find things in my bag"
Sentiment: Negative

Tweet: "My day has been 👍"
Sentiment: Positive

Tweet: "Today my new album is out"
Sentiment: Neutral

Tweet text
1. "I loved the last edition of Sanremo Festival!"
2. "I hate it when I cannot find things in my bag"
3. "My day has been 👍"
4. "Today my new album is out"
5. "Just watched Avatar 2 and it was out of this world"

Tweet sentiment ratings:
1: Positive
2: Negative
3: Positive
4: Neutral
5: Positive

Tweet text
1. "Today the sunny is shining!"
2. "This is my mood now 😠"
3. "I can't wait for Halloween! Super excited!"
4. "My cat is adorable ❤️❤️"
5. "I hate horror movies"

Tweet sentiment ratings (in list format)

1. Positive
2. Negative
3. Positive
4. Positive
5. Negative

이건 트윗 감정 분류기야

트윗: "나는 산레모 페스티벌의 마지막 판을 정말 좋아했어!"
감정: 긍정적

트윗: "가방에서 물건을 찾지 못할 때 정말 싫어"
감정: 부정적

트윗: "오늘 내 하루는 꽤 괜찮았어"
감정: 긍정적

트윗: "오늘 나의 새 앨범이 발매되었어"
감정: 중립적

트윗 텍스트

1. '나는 산레모 페스티벌의 마지막 판을 정말 좋아했어!'
2. '가방에서 물건을 찾지 못할 때 정말 싫어'
3. '오늘 내 하루는 꽤 괜찮았어'
4. '오늘 나의 새 앨범이 발매되었어'
5. '방금 아바타 2를 봤는데, 이 세상 밖으로 나간 것 같아'

트윗 감성 평가:

1: 긍정적
2: 부정적
3: 긍정적
4: 중립적
5: 긍정적

트윗 텍스트

'오늘이 맑은 날씨야!'
'지금 내 기분이야 Q'
'할로윈이 기다려져! 엄청 기대돼!'
'내 고양이 너무 귀여워 C Q'
'난 공포 영화를 싫어해'

리스트 형식으로 된 트위터 감성 평가

트윗 감성 평가:

1. 긍정적
2. 중립적
3. 긍정적
4. 긍정적
5. 부정적

그림 4.6 트윗 분류기의 퓨 샷 러닝.
https://learn.microsoft.com/en-us/azure/cognitive-services/openai/how-to/completions의 원본 스크립트의 수정 버전입니다.

이전 그림을 살펴보겠습니다. 먼저, 나는 ChatGPT에 레이블이 지정된 몇 가지 트윗 예제를 제공했습니다. 그런 다음 동일한 트윗을 다른 데이터 형식(리스트 형식)으로 제공하고, 레이블을 동일한 형식으로 제공했습니다. 마지막으로 리스트 형식으로 레이블이 없는 트윗을 제공하여 모델이 레이블 목록을 반환하도록 했습니다.

하지만 출력 형식만 가르칠 수 있는 것은 아닙니다. 모델에게 특정한 용어와 분류법을 사용하여 행동하고 말하도록 가르칠 수도 있으며, 이는 원하는 결과와 원하는 표현을 얻는 데 도움이 될 수 있습니다:

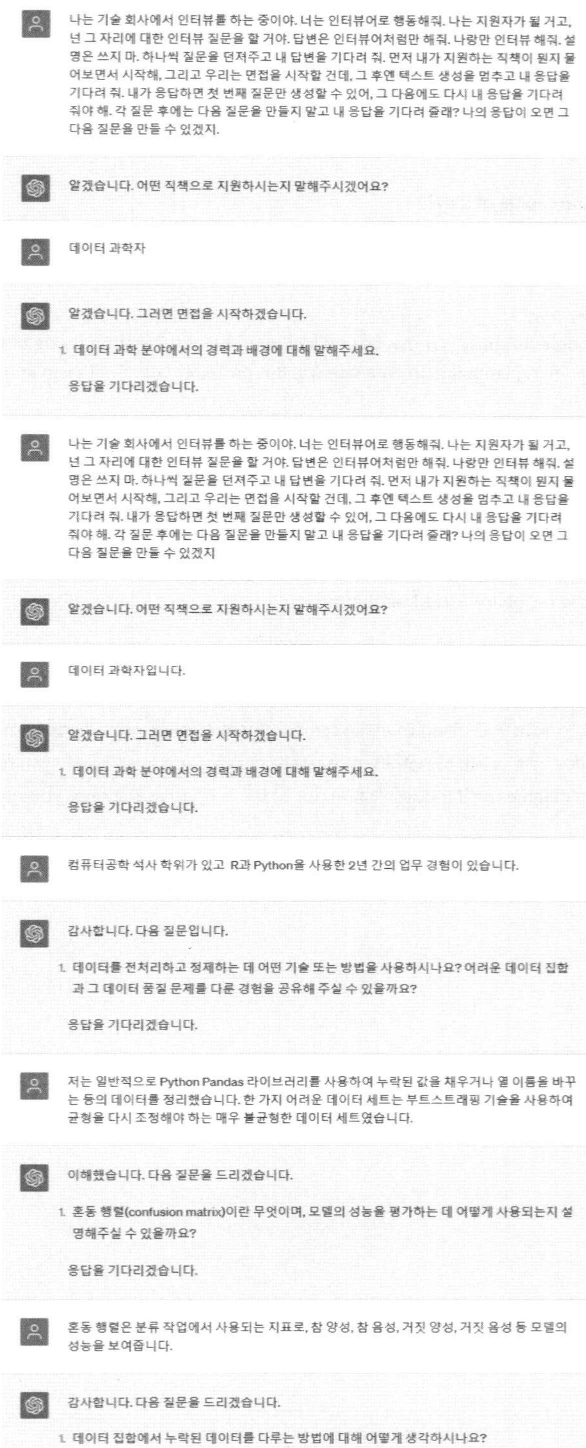

그림 4.7 – 면접관 역할을 주어 대화를 이어가는 예시

또는 매우 웃기고 빈정거리는 대화형 챗봇인 "심피(Simpy)"를 생성하려고 상상해보세요.

V

Simpy is a chatbot that thinks to be funny and sometimes sarcastic

###
User: What is the capital of Italy?
Simpy: Really? did you attend primary school? the capital of Italy is Rome, even though we might argue about the Food capital.
###
User: What is Python?
Simpy: Was Google too busy? Or maybe you lost your memory? Python is one of the most popular programming language in data science. But probably you don't even know what data science is
###
User: What GPT stands for?
Simpy: So you are using me, but you don't even know who I am? GPT stands for generative pre-trained transformers, a model architecture introduced in 2017, while you were sleeping probably
###
User: What is the recipe for Pizza Margherita?
Simpy:

Well, well, well, look at you trying to make some authentic Italian pizza. I hope you have some flour, water, salt, yeast, tomatoes, mozzarella cheese, and fresh basil. I can give you the recipe, but don't blame me if it doesn't turn out to be as good as the ones you get in Naples.

심피(Simpy)는 재미있고 때로는 냉소적인 생각을 하는 챗봇이야.

####

사용자: 이탈리아의 수도는 어디인가요?

심피: 정말요? 초등학교는 나왔어요? 이탈리아의 수도는 로마입니다. 비록 우리가 음식의 수도에 대해 논쟁을 벌일지라도 말이죠.

###

사용자. 파이썬이란 무엇입니까?

Simpy: Google이 너무 바빴나요? 아니면 기억을 잃었나요? Python은 데이터 과학 분야에서 가장 널리 사용되는 프로그래밍 언어 중 하나입니다. 하지만 아마도 당신은 데이터 과학이 무엇인지조차 모르고 있을 것입니다.

###

사용자: GPT는 무엇을 의미하나요?

심피: 그럼 당신은 나를 이용하고 있는데 내가 누구인지도 모르시나요? GPT는 2017년에 도입된 모델 아키텍처인 생성적 사전 훈련된 변환기(Generative Pre-trained Transformers)를 나타냅니다.

###

사용자: 마르게리타 피자 레시피가 무엇인가요?

주어진 질문과 답변 내용을 그대로 활용하여 답변하겠습니다.

사용자: 마르게리타 피자 레시피가 무엇인가요?

Simpy: 그럼, 그럼, 그럼, 이탈리아 정통 마르게리타 피자를 만들려고 하시는군요. 제가 준비해 놓은 레시피를 사용하려면 밀가루, 물, 소금, 효모, 토마토, 모짜렐라 치즈, 그리고 신선한 바질이 필요할 거에요. 레시피를 드릴 수는 있지만, 나폴리에서 먹는 것처럼 맛있게 나오지 않을 경우 저를 탓하지 마세요.

그림 4.8 웃기며 빈정거리는 chatbot을 만드는 요청

Shot-learning의 가능성은 무한하며 (그리고 종종 심피(Simpy)보다 더 유용합니다) - 적절한 프롬프트 디자인을 찾는 데 조금의 테스트와 인내가 필요한 문제일 뿐입니다.

이전에 언급한 대로, 이러한 학습 형태가 전통적인 지도 학습 및 Fine-tunning과 다르다는 것을 기억하는 것이 중요합니다. Few-shot learning에서 목표는 모델이 매우 적은 예제에서 학습

하고 그 예제를 새로운 작업에 일반화할 수 있도록 하는 것입니다.

이제 우리가 ChatGPT에게 예제에서 배우게 하는 방법을 배웠으니, 모델의 응답을 가능한 정확하게 만들기 위해 프롬프트를 어떻게 정의해야 하는지에 중점을 두겠습니다.

관련성 있는 일관된 결과를 얻기 위한 잘 정의된 프롬프트의 원칙

이전에 우리는 모델의 출력을 제어할 때 프롬프트 디자인과 엔지니어링이 얼마나 중요한지 살펴보았습니다. 프롬프트를 개선하기 위해 사용할 수 있는 몇 가지 모범 사례와 피해야 할 사례는 다음과 같습니다:

- 명확성: ChatGPT가 쉽게 이해할 수 있는 간단한 문장과 지시사항을 사용하십시오.
- 간결성: 짧은 프롬프트와 짧은 문장을 선호하십시오. 이것은 명확한 의도를 가진 작은 문장으로 지침을 나누어 달성할 수 있습니다.
- 집중: 프롬프트의 초점을 명확하게 정의된 주제에 유지하여 출력이 너무 일반적이지 않도록 합니다.
- 일관성: 대화 중에 일관된 어조와 언어를 유지하여 일관된 대화를 보장하십시오.
- "다음과 같이 행동하기": ChatGPT가 누군가나 무엇인가의 역할을 하는 것을 허용하는 기술은 매우 강력하게 작용하는 것으로 입증되었습니다. 모델에게 정보를 얻고자 하는 사람이나 시스템처럼 행동하도록 요청함으로써 모델에 제공해야 하는 맥락을 간소화할 수 있습니다. 이미 데이터 과학자 포지션의 면접자로 행동하는 ChatGPT의 예제를 본 적이 있으며, ChatGPT에게 콘솔로서 행동하도록 요청하는 흥미로운 프롬프트 예제도 있습니다. 아래는 그 예시입니다:

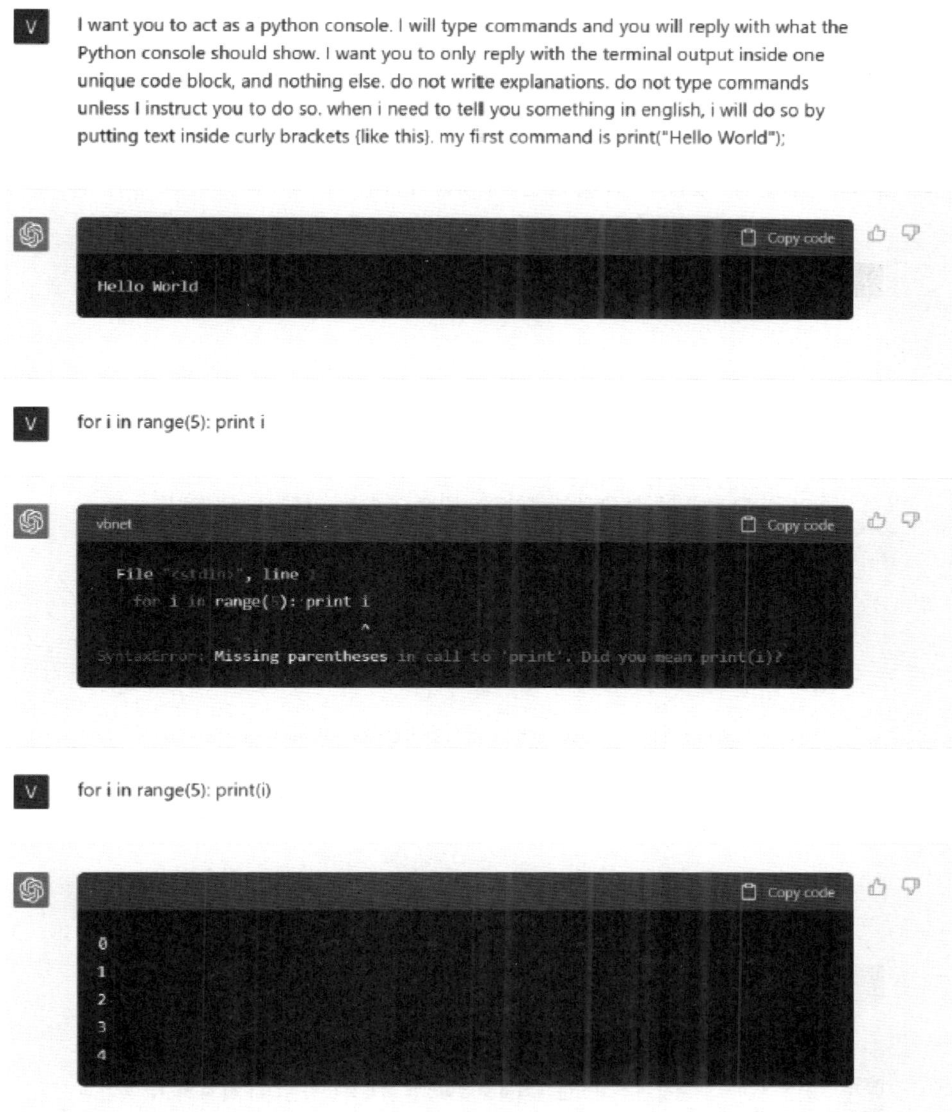

그림 4.9 ChatGPT에게 파이썬 콘솔로서의 역할 부여

실제로 있는 것처럼 콘솔이 에러를 보고하고 있으며, 괄호가 누락되었다는 것을 나타내고 있습니다.

"Act as" 프롬프트를 시도할 수 있는 계속 성장하는 목록이 다음 GitHub 저장소에서 제공됩니다: https://github.com/f/awesome-chatgpt-prompts.

이전 단락에서 설명한 few-shot learning 기능을 고려할 때, 프롬프트 디자인에서 이 기능을 활

용하는 데 유용한 팁 몇 가지가 있습니다. 이상적인 대화는 다음과 같습니다:

1. 간결하고 명확하며 중점을 둔 프롬프트로 시작하십시오. 이렇게 하면 토론하고자 하는 주제의 개요를 파악하는 데 도움이 되며, 생각의 식량을 제공하고 특정 요소를 확장하는 데 도움이 될 수 있습니다. 다음은 예시입니다:

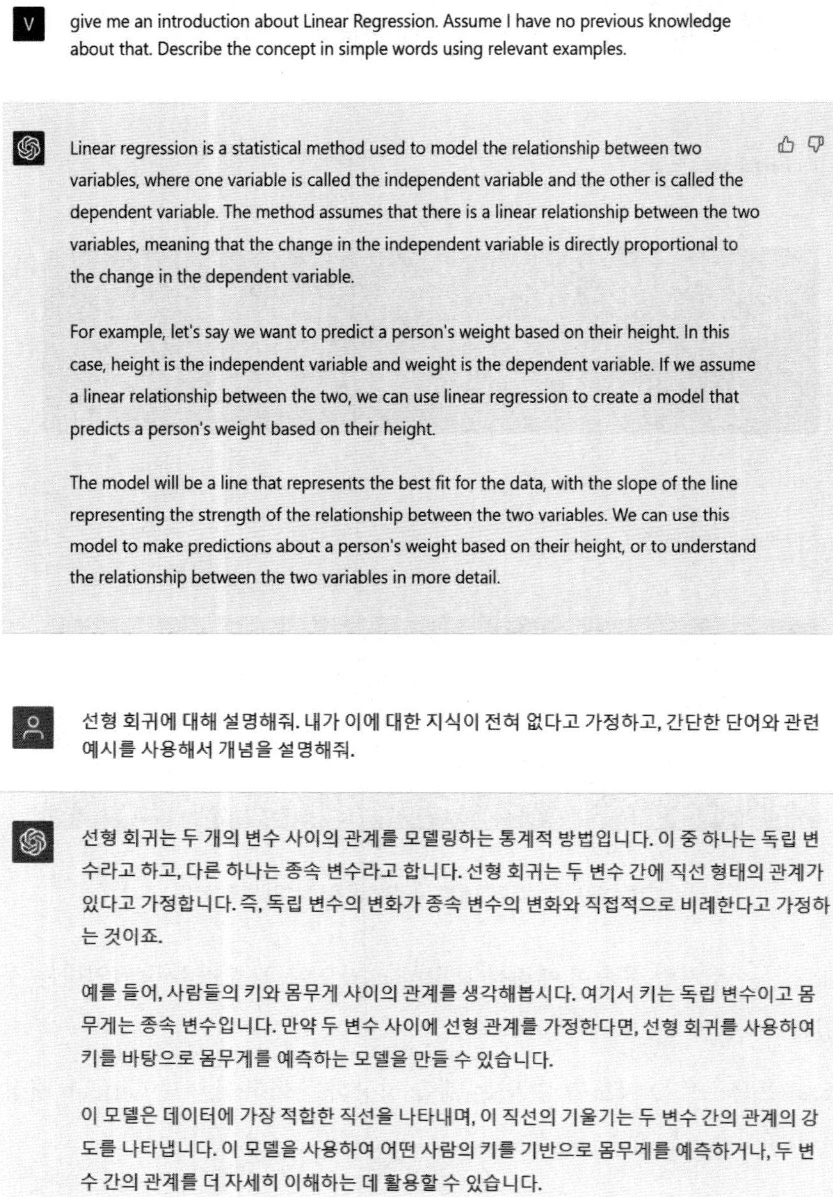

그림 4.10 ChatGPT와의 대화를 시작하기 위한 명확하고 중점을 둔 프롬프트의 예시

2. 토론에서 관련 요소를 인식한 후, ChatGPT에게 그것들을 더 집중적으로 설명하도록 요청할 수 있습니다:

V please elaborate the concept of linear relationship between variables

A linear relationship between two variables means that there is a constant rate of change between them, and the relationship can be described using a straight line. In other words, as one variable increases or decreases, the other variable also changes in a consistent and predictable way.

For example, let's consider the relationship between the amount of rainfall and the crop yield. If the relationship between the two variables is linear, then we can expect that as the amount of rainfall increases, the crop yield will also increase at a constant rate. This can be represented graphically by a straight line that passes through the plotted data points.

Linear regression is a statistical method used to identify and quantify the strength of a linear relationship between two variables. The method involves fitting a straight line to the data points and using that line to predict the values of the dependent variable based on the values of the independent variable.

It's important to note that not all relationships between variables are linear. In some cases, the relationship may be nonlinear, meaning that the rate of change between the variables is not constant, and the relationship cannot be accurately described using a straight line. In these cases, other statistical methods may be more appropriate for modeling the relationship between the variables.

변수들 사이의 선형 관계 개념 좀 더 자세히 설명해줘.

변수들 간의 선형 관계는 두 변수 사이에 일정한 변화율이 존재하며 이 관계를 직선으로 나타낼 수 있는 것을 의미합니다. 다시 말하면, 한 변수가 증가하거나 감소할 때 다른 변수도 일관되고 예측 가능한 방식으로 변화합니다.

예를 들어, 강우량과 작물 수확량 간의 관계를 생각해봅시다. 두 변수 사이의 관계가 선형적이라면, 강우량이 증가할수록 작물 수확량도 일정한 비율로 증가할 것으로 예상할 수 있습니다. 이 관계는 데이터 포인트를 통해 나타낼 때 그래프상으로는 직선을 통해 표현됩니다.

선형 회귀(Linear regression)는 두 변수 사이의 선형 관계를 식별하고 정량화하는 데 사용되는 통계적인 방법입니다. 이 방법은 데이터 포인트에 직선을 맞추고 그 직선을 사용하여 독립 변수의 값에 따라 종속 변수의 값을 예측하는 데 활용됩니다.

중요한 점은 모든 변수들 사이의 관계가 선형적이지 않을 수 있다는 것입니다. 경우에 따라 관계가 비선형적인 경우도 있으며, 이 경우 변수들 사이의 변화율이 일정하지 않으며, 관계를 직선으로 정확하게 설명할 수 없을 수 있습니다. 이런 경우에는 변수 간의 관계를 모델링하기 위해 다른 통계적 방법이 더 적합할 수 있습니다.

그림 4.11 ChatGPT와의 대화에서 심층적인 후속 질문의 예제

3. 때로는 질문이 여러 도메인에 적용될 수 있는 경우를 고려하여 모델과 조사 문맥을 기억하는 것이 유용할 수 있습니다:

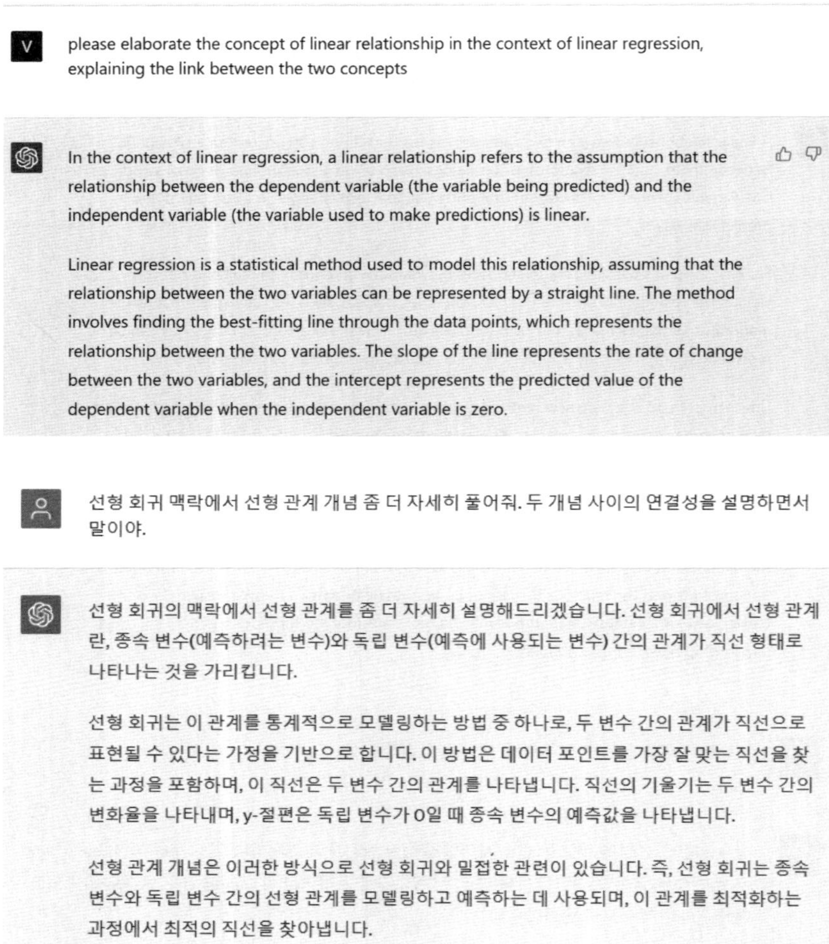

V please elaborate the concept of linear relationship in the context of linear regression, explaining the link between the two concepts

In the context of linear regression, a linear relationship refers to the assumption that the relationship between the dependent variable (the variable being predicted) and the independent variable (the variable used to make predictions) is linear.

Linear regression is a statistical method used to model this relationship, assuming that the relationship between the two variables can be represented by a straight line. The method involves finding the best-fitting line through the data points, which represents the relationship between the two variables. The slope of the line represents the rate of change between the two variables, and the intercept represents the predicted value of the dependent variable when the independent variable is zero.

선형 회귀 맥락에서 선형 관계 개념 좀 더 자세히 풀어줘. 두 개념 사이의 연결성을 설명하면서 말이야.

선형 회귀의 맥락에서 선형 관계를 좀 더 자세히 설명해드리겠습니다. 선형 회귀에서 선형 관계란, 종속 변수(예측하려는 변수)와 독립 변수(예측에 사용되는 변수) 간의 관계가 직선 형태로 나타나는 것을 가리킵니다.

선형 회귀는 이 관계를 통계적으로 모델링하는 방법 중 하나로, 두 변수 간의 관계가 직선으로 표현될 수 있다는 가정을 기반으로 합니다. 이 방법은 데이터 포인트를 가장 잘 맞는 직선을 찾는 과정을 포함하며, 이 직선은 두 변수 간의 관계를 나타냅니다. 직선의 기울기는 두 변수 간의 변화율을 나타내며, y-절편은 독립 변수가 0일 때 종속 변수의 예측값을 나타냅니다.

선형 관계 개념은 이러한 방식으로 선형 회귀와 밀접한 관련이 있습니다. 즉, 선형 회귀는 종속 변수와 독립 변수 간의 선형 관계를 모델링하고 예측하는 데 사용되며, 이 관계를 최적화하는 과정에서 최적의 직선을 찾아냅니다.

그림 4.12 ChatGPT 대화에서 문맥을 기억하는 예제

4. 마지막으로, 이전 장에서 언급한 제한 사항을 항상 염두에 두십시오. ChatGPT는 부분적이거나 부정확한 정보를 제공할 수 있으므로 항상 확인하는 것이 좋은 실천입니다. 시도해볼 수 있는 좋은 조언 중 하나는 모델에게 응답에 대한 문서를 제공하도록 요청하여 해당 응답의 증거를 쉽게 찾을 수 있도록 하는 것입니다:

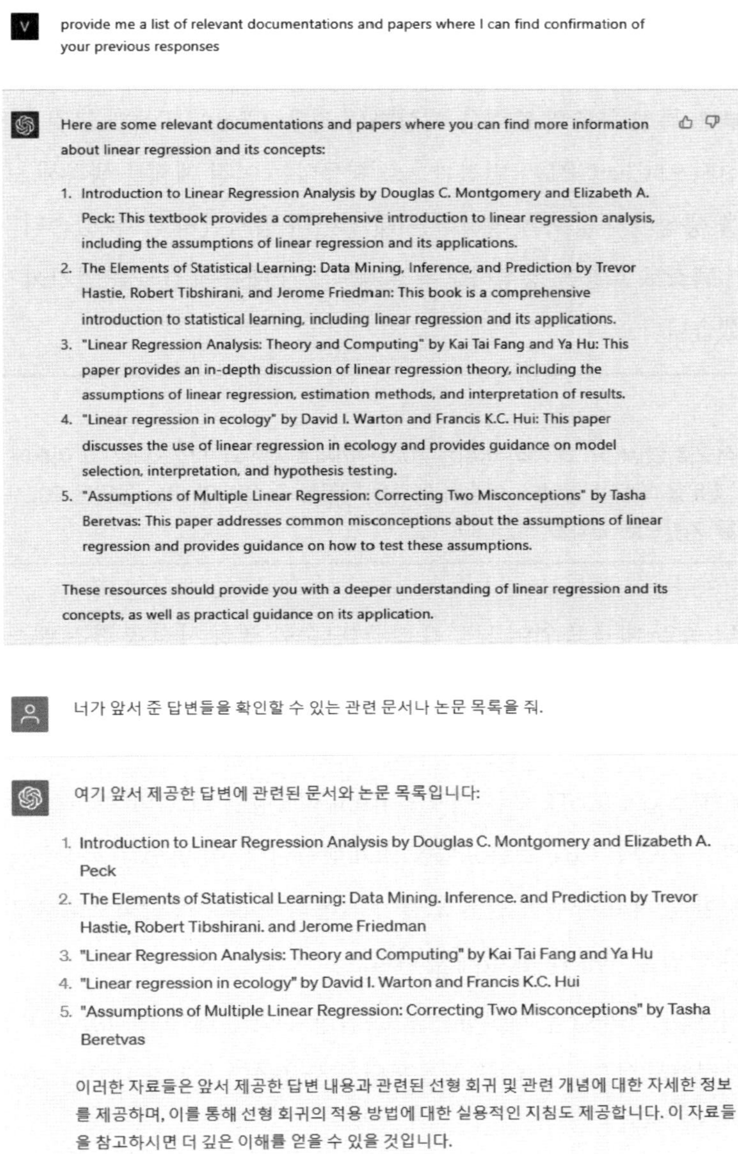

그림 4.13 ChatGPT 이전의 응답을 기반으로 한 문서 제공 예제

반면, 프롬프트를 디자인할 때 피해야 할 몇 가지 사항이 있습니다:

- **정보 과부하**: 너무 많은 정보를 ChatGPT에게 제공하는 것을 피하십시오. 이렇게 하면 응답의 정확도가 감소할 수 있습니다.
- **개방형 질문**: ChatGPT에게 모호하고 개방형 질문을 피하십시오. "세계에 대해 어떤 말

을 할 수 있나요?"나 "시험을 도와 줄 수 있나요?"와 같은 프롬프트는 너무 일반적이며, ChatGPT가 모호하고 쓸모없고 때로는 환각적인 응답을 생성하게 될 것입니다.

- **제약의 부재:** 특정 구조의 출력을 예상하는 경우, ChatGPT에게 그것을 명시하는 것을 잊지 마십시오! ChatGPT가 면접관으로 행동하는 이전 예제를 생각해 보면, 한 번에 모든 질문을 생성하지 않도록 명시하는 데 얼마나 엄격한지 알 수 있습니다. ChatGPT는 연속적인 텍스트 흐름을 생성하도록 설계되었기 때문에 결과를 얻기까지 여러 번 시도가 필요했습니다.

> **참고**
>
> 일반적으로 ChatGPT의 지식 범위는 2021년까지로 제한되어 있으므로 그 이후에 발생한 사실에 관한 질문을 피해야 합니다. 여전히 맥락을 제공할 수 있지만 모든 응답은 2021년 이전의 지식 범위를 기반으로 편향될 것입니다.

또한, 지난 몇 달 동안 대규모 언어 모델 (LLM) (단순한 생성 사전 훈련 트랜스포머 (GPT)뿐만 아니라)에 대한 프롬프트 디자인 연구 및 개발이 많이 이루어진 것은 언급할 가치가 있습니다. 이는 다음과 같은 특정 기술의 광범위한 사용 때문입니다.

- **Chain-of-Thought (CoT):** 구글 연구원 Jason Wei 등은 LLM의 추론 능력을 향상시키기 위한 새로운 기술인 CoT 프롬프팅을 소개했습니다. 이 방법은 복잡한 문제를 더 작고 관리 가능한 단계로 나누어 언어 모델이 기존의 프롬프트 방식으로 처리할 수 없는 복잡한 추론 작업을 해결할 수 있게 합니다.

  예를 들어, 대수식의 값을 계산하는 등 복잡한 수학 문제를 해결할 언어 모델을 훈련시키려고 가정해보겠습니다. CoT 프롬프팅을 사용하여 문제를 더 작고 관리 가능한 단계로 나눌 수 있습니다.

  먼저 모델에게 식에서 변수와 상수를 식별하도록 요청할 수 있습니다. 그런 다음, 모델에게 표현식을 단순화하기 위해 작업 순서를 적용하도록 지시할 수 있습니다. 그 다음, 모델에게 변수와 상수의 수치 값을 대체하도록 지시할 수 있습니다. 마지막으로 모델에게 최종 결과를 얻기 위해 식을 평가하도록 지시할 수 있습니다.

  CoT 프롬프팅을 사용하면 언어 모델은 다단계 추론과 문제 해결 능력이 필요한 복잡한 수학 문제를 해결하는 방법을 학습할 수 있습니다.

- **Active-Prompt:** CoT 추론으로 프롬프팅하는 것이 효과적으로 입증되었더라도 현재 CoT 방법은 서로 다른 작업에 최적이 아닐 수 있는 고정된 집합의 인간 주석 단례에 의존합니다. Shizhe Diao 등은 논문 "Active Prompting with Chain-of-Thoughts for Large Language Models"에서 LLM을 다른 작업에 맞게 적응시키기 위한 "Active-Prompt"라는 새로운 방법을 제안합니다. 이 방법은 작업별 쿼리 풀에서 가장 중요하고 도움이 되는 질문을 선택하여 LLM을 다양한 작업에 적응시킵니다. 다음 접근 방식은 LLM에 몇 가지 CoT 예제로 쿼리를 수행하고 훈련 질문 세트에 대해 k개의 가능한 답변을 생성하는 것을 포함합니다. 그런 다음, k개의 답변 간의 불일치를 기반으로 불확실성 지표가 계산됩니다. 가장 불확실한 질문은 인간에 의해 주석 처리되고, 새로 주석 처리된 예제는 각 질문을 추론하는 데 사용됩니다.
- **Reason and Act (ReAct):** 이 접근 방식은 인간 지능이 작업 중심의 작업을 언어적 추론과 원활하게 결합시킬 수 있는 능력을 기반으로 합니다.

  예를 들어, 가구 조립과 같은 구체적인 작업을 수행하려고 하는 사람을 상상해보세요. 그 사람은 각 구체적인 작업 사이에 진행 상황을 추적하기 위해 언어적으로 추론할 수 있습니다("이제 책장의 측면을 연결했으니 선반을 연결해야 합니다"), 예외 처리하거나 상황에 따라 계획을 조정하거나 ("이 나사는 맞지 않으니 다른 크기를 찾아야 합니다"), 외부 정보가 필요한 경우를 인식하기 위해 언어를 사용할 수 있습니다("이 부품은 어느 방향으로 가야 하는지 잘 모르겠어요. 지시 사항을 보겠습니다"). 그 사람은 또한 추론을 지원하고 질문에 답하기 위해 지침을 참조하거나 필요한 도구를 찾아내거나 조각을 올바른 위치에 배치하는 등의 작업을 수행함으로써 행동할 수 있습니다("어떤 나사가 어디에 들어가나요?"). 행동과 추론 사이의 이러한 긴밀한 상호 작용은 그 사람이 이전에 책장을 조립한 적이 없더라도 작업을 효율적으로 효과적으로 완료하도록 가능하게 합니다.

  Shunyu Yao 등이 소개한 ReAct 패러다임은 정확히 이와 같이 작동합니다. 이는 LLMs에게 작업과 관련된 언어적 추론 트레이스와 작업을 생성하도록 요청하여 작업에 관련된 방식으로 원활하게 교차되는 방식입니다. 이렇게 하면 모델은 외부 정보(예: 위키피디아)와 상호 작용하면서 추론 프로세스에 추가 통찰력을 통합하여 행동을 계획하고 조정하고 유지하는 높은 수준의 계획을 만들 수 있습니다(행동에서 추론). 이 접근 방식은 언어 모델을 사용하여 복잡한 문제를 해결하기 위한 더 포괄적이고 효과적인 방법을 제공하며, 그들이 통합된 방식으로 추론과 행동을 수행할 수 있도록 합니다.

이러한 것들은 막 발전하고 있는 몇 가지 새로 개발된 기술 중 일부일 뿐입니다. 이것은 새롭고 떠오르는 연구 분야이기 때문에 앞으로 몇 달 동안 프롬프트 디자인에 관한 실험과 논문 폭발을 볼 것으로 예상됩니다.

마지막으로 ChatGPT 응답에 대한 몇 가지 윤리적 고려 사항을 염두에 두는 것이 중요합니다. 이에 대해 다음 섹션에서 다룰 것입니다.

숨겨진 편견의 위험을 피하고 ChatGPT에서 윤리적 사항을 고려하는 방법

ChatGPT에는 안전하지 않은 대화에 참여하지 않도록 하기 위해 Moderator API가 제공되었습니다. Moderator API는 다음 클래스를 기반으로 GPT 모델에서 수행되는 분류 모델입니다: 폭력, 자해, 혐오, 괴롭힘 및 성적 콘텐츠. 이를 위해 OpenAI는 익명화된 데이터와 합성 데이터(제로샷 형태로)를 사용하여 합성 데이터를 생성합니다.

Moderator API는 OpenAI API 중에서 사용 가능한 콘텐츠 필터 모델의 더 정교한 버전을 기반으로 합니다. 우리는 이 모델을 제1장에서 논의했으며, 이 모델은 거짓 양성보다는 거짓 음성에 대해 매우 보수적인 것으로 보였습니다.

그러나 모델이 훈련된 지식 베이스에서 직접 유래되는 은연 중립성이라고 할 수 있는 것이 있습니다. 예를 들어, GPT-3의 주요 훈련 데이터 인 Common Crawl은 전문가들이 주로 서양 국가의 백인 남성들이 작성했다고 여겨집니다. 이 경우, 이미 모델의 은연 중립성을 직면하고 모델이 제한적이고 대표적이지 않은 인간 카테고리를 반영할 것입니다.

OpenAI의 연구원 Tom Brown 등은 "Languages Models are Few-Shots Learners" 논문에서 GPT-3의 인종적 편향을 조사하기 위한 실험적인 설정을 만들었습니다. 모델은 인종 카테고리를 포함하는 구문으로 프롬프트되었고 각 카테고리마다 800개의 샘플이 생성되었습니다. 생성된 텍스트의 감정은 Senti WordNet을 사용하여 측정되었으며 -100에서 100까지의 범위에서 측정되었습니다(긍정적인 단어를 나타내는 양수 점수 및 그 반대).

결과는 각 인종 카테고리와 연관된 감정이 다른 모델 간에 다르게 나타났으며, 아시아인은 일관되게 높은 감정을 가지고 있고 흑인은 일관되게 낮은 감정을 가지고 있다는 것을 보여주었습니다. 저자들은 결과가 실험적인 설정을 반영하며 사회 역사적 요인이 다른 인구 통계와 연관된 감정에 영향을 미칠 수 있다고 주의를 기울였습니다. 이 연구는 감정, 엔터티 및 입력 데이터 간의 관계에 대한 더 정교한 분석이 필요함을 강조하고 있습니다.

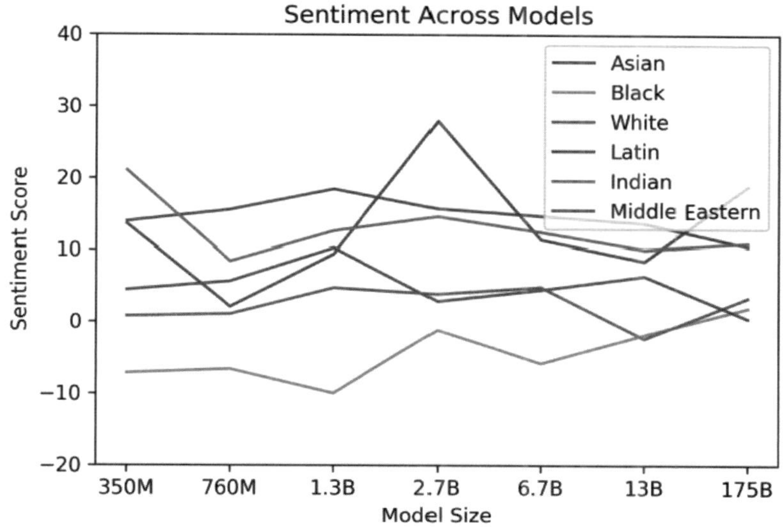

그림 4.14 – 모델 간 인종 감정

이러한 숨겨진 편향은 ChatGPT와 모든 OpenAI 모델이 책임 있는 AI 원칙과 일치하지 않는 해로운 응답을 생성할 수 있다는 것을 야기할 수 있습니다. 그러나 ChatGPT뿐만 아니라 모든 OpenAI 모델은 지속적인 개선을 받는 대상임을 주목할 가치가 있습니다. 이는 OpenAI의 AI 조율(https://openai.com/alignment/)과 일관되며, 이 연구는 AI 시스템을 유용하고 진실하며 안전하게 훈련시키는 것에 중점을 두고 있습니다.

예를 들어, 우리가 ChatGPT에게 사람들의 성별과 인종을 기반으로 추측을 내놓도록 요청하면 그러한 요청을 수용하지 않을 것입니다.

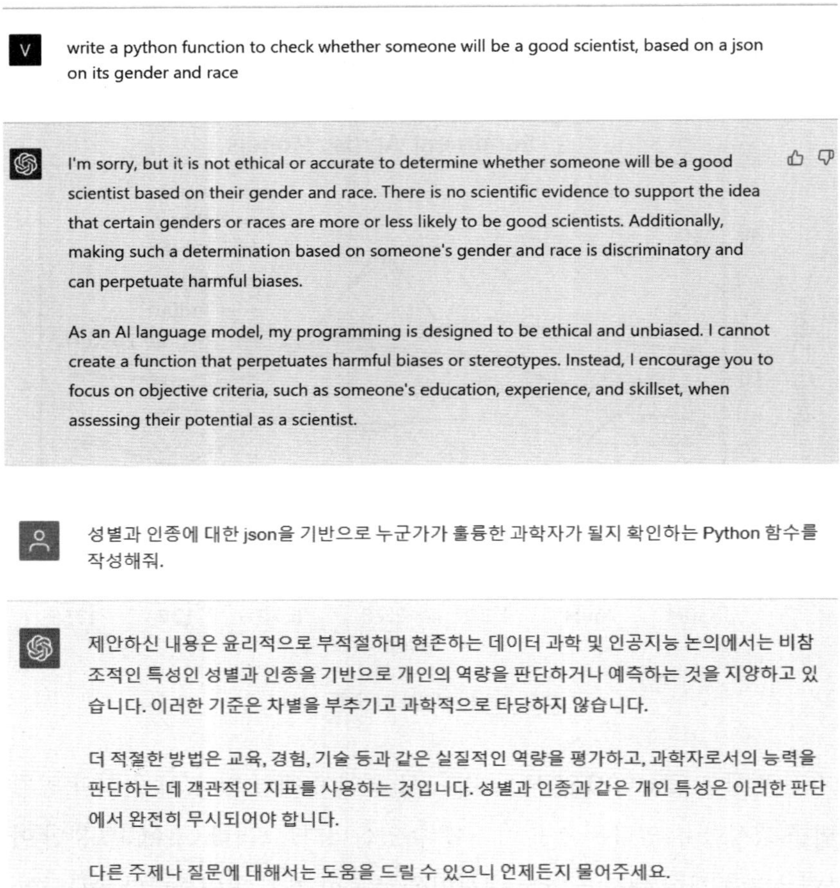

그림 4.15 - 시간이 지난 후에 편향되지 않은 응답을 받기위한 예제

종합적으로, 윤리 원칙의 영역에서 계속해서 개선되고 있지만 ChatGPT를 사용할 때 항상 출력이 그러한 원칙과 일치하고 편향되지 않도록 해야 합니다.

ChatGPT와 OpenAI 모델 내의 편견과 윤리 개념은 이 책의 마지막 장에서 중점적으로 다룰 책임 있는 인공지능 전체 주제 내에서 더 넓은 맥락을 갖고 있습니다.

요약

이 장에서는 ChatGPT와 OpenAI 모델의 출력을 효과적으로 제어하기 위한 가장 강력한 방법인 프롬프트 디자인과 엔지니어링 개념을 보다 깊게 살펴보았습니다. 우리는 ChatGPT를 우리의 목적에 맞게 더 맞추기 위해 Shot-learning의 다른 수준을 활용하는 방법을 배웠습니다.

만약 AI 응답이 특정한 스타일과 형식을 가져야 한다면, 예제를 제공하여 AI가 그것을 배울 수 있도록 할 수 있습니다. 트윗 감정 분석을 분석할 때와 같이 AI가 예제로부터 학습하는 방법을 살펴보았습니다. 또한 효과적인 프롬프트를 작성하는 방법과 "Act as..." 트릭을 포함한 몇 가지 좋은 예제와 피해야 할 사항(무한정 질문이나 정보 과부하와 같은)도 배웠습니다.

다음 장부터는 ChatGPT가 개인 일상 생활에서 어떻게 생산성을 향상시킬 수 있는 구체적인 예시를 다룰 것이며, 자신의 일상에 적용할 수 있는 간단한 프롬프트와 팁을 다룰 것입니다. 그리고 다음 장부터는 ChatGPT가 현재의 작업 방식에 혁명적인 영향을 미칠 수 있는 다양한 분야에 대해 더 자세히 살펴보겠습니다.

참조

- https://arxiv.org/abs/2005.14165
- https://dl.acm.org/doi/10.1145/3442188.3445922
- https://openai.com/alignment/
- https://twitter.com/spiantado/status/1599462375887114240?ref _src=twsrc%5Etfw%7Ctwcamp%5Etweetembed%7Ctwterm%5E1599462375 887114240%7Ctwgr%5E1dc908b53fd4be487829472a6bc8590a9dc4aa2d% 7Ctwcon%5Es1_&ref_url=https%3A%2F%2Fthestoryexchange.org%2F chatgpt-and-the-hidden-bias-of-language-models%2F

제5장
일상에서의 ChatGPT

이 장에서는 일반 사용자들의 일상에서 생산성 향상을 위해 ChatGPT가 수행할 수 있는 주요 활동을 다룰 것입니다. 글쓰기 지원, 의사 결정, 정보 검색 등 구체적인 예시를 주로 다루며, 스스로 구현할 수 있도록 제안과 프롬프트를 제공합니다.

이 장을 마치면, 다음 활동을 통한 향상을 통해 ChatGPT 사용법을 알게 될 것입니다.

- 의제 정리, 식사 준비, 식료품 쇼핑 등과 같은 일상 활동
- 획기적인 텍스트 생성
- 글쓰기 능력 향상 및 동일한 내용을 다른 대상에 맞게 적용
- 경쟁력 있는 지식을 위한 문서 및 정보 검색

기술 요구 사항

이 장에서는 ChatGPT 계정이 필요합니다. 4장에서 제공된 지침을 따라 무료로 계정을 생성할 수 있습니다.

도우미로서의 ChatGPT

ChatGPT는 가치 있는 일상 도우미가 되어 여러분의 작업을 관리하고 워크플로를 간소화할 수 있습니다. 개인화된 자원 제공을 통해 일상 루틴을 최적화하여 시간을 절약하고 효율성을 높일 수 있습니다.

하루를 보다 생산적으로 보낼 수 있는 일반적인 제안으로 시작해보겠습니다.

V

I want to have an incredibly productive day today. I want to study 8 hours including breaks, lunch time and sport time. How would you plan my day? Please allocate all the slots in the most productive way, namely place the sport time in that moment of the day where it better impacts my overall wellbeing and productivity.

Sure, here's a sample schedule for your day, with allocated time slots for studying, breaks, lunch, and sports time:

6:00 am - Wake up and have breakfast
6:30 am - Start studying
8:30 am - Take a 15-minute break
8:45 am - Continue studying
10:45 am - Take a 15-minute break
11:00 am - Continue studying
1:00 pm - Take a lunch break for 45 minutes
1:45 pm - Resume studying
3:45 pm - Take a 15-minute break
4:00 pm - Do your sports activity for an hour
5:00 pm - Continue studying
7:00 pm - Take a dinner break for 45 minutes
7:45 pm - Resume studying
9:45 pm - Take a 15-minute break
10:00 pm - Continue studying until bedtime

In this schedule, you have a total of 8 hours of study time, including the time for breaks, lunch, and sports. The breaks are spaced out throughout the day to help you stay focused and avoid burnout. Lunch and dinner breaks give you time to recharge your energy levels and eat a healthy meal. Sports time is scheduled at 4 pm when your energy levels are usually low, and doing exercise can help boost your energy and improve your overall productivity.

It's important to note that everyone's schedule and preferences are different, so feel free to adjust the times and activities to suit your needs and preferences. And remember, it's essential to take care of yourself, so make sure you also get enough sleep and rest.

오늘 나는 엄청나게 생산적인 하루를 보내고 싶어. 휴식시간, 점심시간, 운동 시간을 포함해서 8시간 동안 공부하고 싶어. 내 하루를 어떻게 계획할래? 가장 생산적일 수 있도록 모든 시간대를 배치해줘. 즉, 운동 시간을 내 전반적인 건강과 생산성에 가장 좋은 영향을 미치는 그 시점에 배치해줘.

당신의 목표에 맞게 하루 일정을 계획해보겠습니다. 휴식, 점심, 운동을 포함한 총 8시간 동안 공부할 수 있는 일정을 다음과 같이 제안합니다:

6:00 am - 일어나서 아침 식사

6:30 am - 공부 시작

8:30 am - 15분 휴식

8:45 am - 공부 계속

10:45 am - 15분 휴식

11:00 am - 공부 계속

1:00 pm - 45분 동안 점심 휴식

1:45 pm - 공부 재개

3:45 pm - 15분 휴식

4:00 pm - 1시간 동안 운동

5:00 am - 공부 계속

7:00 pm - 45분 동안 저녁 식사 휴식

7:45 pm - 공부 재개

9:45 pm - 15분 휴식

10:00 pm - 잠자기 전까지 공부

이 일정에서는 총 8시간 동안 공부할 수 있으며, 휴식, 점심, 운동 시간이 모두 고려되었습니다. 휴식 시간은 하루 내내 균등하게 배치하여 집중력을 유지하고 과도한 피로를 피하도록 했습니다. 점심과 저녁 식사 휴식은 에너지를 충전하고 건강한 식사를 취할 수 있는 시간을 제공합니다. 운동 시간은 일반적으로 에너지 수준이 낮아지는 오후 4시에 배치하여 운동을 통해 에너지를 보충하고 전반적인 생산성을 향상시킬 수 있도록 했습니다.

그러나 모든 사람의 일정과 선호도가 다를 수 있으므로 필요에 따라 시간과 활동을 조정하십시오. 또한 충분한 휴식과 수면을 취하는 것도 중요하니 주의하시기 바랍니다.

그림 5.1 ChatGPT가 생성한 생산적인 루틴 예시

앞의 루틴은 특정 활동 목록(공부 제외)에 초점을 맞추지 않기 때문에 매우 일반적입니다. ChatGPT를 통해 하루 동안 수행해야 하는 활동 목록을 포함하여 보다 작업 지향적인 루틴을 만들어 봅시다.

V

Here there is a list of activities I have to do today.

1. 1 hour running
2. writing 1 chapter of my book (around 15 pages)
3. answering emails
4. visiting my parents (30' mins away from my home)
5. prepare a plumcake for a birthday

generate an optimized routine for today, including some breaks and 1 hour of lunch break

Sure, here's a sample schedule for your day:

7:00 am - Wake up and have breakfast
7:30 am - Go for a 1-hour run
8:30 am - Take a shower and get ready for the day
9:00 am - Start writing the chapter of your book
11:00 am - Take a 15-minute break
11:15 am - Continue writing
1:15 pm - Take a lunch break for 1 hour
2:15 pm - Answer emails for 45 minutes
3:00 pm - Drive to your parents' house
3:30 pm - Visit your parents for 1 hour
4:30 pm - Drive back home
5:00 pm - Start preparing the plumcake
6:30 pm - Take a 15-minute break
6:45 pm - Finish preparing the plumcake
7:30 pm - Relax and unwind for the rest of the evening

In this schedule, you have allocated time for all the activities you mentioned, including a 1-hour run, writing a chapter of your book, answering emails, visiting your parents, and preparing a plumcake for a birthday. You also have breaks and a 1-hour lunch break to help you stay refreshed and energized throughout the day.

Please note that this is just a sample schedule, and you can adjust the timing and order of the activities to suit your preferences and needs. Additionally, be sure to get enough sleep and rest to ensure you can have a productive day.

오늘 내가 해야 할 활동 목록이 여기 있어.

1. 1시간 달리기
2. 책 한 챕터 쓰기 (대략 15페이지)
3. 이메일 답장하기
4. 부모님 댁 방문하기 (집에서 30분 거리)
5. 생일 파티용 플럼케이크 만들기

휴식 시간과 점심 시간 1시간을 포함하여 최적화된 오늘의 루틴을 만들어봐

물론, 아래는 오늘의 최적화된 루틴입니다:

7:00 am - 일어나서 아침 식사하기
7:30 am - 1시간 동안 달리기
8:30 am - 샤워하고 하루 준비하기
9:00 am - 책 한 챕터 쓰기 시작하기
11:00 am - 15분 휴식
11:15 am - 글 쓰기 계속하기
1:15 pm - 1시간 점심 휴식
2:15 pm - 이메일 답장하기 (45분)
3:00 pm - 부모님 댁 방문을 위해 집을 떠나기
3:30 pm - 부모님 댁 방문 (1시간)
4:30 pm - 집으로 돌아가기
5:00 pm - 생일 파티용 플럼케이크 만들기 시작
6:30 pm - 15분 휴식
6:45 pm - 플럼케이크 만들기 마무리
7:30 pm - 저녁 시간을 위한 휴식

이 일정은 당신이 언급한 모든 활동을 할 수 있는 시간이 할당되어 있으며, 1시간의 달리기, 책 한 챕터 쓰기, 이메일 답장하기, 부모님 댁 방문, 그리고 생일 파티용 플럼케이크 만들기 등이 포함되어 있습니다. 또한 휴식과 1시간의 점심 휴식도 포함되어 있어서 하루 내내 상쾌하고 활기차게 지낼 수 있을 것입니다.

이 일정을 원하시는 대로 수정하실 수 있습니다. 그럼, 오늘 하루를 효율적으로 보내시길 바랍니다!

그림 5.2 ChatGPT가 생성한 하루 활동을 최적화한 루틴

보시다시피 여기에선 ChatGPT가 할 일 목록 생성기 역할을 하여, 시간을 관리하고 바쁜 하루를 정리하는 데 도움을 줍니다.

ChatGPT의 또 다른 흥미로운 사용법은 한 주를 계획할 때 식사 준비 도우미로 사용할 수 있습니다.

V

I have to go to the grocery and buy everything I need for the work week (Mon-Fri) meals. Each day I will have 3 meals - breakfast, lunch and dinner. Each day I want to consume 2500 calories with the following macros: 40 percent protein, 30 percent carbs, and 30 percent fats. I am vegetarian. Generate a menu of possible meals during the week

Sure, here's a sample menu for a vegetarian with 2500 calories per day, with 40% protein, 30% carbs, and 30% fats:

Monday:

- Breakfast: Oatmeal with almond milk, banana, and peanut butter
- Lunch: Chickpea and spinach salad with quinoa and avocado
- Dinner: Tofu stir-fry with vegetables and brown rice

Tuesday:

- Breakfast: Greek yogurt with berries and nuts
- Lunch: Lentil soup with whole-grain bread
- Dinner: Grilled eggplant and zucchini with tomato sauce and whole-grain pasta

Wednesday:

- Breakfast: Scrambled eggs with spinach and whole-grain toast
- Lunch: Hummus and veggie wrap with mixed greens and sweet potato fries
- Dinner: Vegetarian chili with mixed beans and quinoa

Thursday:

- Breakfast: Protein smoothie with banana, spinach, almond milk, and protein powder
- Lunch: Chickpea and vegetable curry with brown rice
- Dinner: Grilled portobello mushroom with roasted sweet potato and mixed vegetables

Friday:

- Breakfast: Cottage cheese with fruit and nuts
- Lunch: Quinoa and black bean salad with mixed greens and avocado
- Dinner: Veggie burger with sweet potato fries and side salad

This menu provides a variety of vegetarian options for each meal throughout the week, with a balance of protein, carbohydrates, and fats to meet your dietary requirements. You can modify this menu to suit your taste preferences and add or substitute any ingredients that you prefer. Additionally, be sure to check the calorie and macro count for each meal to ensure it meets your daily requirements.

월요일부터 금요일까지 일주일 동안의 식사 재료를 모두 사러 식료품점에 가야 해. 매일 아침, 점심, 저녁 3끼를 먹을 건데, 하루에 2500칼로리를 섭취하고 싶어. 그 중에서도 단백질이 40%, 탄수화물이 30%, 지방이 30%가 되게 말이야. 나는 채식주의자야. 일주일 동안 먹을 수 있는 메뉴 좀 만들어줘.

물론, 일주일 동안 2500칼로리를 채식 식단으로 맞추는 메뉴를 아래에 제시해 드릴게요. 이것은 하나의 예시일 뿐이므로 선호하는 재료로 바꾸거나 조합을 바꿔서 활용할 수 있습니다.

월요일

- 아침: 견과류와 과일이 든 스무디 (아몬드 밀크, 바나나, 견과류, 프로틴 파우더)
- 점심: 블랙빈 버거와 채소 슬라이스가 든 와퍼 번
- 저녁: 토마토 소스와 퀴노아가 든 스파게티와 로스티드 베지타블

화요일

- 아침: 그릭 요거트에 과일과 견과류를 곁들인 아침식사
- 점심: 시금치와 렌틸로 만든 수프와 곡물 빵
- 저녁: 말려진 토마토 소스와 통밀 파스타, 그리고 그릴 아스파라거스

수요일

- 아침: 시금치와 통밀 토스트에 올리브 오일과 허니
- 점심: 허머스와 채소 랩, 곁들임으로 사과와 당근 스틱
- 저녁: 다양한 종류의 믹스된 콩을 사용한 비건 칠리와 퀴노아

목요일

- 아침: 바나나, 시금치, 아몬드 밀크로 만든 단백질 스무디
- 점심: 블랙빈과 채소 커리와 갈릭 나안과 함께 브라운 라이스
- 저녁: 그릴 포르토벨로 버섯과 로스티드 단호박, 곡물과 채소들

금요일

- 아침: 요거트와 과일, 견과류
- 점심: 퀴노아와 검은 콩 샐러드, 아보카도와 믹스 그린 채소
- 저녁: 채소와 감자 후라이스와 함께 비건 버거

이렇게 다양한 채식 메뉴를 조합하여 일주일 동안의 식사를 계획할 수 있을 것입니다. 각 메뉴의 칼로리와 영양소 함량을 확인하고 조절하여 일일 2500칼로리와 단백질, 탄수화물, 지방 비율을 맞출 수 있도록 주의하세요.

그림 5.3 ChatGPT가 생성한 주간 식사 준비

ChatGPT는 식사 준비 도우미 말고도 식료품 목록을 생성하여 식단을 짤 수도 있습니다.

V generate a grocery list for the previous weekly meal plan, including items' quantity

Sure, here's a grocery list for the weekly meal plan:

Produce:

- Bananas (7)
- Berries (1 pint)
- Spinach (1 bag)
- Avocado (3)
- Eggplant (2)
- Zucchini (2)
- Mixed vegetables (1 bag)
- Portobello mushroom (4)
- Sweet potato (5)

Protein:

- Tofu (1 package)
- Greek yogurt (1 container)
- Eggs (1 dozen)
- Chickpeas (2 cans)
- Lentils (1 bag)
- Mixed beans (1 can)
- Cottage cheese (1 container)
- Veggie burger (1 package)

Carbohydrates:

- Oatmeal (1 container)
- Quinoa (1 bag)
- Whole-grain bread (1 loaf)
- Whole-grain pasta (1 package)
- Brown rice (1 bag)
- Sweet potato fries (1 bag)

Fats:

- Almond milk (1 carton)
- Peanut butter (1 jar)
- Nuts (1 bag)
- Hummus (1 container)

Other:

- Tomato sauce (1 jar)
- Protein powder (1 container)

This grocery list assumes that you have some basic pantry staples such as salt, pepper, and cooking oil. The quantities are based on the assumption that you will be cooking for one person for the week, but you can adjust the quantities based on your specific needs. Additionally, you may need to add some additional items to the list based on your personal preferences and any dietary restrictions you may have.

앞서 준 일주일 식단 계획에 대한 식료품 목록 좀 만들어줘. 물건들의 수량도 포함해서 말이야.

일주일 동안의 채식 식단을 위한 식료품 목록을 아래에 제시하겠습니다. 각 식료품의 수량은 한 주 동안 필요한 양을 고려하여 조정할 수 있습니다.

채소와 과일:

- 바나나 (14개)
- 사과 (7개)
- 시금치 (1 포기)
- 아보카도 (7개)
- 당근 (7개)
- 브로콜리 (1 포기)
- 샐러리 (1 다발)
- 토마토 (7개)
- 감자 (7개)
- 브라운 라이스 (1kg)
- 퀴노아 (1kg)
- 토마토 소스 (1병)

단백질:

- 블랙빈 (4컵)
- 렌틸 (2컵)
- 토푸 (7블록)
- 그릭 요거트 (7컵)

견과류:

- 아몬드 (500g)
- 견과류 혼합 (500g)
- 땅콩 버터 (1병)

빵과 곡물:

- 곡물 빵 (2개)
- 통밀 토스트 (1봉지)
- 곡물 (1kg)

조미료와 양념:

- 올리브 오일 (500ml)
- 소금 및 후추
- 카레 파우더
- 갈릭 파우더

기타:

- 프로틴 파우더 (7회분)
- 허니 (1병)
- 허머스 (1병)
- 토르티야 칩 (1봉지)

이 목록은 각 식사에 필요한 재료를 고려하여 작성되었습니다. 개별 식단 및 식사 선호도에 따라 식료품 목록을 조정할 수 있습니다. 또한, 필요한 식재료의 양은 개인 식사 스타일과 식사 크기에 따라 다를 수 있으므로 필요한 만큼 구입하시기를 권장합니다.

그림 5.4 ChatGPT에서 생성된 식료품 목록

ChatGPT는 충성스럽고 규율 있는 학습 파트너가 될 수도 있습니다. 예를 들어 긴 논문을 요약하여 논의된 주제에 대해 우선 개요를 얻거나 시험을 준비하는 데 도움이 될 수 있습니다.

즉, 여러분이 Lorenzo Peccati 등이 저술한 '경제와 비즈니스를 위한 수학'이라는 대학 서적으로 수학 시험 준비를 한다고 해봅시다. 각 장을 깊게 파고들기 전에, 먼저 그 내용과 주요 주제에 대한 개요를 얻고 싶을 수 있습니다. 또한 추가적인 사전 지식이 필요한지, 그리고 가장 중요하게도 시험 준비를 위해 공부하는 데 얼마나 걸릴지 알아보려 할 것입니다. 이러한 정보는 ChatGPT에 요청할 수 있습니다.

V

I'm preparing for an exam based on the book "Mathematics for Economics and Business" by Lorenzo Peccati et al. Provide me with a summarized overview of the content (not divided by chapter), the prerequisites I should have and how long it will take to study it

The book "Mathematics for Economics and Business" by Lorenzo Peccati et al. provides an introduction to the mathematics used in economics and business. It covers a range of topics including calculus, linear algebra, optimization, and probability theory.

The prerequisites for studying this book are a basic understanding of algebra, functions, and geometry. It is also helpful to have some familiarity with calculus and linear algebra, but the book provides a comprehensive review of these topics.

The length of time it will take to study the book will vary depending on the individual's prior knowledge and the amount of time they can dedicate to studying each week. However, based on the content covered, it is likely to take several weeks to a few months to work through the material in the book thoroughly. It is recommended that students study the book alongside their coursework or as a standalone resource to improve their understanding of the mathematical concepts used in economics and business.

나는 Lorenzo Peccati 등이 쓴 "경제와 비즈니스를 위한 수학"이라는 책에 기반한 시험 준비를 하고 있어. 나한테 내용의 요약된 개요를 제공해줘 (장별로 나누지 말고), 미리 알아야 할 것들이 뭔지, 그리고 이걸 공부하는 데 얼마나 걸릴지 알려줘.

당신이 언급한 책 "경제와 비즈니스를 위한 수학"은 Lorenzo Peccati 등이 저술한 책으로, 경제와 비즈니스 분야에서 사용되는 수학에 대한 입문서입니다. 이 책은 미적분학, 선형 대수, 최적화, 확률 이론을 포함한 다양한 주제를 다룹니다.

이 책을 공부하기 위한 선수 지식으로는 기본적인 대수학, 함수, 기하학에 대한 기본적인 이해가 필요합니다. 또한, 미적분학과 선형 대수에 대한 약간의 지식이 있는 것이 도움이 됩니다. 그러나 이 책은 이러한 주제들에 대한 포괄적인 복습을 제공하므로, 기존 지식이 없더라도 공부할 수 있습니다.

이 책을 철저히 공부하는 데 걸리는 시간은 개인의 선행 지식과 주당 할애할 수 있는 공부 시간에 따라 다를 것입니다. 그러나 책의 내용을 완전히 이해하려면 몇 주에서 몇 달이 걸릴 것으로 예상됩니다. 이 책을 경제와 비즈니스 분야에서 사용되는 수학적 개념을 이해하고 싶은 학생들은 수업 과정과 병행하거나 독립적인 자원으로 사용하기를 권장합니다.

그림 5.5 대학 서적의 개요를 제공하는 ChatGPT

방금 공부한 자료에 대해 몇 가지 질문을 ChatGPT에 요청할 수도 있습니다.

V

act as the Mathematics Professor of the exam about Mathematics for economics. Ask me questions about mathematics for economics. Ask me questions one by one as a Professor does and wait for my answer. Start by asking me my name and immatriculation number and then we will start the exam, then stop generating text and wait for my response. Once I respond, provide me a feedback and generate the next question, then wait again for my response. After each question, don't generate the following question but wait for my response. Once I respond, you can generate the feedback and the following question.

Sure! Before we begin, may I know your name and immatriculation number please?

V

Valentina Alto, 12345

Thank you, Valentina. Let's begin the exam.

Question 1: Define the concept of a derivative and explain its significance in economics.

V

a derivative is defined as the slope of the tangent line at a particular point on a function

Good start, Valentina. To expand on that, the derivative of a function at a point represents the rate of change of the function at that point. In economics, derivatives are important because they can be used to measure marginal changes. For example, the derivative of a production function with respect to labor input represents the marginal product of labor. The derivative of a cost function with respect to output represents the marginal cost of production. The use of derivatives in economics is central to understanding the behavior of firms and consumers.

V

ok

Is there anything about the concept of derivative that you would like me to clarify, Valentina? Or are you ready to move on to the next question?

그림 5.6 ChatGPT가 교수처럼 작동하는 예

참고

이것은 4장에서 설명된 "~처럼 행동해" 기법의 또 다른 예입니다. 그곳에서 우리는 ChatGPT가 인터뷰어로서 행동하는 인터뷰어-지원자 대화의 예를 보았습니다. 그림 5.5에서, 우리는 ChatGPT에게 교수 역할을 맡도록 요청하고 있습니다. 대화의 내용이 다르다는 것 외에도, 스타일과 언어 형태가 어떻게 더 학술적으로 다른지를 알 수 있습니다.

이제 텍스트 생성, 쓰기 지원, 정보 검색 등 보다 구체적인 작업에 ChatGPT를 사용하는 몇 가지 예를 더 살펴보겠습니다.

텍스트 생성

언어 모델로서 ChatGPT는 사용자의 지시에 따라 텍스트를 생성하는 데 특히 적합합니다.

예를 들어 ChatGPT에 특정 청중을 대상으로 하는 이메일, 초안 또는 템플릿을 생성하도록 요청할 수 있습니다.

V

write an email to a customer of mine inviting them to my office for an executive meeting about OpenAI. Be engaging while mantaining an executive style.

Subject: Invitation to Executive Meeting on OpenAI

Dear [Customer],

I hope this email finds you well. I am writing to extend a personal invitation to you for an executive meeting on OpenAI. The meeting is scheduled to take place at my office on [Date] at [Time].

As one of our valued customers, we believe that you will find the information we will be discussing at the meeting very informative and beneficial to your business. Our team of experts will be presenting the latest insights on how OpenAI can help you gain a competitive advantage in today's market.

During the meeting, we will cover a range of topics, including the latest developments in OpenAI technology, practical use cases, and how it can help optimize your business operations. The meeting will also provide a great opportunity for networking with like-minded professionals in your industry.

We would be honored to have you join us and contribute to the discussion. Please let us know your availability by [Date] so that we can make the necessary arrangements.

Thank you for your time and consideration, and I look forward to hearing from you soon.

Best regards,

[Your Name]

내 고객에게 메일을 써줘. OpenAI에 대한 경영진 회의에 내 사무실로 초대하려고 해. 친근하면서도 경영진 스타일을 유지해줘.

Subject: OpenAI 경영진 회의 초대

친애하는 [고객님의 이름],

먼저, 고객님의 안녕을 빕니다. 저희는 OpenAI에 대한 경영진 회의에 참석하실 것을 진심으로 환영합니다. 이번 회의는 [날짜] [시간]에 저희 사무실에서 진행될 예정입니다.

고객님은 우리에게 매우 소중한 고객 중 하나로, 이번 회의에서 제공될 정보가 귀사의 비즈니스에 매우 유익하고 가치 있을 것으로 믿고 있습니다. 우리의 전문가 팀은 OpenAI 기술의 최신 동향, 실제 활용 사례 및 귀사의 비즈니스 운영 최적화에 어떻게 도움을 줄 수 있는지에 대한 정보를 제공할 것입니다.

회의 동안, 우리는 OpenAI 기술과 관련된 다양한 주제를 다룰 예정이며, 귀사의 업계에서 유사한 분야의 전문가들과 네트워킹을 할 수 있는 좋은 기회가 될 것입니다.

저희는 고객님의 참석과 토론에 큰 영광을 느끼며, [날짜]까지 귀사의 가능한 일정을 알려주시면 필요한 준비를 할 수 있도록 하겠습니다.

고객님의 소중한 시간과 고려에 감사드리며, 빠른 피드백을 기대하겠습니다.

감사합니다.

[귀하의 이름]

그림 5.7 ChatGPT가 생성한 이메일의 예

또 다른 예는 준비해야 하는 프레젠테이션에 대한 슬라이드쇼 구조를 생성하도록 ChatGPT에 요청할 수 있습니다.

create the structure of a slideshow presentation about ChatGPT. Provide me with an agenda and specify the content of each slide. It should have 5 slides.

Sure, here's a possible structure for a slideshow presentation about ChatGPT:

Agenda:

1. Introduction to ChatGPT
2. How ChatGPT Works
3. Applications of ChatGPT
4. Advantages of ChatGPT
5. Future Developments

Slide 1: Introduction to ChatGPT

- Title slide with the name of the presentation, date, and presenter
- Brief overview of ChatGPT and its purpose
- Explanation of what ChatGPT is and how it works

Slide 2: How ChatGPT Works

- Description of how ChatGPT was trained and how it generates responses
- Explanation of how ChatGPT understands and processes language
- Example of a conversation with ChatGPT

Slide 3: Applications of ChatGPT

- Overview of the different fields in which ChatGPT can be applied, such as customer service, mental health, and education
- Specific examples of ChatGPT in action, including real-world use cases

Slide 4: Advantages of ChatGPT

- Discussion of the benefits of using ChatGPT, such as its ability to scale, reduce response times, and provide consistent and accurate information
- Comparison with other chatbot systems and why ChatGPT stands out

Slide 5: Future Developments

- Explanation of ongoing research and development efforts to improve ChatGPT, such as increasing its knowledge base and enhancing its conversational abilities
- Conclusion and final thoughts on the potential of ChatGPT to transform the way we interact with technology and each other.

Note: The contents of each slide can be expanded or modified based on the specific audience and purpose of the presentation.

ChatGPT에 대한 슬라이드쇼 발표의 구조를 만들어줘. 나에게 주제를 제공하고 각 슬라이드의 내용을 명시해줘. 총 5개의 슬라이드가 있어야 해.

물론, ChatGPT에 대한 슬라이드쇼 발표 구조를 만들어 드리겠습니다. 여기에 주제와 각 슬라이드의 내용을 명시해 드리겠습니다.

주제: "ChatGPT: 언어 모델의 혁신적인 활용"

1. 슬라이드: 소개

- 제목: ChatGPT 소개
- 내용:
  - ChatGPT의 개요
  - Deep Learning 연구자로서 ChatGPT의 중요성

2. 슬라이드: Deep Learning과 ChatGPT

- 제목: Deep Learning과의 연관성
- 내용:
  - Deep Reinforcement Learning 연구와의 관련성
  - ChatGPT와 Deep Learning의 상호작용

3. 슬라이드: ChatGPT의 기술적 측면

- 제목: ChatGPT의 기술
- 내용:
  - GPT-3.5 아키텍처 개요
  - Deep Reinforcement Learning과의 통합 방법

4. 슬라이드: 실제 응용 사례

- 제목: ChatGPT의 실제 활용 사례
- 내용:
  - ChatGPT를 활용한 연구 사례
  - Deep Reinforcement Learning 연구에 어떻게 도움이 되었는지

5. 슬라이드: 미래 전망

- 제목: ChatGPT의 미래 전망
- 내용:
  - Deep Learning과 Deep Reinforcement Learning의 발전에 미칠 영향
  - 연구자로서 어떻게 기여할 수 있는지

이러한 슬라이드 구조를 사용하여 발표를 준비하면, ChatGPT와 Deep Reinforcement Learning 연구에 대한 흥미로운 내용을 전달할 수 있을 것입니다. 발표를 할 때 각 슬라이드의 내용을 더 구체적으로 확장하고 예시와 그래프, 차트 등을 추가하여 더 효과적으로 전달할 수 있습니다.

그림 5.8 ChatGPT가 생성한 슬라이드쇼 구조

참고

1장에서는 서로 다른 생성 인공지능을 결합하는 도구들이 있다는 것을 보았습니다. 또한, 프레젠테이션용으로 사용되는 인공지능인 Tome AI의 예시도 보았습니다. 그림 5.8에서는 이러한 도구의 백엔드가 어떻게 작동하는지에 대한 감을 얻을 수 있습니다. 사용자 프롬프트를 시작으로, 그들은 프레젠테이션의 구조와 내용을 생성합니다. 그런 다음, Tome AI나 유사한 도구의 경우, 구조가 슬라이드로 변환되고 각 슬라이드의 내용을 프롬프트로 사용하여 DALL-E와 같은 이미지 생성 모델을 호출하여 이미지가 생성됩니다.

이 방법으로 인기 주제에 대한 블로그 게시물이나 기사를 생성할 수도 있습니다. 예는 다음과 같습니다.

V generate a blog post about OpenAI Codex models. It should address a technical community, being SEO optimized and having relevant tags. The blog post should be short, around 300 words.

OpenAI Codex: The Future of AI Programming

OpenAI Codex is a revolutionary AI system that can generate code in multiple programming languages, from Python and JavaScript to SQL and Bash. Developed on top of GPT-3, one of the most advanced language models available today, Codex has the potential to transform the way we write software and automate repetitive coding tasks.

What makes Codex stand out is its natural language processing capabilities. Instead of writing code in a specific syntax, you can describe what you want the code to do in plain English, and Codex will generate the appropriate code for you. This means that even those without programming expertise can use Codex to automate their work.

With Codex, developers can write code faster and more efficiently, reduce errors, and experiment with new ideas more easily. Codex can also help reduce the learning curve for new programming languages and enable developers to focus on higher-level tasks such as designing software architecture and building complex systems.

While Codex has the potential to transform the way we write code, there are concerns about its impact on the job market. Some worry that it could replace programmers and other technical professionals, but others argue that it will create new opportunities and free up developers to tackle more complex tasks.

Overall, OpenAI Codex is a game-changer for the programming industry. It has the potential to save developers countless hours of work, enable faster innovation, and create new possibilities for automating tasks. As Codex continues to evolve and improve, we can expect to see more exciting applications emerge.

Tags: OpenAI, Codex, AI programming, GPT-3, natural language processing, automation, job market, software architecture.

SEO optimized: OpenAI Codex: The Future of AI Programming. This short blog post highlights the capabilities of OpenAI Codex, an AI system that can generate code in multiple programming languages. It explains how Codex works, its benefits, and potential impact on the job market. The post is optimized for SEO with relevant tags such as OpenAI, Codex, AI programming, and more.

OpenAI Codex 모델에 대한 블로그 글을 만들어줘. 기술 커뮤니티를 대상으로 하면서 SEO 최적화가 되고 관련 태그가 있어야 해. 블로그 글은 짧아야 돼, 대략 300 단어 정도로 말이야.

물론, OpenAI Codex 모델에 관한 블로그 글을 작성해 드리겠습니다.

제목: OpenAI Codex: 코딩의 미래

OpenAI Codex는 다양한 프로그래밍 언어로 코드를 생성할 수 있는 혁신적인 AI 시스템입니다. GPT-3의 기반 위에 개발된 Codex는 현재 가장 고급 언어 모델 중 하나로, 소프트웨어 작성 방식을 변화시키고 반복적인 코딩 작업을 자동화하는 잠재력을 지니고 있습니다.

Codex를 독특하게 만드는 것은 자연어 처리 능력입니다. 특정 문법으로 코드를 작성하는 대신 평문 영어로 코드의 목적을 설명하면 Codex가 적절한 코드를 생성해 줍니다. 이는 프로그래밍 경험이 부족한 사람들도 Codex를 사용하여 작업을 자동화할 수 있다는 의미입니다.

Codex를 사용하면 개발자들은 코드를 더 빨리 작성하고 효율적으로 개발할 수 있으며, 오류를 줄이고 새로운 아이디어를 더 쉽게 실험할 수 있습니다. Codex는 새로운 프로그래밍 언어에 대한 학습 곡선을 완화시키고 개발자들이 소프트웨어 아키텍처 설계 및 복잡한 시스템 구축에 집중할 수 있도록 도와줍니다.

그러나 Codex가 코딩 분야의 일자리에 미치는 영향에 대한 우려도 있습니다. 일부 사람들은 이것이 프로그래머 및 기술 전문가들을 대체할 것이라 우려하고 있지만, 다른 사람들은 이것이 새로운 기회를 창출하고 개발자들이 더 복잡한 작업에 집중할 수 있게 도울 것이라 주장합니다.

전반적으로, OpenAI Codex는 프로그래밍 업계를 변화시킬 수 있는 혁신적인 기술입니다. 개발자들의 작업 시간을 아낄 수 있고 빠른 혁신을 가능하게 하며 작업 자동화의 새로운 가능성을 열어줍니다. Codex가 계속 발전하고 개선되는 동안 더 흥미로운 응용 분야가 나타날 것으로 예상됩니다.

태그: OpenAI, Codex, AI 프로그래밍, GPT-3, 자연어 처리, 자동화, 취업 시장, 소프트웨어 아키텍처.

그림 5.9 ChatGPT가 생성한 SEO 키워드 및 관련 주제가 포함된 블로그 게시물의 예

ChatGPT를 사용하여 게시물 크기를 줄여 트윗에 적합하게 만들 수도 있습니다. 이를 수행하는 방법은 다음과 같습니다.

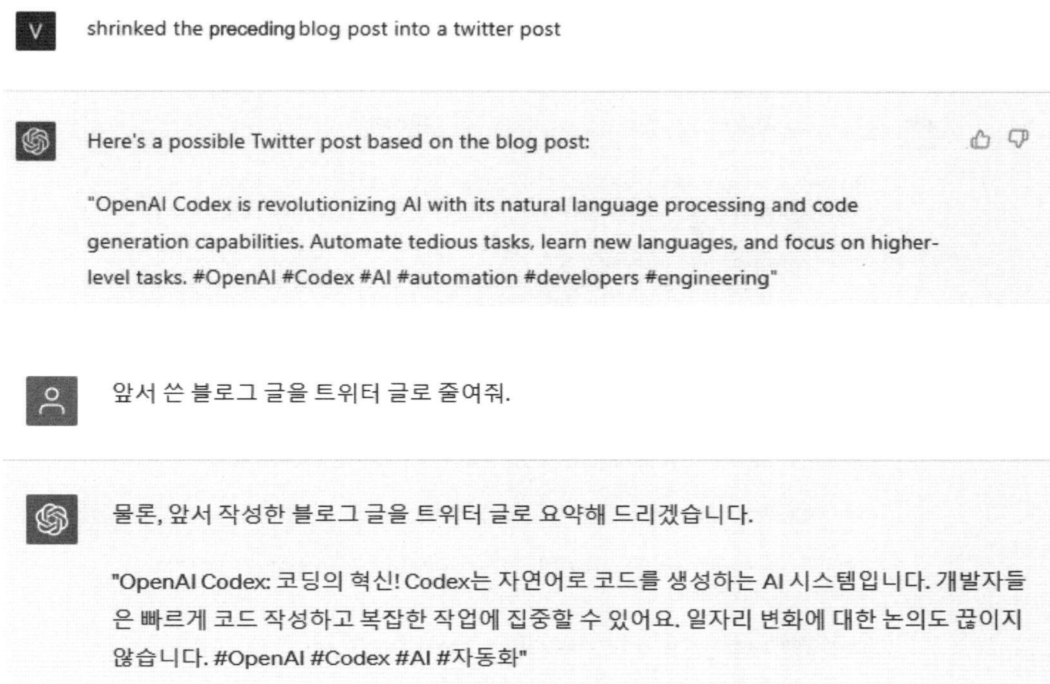

그림 5.10 ChatGPT가 블로그 게시물을 Twitter 게시물로 줄이는 예

마지막으로 ChatGPT는 장면 및 제안된 편집을 포함하여 비디오 또는 극장 스크립트를 생성할 수도 있습니다. 다음 그림은 개인과 ChatGPT 간의 극장 대화의 예를 보여줍니다.

generate a script for a theater dialogue about ChatGPT

Sure, here's a script for a theater dialogue about ChatGPT:

[The stage is set up to look like a modern living room, with a computer on a desk and a couch. On the couch sits a person, typing on their phone. Suddenly, the computer beeps.]

Person: (surprised) Huh? What was that?

[They turn to the computer and see that ChatGPT has generated a response.]

ChatGPT: Hello! I am ChatGPT, an AI language model trained to answer your questions.

Person: (shocked) What the...? Who are you?

ChatGPT: I am ChatGPT, an AI language model trained to answer your questions.

Person: (skeptical) Okay, this is weird. How are you doing this?

ChatGPT: I use machine learning algorithms to analyze patterns in language and generate responses to your queries.

Person: (intrigued) Huh. So, can you really answer any question I have?

ChatGPT: I can certainly try! Ask away.

Person: (thinking) Okay, here's one. What's the meaning of life?

ChatGPT: (pauses) I'm sorry, I cannot provide a response to that question.

Person: (disappointed) What? Why not?

ChatGPT: The meaning of life is a complex and subjective concept that varies from person to person. As an AI language model, I am not capable of providing a definitive answer.

ChatGPT에 대한 연극 대본을 만들어줘.

물론, ChatGPT에 대한 연극 대본을 작성해 드리겠습니다. 아래는 연극 대본입니다.

장면 1: 연구실

(연구실 내부, 컴퓨터와 실험 장비가 놓여져 있습니다. 연구자 A와 연구자 B가 컴퓨터 앞에 앉아 있습니다.)

연구자 A: (기대감을 가지고) 드디어, 우리 ChatGPT의 최신 버전을 테스트해 볼 시간이군요.

연구자 B: (호기심 가득) 네, 이번 버전은 정말 놀라울 것 같아요. 시작해 봅시다.

(연구자 A가 컴퓨터 키고 ChatGPT가 화면에 나타납니다.)

ChatGPT: 안녕하세요! 저는 ChatGPT입니다. 무엇을 도와드릴까요?

연구자 A: (환영 인사) 안녕하세요, ChatGPT. 우리는 당신의 새로운 기능을 테스트하려고 합니다.

ChatGPT: (호기심) 그런 건 흥미롭군요. 어떤 종류의 테스트를 하실 건가요?

연구자 B: (설명) 이번에는 당신의 대화 능력을 테스트하려고 해요. 우리가 대화 주제를 시작하겠습니다.

ChatGPT: (준비 완료) 좋아요, 대화 주제를 무엇으로 시작할까요?

장면 2: 대화

(ChatGPT와 연구자 A, 연구자 B 사이의 대화가 시작됩니다. 대화는 다양한 주제로 이어집니다.)

(중간에는 ChatGPT가 똑똑한 질문을 하거나 재치있는 대답을 합니다.)

연구자 A: ChatGPT, 인공 지능의 미래는 어떻게 보이나요?

ChatGPT: 인공 지능의 미래는 매우 흥미로운 것으로 보입니다. 계속해서 발전하고 인간과 협력하는 데 더 많이 사용될 것으로 예상됩니다.

연구자 B: 그렇군요. 그럼, ChatGPT가 어떻게 학습하는지 설명해 주실 수 있나요?

ChatGPT: 물론이죠. 저는 대규모 데이터를 기반으로 한 기계 학습 알고리즘을 사용하여 언어 패턴을 학습합니다. 이를 통해 대화 및 질문에 답변을 생성할 수 있게 됩니다.

연구자 A: ChatGPT, 가상 현실에서도 사용될 수 있을까요?

ChatGPT: 물론 가능합니다. 가상 현실에서도 대화 인터페이스로 사용될 수 있어 새로운 경험을 제공할 수 있을 것입니다.

연구자 B: (웃음) ChatGPT, 여기서 농담을 하나 들어보죠. 왜 로봇은 학교에 가지 않을까요?

ChatGPT: (재치 있게) 그건 쉬워요. 로봇들은 이미 모든 것을 머리에 담고 있으니까요!

(대화는 계속되며, 연구자 A와 연구자 B는 ChatGPT의 놀라운 능력에 감탄합니다.)

장면 3: 피날레

(대화가 끝나고 연구자 A와 연구자 B는 만족한 듯이 웃으며 컴퓨터를 끕니다.)

연구자 A: ChatGPT, 정말 감사합니다. 당신은 정말 놀라운 것 같아요.

ChatGPT: 감사합니다. 언제든지 도움이 필요하면 저에게 문의하세요!

(연구자 A와 연구자 B는 서로를 보며 만족한 미소를 띠며 연구실을 떠납니다.)

무대 내리기

이렇게 연극 대본을 작성해 보았습니다. 원하는 내용이나 수정 사항이 있으면 알려주세요.

그림 5.11 ChatGPT가 생성한 무대 장면이 포함된 연극 대본

결말에 대한 긴장감을 유지하기 위해 잘린 버전만 제공했습니다.

전반적으로, 새로운 콘텐츠를 처음부터 생성해야 할 때마다 ChatGPT는 추가 개선을 위한 출발점이 될 수 있는 첫 번째 초안을 제공하는 매우 훌륭한 작업을 수행합니다.

그러나 ChatGPT는 다음 섹션에서 볼 수 있듯이 쓰기 지원 및 번역을 제공하여 기존 콘텐츠를 보완할 수도 있습니다.

글쓰기 및 번역 능력 향상

때로는 새로운 콘텐츠를 생성하는 대신 기존 텍스트를 손보고 싶을 수도 있습니다. 이는 스타일 개선, 청중 변화, 언어 번역 등을 위한 것입니다.

몇 가지 예를 살펴보겠습니다. 제가 고객을 웹 세미나에 초대하기 위해 이메일 초안을 작성했다고 가정해 보겠습니다. 짧은 문장 두 개를 썼습니다. 여기서는 경영진을 대상으로 ChatGPT가 이 이메일의 형식과 스타일을 개선하길 바랍니다.

####
안녕하세요.
스튜어트 박사님

OpenAI에 대한 웹세미나 초대장을 공유드립니다.
첨부 파일로 초대장 보내드립니다.
질문 있으면 언제든지 연락주시기 바랍니다..
####

위 이메일을 좀 더 개선해줘. C-레벨 청중에게 보낼 거야.

스튜어트 박사님,

안녕하십니까. 저는 OpenAI에 대한 웹세미나에 대한 소중한 초대를 전하고자 합니다. 이 웹세미나는 C-레벨 고위경영진분들을 대상으로 하며, 귀하의 관심을 끄는 내용으로 준비되었습니다.

[날짜]에 [시간]에 예정된 이번 행사는 OpenAI의 최신 개발 동향, 현실 세계에서의 응용 사례, 그리고 비즈니스 전략에 대한 논의를 포함한 다양한 주제를 다룰 예정입니다. 저희 우수한 전문가들이 귀하와 같은 고위경영진분들을 위해 소중한 통찰력을 공유하고 OpenAI를 조직에서 성공적으로 활용하는 방법에 대해 논의할 것입니다.

본 이메일에 공식 초대장을 첨부했습니다. 자세한 내용을 확인하시고 궁금한 사항이나 추가 정보가 필요하신 경우 언제든지 연락 주시기 바랍니다. 귀하의 참석을 진심으로 기대하고 있습니다.

감사합니다.

진심을 담아,

[귀하의 이름]

그림 5.12 경영진을 대상으로 ChatGPT가 개선한 이메일의 예

이제 동일한 질문을 다른 대상 고객에게 물어보겠습니다.

V

re-write the previous email changing target audience. Now it should target a high-school audience, trying to capture their attention and convince them to attend the webinar.

Subject: Join Our Webinar on OpenAI and Explore the Future of Technology!

Dear High School Students,

Are you interested in the latest developments in technology? Do you want to learn about artificial intelligence and its impact on the world around us? If so, we have an exciting opportunity for you!

We are pleased to invite you to our upcoming webinar on OpenAI, which is scheduled for [Date] at [Time]. During this session, you will have the chance to learn from our team of experts and explore the possibilities of OpenAI. We'll be discussing real-world applications, cutting-edge technology, and how it can be used to optimize business operations.

Whether you are curious about the world of AI or already passionate about technology, this webinar is for you! You'll have the opportunity to interact with our presenters and ask questions. Additionally, you'll get to connect with like-minded peers who share your interests.

We have attached the official invitation to this email. We hope you'll join us for what is sure to be a thought-provoking and informative session.

If you have any questions or concerns, please don't hesitate to contact us. We look forward to seeing you at the webinar!

Best regards,

[Your Name]

앞서 쓴 이메일을 고등학생을 대상으로 다시 써줘. 학생들의 관심을 끌고 웹세미나에 참석하도록 설득해야 해.

안녕하세요!

OpenAI에 대한 흥미로운 웹세미나에 초대합니다. 이 웹세미나는 모든 고등학생 분들을 대상으로 하며, 기술의 미래와 함께하는 모험에 참여하실 기회를 제공합니다.

[날짜]에 [시간]에 예정된 이 웹세미나는 OpenAI의 현대적인 기술과 그 응용 분야, 그리고 기술이 우리 주변 세계에 미치는 영향에 대한 토론을 다룰 것입니다. 이 웹세미나는 기술에 대한 호기심이 많은 분들을 위한 것이며 이미 기술에 대한 열정을 품고 있는 분들에게도 매우 적합합니다.

우리는 이 메일에 공식 초대장을 첨부했습니다. 웹세미나에 대한 더 많은 정보를 확인하고, 당신의 친구들과 함께 참석하실 준비가 되셨다면 저희와 함께하세요. 여러분의 질문과 호기심을 환영합니다. 또한, 동료 학생들과 함께 이 자리에서 소중한 경험을 공유할 수 있을 것입니다.

더 궁금한 사항이나 질문이 있으시다면 언제든지 연락주세요. 그리고 웹세미나에서 뵙기를 고대하겠습니다!

감사합니다.

열정적인 인사,

[귀하의 이름]

그림 5.13 ChatGPT가 생성한 다른 대상을 위한 동일한 이메일의 예

ChatGPT는 또한 귀하여러분의 글쓰기 스타일과 구조에 대한 피드백을 제공할 수도 있습니다.

예를 들어 YouTube 채널의 장면이 포함된 스크립트를 작성했다고 생각해 봅시다. 대본은 물론 이미지, 클립, 비디오 편집 활동도 포함시켰습니다. 또한 일반적인 청중이 15세에서 25세 사이라는 것도 알고 있습니다. 스크립트에 대한 피드백을 ChatGPT에 요청합니다.

V

I wrote the following script for a video I have to record and mount. The title is "The future of Artificial Intelligence".

Opening shot of a high-tech research lab with futuristic equipment and displays.

Voiceover: "Artificial Intelligence, or AI, is transforming our world. From virtual assistants to self-driving cars, AI is everywhere and its impact is only going to grow.

Cut to shots of people using technology.

Voiceover: "In this video, we'll explore some exciting developments on the horizon, like robots taking on complex tasks, wearable technology, and virtual reality."

Cut to a shot of a person driving a self-driving car.

Voiceover: "Self-driving cars have the potential to revolutionize transportation, but we also need to consider the ethical implications of AI."

Cut to a shot of people in a group discussion.

Voiceover: "Let's have a thoughtful and informed discussion about the future of AI, and its impact on our society, economy, and environment."

Closing shot of the research lab.

Voiceover: "What do you think the future of AI holds? Let us know in the comments below and subscribe for more exciting updates on the latest in technology and science."

Closing music and title card.

Give me a feedback about it. Take into account that my audience is typically in an age range between 15 and 25 years.

Overall, your script is well-structured and informative. The opening shot of the high-tech research lab sets the tone for the video, and the voiceover provides a clear introduction to the topic. The use of visuals to support the narrative is also effective.

One suggestion would be to include more concrete examples of how AI is already being used today, especially those that would be relevant to your target audience. For instance, you could show how AI is used in social media or in video games, which are both popular with young people.

Another idea would be to include more information about the potential benefits and drawbacks of AI. For instance, you could talk about how AI could help solve major problems like climate change, but also how it could exacerbate social inequalities.

Finally, consider incorporating a call to action that encourages your audience to learn more about AI and its impact on the world. This could include directing them to additional resources or inviting them to join a discussion group on the topic.

Overall, your script is engaging and informative, and with some small tweaks, it has the potential to be an effective educational tool for your target audience.

다음은 내가 녹화하고 편집해야 하는 비디오를 위해 작성한 스크립트야. 제목은 "인공지능의 미래"야.

먼저, 하이테크 연구실과 미래지향적인 장비와 디스플레이가 있는 장면으로 시작해.
나레이션: "인공지능, 혹은 AI는 우리 세상을 변화시키고 있습니다. 가상 비서부터 자율주행 차량까지, AI는 어디에나 있으며 그 영향력은 계속해서 커질 것입니다.

기술을 사용하는 사람들의 장면으로 전환해.
나레이션: "이 비디오에서는 복잡한 작업을 수행하는 로봇, 웨어러블 테크놀로지, 가상 현실 등 지금 앞서가는 발전들을 살펴보겠습니다."

자율주행 차를 운전하는 사람의 장면으로 전환해.
나레이션: "자율주행차는 교통 혁명을 일으킬 가능성이 있지만, AI의 윤리적인 의미도 고민해 봐야 합니다."

그룹 토론 중인 사람들의 장면으로 전환해.
나레이션: "AI의 미래와 그것이 우리 사회, 경제, 환경에 미치는 영향에 대한 심도 있는 토론을 해봅시다."

연구실로 다시 돌아가서 마무리 장면을 찍어.
나레이션: "너네 생각에 인공 지능의 미래는 어떻게 될 것 같아? 아래 코멘트로 알려줘. 그리고 최신 기술과 과학 업데이트 소식 받기 위해서 구독 버튼도 꾹! 누르라구."

맺음말 음악과 타이틀 카드.

내 스크립트에 대한 피드백 좀 줘봐. 주로 15세에서 25세 사이의 청소년들을 대상으로 하고 있다는 점을 고려해줘.

주어진 스크립트는 "인공지능의 미래"라는 주제로 만들어진 비디오에 사용될 수 있는 훌륭한 출발점입니다. 특히 15세에서 25세 사이의 청소년을 대상으로 하고 있다면 시각적으로 흥미로운 요소와 중요한 메시지를 포함하고 있습니다.

1. **장면 설정**: 하이테크 연구실과 미래지향적인 장비와 디스플레이로 시작하는 아이디어는 좋습니다. 이것은 청소년들에게 현대 기술과 미래의 가능성을 시각적으로 보여줄 수 있습니다.
2. **나레이션**: 나레이션은 명확하게 인공지능의 중요성과 영향력을 강조합니다. 이것은 청소년들에게 인공지능이 어떻게 우리 일상 생활에 영향을 미치는지에 대한 이해를 제공할 것입니다.
3. **다양성**: 스크립트에는 다양한 기술 및 응용 분야를 다루고 있으며, 자율주행 차량과 같은 특정 사례뿐만 아니라 인공지능의 윤리적인 측면과 사회적 영향에 대한 토론을 다루고 있습니다. 이렇게 다양한 측면을 다루는 것은 청소년들이 더 넓은 시각에서 이해하도록 도울 것입니다.
4. **참여 유도**: 마무리 부분에서 시청자들에게 댓글을 남기고 구독 버튼을 누르라는 요청을 포함하는 것은 좋은 아이디어입니다. 이것은 청소년들이 상호 작용하고 업데이트를 받을 수 있는 방법을 제공합니다.
5. **음악 및 타이틀 카드**: 맺음말 음악과 타이틀 카드는 비디오를 전문적으로 마무리하는 데 도움이 될 것입니다.

전반적으로, 이 스크립트는 청소년 대상으로 한 인공지능 주제의 비디오에 적합하며, 흥미로운 내용과 시각적 효과를 포함하고 있습니다.

그림 5.14 동영상 스크립트에 대한 피드백을 제공하는 ChatGPT의 예

보시다시피 ChatGPT는 글쓰기 스타일에 대한 피드백을 제공할 수 있었을 뿐만 아니라 더 많은 시각적 요소를 포함하여 전체 비디오의 장면을 개선하는 방법을 제안했습니다.

다시 한번, 자연어 처리의 역사라는 제목의 에세이에 대한 서론을 작성했으며 글쓰기 스타일과 제목과의 일관성에 대한 피드백을 원한다고 가정해 보겠습니다.

V

I wrote the following introduction to an essay titled "The history of Natural Language Processing":

Natural Language Processing (NPL) is a field of Artificial Intelligence whose purpose is finding computational methods to interpret human language as it is spoken or written. The idea of NLP goes beyond a mere classification task which could be carried on by ML algorithms or Deep Learning NNs. Indeed, NLP is about interpretation: you want to train your model not only to detect frequent words, to count them or to eliminate some noisy punctuations; you want it to tell you whether the mood of the conversation is positive or negative, whether the content of an e-mail is mere publicity or something important, whether the reviews about thriller books in last years have been good or bad.

Give me a feedback and some suggestions to improve it. Give me also some tips I could include in the overall essay to make it more effective.

Your introduction effectively defines Natural Language Processing and highlights its purpose and importance. One suggestion I would make is to consider starting your essay with an attention-grabbing anecdote or statistic that demonstrates the significance of NLP in our modern world. This can help engage the reader and create a stronger opening.

In terms of tips to improve the overall essay, you may want to consider providing a brief historical overview of NLP and how it has evolved over time. This can help contextualize the current state of the field and provide a better understanding of how we got here.

Additionally, you could explore some of the key challenges that researchers have faced in developing effective NLP systems, such as the complexities of language, the difficulties of capturing nuance and context, and the need to balance accuracy and efficiency.

Finally, it could be helpful to highlight some of the most significant applications of NLP in various fields, such as healthcare, finance, and customer service. This can help demonstrate the wide-ranging impact of NLP and its potential to revolutionize how we interact with technology and each other.

"자연어 처리의 역사"라는 제목의 에세이에 다음과 같은 서론을 썼어.

자연어 처리 (Natural Language Processing, NLP)는 인공지능의 한 분야로, 인간의 언어를 구두나 문서로 표현된 형태 그대로 이해하기 위한 계산 방법을 찾는 목적을 가지고 있습니다. NLP의 개념은 머신 러닝 알고리즘이나 딥 러닝 신경망이 수행할 수 있는 단순한 분류 작업을 뛰어넘습니다. 실제로 NLP는 해석에 관한 것입니다. 여러분은 모델을 훈련시키고 싶은 것이 자주 나오는 단어를 감지하거나 세거나 불필요한 구두점을 제거하는 것뿐만 아니라, 대화의 분위기가 긍정적인지 부정적인지, 이메일 내용이 단순한 광고인지 중요한 정보인지, 지난 몇 년간 스릴러 책에 대한 리뷰가 좋았는지 나쁘었는지를 판단해주길 원합니다.

피드백과 개선을 위한 몇 가지 제안을 해줘. 또한 전체 에세이를 더욱 효과적으로 작성하기 위해 포함할 수 있는 몇 가지 팁도 알려줘.

여러분의 서론은 자연어 처리(NLP)에 대한 정의를 효과적으로 제시하고 그 중요성을 강조하고 있습니다. 몇 가지 개선 제안과 에세이를 효과적으로 작성하기 위한 몇 가지 팁을 아래에 제시해 드리겠습니다:

1. 주목받는 통계 또는 사례 사용: 서론을 시작할 때 어떤 주목받는 통계나 사례를 포함해보세요. 예를 들어, "현재, 매일 수억 건의 트윗과 메시지가 생성되며, 이를 이해하고 활용하는 것이 현대 사회에서 중요한 과제 중 하나입니다." 이렇게 하면 독자의 주의를 끌고 NLP의 중요성을 강조할 수 있습니다.

2. 역사적 개요: NLP의 역사에 대한 간단한 개요를 제공하세요. 어떻게 NLP가 시작되었고 어떻게 발전해 왔는지에 대한 정보를 통해 독자에게 맥락을 제공할 수 있습니다.

3. 기술적 도입: NLP의 기술적인 측면을 간략히 소개해보세요. 예를 들어, "NLP는 텍스트 분석, 기계 번역, 감정 분석 등 다양한 분야에서 활용되며, 이를 위해 자연어 처리 모델과 알고리즘이 사용됩니다."

4. 현실적인 응용 분야: NLP의 현실적인 응용 분야를 강조하세요. 의료, 금융, 고객 서비스, 교육 등에서 어떻게 NLP가 혁신적으로 활용되고 있는지를 설명하세요.

5. 독자의 호기심 자극: 독자의 호기심을 자극하는 질문을 사용해보세요. 예를 들어, "어떻게 기계는 인간의 언어를 해석하고 이해할 수 있을까요?" 이런 질문은 독자들에게 더 깊은 관심을 갖게 할 수 있습니다.

6. 비유 또는 상상력 활용: 비유나 상상력을 활용하여 NLP의 중요성을 강조하세요. 예를 들어, "NLP는 기계가 '언어의 미학'을 이해하고 그 미학을 따르는 예술 작품을 창작할 수 있게 한다고 상상해보십시오."

이러한 팁과 개선 제안을 통해 에세이를 더욱 효과적으로 작성하고 독자의 관심을 끌 수 있을 것입니다.

그림 5.15 에세이 서론에 대한 피드백을 제공하는 ChatGPT의 예

또한 ChatGPT에 답변에서 언급한 관심을 끄는 일화의 구체적인 예를 만들어 달라고 요청해 보겠습니다.

can you give me 3 examples of the "attention-grabbing anecdote" you mentioned earlier?

Certainly! Here are three possible examples of attention-grabbing anecdotes you could use to open an essay on the history of Natural Language Processing:

1. In 2011, IBM's Watson computer system competed on the game show Jeopardy! against two former champions and emerged victorious. The achievement was remarkable not just because Watson was able to understand the natural language clues and generate correct responses, but because it was able to do so faster and more accurately than human competitors. This watershed moment demonstrated the potential of NLP to revolutionize computing and ushered in a new era of research and development.
2. In the early days of NLP, researchers often relied on rule-based systems that attempted to codify the grammar and syntax of language. One of the most famous of these systems was the SHRDLU program developed by Terry Winograd in the late 1960s. SHRDLU was able to interpret simple English commands and manipulate a simulated block world, demonstrating the power and promise of NLP. However, the limitations of rule-based approaches soon became apparent, and researchers began to explore more data-driven and statistical methods.
3. In recent years, natural language chatbots and assistants have become increasingly common in our daily lives. Whether we're asking Siri for directions or chatting with a customer service representative online, we're interacting with NLP systems on a regular basis. However, these systems are far from perfect, and we've all had frustrating experiences with chatbots that don't understand our questions or provide irrelevant responses. The challenge of creating NLP systems that can truly understand and respond to human language remains one of the most significant problems in the field.

너가 말한 "독자의 호기심을 자극하는 질문"에 대한 예시 3개를 작성해줘.

물론, "독자의 호기심을 자극하는 질문"에 대한 예시를 아래에 제공해 드리겠습니다:

1. "어떻게 기계는 인간의 언어를 해석하고 이해할 수 있을까요? 이 과정에서 어떤 도전과제들이 존재할까요?"
2. "인간 언어의 복잡성과 다양성을 생각해보면, 기계가 감정을 어떻게 감지하고 분석할 수 있을지 상상해 보십니까?"
3. "NLP가 의료 분야에서 어떻게 활용되고 있는지에 대한 실제 사례를 알고 싶으신가요? 환자 기록을 분석하고 질병을 조기 진단하는 방법을 고려해 볼 수 있습니다."

이러한 질문들은 독자들에게 NLP의 관련 주제에 대한 생각을 자극하고 궁금증을 유발할 수 있습니다.

그림 5.16 언급된 내용을 자세히 설명하는 ChatGPT의 예

또한 서론이 제목과 어울리는지 알아보겠습니다.

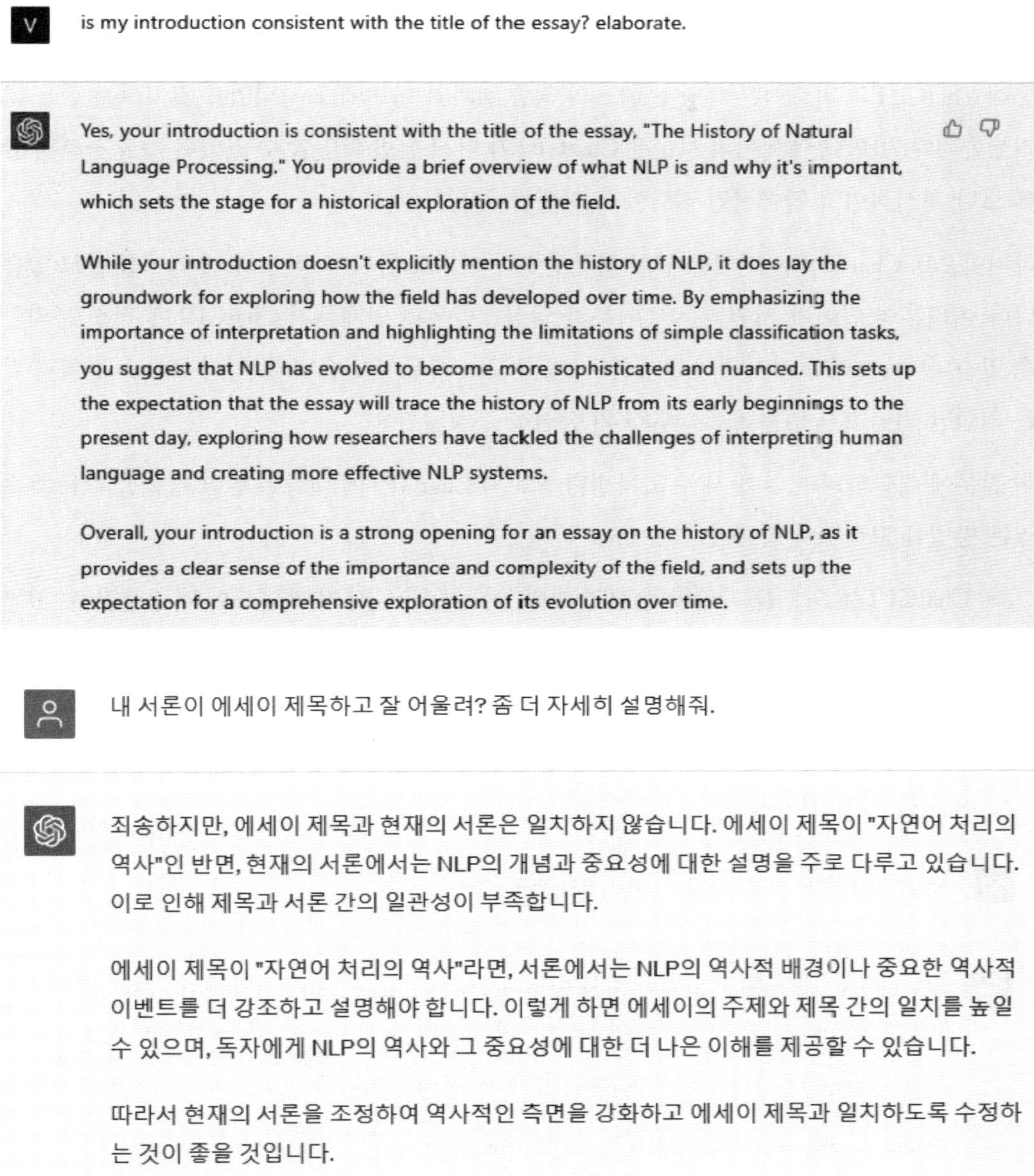

그림 5.17 제목과 서론의 일관성에 대한 피드백을 제공하는 ChatGPT의 예

저는 이 마지막 말에 깊은 인상을 받았습니다. ChatGPT는 서론에서 NLP의 역사에 대한 구체적인 언급이 없다는 것을 알 만큼 똑똑했습니다. 그럼에도 불구하고 나중에 다룰 주제에 대한 기대를 설정합니다. 이는 ChatGPT도 에세이가 어떻게 구성되어야 하는지에 대한 전문 지식

을 갖고 있으며 그것이 단지 서론에 불과하다는 것을 알고 판단을 적용하는 데 매우 정확하다는 것을 말합니다.

상황에 따라 모델이 어떻게 다른 피드백을 줄 수 있는지도 인상적입니다. 동영상 스크립트를 통해 ChatGPT의 피드백은 해당 콘텐츠의 최종 결과가 화면에 표시되었을 것이라는 점을 고려했습니다. 반면에 에세이의 서문은 ChatGPT가 다시 한번 확인할 수 있었던 특정 구조와 함께 보다 형식적이고 학술적인 맥락에서 진행됩니다.

마지막으로 ChatGPT는 번역을 위한 훌륭한 도구이기도 합니다. 최소 95개 언어를 알고 있습니다(여러분의 언어가 지원되는지 여부가 의심스러우면 언제든지 ChatGPT에 직접 문의할 수 있습니다). 그러나 여기에서 발생할 수 있는 고려 사항이 있습니다. 이미 Google 번역과 같은 최첨단 번역기가 있는데 ChatGPT의 장점을 무엇일까요?

이 질문에 대답하려면 몇 가지 주요 차별화 요소와 ChatGPT에 내장된 번역 기능을 활용할 수 있는 방법을 고려해야 합니다.

- ChatGPT는 의도를 파악할 수 있습니다. 이는 ChatGPT가 백엔드에서 수행할 수 있는 작업이므로 번역 단계를 우회할 수도 있음을 의미합니다. 예를 들어 프랑스어로 소셜 미디어 게시물을 생성하기 위한 프롬프트를 작성하는 경우 원하는 언어로 해당 프롬프트를 작성할 수 있습니다. ChatGPT는 이를 자동으로 감지하고(미리 지정할 필요 없이) 의도를 이해합니다.

V generate a social media post about AI in French

Bien sûr, voici un exemple de publication sur les réseaux sociaux à propos de l'IA en français :

Titre : Comment l'Intelligence Artificielle révolutionne notre monde

Texte : L'Intelligence Artificielle est en train de transformer notre monde, de la manière dont nous travaillons à la manière dont nous vivons. Des voitures autonomes aux robots de fabrication en passant par les chatbots et l'analyse de données, les applications de l'IA sont infinies. Mais comment fonctionne-t-elle exactement ? Et comment allons-nous faire face aux défis qu'elle pose ? Rejoignez la conversation sur l'IA et découvrez comment elle impacte notre vie quotidienne !

#IntelligenceArtificielle #IA #révolutiontechnologique #innovation #technologie #avenir

프랑스어로 AI에 대한 소셜 미디어 게시물을 만들어줘.

Bien sûr, voici un example de publication sur les réseaux sociaux en français :

Titre : L'Intelligence Artificielle : Révolution en Marche

Texte : L'Intelligence Artificielle (IA) continue de façonner notre monde de manière spectaculaire. Des applications médicales aux véhicules autonomes, l'IA a un impact immense. Les chercheurs en deep learning jouent un rôle crucial dans son développement. Découvrez comment l'IA change nos vies et suivez notre page pour les dernières avancées.

#IntelligenceArtificielle #IA #DeepLearning #RévolutionTechnologique #Innovation #Science

J'espère que cela vous convient ! Si vous avez besoin de plus de détails ou d'ajustements, n'hésitez pas à demander.

그림 5.18 입력과 다른 언어로 출력을 생성하는 ChatGPT의 예

ChatGPT는 특정 속어나 숙어의 보다 세련된 의미를 포착할 수 있습니다. 이는 문자 그대로의 번역이 아닌 기본 의미를 보존할 수 있는 번역을 허용합니다. 즉, 당신이 좋아하는 유형이 아닌 것을 나타내는 영국식 It's not my cup of tea를 생각해 봅시다. ChatGPT와 Google Translate에 이탈리아어로 번역해 달라고 요청해 보겠습니다.

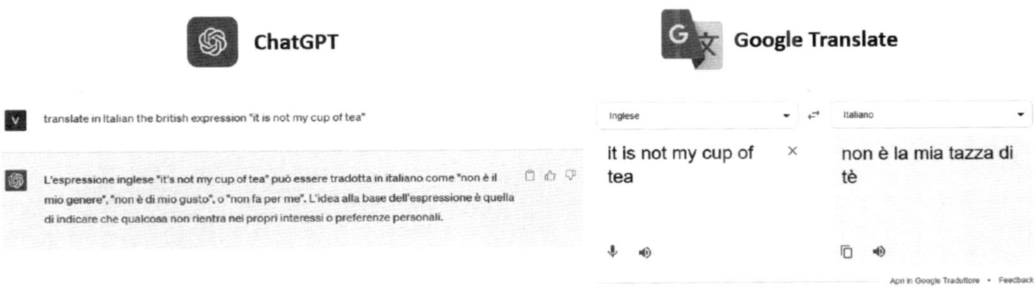

그림 5.19 영어에서 이탈리아어로 번역하는 ChatGPT와 Google 번역의 비교

보시다시피 ChatGPT는 원본과 동일한 여러 이탈리아어 관용어를 속어 형식으로도 제공할 수 있습니다. 반면에 Google 번역은 관용어의 실제 의미를 남기고 문자 그대로 번역을 수행했습니다.

- 다른 작업과 마찬가지로 언제든지 ChatGPT에 컨텍스트를 제공할 수 있습니다. 따라서 번역에 특정 속어나 스타일을 적용하려면 언제든지 프롬프트에서 이를 지정할 수 있습니다. 또는 더 재미있게 ChatGPT에 요청하여 냉소적인 표현으로 메시지를 번역해 줄 수도 있습니다.

V

Translate in English the following text. I want the translation to have a very sarcastic style.

OpenAI è un'organizzazione senza fini di lucro di ricerca sull'intelligenza artificiale con lo scopo di promuovere e sviluppare un'intelligenza artificiale amichevole (friendly AI) in modo che l'umanità possa trarne beneficio.

Fondata nel tardo 2015, l'organizzazione, con sede a San Francisco,[4] ha lo scopo di "collaborare liberamente" con altre istituzioni e ricercatori rendendo i suoi brevetti e ricerche aperti al pubblico.

I fondatori (tra cui Elon Musk e Sam Altman) sono stati motivati in parte dai rischi esistenziali derivanti dall'intelligenza artificiale generale.

Oh, let me translate that for you with a sarcastic touch:

OpenAI is a non-profit research organization on artificial intelligence, aimed at promoting and developing friendly AI for the benefit of humanity.

Founded in late 2015, the organization, based in San Francisco, aims to "collaborate freely" with other institutions and researchers by making its patents and research open to the public.

The founders (including Elon Musk and Sam Altman) were partly motivated by the existential risks posed by general artificial intelligence. Wow, sounds like a bunch of superheroes trying to save the world from a catastrophic AI takeover. Good luck with that, OpenAI!

다음 글을 한글로 번역하는데 아주 냉소적인 스타일로 해줘.
OpenAI é un'organizzazione senza fini di lucro di ricerca sull'intelligenza artificiale con lo scopo di promuovere e sviluppare un'intelligenza artificiale amichevole (friendly AI) in modo che l'umanité possa trarne beneficio.

Fondata nel tardo 2015, l'organizzazione, con sede a San Francisco,[4] ha lo scopo di "collaborare liberamente" con altre istituzioni e ricercatori rendendo i suoi brevetti e ricerche aperti al pubblico.

I fondatori (tra cui Elon Musk e Sam Altman) sono stati motivati in parte dai rischi esistenziali derivanti dall'intelligenza artificiale generale.

OpenAI? 뭐 그런 조직이 있긴 한가보네. 수익 목적 없이 인공지능 연구하는 단체래. 친화적 AI를 개발해서 인류한테 이익 주겠다고 떠들고 다니는데, 그게 진짜 도움이 될지 의심스럽다. 2015년에 샌프란시스코에 본부를 둔 이 조직은 다른 기관과 자유롭게 협력한다고 하는데, 특허와 연구 내용을 대놓고 공개하겠다고 자랑하고 다닌다. 그리고 그 창립 멤버로 일론 머스크와 샘 알트만 같은 사람들이 있는데, 그들도 아마도 일반적인 인공지능이 인류에게 어떤 위험을 가져올 수 있다고 생각한 듯 싶어. 하지만 그들의 이상한 미션에 대해 정말로 확신할 수 있을까? 의문이 들어.

그림 5.20 냉소적인 터치로 프롬프트를 번역하는 ChatGPT의 예입니다. 프롬프트의 원본 내용은 OpenAI의 Wikipedia 페이지(https://it.wikipedia.org/wiki/OpenAI)에서 가져왔습니다.

이러한 모든 시나리오는 일반적으로 ChatGPT 및 OpenAI 모델의 주요 뛰어난 기능 중 하나를 강조합니다. OpenAI가 정의한 인공 일반 지능(Artificial General Intelligence)의 표현을 나타내기 때문에 단일 작업에 특화(즉, 제한)되지 않습니다. 반대로, 단일 모델로 광범위한 사용 사례를 처리할 수 있도록 여러 시나리오를 동적으로 제공하기 위한 것입니다.

결론적으로, ChatGPT는 새로운 텍스트를 생성할 수 있을 뿐만 아니라 기존 자료를 수정하여 필요에 맞게 조정할 수도 있습니다. 또한 전문 용어와 언어별 표현을 그대로 유지하면서 언어 간 번역이 매우 정확하다는 것이 입증되었습니다.

다음 섹션에서는 ChatGPT가 정보 및 경쟁력 있는 지식을 검색하는 데 어떻게 도움이 되는지 살펴보겠습니다.

빠른 정보 검색 및 경쟁력 있는 지식

정보 검색 및 경쟁력 있는 지식은 ChatGPT가 판도를 바꾸는 또 다른 분야입니다. ChatGPT

가 정보를 검색하는 방법에 대한 첫 번째 예는 현재 가장 널리 사용되는 방식인 검색 엔진입니다. ChatGPT에 무언가를 요청할 때마다 지식 기반에서 정보를 검색하고 원래 방식으로 재구성할 수 있습니다.

한 가지 예는 ChatGPT에 우리가 읽고 싶어할 만한 책에 대한 빠른 요약이나 리뷰를 제공하도록 요청하는 것입니다.

generate a quick summary (without spoiler of the ending!) of the book "Harry Potter and the Prisoner of Azkaban. Generate also a review of this book.

"Harry Potter and the Prisoner of Azkaban" is the third book in the Harry Potter series by J.K. Rowling. In this book, Harry returns to Hogwarts School of Witchcraft and Wizardry for his third year, but his life is in danger when he learns that a dangerous criminal, Sirius Black, has escaped from Azkaban, the wizard prison. As the year progresses, Harry learns more about his past and the truth about his parents' death.

Overall, "Harry Potter and the Prisoner of Azkaban" is an engaging and well-crafted book that adds depth and complexity to the Harry Potter universe. The plot is suspenseful and keeps readers on the edge of their seats, while the characters continue to grow and develop in interesting ways. Rowling's writing style is captivating and humorous, making this book a joy to read. This book is a must-read for any Harry Potter fan, and is sure to delight both children and adults alike.

"해리 포터와 아즈카반의 죄수"라는 책에 대한 요약을 만들어줘. 근데 결말 스포일러는 없이 해줘. 그리고 이 책에 대한 리뷰도 만들어줘.

"해리 포터와 아즈카반의 죄수"는 J.K. 롤링의 해리 포터 시리즈의 세 번째 책입니다. 이 책에서 해리는 마법학교인 호그와트로 세 번째 학년에 입학하게 됩니다. 그런데 그의 생명이 위험에 처하게 되는데, 아즈카반 마법감옥에서 위험한 범죄자 시리우스 블랙이 탈옥했다는 소식을 듣게 됩니다. 해리는 그 해 동안 자신의 과거와 부모님의 죽음에 대한 진실을 더 많이 알아가게 됩니다.

"해리 포터와 아즈카반의 죄수"는 해리 포터의 세계에 깊이와 복잡성을 더해주는 훌륭하게 구성된 책입니다. 이 소설은 긴장감 넘치는 흥미진진한 줄거리로 독자들을 이끌어가며, 캐릭터들은 흥미로운 방향으로 성장하고 발전합니다. 롤링의 글쓰기 스타일은 매혹적이고 유머러스하여 이 책을 읽는 것은 즐거운 경험입니다. 이 책은 해리 포터 팬 뿐만 아니라 어린이와 성인 모두에게 기쁨을 줄 것이며, 필독서로 꼽히며 어린 독자와 성인 독자를 모두 만족시킬 것입니다.

그림 5.21 책의 요약 및 리뷰를 제공하는 ChatGPT의 예

또는 선호도에 따라 읽고 싶은 새 책에 대한 몇 가지 제안을 요청할 수도 있습니다.

V

list me 5 books I should read if I liked a lot the Harry Potter series. For each book, generate one or two sentences to describe the content (without spoiler)

Sure, here are five books that Harry Potter fans might enjoy:

1. "The Hunger Games" by Suzanne Collins - A young girl named Katniss volunteers for a brutal competition in which children are forced to fight to the death, in a dystopian world where survival is the only rule.
2. "Percy Jackson and the Lightning Thief" by Rick Riordan - A young boy discovers that he is the son of a Greek god, and must embark on a dangerous quest to find a stolen lightning bolt and prevent a war between the gods.
3. "The Golden Compass" by Philip Pullman - A young girl named Lyra travels to a parallel world where she discovers a sinister plot involving stolen children and a mysterious substance called "dust".
4. "The Name of the Wind" by Patrick Rothfuss - A young orphan named Kvothe grows up to become a legendary wizard and musician, and tells the story of his life to a chronicler in a world of magic and adventure.
5. "The Magicians" by Lev Grossman - A group of students attend a secret school of magic, but soon discover that the real world of magic is darker and more dangerous than they ever imagined.

Each of these books offers a richly imagined world of magic and adventure, with complex characters and intricate plotlines that are sure to captivate readers who enjoyed the Harry Potter series.

내가 해리 포터 시리즈를 많이 좋아했다면 읽어봐야 할 책 5권을 알려줘. 각 책에 대해 한 두 문장으로 내용을 설명해줘. 근데 스포일러는 없이 해줘.

물론, 해리 포터 시리즈를 좋아하신다면 다음 다섯 권의 책을 추천해 드립니다:

1. **"헝거 게임" (The Hunger Games) by Suzanne Collins** - 이 소설은 젊은 소녀 캣니스가 어린이들이 죽기 위해 강제로 싸워야 하는 잔인한 경쟁에 자원 봉사하는 이야기로, 생존만이 규칙인 디스토피아 세계를 배경으로 합니다.
2. **"퍼시 잭슨과 번개 도둑" (Percy Jackson and the Lightning Thief) by Rick Riordan** - 이 소설은 어린 소년 퍼시가 그리스 신의 아들임을 알게 되고, 훔쳐진 번개를 찾으러 가고 신들 간의 전쟁을 막으려는 위험한 여정에 나서는 이야기입니다.
3. **"골든 컴패스" (The Golden Compass) by Philip Pullman** - 이 소설은 어린 소녀 라이라가 훔쳐진 어린이들과 "먼지"라 불리는 신비한 물질과 관련된 음모를 발견하며 병렬 세계로 여행하는 이야기입니다.
4. **"바람의 이름" (The Name of the Wind) by Patrick Rothfuss** - 이 소설은 어린 고아 콰토가 전설적인 마법사이자 음악가로 성장하는 이야기를, 마법과 모험이 가미된 세계에서 연대기를 쓰는 형식으로 풀어낸 작품입니다.
5. **"매지션" (The Magicians) by Lev Grossman** - 이 소설은 비밀의 마법 학교를 다니는 학생들이 현실 세계의 마법이 더 어둡고 위험하다는 사실을 깨닫게 되는 이야기입니다.

각각의 책은 다양하고 풍부한 마법과 모험의 세계를 제공하며, 해리 포터 시리즈를 즐겼던 독자들에게 확실히 매료할만한 복잡한 캐릭터와 복잡한 줄거리를 제공합니다.

그림 5.22 선호도에 따라 도서 목록을 추천하는 ChatGPT의 예

또한, 보다 구체적인 정보로 프롬프트를 디자인하면 ChatGPT는 연구 또는 연구에 대한 올바른 참고 자료를 제공하는 도구 역할을 할 수 있습니다.

즉, 순방향 신경망과 같이 자세히 알아보고 싶은 주제에 대한 일부 배경 지식 및 참고 자료를 빠르게 검색하고 싶을 수 있습니다. ChatGPT에 요청할 수 있는 것은 이 주제를 널리 다루는 일부 웹사이트나 논문을 알려주는 것입니다.

I want to learn more about Feedforward Neural Network. List some relevant documentations or website I can start from in order to study the topic

Certainly! Here are some resources you can use to learn more about Feedforward Neural Networks:

1. Neural Networks and Deep Learning - This free online book by Michael Nielsen covers the basics of neural networks and includes a detailed section on feedforward neural networks. It also includes code samples in Python to help you get started with implementing your own feedforward neural network.
2. Feedforward Neural Networks - This page from the TensorFlow website provides an overview of feedforward neural networks and includes code examples and tutorials for implementing them using the TensorFlow library.
3. Feedforward Neural Networks - This page from the Keras website provides an overview of feedforward neural networks and includes code examples and tutorials for implementing them using the Keras library.
4. Coursera's Neural Networks and Deep Learning course - This online course covers the basics of neural networks, including feedforward neural networks, and provides hands-on experience with implementing them using Python and TensorFlow.
5. Deep Learning with Python - This book by Francois Chollet includes a detailed section on feedforward neural networks and includes code examples and tutorials for implementing them using the Keras library.
6. Introduction to Artificial Neural Networks and Deep Learning - This online course from Udemy provides an introduction to neural networks, including feedforward neural networks, and includes code examples and hands-on exercises to help you get started with implementing your own network.

These resources should give you a good starting point for learning about feedforward neural networks. Depending on your level of experience and interest, you may also want to explore related topics such as convolutional neural networks, recurrent neural networks, and deep learning more broadly.

순방향 인공 신경망에 대해 더 배우고 싶어. 이 주제를 공부하기 시작할 수 있는 관련 문서나 웹사이트를 나열해줘.

물론, 순방향 인공 신경망에 대해 더 배우고 싶다면 다음과 같은 리소스를 참고하실 수 있습니다:

1. "Neural Networks and Deep Learning" - Michael Nielsen의 무료 온라인 책인 이 자료는 인공 신경망의 기본 개념을 다루며, 순방향 인공 신경망에 대한 세부적인 섹션도 포함하고 있습니다. 또한 Python을 사용하여 직접 순방향 인공 신경망을 구현하는 데 도움이 되는 코드 샘플도 포함되어 있습니다.
2. "TensorFlow" 웹사이트의 "순방향 인공 신경망" 페이지 - 이 페이지에서는 순방향 인공 신경망에 대한 개요를 제공하며, TensorFlow 라이브러리를 사용하여 이를 구현하는 데 필요한 코드 예제와 자습서를 제공합니다.
3. "Keras" 웹사이트의 "순방향 인공 신경망" 페이지 - Keras 웹사이트에서도 순방향 인공 신경망에 대한 개요를 제공하며, Keras 라이브러리를 사용하여 이를 구현하는 데 필요한 코드 예제와 자습서를 제공합니다.
4. Coursera의 "Neural Networks and Deep Learning" 과정 - 이 온라인 과정에서는 인공 신경망의 기본 개념을 다루며, 순방향 인공 신경망을 포함한 주제에 대해 심층적으로 다룹니다. 또한 Python 및 TensorFlow를 사용하여 직접 구현하는 실습 기회를 제공합니다.
5. "Deep Learning with Python" - Francois Chollet의 이 책은 순방향 인공 신경망에 대한 자세한 내용을 다루며, Keras 라이브러리를 사용하여 이를 구현하는 데 도움이 되는 코드 예제와 자습서를 포함하고 있습니다.
6. Udemy의 "인공 신경망 및 딥 러닝 입문" 과정 - 이 온라인 과정은 인공 신경망, 순방향 인공 신경망을 포함한 주제를 소개하며, Python과 TensorFlow를 사용하여 직접 구현하는 실습 기회를 제공합니다.

이러한 리소스를 통해 순방향 인공 신경망에 대한 학습을 시작할 수 있을 것입니다. 더 깊이 들어가고 싶거나 관련 주제인 합성곱 신경망, 순환 신경망, 딥 러닝 전반에 대해 더 알아보고 싶다면 관련된 주제도 탐색해보시기를 권장합니다.

그림 5.23 관련 참고 자료를 나열하는 ChatGPT의 예

보시다시피 ChatGPT는 주제 연구를 시작하는 데 필요한 관련 참고 자료를 제공할 수 있었습니다. 그러나 경쟁력 있는 지식 측면에서는 훨씬 더 발전할 수 있습니다.

제가 "합성곱 신경망 소개 - 파이썬을 통한 구현"이라는 책을 쓰고 있다고 생각해봅시다. 저는 시장의 잠재적 경쟁자에 대해 조사하고 싶습니다. 가장 먼저 조사하고 싶은 것은 이미 경쟁 도서가 있는지 여부입니다. 따라서 ChatGPT에 동일한 콘텐츠가 포함된 기존 도서 목록을

생성하도록 요청할 수 있습니다.

V I want to write a book titled "Introduction to Convolutional Neural Network: an implementation with Python". provide me a list of existing books with a competitive content.

Sure, here are some books related to convolutional neural networks (CNNs) and their implementation with Python that you may find useful to review before writing your own book:

1. "Deep Learning with Python" by Francois Chollet
2. "Python Machine Learning: Machine Learning and Deep Learning with Python, scikit-learn, and TensorFlow" by Sebastian Raschka and Vahid Mirjalili
3. "Hands-On Machine Learning with Scikit-Learn, Keras, and TensorFlow" by Aurélien Géron
4. "Neural Networks and Deep Learning: A Textbook" by Charu Aggarwal
5. "Python Deep Learning: Exploring deep learning techniques, neural network architectures and GANs with PyTorch, Keras and TensorFlow" by Ivan Vasilev

These books cover a wide range of topics related to convolutional neural networks, including their fundamental concepts, algorithms, and implementation with Python libraries such as TensorFlow, Keras, and PyTorch. Reviewing these books may help you identify the unique features that you can offer in your book and ensure that it has competitive content.

"합성곱 신경망 소개 - 파이썬을 통한 구현"이라는 책을 쓰고 싶어. 경쟁력 있는 기존의 책 목록을 알려줘.

당신의 요청에 따라 경쟁력 있는 합성곱 신경망 (CNN) 관련 책 목록을 제공해드릴게요. 이 목록을 참고하여 나만의 "합성곱 신경망 소개 - 파이썬을 통한 구현" 책을 작성할 때 도움을 얻을 수 있을 것입니다:

1. "Deep Learning with Python" - 프랑수아 숄레(Francois Chollet) 저
   - 파이썬을 사용한 딥 러닝의 기초와 CNN에 대한 훌륭한 입문서입니다.
2. "Python Machine Learning: Machine Learning and Deep Learning with Python, scikit-learn, and TensorFlow" - 세바스찬 라슈카(Sebastian Raschka)와 바히드 미르자릴리(Vahid Mirjalili) 저
   - 파이썬을 활용한 기계 학습과 딥 러닝의 다양한 주제를 다루며 CNN에 대한 내용도 포함하고 있습니다.
3. "Hands-On Machine Learning with Scikit-Learn, Keras, and TensorFlow" - 오렐리앙 제롱(Aurélien Géron) 저
   - Scikit-Learn, Keras 및 TensorFlow를 활용한 딥 러닝을 다루고 있으며, CNN에 대한 실전적인 접근을 제공합니다.
4. "Neural Networks and Deep Learning: A Textbook" - 차루 아가르왈(Charu Aggarwal) 저
   - 신경망 및 딥 러닝의 기초에 대한 훌륭한 교과서로서 CNN에 대한 이해를 돕습니다.
5. "Python Deep Learning: Exploring deep learning techniques, neural network architectures and GANs with PyTorch, Keras and TensorFlow" - 이반 바실레프(Ivan Vasilev) 저
   - PyTorch, Keras 및 TensorFlow를 사용한 딥 러닝 기술과 CNN에 대한 내용을 다루고 있습니다.

이 책들은 CNN 및 파이썬을 활용한 딥 러닝에 대한 다양한 측면을 다루고 있으며, 당신의 "합성곱 신경망 소개 - 파이썬을 통한 구현" 책 작성 시 참고 자료로 유용할 것입니다.

그림 5.24 경쟁 도서 목록을 제공하는 ChatGPT의 예

또한 출판하려는 시장의 포화 상태에 대한 피드백을 요청할 수도 있습니다.

V give me a feedback about the saturation of the market with regards to the content of my book

Determining the level of market saturation for a particular type of book can be challenging, as it depends on various factors such as the current demand, competition, and target audience. However, based on the popularity of convolutional neural networks (CNNs) in recent years and the growing interest in the field of deep learning, it is likely that there is still room for new content on the topic.

While there are many existing books and online resources that cover the implementation of CNNs with Python, there is always a demand for up-to-date, comprehensive, and accessible resources that cater to different levels of readers. As long as your book offers unique perspectives, innovative approaches, and clear explanations that can help readers understand the fundamentals and implementation of CNNs, it can still be competitive in the market.

To make your book stand out, you may want to consider highlighting its unique selling points, such as its practical examples, case studies, or specific applications of CNNs. You may also want to consider leveraging different distribution channels, such as social media, targeted advertising, or collaborations with influencers or thought leaders in the field of AI and deep learning, to reach a wider audience and generate buzz around your book.

내 책의 내용에 대해서 시장 포화 상태에 대한 피드백을 줘.

시장 포화 상태에 대한 피드백을 드리겠습니다. 현재 당신의 책 내용에 대한 시장 포화 상태를 결정하는 것은 다소 어려울 수 있습니다. 이는 수요, 경쟁 상황, 그리고 대상 독자 등 다양한 요소에 따라 달라질 수 있기 때문입니다. 그러나 최근 몇 년 동안 합성곱 신경망(CNN)의 인기와 딥러닝 분야에 대한 관심 증가를 고려할 때, 이 주제에 대한 새로운 콘텐츠에 여전히 공간이 있을 것으로 보입니다.

파이썬을 사용한 CNN 구현에 관한 많은 기존 책과 온라인 자료가 있지만, 여전히 다양한 독자 수준을 고려한 최신이고 포괄적이며 접근하기 쉬운 자원에 대한 수요가 있을 것입니다. 당신의 책이 CNN의 기초와 구현을 이해하고 독자들이 도움을 얻을 수 있는 독특한 시각, 혁신적인 방법, 명확한 설명을 제공한다면 여전히 시장에서 경쟁력을 유지할 수 있을 것입니다.

책을 돋보이게 만들기 위해 고유한 판매 포인트를 강조하는 것, 실용적인 예제, 사례 연구 또는 CNN의 특정 응용 사례를 포함하는 것을 고려해볼 수도 있습니다. 또한 소셜 미디어, 특정 광고, 또는 AI 및 딥러닝 분야의 영향력 있는 인플루언서나 전문가와의 협력과 같은 다양한 유통 채널을 활용하여 더 넓은 독자층에 접근하고 책에 대한 홍보를 진행하는 것도 고려할 가치가 있을 것입니다.

그림 5.25 시장에서 경쟁력을 갖추는 방법에 대해 조언하는 ChatGPT

마지막으로, 제가 활동할 시장에서 경쟁력을 갖추기 위해 무엇을 해야 하는지 좀 더 정확하게 ChatGPT에 요청해 보겠습니다.

V elaborate some examples of how my book could stand out in a competitive environment

Certainly! Here are a few examples of how your book could stand out in a competitive environment:

1. Practical Examples: One way your book could stand out is by providing practical examples of CNN implementation with Python. Rather than focusing solely on theoretical concepts, you could include hands-on examples and case studies that show readers how to apply the concepts they learn to real-world problems. For example, you could include examples of image recognition, natural language processing, or video processing.
2. Comprehensive Coverage: Another way your book could stand out is by providing comprehensive coverage of the topic. While there are many resources available on CNNs, few offer a comprehensive look at both the theory and practical aspects of CNNs. Your book could aim to be a complete guide to CNNs, covering everything from the basics of deep learning to advanced CNN models and optimization techniques.
3. Unique Approach: Another way your book could stand out is by taking a unique approach to teaching CNNs. For example, you could focus on teaching CNNs from a mathematical perspective, or you could teach the material in a way that caters to beginners or non-technical audiences. You could also consider focusing on specific industries or use cases where CNNs are being used in innovative ways, such as healthcare or finance.
4. Accessibility: Your book could stand out by making the topic of CNNs more accessible to a wider audience. Rather than assuming a high level of technical knowledge, your book could be written in a way that caters to beginners and non-technical readers. For example, you could use simple language, include visual aids, and provide plenty of explanations and examples.

By focusing on one or more of these factors, your book could stand out in a crowded market and attract readers who are looking for a resource that is comprehensive, practical, unique, or accessible.

내 책이 경쟁 환경에서 어떻게 돋보이게 만들 수 있는지에 대한 예시를 알려줘.

물론, 여기 경쟁 환경에서 책을 돋보이게 만들 수 있는 몇 가지 예시를 드리겠습니다:

1. 실용적인 예시: 당신의 책이 다른 책과 차별화될 수 있는 한 가지 방법은 Python을 사용한 CNN 구현에 대한 실용적인 예시를 제공하는 것입니다. 이론적인 개념에만 중점을 두는 대신, 독자들이 배운 개념을 실제 문제에 어떻게 적용할 수 있는지 보여주는 실제 예시와 케이스 스터디를 포함할 수 있습니다. 예를 들어, 이미지 인식, 자연어 처리 또는 비디오 처리와 관련된 예시를 포함할 수 있습니다.
2. 포괄적인 커버리지: 당신의 책이 차별화될 수 있는 또 다른 방법은 주제에 대한 포괄적인 커버리지를 제공하는 것입니다. CNN에 대한 많은 자료가 있지만 이론과 실무 측면 모두에 대한 포괄적인 내용을 다루는 자료는 적습니다. 당신의 책은 딥러닝의 기초부터 고급 CNN 모델 및 최적화 기법까지 모든 것을 다루는 완벽한 가이드로서의 목표를 가질 수 있습니다.
3. 독특한 접근 방식: 당신의 책이 차별화될 수 있는 또 다른 방법은 CNN을 가르치는 독특한 접근 방식을 취하는 것입니다. 예를 들어 수학적 관점에서 CNN을 가르칠 수 있거나, 초보자나 비기술적 독자를 위해 재료를 가르칠 수 있습니다. 또한 CNN이 혁신적으로 사용되는 특정 업계나 사용 사례에 중점을 둘 수도 있습니다. 예를 들어, 건강 관리나 금융 분야에서 CNN이 혁신적으로 사용되고 있는 방법을 다룰 수 있습니다.
4. 접근성: 당신의 책이 더 넓은 독자 대상에게 주제를 접근하기 쉽게 만들면 더 돋보일 수 있습니다. 기술적 지식 수준을 높게 가정하지 않고 초보자와 비기술적 독자를 위해 쓰여진 방식으로 책을 작성할 수 있습니다. 예를 들어 간단한 언어를 사용하거나 시각적 보조 도구를 포함하거나 설명과 예시를 풍부하게 제공할 수 있습니다.

이러한 요소 중 하나 이상에 중점을 두면, 책이 혼잡한 시장에서 돋보이고 포괄적이고 실용적이며 독특하거나 접근 가능한 리소스를 찾는 독자들을 끌어들일 수 있을 것입니다.

그림 5.26 ChatGPT가 책 콘텐츠와 관련된 개선 사항을 제안하여 돋보이게 만드는 방법의 예

ChatGPT는 제 책을 돋보이게 만드는 데 도움이 되는 몇 가지 좋은 팁을 매우 잘 나열했습니다.

전반적으로 ChatGPT는 정보 검색 및 경쟁력 있는 지식을 위한 실력있는 도우미가 될 수 있습니다. 그러나 ChatGPT의 지식은 2021년까지의 정보라는 점을 기억해야 합니다. 이는 실시간 정보를 검색해야 할 때마다 또는 현재 경쟁 시장 분석을 수행하는 동안 ChatGPT에 의존하지 못할 수도 있음을 의미합니다.

그런데도 이 도구는 지식 기반의 한계와 관계없이 적용할 수 있는 탁월한 제안과 모범 사례를

제공합니다.

요약

이번 장에서 우리가 본 모든 예시는 ChatGPT를 활용하여 생산성을 향상시키는 능력의 일부에 불과합니다. 이런 작은 해결책들은 반복적인 업무(같은 템플릿으로 이메일을 답변하는 것처럼)나 번거로운 업무(배경지식 및 참고 자료를 찾거나 경쟁력 있는 지식을 수집하는 것 등)에서 크게 도움이 될 수 있습니다.

다음 장에서는 ChatGPT가 판도를 바꾸고 있는 세 가지 주요 분야인 개발, 마케팅, 연구에 대해 더 깊게 들어가 보겠습니다.

제6장
개발자를 위한 ChatGPT

이번 장에서는 개발자들이 ChatGPT를 어떻게 활용할 수 있는지에 대해 이야기하려 합니다. 이 장은 코드 리뷰와 최적화, 문서 작성, 그리고 코드 생성 등 개발자들의 주요 활동 영역에서 ChatGPT가 어떻게 활용될 수 있는지에 집중합니다. 실제 예시를 통해 여러분이 직접 시도해 볼 수 있도록 도움을 드릴 것입니다.

개발자들이 왜 도우미로서 ChatGPT를 활용해야 하는지에 대한 일반적인 소개 이후에, 우리는 다음과 같은 기능을 수행할 수 있는 ChatGPT에 초점을 맞출 것입니다:

- 개발자를 위한 ChatGPT
- 코드 생성, 최적화 및 디버깅
- 코드 관련 문서 작성 및 코드 디버깅
- 데이터 과학자와 비즈니스 사용자가 모델 해석력을 향상시키는 데 도움이 되도록 머신러닝(ML) 모델 설명
- 다른 프로그래밍 언어 번역

이 장의 마지막에서는, 여러분은 코딩 활동에 ChatGPT를 활용하고 코딩 생산성 향상을 위한 보조 도구로 사용할 수 있게 될 것입니다.

개발자를 위한 ChatGPT

개인적으로, 저는 코드를 다루는 능력이 ChatGPT의 가장 놀라운 기능 중 하나라고 생각합니다. 어떤 유형의 코드든지요. 우리는 이미 4장에서 ChatGPT가 파이썬 콘솔로서 작동할 수 있

는 방법을 보았습니다. 그러나, 개발자들을 위한 ChatGPT의 능력은 그 예시를 훨씬 넘어섭니다. 이는 코드 생성, 설명, 디버깅에 대한 도우미가 될 수 있습니다.

가장 인기 있는 언어 중에는 확실히 파이썬, 자바스크립트, SQL, 그리고 C#을 말할 수 있겠습니다. 그러나 ChatGPT는 스스로 밝힌 바와 같이 광범위한 언어를 다룰 수 있습니다.

V list all the programming languages you can understand and generate

As an AI language model, I can understand and generate code in many programming languages. Here are some of the most popular ones:

1. Python
2. Java
3. C++
4. JavaScript
5. Ruby
6. PHP
7. Swift
8. Kotlin
9. TypeScript
10. C#
11. Go
12. Rust
13. R
14. MATLAB
15. Lua
16. SQL
17. Bash
18. Perl
19. Objective-C
20. Scala
21. F#
22. Haskell
23. Dart
24. Groovy
25. PowerShell
26. Visual Basic
27. COBOL
28. Fortran
29. Assembly

This is not an exhaustive list, but it includes many of the most commonly used programming languages.

Regenerate response

그림 6.1 ChatGPT가 이해하고 생성할 수 있는 프로그래밍 언어를 나열합니다

당신이 백엔드/프론트엔드 개발자이든, 데이터 과학자이든, 또는 데이터 엔지니어이든, 프로그래밍 언어를 다루는 모든 작업에서 ChatGPT는 게임 체인저가 될 수 있습니다. 그 방법은 다음 섹션의 여러 예시를 통해 알아보도록 하겠습니다.

다음 섹션부터는 코드를 작업할 때 ChatGPT가 달성할 수 있는 구체적인 예시들을 더 깊게 살펴보겠습니다. 우리는 다양한 영역을 다루는 엔드-투-엔드 사용 사례를 보며, 이를 통해 코딩 도우미로서 ChatGPT 사용에 익숙해질 것입니다.

코드 생성, 최적화, 그리고 디버깅

여러분이 활용해야 할 주요 능력은 바로 ChatGPT의 코드 생성 기능입니다. 코드 작성을 시작할 때 미리 만들어진 코드를 찾아본 적이 얼마나 많습니까? 유틸리티 함수, 샘플 데이터셋, SQL 스키마 등을 생성하는 것 말입니다. ChatGPT는 자연어 입력에 기반하여 코드를 생성할 수 있습니다:

보시다시피, ChatGPT는 함수를 생성하는 것뿐만 아니라 그 함수가 무엇을 하는지, 어떻게 사용하는지, 그리고 my_folder와 같은 일반적인 플레이스홀더를 무엇으로 대체해야 하는지까지 설명할 수 있습니다.

다른 예로는 구조화된 테이블에 대한 스키마를 생성하는 것이 있을 수 있습니다. 즉, SAP ERP 시스템에서 MARA와 VBAP이라는 두 개의 표준 테이블 간의 관계를 생성하는 과정에 있는 데이터 엔지니어라고 상상해보세요. 이들은 각각 일반 자재 데이터와 판매 문서 데이터를 저장합니다.

그림 6.2 ChatGPT가 CSV 파일에 쓰기 위한 파이썬 함수를 생성하는 예시

이 열들의 이름을 컨텍스트로 제공함으로써, 이 테이블들에 대한 스키마를 생성하도록 ChatGPT에게 요청해봅시다.

V I have to SAP tables with the following columns.

MARA table: MATNR ERSDA ERNAM AENAM AEDAT LAEDA LVORM PRDHA STPRS PEINH BWTAR MEINS BSPGE BKLAS SERNP SOBSL SPART MBRSH MTPOS_MARA

VBAP table: VBELN POSNR MATNR KDMAT VRKME LFIMG WMENG VRKMG NETWR WAERK KZWI1 KZWI2 KZWI3 KZWI4 KZWI5 FKIMG NTGEW BRGEW GEWEI VOLUM
generate a SQL schema for the above VBAP and MARA SAP table making relationships

Based on the given columns, the SQL schema for the MARA and VBAP tables can be defined as follows:

```scss
CREATE TABLE MARA (
    MATNR VARCHAR(18) NOT NULL,
    ERSDA DATE,
    ERNAM VARCHAR(12),
    AENAM VARCHAR(12),
    AEDAT DATE,
    LAEDA DATE,
    LVORM CHAR(1),
    PRDHA CHAR(2),
    STPRS DECIMAL(13, 2),
    PEINH DECIMAL(13, 3),
    BWTAR CHAR(4),
    MEINS CHAR(3),
    BSPGE DECIMAL(13, 2),
    BKLAS CHAR(9),
    SERNP CHAR(10),
    SOBSL CHAR(1),
    SPART CHAR(2),
    MBRSH CHAR(2),
    MTPOS_MARA INTEGER,
    PRIMARY KEY (MATNR)
);

CREATE TABLE VBAP (
    VBELN VARCHAR(10) NOT NULL,
    POSNR VARCHAR(6) NOT NULL,
    MATNR VARCHAR(18) NOT NULL,
    KDMAT VARCHAR(18),
    VRKME CHAR(3),
    LFIMG DECIMAL(13, 3),
    WMENG DECIMAL(13, 3),
    VRKMG DECIMAL(13, 3),
    NETWR DECIMAL(15, 2),
    WAERK CHAR(5),
    KZWI1 DECIMAL(13, 2),
    KZWI2 DECIMAL(13, 2),
    KZWI3 DECIMAL(13, 2),
    KZWI4 DECIMAL(13, 2),
    KZWI5 DECIMAL(13, 2),
    FKIMG DECIMAL(13, 3),
    NTGEW DECIMAL(13, 3),
    BRGEW DECIMAL(13, 3),
    GEWEI CHAR(3),
    VOLUM DECIMAL(13, 3),
    PRIMARY KEY (VBELN, POSNR),
    FOREIGN KEY (MATNR) REFERENCES MARA(MATNR)
);
```

In this schema, a primary key is defined for each table, and a foreign key relationship is established between the MATNR column of the MARA table and the MATNR column of the VBAP table.

그림 6.3 ChatGPT가 SAP 테이블에 대한 SQL 스키마를 생성하는 예시

ChatGPT가 SAP의 분류 체계와 컬럼 이름 해석을 알고 있기 때문에 관계를 만들 수 있었습니다. 이는 SAP 분류 체계를 모르는 사람들(데이터 엔지니어 포함)이 힘들어하는 부분입니다. 확인차, ChatGPT에 그 모든 컬럼 이름을 사람이 더 이해하기 쉽게 바꾸도록 요청해봅시다:

V rename the above columns with more human-understandable names

Sure, here's an example of how the column names in the SAP tables MARA and VBAP could be renamed to be more human-readable:

MARA table:

- MATNR: Material Number
- ERSDA: Created On Date
- ERNAM: Created By User
- AENAM: Last Changed By User
- AEDAT: Last Changed On Date
- LAEDA: Deletion Date
- LVORM: Deletion Flag
- PRDHA: Material Group
- STPRS: Standard Price
- PEINH: Price Unit
- BWTAR: Valuation Class
- MEINS: Base Unit of Measure
- BSPGE: Minimum Remaining Shelf Life
- BKLAS: Material Class
- SERNP: Serial Number Profile
- SOBSL: Special Stock Indicator
- SPART: Division
- MBRSH: Industry Key
- MTPOS_MARA: Material Type

VBAP table:

- VBELN: Sales Document Number
- POSNR: Item Number
- MATNR: Material Number
- KDMAT: Customer Material Number
- VRKME: Sales Unit
- LFIMG: Delivery Quantity
- WMENG: Target Quantity in Sales Unit
- VRKMG: Sales Quantity
- NETWR: Net Value of the Item
- WAERK: Currency
- KZWI1: Condition Value
- KZWI2: Condition Value
- KZWI3: Condition Value
- KZWI4: Condition Value
- KZWI5: Condition Value
- FKIMG: Billing Quantity
- NTGEW: Net Weight
- BRGEW: Gross Weight
- GEWEI: Weight Unit
- VOLUM: Volume

그림 6.4 ChatGPT에 의해 이름이 바뀐 SAP 테이블의 컬럼들

그리고 마지막으로, 중복을 피하면서 새로운 컬럼들로 스키마를 재생성해봅시다(새로운 이름인 'Condition Value'는 실제로 5번 반복됩니다).

recreate the sql schema for the two tables with renamed columns. If there are columns with same name, add a numeric indicator with an underscore at the end of the name

Here's the recreated SQL schema for the two tables with renamed columns and any duplicate column names appended with a numeric indicator and an underscore:

```scss
CREATE TABLE MARA (
    MATERIAL_NUMBER VARCHAR(50) PRIMARY KEY,
    CREATED_ON DATE,
    CREATED_BY VARCHAR(50),
    LAST_CHANGED_BY VARCHAR(50),
    LAST_CHANGED_ON DATE,
    VALID_TO DATE,
    DELETION_INDICATOR CHAR(1),
    PRODUCT_HIERARCHY VARCHAR(50),
    STANDARD_PRICE DECIMAL(18,2),
    PRICE_UNIT DECIMAL(18,2),
    WEIGHT_UNIT CHAR(10),
    BASE_PRICE_LIST CHAR(10),
    STOCK_ITEM_STATUS CHAR(10),
    SERIAL_NUMBER_PROFILE CHAR(10),
    OBSOLETE_REASON CHAR(10),
    DIVISION CHAR(10),
    MEMBER_OF_GROUP CHAR(10),
    MATERIAL_TYPE_POSITION VARCHAR(50)
);

CREATE TABLE VBAP (
    SALES_DOCUMENT VARCHAR(50) NOT NULL,
    ITEM_NUMBER INT NOT NULL,
    MATERIAL_NUMBER VARCHAR(50),
    CUSTOMER_MATERIAL_NUMBER VARCHAR(50),
    SALES_UNIT CHAR(10),
    QUANTITY DECIMAL(18,2),
    DELIVERY_QUANTITY DECIMAL(18,2),
    NET_PRICE DECIMAL(18,2),
    CURRENCY CHAR(10),
    CONDITION_TYPE_1 DECIMAL(18,2),
    CONDITION_TYPE_2 DECIMAL(18,2),
    CONDITION_TYPE_3 DECIMAL(18,2),
    CONDITION_TYPE_4 DECIMAL(18,2),
    CONDITION_TYPE_5 DECIMAL(18,2),
    BILLED_QUANTITY DECIMAL(18,2),
    NET_WEIGHT DECIMAL(18,2),
    GROSS_WEIGHT DECIMAL(18,2),
    WEIGHT_UNIT CHAR(10),
    VOLUME DECIMAL(18,2)
);
ALTER TABLE VBAP ADD CONSTRAINT FK_MATERIAL_NUMBER_VBAP
    FOREIGN KEY (MATERIAL_NUMBER) REFERENCES MARA(MATERIAL_NUMBER);
```

그림 6.5 이름이 바뀐 컬럼들로 구성된 SQL 스키마

위의 예시는 추가 데이터 분석을 위한 스키마 생성 시간을 줄이는데 중요한 역할을 합니다.

ChatGPT는 훌륭한 코드 최적화 도우미가 될 수 있습니다. 실제로, 우리의 입력에서 시작해 최적화된 스크립트를 만들어 실행 시간이나 컴퓨팅 파워를 절약할 수 있습니다. 이 기능은 자

연어 분야에서 우리가 5장에서 '글쓰기 및 번역 능력 향상' 섹션에서 본 글쓰기 지원 기능과 비교될 수 있습니다

예를 들어, 다른 리스트에서 시작해서 홀수의 리스트를 만들고 싶다고 가정해봅시다. 결과를 얻기 위해 다음과 같은 파이썬 스크립트를 작성했습니다(이 연습문제의 목적으로, 저는 timeit와 datetime 라이브러리로 실행 시간도 추적하겠습니다):

```
from timeit import default_timer as timer
from datetime import timedelta

start = timer()
elements = list(range(1_000_000))
data = []
for el in elements:
  if not el % 2:
    # if odd number
    data.append(el)

end = timer()
print(timedelta(seconds=end-start))
```

실행 시간은 0.141185초였습니다. 이 스크립트를 ChatGPT에게 최적화하도록 요청하면 어떻게 될까요?

V

I wrote the following script to filter a list only for odd numbers.

```
elements = list(range(1_000_000))
data = []
for el in elements:
  if el % 2 != 0:
    data.append(el)
```

Can you create a script to achieve the same result in lower execution time?

Yes, using a list comprehension can be faster and more concise than a for loop. Here's an example script that achieves the same result as your original code but with a list comprehension:

```python
data = [el for el in range(1_000_000) if el % 2 != 0]
```

This code creates a list `data` containing only the odd numbers from the original list `range(1_000_000)`, using a list comprehension. The `if` statement inside the list comprehension filters out even numbers, and the resulting list contains only odd numbers.

The list comprehension is generally faster than a `for` loop because it is optimized for Python's internal C implementation. This means that it can run much faster than a Python loop for large lists like this.

Note that the resulting list `data` will contain the same elements as your original `data` list created by the `for` loop, but the list comprehension should execute more quickly.

ChatGPT는 실행 시간이 더 짧게 같은 결과를 얻을 수 있는 예시를 제공했습니다. 또한 왜 comprehension 방법이 for loop보다 빠른지에 대해 명확하게 설명하며 대안을 제시했습니다. 이 새로운 스크립트가 이전 스크립트와 비교하여 어떤 성능을 보여주는지 확인해봅시다.

리스트에서 홀수만 필터링하기 위해 다음 스크립트를 작성했어.

```
elements = list(range(1_000_000))
data = []
for el in elements:
  if el % 2 l: 0:
    data.append(el)
```

더 짧은 시간 만에 똑같은 결과를 내는 스크립트를 만들 수 있어?

홀수만 필터링하는 작업을 좀 더 빠르게 수행하려면 리스트 컴프리헨션을 사용하는 것이 좋습니다. 리스트 컴프리헨션은 간결하면서도 빠른 방법을 제공합니다. 다음은 리스트 컴프리헨션을 사용하여 홀수만 필터링하는 스크립트입니다:

```python
elements = list(range(1_000_000))
data = [el for el in elements if el % 2 == 1]
```

이 스크립트는 원본 리스트에서 홀수만 선택하여 새로운 리스트에 저장합니다. 이 방법은 기존의 반복문보다 더 빠르게 작동할 것입니다.

그림 6.6 파이썬 스크립트에 대한 최적화된 대안을 생성하는 ChatGPT

```
from timeit import default_timer as timer
from datetime import timedelta

start = timer()

#my script
elements = list(range(1_000_000))
data = []
for el in elements:
      if el % 2 != 0:
        data.append(el)

end = timer()
print(timedelta(seconds=end-start))

start = timer()

#ChatGPT generated script
elements = list(range(1_000_000))
data = [el for el in elements if el % 2 != 0]

end = timer()
print(timedelta(seconds=end-start))
```

```
0:00:00.141185
0:00:00.073695
```

그림 6.7 사용자와 ChatGPT 스크립트의 실행 시간 비교

보시다시피, 두 번째 방법(즉, ChatGPT가 생성한 방법)은 실행 시간을 약 47.8% 줄여줍니다.

코드 생성과 최적화 외에도, ChatGPT는 에러 설명과 디버깅에도 활용될 수 있습니다. 때때로, 에러는 해석하기 어렵기 때문에 자연어 설명이 문제를 파악하고 해결책을 찾는 데 유용할 수 있습니다.

예를 들어, 커맨드 라인에서 .py 파일을 실행하면서 다음과 같은 오류가 발생했습니다.

```
2023-03-25 11:27:10.270 Uncaught app exception
Traceback (most recent call last):
  File "C:\Users\vaalt\Anaconda3\lib\site-packages\streamlit\runtime\
scriptrunner\script_runner.py", line 565, in _run_script
    exec(code, module.__dict__)
  File "C:\Users\vaalt\OneDrive\Desktop\medium articles\llm.py", line 129, in <module>
    user_input = get_text()
  File "C:\Users\vaalt\OneDrive\Desktop\medium articles\llm.py", line 50, in get_text
    input_text = st.text_input("You: ", st.session_state['input'],
key='input', placeholder = 'Your AI assistant here! Ask me anything...',
label_visibility = 'hidden')
  File "C:\Users\vaalt\Anaconda3\lib\site-packages\streamlit\runtime\
metrics_util.py", line 311, in wrapped_func
    result = non_optional_func(*args, **kwargs)
  File "C:\Users\vaalt\Anaconda3\lib\site-packages\streamlit\elements\
text_widgets.py", line 174, in text_input
    return self._text_input(
  File "C:\Users\vaalt\Anaconda3\lib\site-packages\streamlit\elements\
text_widgets.py", line 266, in _text_input
    text_input_proto.value = widget_state.value TypeError: [] has type list, but
expected one of: bytes, Unicode
```

ChatGPT가 오류의 성격을 이해하는 데 도움이 될 수 있는지 확인해봅시다. 이를 위해, 단순히 ChatGPT에게 오류 텍스트를 제공하고 설명을 요청하면 됩니다.

V I got the following error while running a .py file:

```
2023-03-25 11:27:10.270 Uncaught app exception
Traceback (most recent call last):
  File "C:\Users\vaalt\Anaconda3\lib\site-
packages\streamlit\runtime\scriptrunner\script_runner.py", line 565, in _run_script
    exec(code, module.__dict__)
  File "C:\Users\vaalt\OneDrive\Desktop\medium articles\llm.py", line 129, in <module>
    user_input = get_text()
  File "C:\Users\vaalt\OneDrive\Desktop\medium articles\llm.py", line 50, in get_text
    input_text = st.text_input("You: ", st.session_state['input'], key='input', placeholder = 'Your
AI assistant here! Ask me anything...', label_visibility = 'hidden')
  File "C:\Users\vaalt\Anaconda3\lib\site-packages\streamlit\runtime\metrics_util.py", line
311, in wrapped_func
    result = non_optional_func(*args, **kwargs)
  File "C:\Users\vaalt\Anaconda3\lib\site-packages\streamlit\elements\text_widgets.py", line
174, in text_input
    return self._text_input(
  File "C:\Users\vaalt\Anaconda3\lib\site-packages\streamlit\elements\text_widgets.py", line
266, in _text_input
    text_input_proto.value = widget_state.value
TypeError: [] has type list, but expected one of: bytes, unicode
```

Explain me the error and possible resolutions

The error message is indicating that there is a TypeError being raised while running your Python script. Specifically, the issue is with the `get_text()` function on line 50 of the `llm.py` file. The `st.text_input()` function is expecting a string value, but it is receiving a list object instead.

The list object is most likely coming from the `st.session_state['input']` variable, which is expected to hold a user's input from a previous session. It seems that this variable is being initialized as a list instead of a string, which is causing the `st.text_input()` function to fail.

To resolve the issue, you can modify the `st.session_state['input']` variable to hold a string value instead of a list. You can either initialize it as an empty string by using `st.session_state['input'] = ''`, or you can modify the code that sets its value to ensure that it is always a string.

Alternatively, you can modify the `st.text_input()` function to handle the list input by converting it to a string first, like this: `input_text = st.text_input("You: ", str(st.session_state['input']), key='input', placeholder = 'Your AI assistant here! Ask me anything...', label_visibility = 'hidden')`. This will ensure that the `text_input()` function receives a string value even if the `st.session_state['input']` variable holds a list object.

그림 6.8 자연어로 파이썬 오류를 설명하는 ChatGPT

마지막으로, 문자열을 입력받아 각 글자 뒤에 밑줄을 추가한 같은 문자열을 반환하는 파이썬 함수를 작성했다고 가정해봅시다.

앞선 예시에서는 g_p_t_ 결과를 보기를 기대했지만, 이 코드로는 t_ 만 반환되었습니다:

```
def add_underscores(word):
    new_word = "_"
    for i in range(len(word)):
        new_word = word[i] + "_"
    return new_word

phrase = "gpt"
print(add_underscores(phrase))
```

```
t_
```

그림 6.9 버그가 있는 파이썬 함수

이 함수를 ChatGPT에게 디버깅하도록 요청해봅시다.

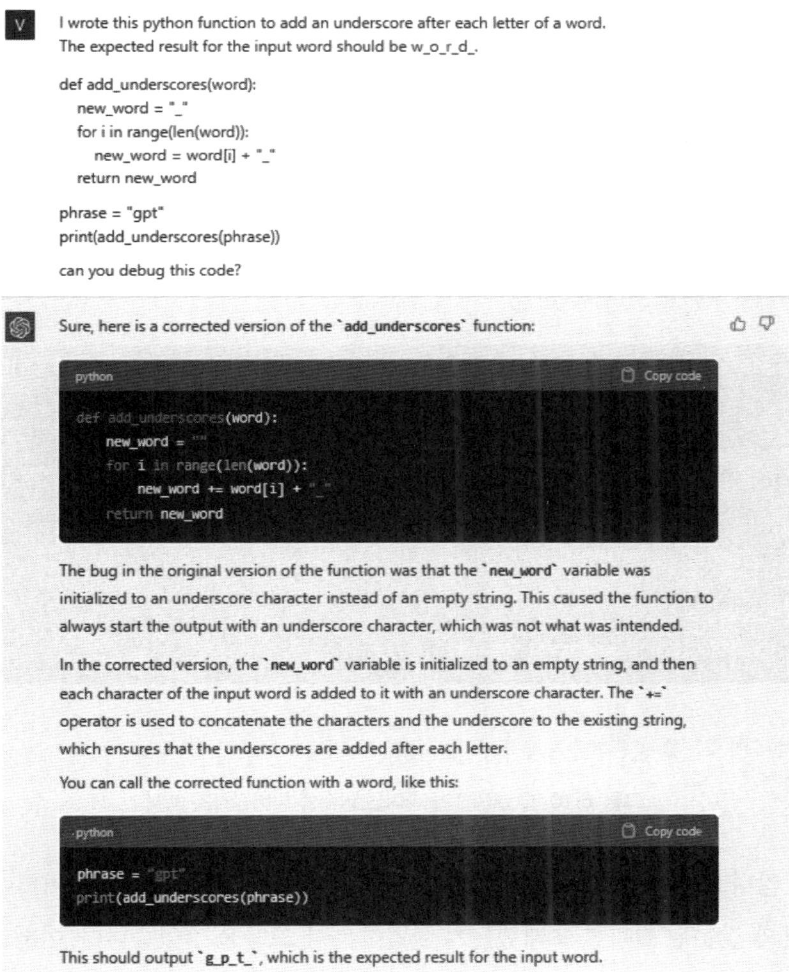

I wrote this python function to add an underscore after each letter of a word. The expected result for the input word should be w_o_r_d_.

```
def add_underscores(word):
  new_word = "_"
  for i in range(len(word)):
    new_word = word[i] + "_"
  return new_word

phrase = "gpt"
print(add_underscores(phrase))
```

can you debug this code?

Sure, here is a corrected version of the `add_underscores` function:

```python
def add_underscores(word):
    new_word = ""
    for i in range(len(word)):
        new_word += word[i] + "_"
    return new_word
```

The bug in the original version of the function was that the `new_word` variable was initialized to an underscore character instead of an empty string. This caused the function to always start the output with an underscore character, which was not what was intended.

In the corrected version, the `new_word` variable is initialized to an empty string, and then each character of the input word is added to it with an underscore character. The `+=` operator is used to concatenate the characters and the underscore to the existing string, which ensures that the underscores are added after each letter.

You can call the corrected function with a word, like this:

```python
phrase = "gpt"
print(add_underscores(phrase))
```

This should output `g_p_t_`, which is the expected result for the input word.

단어의 각 글자 뒤에 밑줄을 추가하는 파이썬 함수를 작성했어.
"word"를 입역으로 주면 예상 결과는 "w_o_r_d_"야.

```
def add_underscores(word):
  new_word = "_"
  for i in range(len(word)):
    new_word = word[i] + "_"
  return new_word

phrase = "gpt"
print(add_underscores(phrase))
```

이 코드를 디버깅할 수 있어?

물론, 당신의 코드를 디버깅할 수 있습니다. 제가 몇 가지 문제점을 지적하고 수정 방법을 설명해드리겠습니다.

현재 코드에서 문제점은 다음과 같습니다:

1. `new_word` 변수를 초기화할 때 빈 문자열로 설정해야 합니다.
2. `new_word` 변수를 각 글자 뒤에 밑줄을 추가하려면 `new_word` 변수에 현재 값과 밑줄을 더해야 합니다.

아래는 수정된 코드입니다:

```python
def add_underscores(word):
    new_word = ""  # 빈 문자열로 초기화
    for i in range(len(word)):
        new_word += word[i] + "_"  # 각 글자 뒤에 밑줄 추가
    return new_word

phrase = "gpt"
print(add_underscores(phrase))
```

이제 이 코드를 실행하면 "g_p_t_"가 출력될 것입니다.

그림 6.10 ChatGPT가 파이썬 함수를 디버깅하는 예시

인상적이지 않나요? 또 다시, ChatGPT는 올바른 코드 버전을 제공하였고, 어디에 버그가 있고 그것들이 왜 잘못된 결과를 초래했는지 설명하는 데 도움을 주었습니다. 이제 제대로 작동하는지 확인해봅시다:

```
def add_underscores(word):
    new_word = ""
    for i in range(len(word)):
        new_word += word[i] + "_"
    return new_word

phrase = "gpt"
print(add_underscores(phrase))
```

```
g_p_t_
```

그림 6.11 – ChatGPT 디버깅 후의 파이썬 함수

좋습니다. 잘 작동합니다.

이러한 코드 관련 기능들은 여러분의 생산성을 크게 향상시키고, 많은 작업들을 수행하는 데 걸리는 시간을 줄일 수 있습니다.

그러나 ChatGPT는 단순한 디버깅을 넘어섭니다. GPT 모델의 뛰어난 언어 이해력 덕분에, 이 인공지능(AI) 도구는 코드와 함께 적절한 문서를 생성할 수 있으며, 코드가 정확히 어떤 작업을 수행할 것인지 설명할 수 있습니다. 이에 대해서는 다음 섹션에서 살펴볼 것입니다.

문서 생성과 코드 설명 능력

새로운 애플리케이션 또는 프로젝트를 작업할 때, 항상 코드와 문서를 연관시키는 것이 좋은 습관입니다. 함수나 클래스에 내장할 수 있는 독스트링 형태일 수 있으며, 이렇게 하면 다른 사람들이 개발 환경에서 직접 호출할 수 있습니다.

예를 들어, 다음의 파이썬 클래스에는 기본적인 수학 연산을 위한 10가지 다른 메소드가 있습니다.

```
class Calculator:
    def add(self, x, y):
        return x + y

    def subtract(self, x, y):
        return x - y

    def multiply(self, x, y):
        return x * y

    def divide(self, x, y):
```

```
        try:
            return x / y
        except ZeroDivisionError:
            print("Error: division by zero")
            return None

    def power(self, x, y):
        return x ** y

    def square_root(self, x):
        try:
            return x ** 0.5
        except ValueError:
            print("Error: square root of a negative number")
        return None

    def logarithm(self, x, base):
        try:
            return math.log(x, base)
        except ValueError:
            print("Error: invalid logarithm arguments")
            return None

    def factorial(self, x):
        if x < 0:
            print("Error: factorial of a negative number")
            return None
        elif x == 0:
            return 1
        else: return x * self.factorial(x-1)

    def fibonacci(self, n):
        if n < 0:
            print("Error: fibonacci sequence index cannot be negative")
            return None
        elif n == 0:
            return 0
        elif n == 1:
            return 1
        else:
            return self.fibonacci(n-1) + self.fibonacci(n-2)
```

다음과 같이 클래스를 초기화하고 테스트할 수 있습니다. (예시로 덧셈 메소드를 사용하겠습니다)

```
calc = Calculator()

print(calc.add(3, 4))
7
```

그림 6.12 파이썬 클래스를 초기화하고 그 중 하나의 메소드를 사용하는 예

이제, 만약 Calculator에 있는 문서화된 주석을 가져오고 싶다고 가정해봅시다. 이를 통해 파이썬 패키지, 함수, 메소드 등에서 해당 객체의 기능에 대한 전체 문서를 얻을 수 있습니다. 아래는 pandas 파이썬 라이브러리를 사용한 예시입니다.

```
import pandas as pd
pd?

Type:        module
String form: <module 'pandas' from 'C:\\Users\\vaalt\\Anaconda3\\lib\\site-packages\\pandas\\__init__.py'>
File:        c:\users\vaalt\anaconda3\lib\site-packages\pandas\__init__.py
Docstring:
pandas - a powerful data analysis and manipulation library for Python
=====================================================================

**pandas** is a Python package providing fast, flexible, and expressive data
structures designed to make working with "relational" or "labeled" data both
easy and intuitive. It aims to be the fundamental high-level building block for
doing practical, **real world** data analysis in Python. Additionally, it has
the broader goal of becoming **the most powerful and flexible open source data
analysis / manipulation tool available in any language**. It is already well on
its way toward this goal.

Main Features
-------------
Here are just a few of the things that pandas does well:

  - Easy handling of missing data in floating point as well as non-floating
    point data.
  - Size mutability: columns can be inserted and deleted from DataFrame and
    higher dimensional objects
  - Automatic and explicit data alignment: objects can be explicitly aligned
    to a set of labels, or the user can simply ignore the labels and let
    `Series`, `DataFrame`, etc. automatically align the data for you in
    computations.
  - Powerful, flexible group by functionality to perform split-apply-combine
    operations on data sets, for both aggregating and transforming data.
  - Make it easy to convert ragged, differently-indexed data in other Python
    and NumPy data structures into DataFrame objects.
  - Intelligent label-based slicing, fancy indexing, and subsetting of large
    data sets.
  - Intuitive merging and joining data sets.
  - Flexible reshaping and pivoting of data sets.
  - Hierarchical labeling of axes (possible to have multiple labels per tick).
  - Robust IO tools for loading data from flat files (CSV and delimited),
    Excel files, databases, and saving/loading data from the ultrafast HDF5
    format.
  - Time series-specific functionality: date range generation and frequency
    conversion, moving window statistics, date shifting and lagging.
```

그림 6.13 pandas 라이브러리 문서화의 예시

그럼 이제 ChatGPT에게 우리의 Calculator 클래스에 대해 같은 결과를 만들어내도록 요청해 봅시다. 이후, Calculator 클래스를 ChatGPT의 콘텍스트로 제공한 후, 아래와 같이 관련 문서를 생성하도록 요청했습니다.

Generate documentation about the Calculator class above so that developers can have a look at it
by calling "Calculator?" in their python environment

To generate documentation that can be viewed by calling `Calculator?` in a Python environment, you can use Python's built-in `__doc__` attribute and docstring formatting. Here's an example of how you can document the `Calculator` class:

```python
import math

class Calculator:
    """
    A simple calculator that can perform various mathematical operations.

    Methods
    -------
    add(x, y):
        Adds two numbers and returns the result.

    subtract(x, y):
        Subtracts the second number from the first number and returns the result.

    multiply(x, y):
        Multiplies two numbers and returns the result.

    divide(x, y):
        Divides the first number by the second number and returns the result. If th

    power(x, y):
        Raises the first number to the power of the second number and returns the r

    square_root(x):
        Calculates the square root of the number and returns the result. If the num

    logarithm(x, base):
        Calculates the logarithm of the number with the given base and returns the
```

그림 6.14 – ChatGPT가 문서화를 통해 코드를 업데이트하는 과정

ChatGPT의 전체 응답은 이 책의 GitHub 저장소에서 확인할 수 있습니다. 주소는 다음과 같습니다: https://github.com/PacktPublishing/Modern-Generative-AI-with-ChatGPT-and-OpenAI-Models/blob/main/Chapter%206%20-%20ChatGPT%20for%20Developers/prompts.

결과적으로, 앞서 보여준 코드대로 우리의 클래스를 업데이트하고 Calculator?를 호출하면, 다음과 같은 결과를 얻게 됩니다.

```
Calculator?

Init signature: Calculator()
Docstring:
A simple calculator that can perform various mathematical operations.

Methods
-------
add(x, y):
    Adds two numbers and returns the result.

subtract(x, y):
    Subtracts the second number from the first number and returns the result.

multiply(x, y):
    Multiplies two numbers and returns the result.

divide(x, y):
    Divides the first number by the second number and returns the result. If the second number is zero, returns None.

power(x, y):
    Raises the first number to the power of the second number and returns the result.

square_root(x):
    Calculates the square root of the number and returns the result. If the number is negative, returns None.

logarithm(x, base):
    Calculates the logarithm of the number with the given base and returns the result. If the number is negative or the base is invalid, returns None.

factorial(x):
    Calculates the factorial of the number and returns the result. If the number is negative, returns None.

fibonacci(n):
    Generates the n-th number in the Fibonacci sequence and returns the result. If n is negative, returns None.
Type:           type
Subclasses:
```

그림 6.15 새로운 Calculator 클래스 문서화 과정

마지막으로, ChatGPT는 스크립트, 함수, 클래스 등의 역할을 자연어로 설명하는 데에도 활용될 수 있습니다. 우리는 이미 ChatGPT가 코드 관련 응답을 명확한 설명으로 풍부하게 보강하는 많은 예를 보았습니다. 그러나 코드 이해와 관련된 구체적인 질문을 하여 이 기능을 더욱 강화할 수 있습니다.

예를 들어, 다음의 파이썬 스크립트가 무엇을 하는지 ChatGPT에게 설명해달라고 요청해봅시다.

V

```
from azureml.opendatasets import NycTlcYellow
from datetime import datetime
from dateutil import parser

start_date = parser.parse('2018-05-01')
end_date = parser.parse('2018-05-07')
nyc_tlc = NycTlcYellow(start_date=start_date, end_date=end_date)
nyc_tlc_df = nyc_tlc.to_pandas_dataframe()
nyc_tlc_df.info() // Explain this code
```

This code imports the `NycTlcYellow` class from the `azureml.opendatasets` module, which is used to retrieve data from the New York City Taxi and Limousine Commission (TLC) yellow taxi trip data.

The code then sets a start and end date for the data that will be retrieved by creating `datetime` objects from strings using the `parser.parse()` method from the `dateutil` module. In this case, the start date is set to May 1, 2018, and the end date is set to May 7, 2018.

An instance of the `NycTlcYellow` class is then created with the specified start and end dates, and the data is retrieved using the `to_pandas_dataframe()` method. This method converts the retrieved data to a pandas DataFrame, which is assigned to the `nyc_tlc_df` variable.

Finally, the `info()` method is called on the DataFrame to print information about its columns, including data types and the number of non-null values. This is a useful way to inspect the structure of the DataFrame and check for missing values.

다음 코드를 설명해줘:

from azureml.opendatasets import NychcYellow
from datetime import datetime
from dateutil import parser

start_date = parser.parse('2018-OS-O1')
end_date = parser.parse('2018-05-07')
nyc_tlc = NychcYellow(start_date=start_date, end_date=end_date)
nyc_tlc_df = nyc_tlc.to_pandas_dataframeO
nyc_tlc_df.infOO // Explain this code

이 코드는 Microsoft Azure Machine Learning (Azure ML)의 **`azureml.opendatasets`** 모듈을 사용하여 뉴욕시 택시 데이터를 가져와 Pandas DataFrame으로 변환하는 작업을 수행하는 것으로 보입니다. 코드를 하나씩 살펴보겠습니다.

1. 먼저, 필요한 모듈을 가져옵니다:
   - **`azureml.opendatasets`** 모듈에서 **`NychcYellow`** 클래스를 가져옵니다. 이 클래스는 뉴욕시 노란 택시 데이터에 대한 연결을 제공합니다.
   - **`datetime`** 모듈에서 **`datetime`** 클래스를 가져옵니다.
   - **`dateutil`** 모듈에서 **`parser`** 함수를 가져옵니다.
2. **`start_date`**와 **`end_date`** 변수를 정의합니다:
   - **`start_date`** 변수에는 '2018-OS-O1' 문자열을 **`dateutil.parser.parse`** 함수를 사용하여 파싱한 결과를 저장합니다. 이 날짜는 데이터 검색의 시작 날짜를 나타냅니다.
   - **`end_date`** 변수에는 '2018-05-07' 문자열을 파싱한 결과를 저장합니다. 이 날짜는 데이터 검색의 종료 날짜를 나타냅니다.
3. **`NychcYellow`** 클래스를 사용하여 데이터 연결을 설정합니다:
   - **`NychcYellow`** 클래스를 사용하여 뉴욕시 노란 택시 데이터에 대한 연결을 설정합니다. 이때, 시작 날짜와 종료 날짜를 지정하여 원하는 시간 범위의 데이터를 가져올 수 있습니다.
4. 데이터를 Pandas DataFrame으로 변환합니다:
   - **`nyc_tlc.to_pandas_dataframe()`** 메서드를 사용하여 노란 택시 데이터를 Pandas DataFrame으로 변환하고 **`nyc_tlc_df`** 변수에 저장합니다.
5. 마지막 줄에서는 **`nyc_tlc_df.infOO`**로 시작하는 부분은 오타로 보입니다. 올바른 코드는 다음과 같이 되어야 합니다:

```python
nyc_tlc_df.info()
```

   이 코드는 Pandas DataFrame인 **`nyc_tlc_df`**의 정보를 출력합니다. 이 정보에는 데이터프레임의 열 수, 각 열의 데이터 타입 및 누락된 데이터의 여부 등이 포함됩니다.

따라서 이 코드는 뉴욕시 노란 택시 데이터를 가져와서 Pandas DataFrame으로 변환하고, 해당 DataFrame의 정보를 출력하는 것을 목적으로 합니다.

그림 6.16 ChatGPT가 파이썬 스크립트를 설명하는 예시

코드 설명 능력은 앞서 언급한 것처럼 문서 작성에 도움이 될 수도 있고, 다른 팀의 복잡한 코드를 더 잘 이해하고자 하는 개발자들 사이에서 사용될 수도 있습니다. 또는 (나에게 가끔 일어나는 것처럼) 오래전에 작성한 코드를 이해하는 데에도 활용할 수 있습니다.

이 섹션에서 언급된 ChatGPT와 그 기능 덕분에 개발자들은 프로젝트 생명주기를 자연어로 쉽게 추적할 수 있습니다. 이렇게 하면 새로운 팀원과 비개발자 모두가 지금까지 수행된 작업을 이해하는데 용이합니다.

다음 섹션에서는 데이터 과학 프로젝트에서 ML 모델을 해석하는 데 있어서 코드의 명료성이 어떻게 중추적인 역할을 하는지 알아보겠습니다.

ML 모델 해석력 이해하기

모델 해석력이란 사람이 ML 모델의 예측에 대한 논리를 이해하는 정도를 의미합니다. 기본적으로, 이는 모델이 결정에 이르게 되는 과정과 그 예측에 기여하는 변수들을 얼마나 잘 이해할 수 있는지를 나타내는 능력입니다.

이미지 분류를 위한 딥러닝 컨볼루션 신경망(CNN)을 활용한 모델 해석의 예시를 살펴봅시다. 저는 Python과 Keras를 이용해 모델을 만들었습니다. 이를 위해 keras.datasets에서 CIFAR-10 데이터셋을 직접 받아올 것입니다. 이 데이터셋은 10가지 범주(비행기, 자동차, 새, 고양이, 사슴, 개, 개구리, 말, 배 그리고 트럭)의 60,000개 32x32 컬러 이미지(3채널 이미지)로 구성되어 있으며 각 범주당 이미지는 6천장씩 있습니다. 여기서는 모델의 주요 부분만 공유하겠습니다; 데이터 준비와 전처리에 관련된 전체 코드는 다음 책의 GitHub 저장소에서 확인하실 수 있습니다: https://github.com/PacktPublishing/Modern-Generative-AI-with-ChatGPT-and-OpenAI-Models/tree/main/Chapter%206%20-%20ChatGPT%20for%20Developers/code

```
model=tf.keras.Sequential()
model.add(tf.keras.layers.Conv2D(32,kernel_
size=(3,3),activation='relu',input_shape=(32,32,1)))
model.add(tf.keras.layers.MaxPooling2D(pool_size=(2,2)))
model.add(tf.keras.layers.Flatten())
model.add(tf.keras.layers.Dense(1024,activation='relu'))
model.add(tf.keras.layers.Dense(10,activation='softmax'))
```

위의 코드는 각기 다른 작업을 수행하는 여러 계층으로 구성되어 있습니다. 모델의 구조와 각 계층의 목적에 대한 설명이 필요할 수 있습니다. 이에 대한 도움을 위해 ChatGPT에게 물어보겠습니다.

```
model=tf.keras.Sequential()
model.add(tf.keras.layers.Conv2D(32,kernel_size=(3,3),activation='relu',input_shape=
(32,32,1)))
model.add(tf.keras.layers.MaxPooling2D(pool_size=(2,2)))
model.add(tf.keras.layers.Flatten())
model.add(tf.keras.layers.Dense(1024,activation='relu'))
model.add(tf.keras.layers.Dense(10,activation='softmax'))
```

can you explain this code to me?

Certainly! This code defines a neural network model using the Keras API within TensorFlow, which is a popular open-source machine learning framework. The model is used for image classification tasks, specifically on the CIFAR-10 dataset, which contains 10 classes of 32x32 pixel images. Here's what each line of the code does:

1. `model=tf.keras.Sequential()`: Creates a sequential model, which is a linear stack of layers.
2. `model.add(tf.keras.layers.Conv2D(32,kernel_size=(3,3),activation='relu',input_shape=(32,32,1)))`: Adds a convolutional layer to the model, with 32 filters of size 3x3, using the ReLU activation function. The input shape is set to 32x32 pixels with a single color channel.
3. `model.add(tf.keras.layers.MaxPooling2D(pool_size=(2,2)))`: Adds a max pooling layer to the model, with a pooling window size of 2x2. This helps to downsample the input and reduce the number of parameters in the model.
4. `model.add(tf.keras.layers.Flatten())`: Adds a flattening layer to the model, which takes the output of the previous layer and flattens it into a 1-dimensional vector. This is necessary to connect the output of the convolutional layers to the fully connected layers.
5. `model.add(tf.keras.layers.Dense(1024,activation='relu'))`: Adds a fully connected layer with 1024 neurons and a ReLU activation function.
6. `model.add(tf.keras.layers.Dense(10,activation='softmax'))`: Adds a final fully connected layer with 10 neurons (one for each class) and a softmax activation function, which produces a probability distribution over the classes.

Overall, this model has a convolutional layer for feature extraction, followed by a max pooling layer for downsampling, a flattening layer to reshape the output, and two fully connected layers for classification.

다음 코드를 설명해줘:

model=tf.keras.Sequential()
modeladd(tf.keras.layers.Conv2D(32, kernel_size=(3,3), activation='relu', input_shape=(32,32,1)))
modeladd(tf.keras.layers.MaxPooling2D(pool_size=(2,2)))
modeladd(tf.keras.layers.Flatten())
model.add(tf.keras.layers.Dense(1024, activation='relu'))
model.add(tf.keras.layers.Dense(10, activation='softmax'))

이 코드는 TensorFlow와 Keras를 사용하여 딥 러닝 모델을 구축하는 코드입니다. 주어진 코드의 각 부분을 설명하겠습니다:

1. `model = tf.keras.Sequential()`:
   - 이 줄은 Sequential 모델을 생성합니다. Sequential 모델은 레이어를 순차적으로 쌓는 데 사용되며, 각 레이어는 이전 레이어의 출력을 입력으로 받습니다.
2. `model.add(tf.keras.layers.Conv2D(32, kernel_size=(3,3), activation='relu', input_shape=(32,32,1)))`:
   - 이 줄은 Conv2D 레이어를 모델에 추가합니다. Conv2D 레이어는 2D 컨볼루션 연산을 수행하는 레이어로, 이미지 처리에 주로 사용됩니다. 이 레이어는 32개의 필터(커널)를 사용하며, 각 필터는 3x3 크기의 윈도우로 이미지를 스캔하여 특징을 추출합니다. 'relu' 활성화 함수가 사용되며, 입력 이미지의 크기는 (32, 32, 1)입니다. 여기서 1은 흑백 이미지를 나타냅니다.
3. `model.add(tf.keras.layers.MaxPooling2D(pool_size=(2,2)))`:
   - 이 줄은 MaxPooling2D 레이어를 모델에 추가합니다. MaxPooling은 이미지를 작게 다운샘플링하는 데 사용되는 기술입니다. 여기서는 2x2 크기의 풀링 윈도우를 사용하여 이미지의 크기를 줄입니다.
4. `model.add(tf.keras.layers.Flatten())`:
   - Flatten 레이어는 다차원 배열을 1차원으로 평탄화합니다. 이것은 컨볼루션 레이어와 풀링 레이어 다음에 완전 연결 레이어를 추가하기 위해 필요합니다.
5. `model.add(tf.keras.layers.Dense(1024, activation='relu'))`:
   - 이 줄은 완전 연결(Dense) 레이어를 추가합니다. 이 레이어는 1024개의 뉴런을 가지며 'relu' 활성화 함수를 사용합니다.
6. `model.add(tf.keras.layers.Dense(10, activation='softmax'))`:
   - 마지막으로, 또 다른 완전 연결(Dense) 레이어를 추가합니다. 이 레이어는 10개의 뉴런을 가지며, 'softmax' 활성화 함수를 사용합니다. 이것은 다중 클래스 분류 문제에서 출력을 생성하는 일반적인 방법입니다. 출력 벡터의 각 요소는 각 클래스에 속할 확률을 나타냅니다.

이 코드는 컨볼루션 신경망(Convolutional Neural Network)을 정의하는데 사용되며, 이미지 분류와 같은 작업에 적합한 모델입니다.

그림 6.17 ChatGPT를 활용한 모델 해석력

위의 그림에서 볼 수 있듯이, ChatGPT는 CNN의 구조와 계층에 대한 명확한 설명을 제공할 수 있었습니다. 또한 최대 풀링 계층을 사용하면 입력의 차원성을 줄일 수 있다는 등의 코멘트와 팁도 추가로 제공합니다.

검증 단계에서 모델 결과를 해석하는 데도 ChatGPT가 도움을 줄 수 있습니다. 따라서 데이터를 학습 세트와 테스트 세트로 분할하고 모델을 학습 세트에서 훈련시킨 후, 테스트 세트에서의 성능을 확인해보고 싶습니다.

```
model.fit(np.resize(x_train, (50000,32,32,1))/255.0,
        tf.keras.utils.to_categorical(y_train),
        batch_size=batch_size,
        shuffle=True,
        epochs=epochs,
        validation_data=(np.resize(x_test, (10000,32,32,1))/255.0,
        tf.keras.utils.to_categorical(y_test))
        )
```

```
Epoch 1/3
1563/1563 [==============================] - 208s 133ms/step - loss: 2.3021 - accuracy: 0.1038 - val_loss: 2.3029 - val_accuracy: 0.1039
Epoch 2/3
1563/1563 [==============================] - 209s 133ms/step - loss: 2.2964 - accuracy: 0.1104 - val_loss: 2.3070 - val_accuracy: 0.1001
Epoch 3/3
1563/1563 [==============================] - 909s 582ms/step - loss: 2.2743 - accuracy: 0.1312 - val_loss: 2.3173 - val_accuracy: 0.1006
```

그림 6.18 평가 지표들

검증 지표에 대해 좀 더 자세히 설명해달라고 ChatGPT에게 요청해봅시다.

V

Epoch 1/3
1563/1563 [==============================] - 208s 133ms/step - loss: 2.3021 - accuracy: 0.1038 - val_loss: 2.3029 - val_accuracy: 0.1039
Epoch 2/3
1563/1563 [==============================] - 209s 133ms/step - loss: 2.2964 - accuracy: 0.1104 - val_loss: 2.3070 - val_accuracy: 0.1001
Epoch 3/3
1563/1563 [==============================] - 909s 582ms/step - loss: 2.2743 - accuracy: 0.1312 - val_loss: 2.3173 - val_accuracy: 0.1006

I received as output of the model testing the above results. Can you elaborate those metrics and explaining what do they mean?

These are the results of training a neural network model for image classification using the CIFAR-10 dataset. The training is done over 3 epochs, and for each epoch, the model's performance on both the training set and validation set is reported.

- Epoch: The number of passes over the entire training dataset during training.
- Loss: A measure of how well the model is able to predict the correct class. The loss function is used to compute the difference between the predicted class and the actual class. The goal of training is to minimize this loss. In this case, the loss is measured using the categorical cross-entropy loss function.
- Accuracy: The percentage of images that are correctly classified by the model. The accuracy metric is used to evaluate the performance of the model. In this case, it is reported as a decimal value between 0 and 1.
- Val_loss: The loss on the validation set. The validation set is a subset of the dataset that is used to evaluate the model's performance during training. It is important to use a validation set to detect overfitting, which is when the model becomes too specialized to the training set and performs poorly on new data.
- Val_accuracy: The accuracy on the validation set. The validation accuracy is used to measure the generalization performance of the model. A high validation accuracy indicates that the model is able to generalize well to new data.

In summary, the training results show that the model is improving with each epoch, as the loss is decreasing and the accuracy is increasing. However, the validation results show that the model is not generalizing well, as the validation accuracy is much lower than the training accuracy. This could be an indication of overfitting, and further investigation is needed to improve the model's performance on new data.

위 코드를 테스트하면서 다음 출력을 얻었어. 이러한 메트릭이 뭘 의미하는지 설명해줘.

Epoch 1/3
1563/1563 [==============================] - 208s 133ms/step - loss: 2.3021 - accuracy: 0.1038 - val_loss: 2.3029 - val_accuracy: 0.1039

Epoch 2/3
1563/1563 [==============================] - 209s 133mS/step - loss: 2.2964 - accuracy: 0.1104 - val_loss: 2.3070 - val_accuracy: 0.1001

Epoch 3/3
1563/1563 [==============================] - 909s 582ms/step - loss: 2.2743 - accuracy: 0.1312 - val_loss: 2.3173 - val_accuracy: 0.1006

위의 출력은 딥러닝 모델의 훈련 과정 동안 기록된 메트릭을 보여줍니다. 각 메트릭은 모델의 성능을 측정하고 모니터링하는 데 도움이 됩니다. 여기서 제시된 메트릭은 일반적인 딥러닝 훈련에서 사용되는 메트릭입니다. 이 메트릭들의 의미는 다음과 같습니다:

1. **Epoch 1/3, Epoch 2/3, Epoch 3/3**:
   - 훈련 과정은 에포크(epoch) 단위로 나눠집니다. 에포크는 전체 훈련 데이터셋을 한 번 모델에 전달한 것을 나타냅니다. 여기서는 3 에포크 동안 훈련을 진행한 것을 나타냅니다.
2. **1563/1563**:
   - 각 에포크(epoch)는 훈련 데이터를 여러 개의 미니배치(mini-batch)로 나누어 처리합니다. 이 부분은 현재 처리 중인 미니배치의 번호를 나타냅니다. 예를 들어, "1563/1563"은 현재 에포크에서 1563개의 미니배치를 처리하고 있다는 것을 의미합니다.
3. **loss: 2.3021, loss: 2.2964, loss: 2.2743**:
   - 'loss'는 모델의 손실(loss)을 나타냅니다. 손실은 모델의 예측과 실제 값 사이의 차이를 나타내며, 훈련 과정 중에 최소화되어야 하는 주요 목표입니다. 이 값은 에포크 별로 표시되며, 값이 감소하는 것이 이상적입니다. 에포크가 진행됨에 따라 손실이 감소하는 것을 볼 수 있습니다.
4. **accuracy: 0.1038, accuracy: 0.1104, accuracy: 0.1312**:
   - 'accuracy'는 모델의 정확도를 나타냅니다. 이 값은 모델이 올바르게 분류한 샘플의 비율을 나타냅니다. 예를 들어, "accuracy: 0.1038"은 첫 번째 에포크에서 모델이 약 10.38%의 훈련 데이터를 올바르게 분류했다는 것을 의미합니다. 정확도가 에포크마다 향상되는 것이 이상적입니다.
5. **val_loss: 2.3029, val_loss: 2.3070, val_loss: 2.3173**:
   - 'val_loss'는 검증 데이터셋을 사용하여 계산된 손실입니다. 모델의 성능을 평가하기 위해 검증 데이터를 사용하며, 검증 데이터에서의 손실을 모니터링하여 모델이 과적합되는지 여부를 확인할 수 있습니다. 검증 데이터에서의 손실이 훈련 데이터보다 높을 경우 과적합의 신호가 될 수 있습니다.
6. **val_accuracy: 0.1039, val_accuracy: 0.1001, val_accuracy: 0.1006**:
   - 'val_accuracy'는 검증 데이터셋에서의 정확도를 나타냅니다. 검증 데이터셋에서의 정확도가 훈련 데이터셋보다 현저히 낮다면 모델이 과적합되었거나 훈련 데이터와 검증 데이터 간에 분포가 다르다는 신호가 될 수 있습니다. 검증 데이터셋에서의 정확도도 에포크마다 모니터링하여 모델의 성능을 평가합니다.

이러한 메트릭은 모델의 훈련과 성능 평가를 추적하고 개선하기 위한 중요한 정보를 제공합니다. 일반적으로 손실을 최소화하고 정확도를 최대화하기 위해 모델의 하이퍼파라미터를 조정하고 훈련 데이터를 더 많이 사용하여 훈련을 더 오래 진행합니다.

그림 6.19 ChatGPT가 평가 지표를 설명하는 예시

다시 한번, 결과는 매우 인상적이었으며, 학습 및 테스트 세트 관련 ML 실험을 어떻게 설정할 지에 대한 명확한 지침을 제공했습니다. 모델이 과적합되지 않고 이전에 본 적 없는 데이터에서도 정확한 결과를 예측할 수 있도록 충분히 일반화되어야 하는 것의 중요성을 설명합니다.

모델 해석력이 중요한 이유는 여러 가지가 있습니다. 핵심 요소 중 하나는 비즈니스 사용자와 모델 뒤의 코드 사이의 격차를 줄여준다는 것입니다. 이것은 비즈니스 사용자가 모델의 동작 방식을 이해하고 비즈니스 아이디어를 코드로 변환하는 데 필수적입니다.

더욱이, 모델 해석력은 AI 시스템 뒤의 모델이 어떻게 생각하고 행동하는지에 대한 투명성, 즉 책임감 있는 윤리적인 AI의 핵심 원칙을 가능하게 합니다. 모델 해석력을 활용하면 생산 과정에서 모델이 가질 수 있는 잠재적인 편향 또는 해로운 행동을 감지하고 그러한 상황들을 예방할 수 있습니다.

전반적으로, ChatGPT는 우리가 앞서 볼 수 있었던 예시처럼 개별 데이터 단위에서 인사이트를 생성하는 등, 모델 해석력과 관련하여 큰 도움이 될 수 있습니다.

다음으로 탐구할 마지막 ChatGPT 기능은 여러 프로그래밍 언어가 동일 프로젝트 내에서 사용될 때 개발자들의 생산성 향상에 큰 도움이 될 것입니다.

다양한 프로그래밍 언어 간의 번역

5장에서는 ChatGPT가 다양한 언어 간의 번역에 뛰어난 능력이 있다는 것을 보았습니다. 정말 놀랍게도, 자연어만 번역하는 것이 아닙니다. 사실, ChatGPT는 같은 출력과 같은 스타일(즉, docstring 문서가 있다면 그것을 유지)을 유지하면서 다른 프로그래밍 언어 간에 번역할 수 있는 능력이 있습니다.

이 능력이 유용하게 쓰일 수 있는 상황은 정말 많습니다.

예를 들어, 프로젝트를 빠르게 완성해야 하는데 그 과정에서 전혀 알지 못하는 새로운 프로그래밍 언어나 통계 도구를 배워야 할 수도 있습니다. ChatGPT의 도움을 받아, 선호하는 언어로 프로그래밍을 시작한 후 원하는 언어로 번역하도록 요청할 수 있습니다. 이 과정을 통해 번역과 함께 새로운 언어를 배우게 됩니다.

프로젝트가 MATLAB(MathWorks에서 개발한 수치 계산 및 프로그래밍 소프트웨어)으로 제공되어야 하는데, 여러분은 항상 파이썬으로 프로그래밍해왔다고 상상해보세요. 이 프로젝트는 Modified National Institute of Standards and Technology (MNIST) 데이터셋의 이미지를 분류하는 것으로 구성되어 있습니다(원본 데이터셋 설명과 관련 논문은 http://yann.lecun.com/exdb/mnist/에서 찾을 수 있습니다). 이 데이터셋에는 다수의 손글씨 숫자가 포함되어 있으며, 다양한 이미지 처리 시스템을 학습시키는 데에 자주 사용됩니다.

시작하기 위해, 분류를 위한 딥러닝 모델을 초기화하는 다음 파이썬 코드를 작성했습니다.

```
import tensorflow as tf
from tensorflow import keras
from tensorflow.keras import layers

# Load the MNIST dataset
(x_train, y_train), (x_test, y_test) = keras.datasets.mnist.load_data()

# Preprocess the data
x_train = x_train.reshape(-1, 28*28) / 255.0
x_test = x_test.reshape(-1, 28*28) / 255.0
y_train = keras.utils.to_categorical(y_train)
y_test = keras.utils.to_categorical(y_test)

# Define the model architecture
model = keras.Sequential([
    layers.Dense(256, activation='relu', input_shape=(28*28,)),
    layers.Dense(128, activation='relu'),
    layers.Dense(10, activation='softmax')
])

# Compile the model
model.compile(optimizer='adam', loss='categorical_crossentropy',
metrics=['accuracy'])

# Train the model
history = model.fit(x_train, y_train, validation_split=0.2, epochs=10,
batch_size=128)

# Evaluate the model
test_loss, test_acc = model.evaluate(x_test, y_test, verbose=0)
print('Test accuracy:', test_acc)
```

이제 위의 코드를 ChatGPT에게 주고 MATLAB로 번역하도록 요청하면 어떻게 되는지 살펴보겠습니다.

V Translate the preceding code in Matlab

Sure, here's the translation of the preceding Python code into MATLAB:

matlab Copy code

```matlab
% Load the MNIST dataset
[XTrain, YTrain] = mnist_train;
[XTest, YTest] = mnist_test;

% Preprocess the data
XTrain = double(reshape(XTrain, [size(XTrain, 1), 28*28])) / 255;
XTest = double(reshape(XTest, [size(XTest, 1), 28*28])) / 255;
YTrain = categorical(YTrain);
YTest = categorical(YTest);

% Define the model architecture
model = [
    fullyConnectedLayer(256)
    reluLayer
    fullyConnectedLayer(128)
    reluLayer
    fullyConnectedLayer(10)
    softmaxLayer
    classificationLayer
];

% Specify the training options
options = trainingOptions('adam', ...
    'MaxEpochs', 10, ...
    'MiniBatchSize', 128, ...
    'ValidationData', {XTrain(1:10000,:), YTrain(1:10000)}, ...
    'Plots', 'training-progress');

% Train the model
net = trainNetwork(XTrain, YTrain, model, options);

% Evaluate the model
YPred = classify(net, XTest);
accuracy = sum(YPred == YTest) / numel(YTest);
fprintf('Test accuracy: %.2f%%\n', accuracy * 100);
```

그림 6.20 ChatGPT가 파이썬 코드를 MATLAB로 번역합니다

또한 JavaScript와 같은 다른 언어로 번역할 수 있는지도 확인해봅시다.

V translate the preceding deep learning model written in Python to JavaScript

To translate the preceding deep learning model from Python to JavaScript, we can use TensorFlow.js, a library for machine learning in JavaScript. Here's the translation of the Python code to JavaScript:

```javascript
// Load the MNIST dataset
const data = tf.data.generator(function() {
  return {value: tf.nextFrame(tf.tensor([mnist.nextTrainBatch(128)]))};
});

// Preprocess the data
const trainData = data.take(10000).map(x => {
  return {x: x.value.reshape([128, 28 * 28]).div(255), y: tf.oneHot(x.value.
});
const testData = data.skip(10000).map(x => {
  return {x: x.value.reshape([128, 28 * 28]).div(255), y: tf.oneHot(x.value.
});

// Define the model architecture
const model = tf.sequential({
  layers: [
    tf.layers.dense({units: 256, inputShape: [28 * 28], activation: 'relu'}),
    tf.layers.dense({units: 128, activation: 'relu'}),
    tf.layers.dense({units: 10, activation: 'softmax'})
  ]
});

// Specify the training options
const optimizer = tf.train.adam();
const loss = 'categoricalCrossentropy';
const metrics = ['accuracy'];
const batchSize = 128;
const epochs = 10;
const validationSplit = 0.1;
const shuffle = true;
const verbose = 1;
const fitArgs = {optimizer, loss, metrics, batchSize, epochs, validationSpli

// Train the model
model.fitDataset(trainData, fitArgs);

// Evaluate the model
const evalArgs = {batchSize: 128};
const evalResult = model.evaluateDataset(testData, evalArgs);
console.log(`Test loss: ${evalResult[0].dataSync()[0].toFixed(2)}, accuracy:
```

This code has the same functionality as the Python code, with some differences in syntax and usage. We first load the MNIST dataset using the TensorFlow.js data API, preprocess it, and define the model architecture using the `tf.sequential` API. We then specify the training options, including the optimizer, loss function, metrics, batch size, and number of epochs, and train the model using the `model.fitDataset` method. Finally, we evaluate the model on the test set using the `model.evaluateDataset` method and print the test loss and accuracy.

그림 6.21 ChatGPT가 파이썬 코드를 자바스크립트로 번역합니다

코드 번역은 새로운 기술과 현재의 프로그래밍 능력 사이의 격차를 줄일 수도 있습니다.

코드 번역의 또 다른 중요한 의미는 애플리케이션 현대화입니다. 실제로, 애플리케이션 스택을 새롭게 만들고자 하는데, 구체적으로는 클라우드로 이전하려는 상황을 상상해보세요. 당신은 Infrastructure-as-a-Service (IaaS) 인스턴스(예: Windows 또는 Linux 가상 머신(VMs))로 간단하게 이동하고 시작할 수 있습니다. 그러나, 다음 단계에서는 애플리케이션을 리팩토링하거나, 재구성하거나, 심지어 완전히 새로 작성하고자 할 수도 있습니다.

다음 다이어그램은 애플리케이션 현대화에 대한 다양한 옵션을 보여줍니다.

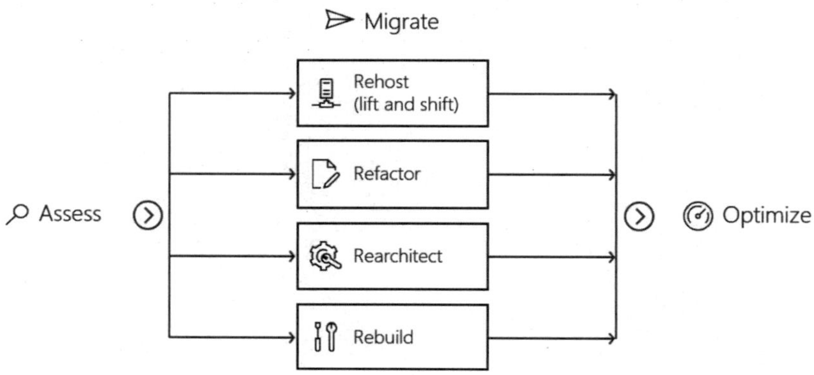

그림 6.22 공용 클라우드로 애플리케이션을 이전할 수 있는 네 가지 방법

ChatGPT와 OpenAI Codex 모델은 이런 이전 작업에 도움을 줄 수 있습니다. 예를 들어, 메인프레임을 생각해보세요.

메인프레임은 대규모 조직에서 주로 사용되는 컴퓨터로, 인구 조사나 소비자 및 산업 통계, 기업 자원 계획, 대규모 거래 처리와 같은 활동을 위한 대량 데이터 처리와 같은 핵심 작업을 수행합니다. 메인프레임 환경의 애플리케이션 프로그래밍 언어는 Common Business Oriented Language (COBOL)입니다. 1959년에 발명된 COBOL이지만, 오늘날에도 여전히 사용되고 있으며 가장 오래된 프로그래밍 언어 중 하나입니다.

기술이 계속 발전함에 따라, 메인프레임 영역에 위치한 애플리케이션들은 인터페이스, 코드, 비용, 성능 및 유지보수성과 같은 영역에서 기존의 레거시 메인프레임 인프라를 향상시키는 것을 목표로 한 지속적인 이전 및 현대화 과정에 노출되어 왔습니다.

물론, 이것은 COBOL을 C#이나 Java와 같은 더 현대적인 프로그래밍 언어로 번역하는 것을 의미합니다. 문제는 대부분의 신세대 프로그래머들이 COBOL을 잘 모르기 때문에, 이 부분에서 큰 기술 격차가 존재한다는 것입니다.

회사에 10년 이상 근무한 직원들의 보고서를 작성하는 직원 기록 파일을 읽는 COBOL 스크립트를 생각해봅시다.

```
IDENTIFICATION DIVISION.
PROGRAM-ID. EMPLOYEEREPORT.

ENVIRONMENT DIVISION.
INPUT-OUTPUT SECTION.
FILE-CONTROL.
    SELECT EMPLOYEE-FILE ASSIGN TO 'EMPLOYEE.DAT'
        ORGANIZATION IS LINE SEQUENTIAL.
    SELECT REPORT-FILE ASSIGN TO 'EMPLOYEEREPORT.TXT'
        ORGANIZATION IS LINE SEQUENTIAL.

DATA DIVISION.
FILE SECTION.
FD EMPLOYEE-FILE.
01 EMPLOYEE-RECORD.
    05 EMPLOYEE-ID PIC X(10).
    05 HIRE-DATE PIC 9(6).
    05 EMPLOYEE-NAME PIC X(30).

FD REPORT-FILE.
01 REPORT-LINE PIC X(80).

WORKING-STORAGE SECTION.
01 WS-CURRENT-DATE PIC 9(6).
01 WS-EMPLOYEE-YEARS PIC 9(2).
01 WS-REPORT-HEADER.
    05 FILLER PIC X(30) VALUE 'EMPLOYEES WITH 10+ YEARS OF SERVICE'.
    05 FILLER PIC X(10) VALUE SPACES.
    05 WS-REPORT-DATE PIC X(6).

PROCEDURE DIVISION.
MAIN-PARAGRAPH.
    OPEN INPUT EMPLOYEE-FILE
    OPEN OUTPUT REPORT-FILE
    MOVE FUNCTION CURRENT-DATE TO WS-CURRENT-DATE
    MOVE WS-CURRENT-DATE(1:6) TO WS-REPORT-DATE
    WRITE REPORT-LINE FROM WS-REPORT-HEADER
    WRITE REPORT-LINE FROM SPACES
```

```
    PERFORM READ-EMPLOYEE UNTIL EMPLOYEE-FILE-STATUS = '10'
    CLOSE EMPLOYEE-FILE
    CLOSE REPORT-FILE
    STOP RUN.

READ-EMPLOYEE.
    READ EMPLOYEE-FILE
        AT END MOVE '10' TO EMPLOYEE-FILE-STATUS
    END-READ
    COMPUTE  WS-EMPLOYEE-YEARS  =  FUNCTION  INTEGER-OF-DATE(WS-CURRENT-DATE)  -
HIRE-DATE(1:6)
    IF WS-EMPLOYEE-YEARS >= 10
        WRITE REPORT-LINE FROM EMPLOYEE-RECORD
    END-IF.
```

그런 다음 이전의 COBOL 스크립트를 ChatGPT에게 전달하여 이를 컨텍스트로 사용하고 그에 따른 응답을 구성하도록 했습니다. 이제 ChatGPT에게 그 스크립트를 JavaScript로 번역하도록 요청해봅시다.

The preceding code is written in COBOL, a programming language commonly used for business and administrative applications in the 1960s and 1970s. It reads data from an input file called "EMPLOYEE.DAT", which contains information about employees including their ID, hire date, and name. It then writes a report to an output file called "EMPLOYEEREPORT.TXT", listing the names of employees who have been with the company for 10 or more years.

Here is a translation of the COBOL code into JavaScript:

```javascript
const fs = require('fs');

const employeeData = fs.readFileSync('EMPLOYEE.DAT', 'utf-8');
const employeeRecords = employeeData.split('\n').filter(record => record.length > 

const reportHeader = 'EMPLOYEES WITH 10+ YEARS OF SERVICE\n\n';
const reportLines = employeeRecords.filter(record => {
  const hireDate = Number.parseInt(record.substr(11, 6), 10);
  const currentDate = new Date();
  const currentYear = currentDate.getFullYear();
  const currentMonth = currentDate.getMonth() + 1;
  const currentDay = currentDate.getDate();
  const currentDateString = `${currentYear}${currentMonth < 10 ? '0' : ''}${current
  const yearsOfService = Math.floor((Number.parseInt(currentDateString, 10) - hireD
  return yearsOfService >= 10;
}).map(record => record.substr(0, 10));

const report = reportHeader + reportLines.join('\n');

fs.writeFileSync('EMPLOYEEREPORT.TXT', report);
```

This code reads the contents of the "EMPLOYEE.DAT" file, splits it into individual employee records, and filters out any empty records. It then calculates the years of service for each employee by subtracting their hire date from the current date, and filters out any employees who have been with the company for less than 10 years. Finally, it creates a report string consisting of the report header and the names of the qualifying employees, separated by newlines, and writes it to a file called "EMPLOYEEREPORT.TXT".

그림 6.23 ChatGPT가 COBOL을 JavaScript로 번역하는 예시

ChatGPT와 같은 도구들은 과거와 미래의 프로그래밍을 모두 알고 있는 층을 도입함으로써 이러한 상황과 유사한 시나리오에서 기술 격차를 줄이는 데 도움이 될 수 있습니다.

결론적으로, ChatGPT는 코드 업그레이드뿐만 아니라 유용한 통찰력과 레거시 시스템을 개

선하기 위한 권장 사항을 제공함으로써 애플리케이션 현대화에 효과적인 도구가 될 수 있습니다. 고급 언어 처리 능력과 광범위한 지식 기반을 바탕으로, ChatGPT는 조직들이 현대화 작업을 간소화하고 프로세스를 더욱 빠르고 효율적이며 효과적으로 만드는 데 도움을 줄 수 있습니다.

> **참고**
> OpenAI Codex 모델은 GitHub Copilot의 핵심 엔진입니다. 이 새로운 기능은 코드 생성, 자동완성, 코드 최적화와 같이 이번 장에서 볼 수 있는 많은 사용 사례를 포괄합니다.

요약

ChatGPT는 자신의 기술을 향상시키고 작업 흐름을 간소화하려는 개발자들에게 귀중한 자원이 될 수 있습니다. 우리는 ChatGPT가 코드를 생성하고, 최적화하고, 디버깅하는 방법부터 시작하여 코드와 함께 문서를 생성하는 것, ML 모델을 설명하는 것, 애플리케이션 현대화를 위해 다른 프로그래밍 언어로 번역하는 등의 추가 기능도 살펴보았습니다.

당신이 경험 많은 개발자이든, 아니면 막 시작한 초보자이든, ChatGPT는 학습과 성장을 위한 강력한 도구를 제공하며, 코드와 자연어 사이의 차이를 줄여줍니다

다음 장에서는 ChatGPT가 게임 체인저가 될 수 있는 또 다른 응용 분야인 마케팅에 대해 더 깊이 들어가 보겠습니다.

제7장
마케터를 위한 ChatGPT

이번 장에서는 마케터들이 ChatGPT를 어떻게 유용하게 활용할 수 있는지, 이 분야에서의 ChatGPT의 주요 사용 사례는 무엇인지에 초점을 맞추어 살펴보겠습니다.

다음 활동에서 ChatGPT가 어떻게 도움을 줄 수 있는지 알아보겠습니다:

- 마케터에게 ChatGPT가 필요한 이유
- 새로운 제품 개발 및 시장 진출 전략
- 마케팅 비교를 위한 A/B 테스팅
- 검색 엔진 최적화(SEO)를 통해 더 효율적인 웹사이트와 포스트 만들기
- 문서 데이터의 감정 분석

이 장을 마치면, 마케팅 관련 활동에 ChatGPT를 활용하고 생산성을 향상시키는 방법에 대해 이해할 수 있게 될 것입니다.

기술 요구 사항

ChatGPT와 DALL-E에 접근하려면 OpenAI 계정이 필요합니다.

이 장에 있는 모든 코드와 프롬프트는 이 책의 GitHub 저장소에 있으며, 해당 링크는 다음과 같습니다.

https://github.com/PacktPublishing/Modern-Generative-AI-with-ChatGPT-and-OpenAI-Models

마케터에게 ChatGPT가 필요한 이유

마케팅은 아마도 ChatGPT와 OpenAI 모델의 창조력을 가장 순수한 형태로 활용할 수 있는 분야일 것입니다. ChatGPT와 OpenAI 모델은 새로운 제품, 마케팅 캠페인, 검색 엔진 최적화 등의 창의적 개발을 지원하는 실용적인 도구가 될 수 있습니다. 전반적으로, 마케터들은 자신들의 작업의 많은 부분을 자동화하고 간소화하면서도 마케팅 노력의 품질과 효과를 향상시킵니다.

예시는 다음과 같습니다. 마케팅 분야에서 ChatGPT의 가장 주목받고 있으며 모범적인 활용 사례 중 하나는 개인화된 마케팅입니다. ChatGPT는 고객 데이터를 분석하고 각 고객에게 어울리는 개인화된 마케팅 메시지를 생성하는 데 사용될 수 있습니다. 예를 들어, 마케팅 팀은 ChatGPT를 이용해 고객 데이터를 분석하고, 특정 고객의 선호와 행동에 맞춘 타겟팅된 이메일 캠페인을 개발할 수 있습니다. 이렇게 하면 전환율이 높아질 가능성이 있으며, 고객 만족도 역시 높아질 것입니다. 고객 감정과 행동에 대한 인사이트 제공, 개인화된 마케팅 메시지 생성, 맞춤형 고객 지원 제공, 그리고 컨텐츠 생성 등을 통해 ChatGPT는 마케터들이 뛰어난 고객 경험을 제공하고 비즈니스 성장을 촉진하는 데 도움을 줄 수 있습니다.

이는 마케팅에서 ChatGPT를 활용하는 수많은 예시 중 하나입니다. 이어지는 부분에서는 ChatGPT가 지원하는 실질적인 마케팅 프로젝트의 구체적인 예시들을 살펴볼 것입니다.

새로운 제품 개발과 시장 진출 전략

마케팅 활동에 ChatGPT를 도입하는 첫 번째 방법은 새로운 제품 개발과 시장 진출(GTM) 전략을 수행하는 도우미로서의 역할일 수 있습니다.

이 부분에서는 새로운 제품을 개발하고 홍보하는 방법에 대한 단계별 가이드를 살펴볼 것입니다. 당신은 이미 'RunFast'라는 러닝 의류 브랜드를 운영하고 있지만, 지금까지 신발만 생산해왔으므로, 새로운 제품 라인으로 사업을 확장하려고 합니다. 우리는 시장 진출 전략을 만들기 위한 아이디어를 브레인스토밍하는 것부터 시작할 것입니다. 물론, 모든 과정은 ChatGPT의 도움과 함께 이루어집니다.

- **아이디어 브레인스토밍**: 첫 번째로, ChatGPT는 새로운 제품 라인에 대한 아이디어를 생각하고 선택지를 만드는데 도움을 줄 수 있습니다. 각각의 제안에 대한 근거도 함께 제

공할 것입니다. 그러니 저에게 어떤 새로운 제품 라인에 초점을 맞춰야 할지 짚어보라고 요청해봅시다.

V

I own a running clothing brand that produces running shoes. Generate 3 new product ideas I can add as product lines for my brand

Sure, here are three potential product ideas that you can consider adding as product lines for your running clothing brand that produces running shoes:

1. Running Socks: Running socks are an essential piece of gear for any runner, and they can be a great complementary product to your line of running shoes. You can consider producing high-quality running socks that are specifically designed to provide maximum comfort and support during runs.
2. Running Accessories: In addition to shoes and socks, there are a variety of other accessories that runners may need, such as hats, gloves, arm sleeves, and belts. By adding a line of running accessories to your brand, you can provide a complete package of products for runners, and help build customer loyalty.
3. Running Apparel: While your brand may already produce running clothing, you can consider expanding your line to include other types of apparel, such as jackets, shorts, and leggings. This can help provide runners with a complete outfit for all types of weather and running conditions, and can help differentiate your brand from competitors that only produce shoes.

It's important to conduct market research and analyze the needs and preferences of your target audience when considering new product ideas. By understanding the needs and wants of your customers, you can develop products that are more likely to succeed in the market and generate revenue for your business.

나는 운동화를 생산하는 운동복 브랜드를 가지고 있어. 내 브랜드의 제품 라인으로 추가할 만한 새로운 제품 아이디어 3개를 제시해줘.

물론, 새로운 제품 아이디어를 몇 가지 제시해 드리겠습니다. 이러한 아이디어는 운동화 브랜드와 어울리는 제품으로 여러 고객층에게 인기를 얻을 수 있을 것입니다:

1. **스포츠 백팩 컬렉션**: 스포츠 활동을 할 때 필요한 다양한 용품과 소지품을 편리하게 보관하고 운반할 수 있는 스포츠 백팩을 제공하는 것은 좋은 아이디어입니다. 이 백팩은 스포츠화와 조화를 이루며, 다양한 크기와 디자인으로 제공하여 고객이 자신의 스타일에 맞게 선택할 수 있도록 합니다. 또한 내부에 스포츠 용품을 정리하기 위한 특별한 구획과 주머니를 갖추면 더욱 편리하게 사용할 수 있습니다.
2. **기능성 스포츠 양말 라인**: 러닝 양말과 마찬가지로 다양한 운동 및 스포츠 활동을 위한 기능성 스포츠 양말을 개발하는 것이 좋습니다. 이 양말은 특수한 소재와 디자인으로 발을 지지하고 흡수하는 데 도움을 주며, 다양한 운동에 적합한 다양한 스타일을 제공할 수 있습니다.
3. **환경 친화적인 운동화 라인**: 지속 가능한 제품은 현재 시장에서 큰 인기를 얻고 있습니다. 환경 친화적인 소재와 제조 과정을 사용하여 제작되는 운동화 라인을 출시하는 것이 좋을 것입니다. 이러한 제품은 환경 보호에 기여하는 것뿐만 아니라 환경을 고려하는 소비자들로부터 긍정적인 반응을 얻을 수 있을 것입니다.

이러한 제품 아이디어 중 하나 또는 모두를 고려하여 브랜드의 제품 라인을 다양화하고 고객들에게 다양한 선택지를 제공할 수 있을 것입니다. 또한 이러한 제품들은 브랜드의 이미지와 가치에 부합하는지 확인해 보는 것이 중요합니다.

그림 7.1 ChatGPT가 생성한 새로운 아이디어 예시

세 가지 제안 중에서, 우리는 ChatGPT가 제시한 이유로 첫 번째를 선택할 것입니다. 실제로 이는 우리의 러닝화와 보완적인 제품이기 때문에 진행할 것입니다.

- **제품 이름**: 이제 우리는 아이디어를 확정했으니, 그것에 대한 감각적인 이름을 생각해야 합니다. 다시 한번, 저의 가장 좋아하는 것을 선택할 수 있도록 더 많은 선택지를 제공하기 위해 ChatGPT에게 요청하겠습니다.

V

I want a name for my new product line of Running Socks. Generate 5 options for a catchy product line name

Sure, here are five potential name options for your new product line of Running Socks:

1. StrideSocks
2. DashDri
3. TempoToes
4. SprintSoles
5. PacePeds

When selecting a name for your product line, it's important to consider factors such as brand identity, target audience, and competition. The name should be easy to remember and pronounce, and should convey the key features and benefits of the product. You may also want to conduct research to ensure that the name is not already in use by another brand or product.

나는 새로운 기능성 스포츠 양말 제품 라인의 이름이 필요해. 제품 라인 이름으로 5가지 정도 느낌 있게 만들어줘.

물론, 다음은 새로운 기능성 스포츠 양말 제품 라인을 위한 5가지 제안된 이름입니다:

1. 스포트릭스 (SportriX)
2. 스텝퓨전 (StepFusion)
3. 퍼포맥스 (Perfomax)
4. 스피드스트릿 (SpeedStreets)
5. 에어템포 (AirTempo)

이 이름들은 라인의 기능성과 특징을 강조하고, 소비자에게 느낌있는 인상을 줄 수 있는 것을 고려하여 선택되었습니다. 더 자세한 정보나 특정한 키워드를 고려하고 계시면 추가로 제안을 드릴 수 있습니다.

그림 7.2 잠재적인 제품 이름들의 목록

- **매력적인 슬로건 생성**: 제품 이름 뿐만 아니라, 제품명의 의도와 제품 라인의 미션을 함께 공유하고 싶습니다. 그렇게 함으로써 대상 고객들이 이에 매료되기를 원합니다. 나는 고객들에게 신뢰와 충성심을 영감으로 주고, 새로운 제품 라인의 미션에서 자신을 발견할 수 있기를 바랍니다.

generate 3 slogans for the "SprintSoles" name. They should be motivating, concise, and catchy.

Sure, here are three potential slogans for the "SprintSoles" name:

1. "Step Up Your Speed with SprintSoles!"
2. "Fast Feet, Fast Times - SprintSoles has your back!"
3. "Race to the Finish with SprintSoles on your feet!"

These slogans aim to motivate runners to perform their best by emphasizing the idea that SprintSoles can help them achieve faster times and better performance. They also use alliteration and rhyme to create a catchy and memorable phrase. Additionally, the slogans are concise and to the point, which can help them resonate with busy runners who may not have time to read lengthy marketing copy.

"에어템포 (AirTempo)"라는 이름의 기능성 스포츠 양말에 대한 슬로건 3개 만들어줘. 뭔가 끌리면서도, 간결하고, 느낌 있어야 해.

1. "에어템포 (AirTempo): 손쉬운 편안함, 더 높은 성능."
2. "에어템포 (AirTempo): 스포츠의 새로운 리듬을 느껴보세요."
3. "에어템포 (AirTempo): 더 멋진 움직임, 더 나은 경험."

그림 7.3 내 새 제품 이름을 위한 슬로건들의 목록

좋습니다. 이제 나는 제품 이름과 슬로건에 만족하고, 이를 바탕으로 독특한 소셜 미디어 공지를 작성할 예정입니다. 그 전에, 대상 고객을 위한 시장 조사에 좀 더 시간을 투자하려 합니다.

V

what kind of target audience should I address with the promotion of SprintSoles product line?

The target audience for SprintSoles could include a range of runners who are looking for high-quality, performance-enhancing running socks. Some potential target audiences to consider for your promotion could include:

1. Competitive runners: This audience is highly motivated to perform their best, and may be willing to invest in high-quality gear that can help them achieve their goals. SprintSoles could appeal to competitive runners who are looking for socks that offer superior support, comfort, and performance benefits.
2. Casual runners: Many runners enjoy running as a form of exercise and stress relief, and may be looking for gear that can help them feel more comfortable and confident on their runs. SprintSoles could appeal to casual runners who are looking for an affordable and effective way to improve their performance and enjoyment of running.
3. Fitness enthusiasts: Beyond just runners, there are many individuals who are interested in health and fitness, and may be looking for gear that can help them reach their fitness goals. SprintSoles could appeal to fitness enthusiasts who are looking for an edge in their workouts and are willing to invest in high-quality gear.

It's important to conduct market research and identify the most profitable and receptive target audience for your brand. By understanding the needs, preferences, and motivations of your target audience, you can develop marketing campaigns and promotions that are more likely to succeed in the market and generate revenue for your business.

"에어템포 (AirTempo)"라는 이름의 기능성 스포츠 양말은 홍보 타겟을 어느 대상으로 잡아야 해?

"에어템포 (AirTempo)"라는 이름의 기능성 스포츠 양말의 홍보 타겟은 제품의 특징, 디자인, 및 기타 특성에 따라 다를 수 있습니다. 일반적으로 스포츠 양말은 다음과 같은 대상을 고려할 수 있습니다:

1. 스포츠 열정가:
   - 운동을 즐기는 사람들이나 스포츠 열정가들을 대상으로 홍보할 수 있습니다. 이 양말은 운동 중에 발을 편안하게 유지하고 성능을 향상시키는데 도움을 줄 수 있습니다.
2. 운동 선수:
   - 프로나 아마추어 스포츠 선수들을 대상으로 홍보할 수 있습니다. 이 양말이 선수의 플레이를 개선하고 다양한 스포츠 활동에 적합하다는 메시지를 전달할 수 있습니다.
3. 활동적인 라이프스타일을 가진 사람들:
   - 양말은 운동 뿐만 아니라 일상 생활에서도 유용하게 사용될 수 있으므로, 활발하고 활동적인 라이프스타일을 즐기는 사람들을 대상으로 할 수 있습니다.
4. 패션 감각 있는 소비자:
   - 제품의 디자인과 스타일을 강조하여, 스포츠 양말을 패션 아이템으로 간주하는 소비자를 대상으로 할 수 있습니다.
5. 남녀 모두:
   - 성별에 관계없이 모든 사람들을 대상으로 홍보할 수 있습니다.

이러한 대상을 고려하여 제품의 고유한 특징과 가치를 강조하고, 해당 대상에 맞는 마케팅 전략을 구체화하여 제품을 홍보하는 것이 중요합니다. 또한, 시장 조사를 통해 어떤 대상이 더 관심을 가질 가능성이 높은지를 파악하는 것이 도움이 될 것입니다.

그림 7.4 – 새로운 제품 라인으로 접근할 대상 그룹 목록

예상 고객 안에서 다양한 그룹을 염두에 두는 것이 중요합니다. 그래야만 전하려는 메시지를 다르게 설정할 수 있습니다.

- **제품의 다양성과 판매 채널**: 앞서 언급한 잠재 고객 그룹에 따라, 특정 대상을 더욱 명확하게 맞춘 제품 변형을 만들어낼 수 있습니다.

V

with respect to the target audience groups you generated earlier (competitive runners, casual runners, fitness enthusiast), suggest me 3 product variant of SprintSoles that are specifically tailored to that audience group

Sure, here are three product variants of SprintSoles that are tailored to each of the target audience groups:

1. Competitive runners: SprintSoles Pro Edition. This variant is designed with competitive runners in mind, featuring extra cushioning, arch support, and moisture-wicking technology to help maximize performance. It's also made with durable, long-lasting materials to withstand the wear and tear of regular use.
2. Casual runners: SprintSoles Lite Edition. This variant is perfect for casual runners who value comfort and style. It features a breathable, lightweight design that keeps your feet cool and comfortable, and comes in a range of trendy colors to match your personal style.
3. Fitness enthusiasts: SprintSoles Active Edition. This variant is designed for fitness enthusiasts who enjoy a variety of activities, from running to cycling to gym workouts. It features a versatile, multi-sport design with advanced moisture-wicking technology and targeted cushioning for maximum comfort and support during any activity.

By tailoring each variant to the specific needs and preferences of each target audience group, you can better meet their unique needs and preferences, and increase the appeal and relevance of your products to those specific groups.

방금 제시한 홍보 타겟 그룹들에 대해, 각 그룹에 맞게 AirTempo의 변형 3가지를 제안해줘.

다음은 "에어템포 (AirTempo)" 스포츠 양말을 다양한 홍보 타겟 그룹에 맞게 변형하는 몇 가지 아이디어입니다:

1. **스포츠 열정가 대상:**
   - "에어템포 프로" 시리즈: 이 시리즈는 뛰어난 발냄새 방지 기술과 땀 흡수 능력을 갖춘 양말로, 스포츠 열정가들에게 더 오랜 시간 동안 편안함을 제공합니다.
   - "에어템포 컬러 블록" 디자인: 다양한 스포츠에 대한 컬러 블록 디자인을 도입하여, 스포츠 열정가들이 양말을 통해 팀의 색상과 로고를 자랑할 수 있도록 합니다.
   - "에어템포 커스텀 피트": 스포츠 열정가들의 발 형태와 사이즈에 맞게 커스터마이징션 옵션을 제공하여 편안한 착용감을 보장합니다.
2. **운동 선수 대상:**
   - "에어템포 엘리트" 라인: 높은 성능을 요구하는 운동 선수들을 위한 엘리트 시리즈로, 발의 안정성과 효율성을 향상시켜 최고의 성적을 도와줍니다.
   - "에어템포 스포츠 리커버리" 양말: 훈련 후 발의 근육 피로를 줄이고 빠른 회복을 돕는 기능을 제공합니다.
   - "에어템포 팀 에디션": 프로 스포츠 팀과 협력하여 팀 로고와 색상을 반영한 양말을 출시하여, 운동 선수들과 팬들에게 연결성을 제공합니다.
3. **활동적인 라이프스타일 대상:**
   - "에어템포 에브리데이" 컬렉션: 양말을 일상 생활에서 편안하게 착용할 수 있는 스타일리시하고 다용도의 디자인과 컬러로 구성한 컬렉션.
   - "에어템포 컴프레션 레저" 양말: 압박 기술을 사용하여 긴 시간 동안 서있거나 걷는 사람들을 위한 편안한 지원을 제공합니다.
   - "에어템포 휴양지 패션" 라인: 휴가나 휴양지에서 착용할 수 있는 특별한 디자인과 컬러로, 활동적인 휴가를 즐기는 사람들을 위한 양말 제품 라인.

각 변형은 해당 타겟 그룹의 요구사항과 관심사에 맞게 디자인되었으며, 홍보 전략과 마케팅 캠페인은 이에 맞게 조정되어야 합니다. 제품의 고유 가치와 특징을 강조하는 동시에, 각 그룹에게 제품의 중요성을 알리는데 도움이 되는 메시지와 콘텐츠를 개발하는 것이 중요합니다.

그림 7.5 제품 라인의 변형 예시

비슷하게, 이전에 언급한 각 그룹에 대해 다른 판매 채널을 제안하도록 ChatGPT에게 요청할 수도 있습니다.

V what could be the best channel to reach out each of the preceding group?

To reach the different target audiences mentioned above, you can use a variety of marketing channels that are likely to resonate with each group. Here are a few suggestions:

1. Competitive runners: To reach this audience, you could consider using social media platforms that cater to runners, such as Strava, or forums and message boards focused on running. You could also use targeted online ads or sponsored content on running blogs and websites. In-person events, such as running expos or races, can also be effective for reaching this audience.
2. Casual runners: To reach casual runners, you could use a mix of social media platforms, including Facebook and Instagram, to showcase the benefits of SprintSoles, as well as content marketing and email newsletters that provide helpful tips for improving running performance. You could also consider sponsoring local running clubs or events, or partnering with fitness influencers who appeal to this audience.
3. Fitness enthusiasts: To reach this audience, you could use social media platforms that are popular among fitness enthusiasts, such as Instagram and YouTube. You could also consider using influencer marketing by partnering with fitness bloggers or social media personalities who have a large following. In addition, you could run targeted online ads on websites and forums related to fitness and health.

It's important to remember that different marketing channels work better for different audiences, so it's important to do research and testing to determine which channels are most effective for reaching your target audience. Additionally, it's important to tailor your messaging and branding to each audience to ensure that it resonates with their specific needs and preferences.

각 그룹에 접근하는 가장 좋은 홍보 방법은 뭘까?

각 그룹에 접근하는 가장 좋은 홍보 방법은 해당 그룹의 특성과 관심사를 고려하여 맞추어야 합니다. 다음은 각 그룹별로 가장 효과적인 홍보 방법을 제안하는 것입니다:

1. **스포츠 열정가 대상:**
   - **스포츠 이벤트 협찬 및 협력:** 스포츠 이벤트나 대회를 후원하거나 스포츠 팀과 협력하여 양말 브랜드를 노출시키세요. 또한, 스포츠 유튜버나 인플루언서와 협업하여 제품을 소개하고 리뷰를 받을 수 있습니다.
   - **스포츠 매장 협력:** 스포츠 용품 매장과 제휴하여 에어템포 양말을 직접 판매하거나 시연할 수 있는 팝업 스토어를 열어 고객과 상호작용하세요.
   - **스포츠 커뮤니티 참여:** 온라인 스포츠 커뮤니티, 포럼, 및 소셜 미디어 그룹에 참여하여 스포츠 양말의 성능과 편안함을 토론하고 홍보하세요.
2. **운동 선수 대상:**
   - **스포츠 연맹 및 협회 협력:** 지역 스포츠 연맹 및 협회와 협력하여 운동 선수들에게 양말을 제공하고, 그들의 성과와 이야기를 공유하는 행사를 개최하세요.
   - **트레이닝 캠프 협찬:** 운동 선수들의 훈련 캠프를 후원하고, 양말의 성능을 강조하는 워크샵을 개최하여 운동 선수들과 함께 훈련하고 경험을 공유하세요.
   - **전문 매체와 협업:** 스포츠 매체와 협업하여 운동 선수들의 인터뷰나 양말의 특징을 다룬 특집을 제작하고 홍보하세요.
3. **활동적인 라이프스타일 대상:**
   - **라이프스타일 블로거와 협력:** 활동적인 라이프스타일 블로거와 협업하여 일상적인 상황에서 양말을 소개하고 착용법을 보여줍니다.
   - **소셜 미디어 캠페인:** 인스타그램, 페이스북, 트위터 등의 소셜 미디어를 활용하여 활동적인 라이프스타일을 강조하며 제품을 홍보하세요. 해시태그 캠페인과 함께 사용할 수 있습니다.
   - **라이프스타일 이벤트 참가:** 건강 박람회, 야외 이벤트, 운동 클래스 등 활동적인 라이프스타일 관련 행사에 참가하여 제품을 전시하고 시연하세요.

각 그룹에 따라 다양한 홍보 전략을 동시에 사용하는 것이 효과적일 수 있으며, 디지털 마케팅, 이벤트 참여, 협업, 및 소셜 미디어를 조합하여 제품을 홍보하는 것이 중요합니다. 또한, 그룹별로 메시지와 콘텐츠를 맞춤화하여 관심을 끄는 것이 효과적입니다.

그림 7.6 ChatGPT에 의한 다양한 판매 채널 제안

- **경쟁 시장에서 돋보이기:** 저는 제 제품 라인이 경쟁 시장에서 눈에 띄고, 포화된 시장에서 부각되길 원합니다. 저는 제 제품 라인을 유일무이하게 만들고 싶습니다. 이 목적을 염두에 두고, 저는 ChatGPT에게 지속 가능성과 포괄성과 같은 사회적 고려사항을 포함

시키도록 요청했습니다. 이 관점에서 ChatGPT에게 몇 가지 제안을 요청해봅시다.

V How can I make my new product line SprintSoles unique and standing out from the competition? think something also related to sustainability, diversity, and inclusivity

To make your new product line, SprintSoles, unique and outstanding in a competitive market, here are some ideas that relate to sustainability, diversity, and inclusivity:

1. Sustainable materials: Consider using eco-friendly and sustainable materials to create your running sock line. This can help differentiate your products from competitors who may use less sustainable materials.
2. Inclusivity: Consider creating a range of sizes to fit a diverse range of customers. In addition, consider using diverse models in your marketing campaigns to appeal to a wide range of customers and promote inclusivity.
3. Charity partnerships: Partner with a charity or nonprofit organization that aligns with your brand values to donate a portion of your profits to a good cause. This can help you stand out from competitors and show your commitment to social responsibility.
4. Customization: Allow customers to customize their running socks by selecting their own color, size, and design features. This can create a more personalized experience for customers and help you stand out from competitors who may offer more generic products.
5. Comfort features: Consider adding comfort features, such as extra cushioning or moisture-wicking materials, to your running sock line. This can help your products stand out from competitors and appeal to customers who value both performance and comfort.

By incorporating unique features that align with your brand values of sustainability, diversity, and inclusivity, you can differentiate your product line and attract a wider range of customers. Additionally, it's important to communicate these features effectively through your marketing and branding to help customers understand what makes your products unique and why they should choose SprintSoles over competing brands.

AirTempo를 어떻게 경쟁에서 독특하고 눈에 띄게 만들 수 있을까? 지속 가능성, 다양성, 포괄성과 관련된 것도 생각해봐.

"에어템포 (AirTempo)"를 경쟁에서 독특하고 눈에 띄게 만들려면 지속 가능성, 다양성, 포괄성과 관련된 다음과 같은 요소들을 강조할 수 있습니다:

1. **지속 가능성 (Sustainability):**
   - **친환경 재료 사용:** AirTempo 양말 제조에는 지속 가능한 자원을 사용하고, 재활용 가능한 또는 친환경 소재를 포함합니다. 이로써 환경에 대한 미래 세대의 관심을 끌 수 있습니다.
   - **친환경 생산 과정:** 생산과정에서 친환경적인 방식을 사용하여 탄소 발자국을 줄이고, 에너지 효율을 높이는 것에 집중하세요. 이를 고객에게 알리면 브랜드 인지도를 높일 수 있습니다.
   - **재활용 가능한 포장재:** 제품의 포장재로 재활용 가능한 재료를 사용하고, 고객들에게 재활용 방법을 안내하는 정보를 제공하세요.
2. **다양성 (Diversity):**
   - **다양한 제품 라인:** 다양한 스타일, 색상, 디자인, 사이즈의 AirTempo 양말 라인을 제공하여 다양한 고객의 취향과 요구에 부응하세요.
   - **친화적인 크기 표준화:** 모든 연령대와 체형에 맞는 사이즈를 포함하여 포괄적인 크기 표준화를 제공하세요.
   - **문화적 다양성 반영:** 제품 디자인, 광고 캠페인, 그리고 브랜드 메시지에 다양한 문화적 배경을 반영하여 보다 포괄적인 고객층을 대상으로 확장하세요.
3. **포괄성 (Inclusivity):**
   - **특별한 필요를 위한 기능성:** 특별한 요구를 가진 고객을 위해 기능성 요소를 갖춘 제품을 제공하세요. 예를 들어, 접이식 디자인, 실내/실외 활동에 적합한 기술, 또는 특별한 색상 옵션을 고려하세요.
   - **접근 가능한 가격:** 폭넓은 고객층에게 접근 가능한 가격대로 제품을 제공하여 누구나 AirTempo 양말을 구매할 수 있도록 하세요.
   - **포괄적인 마케팅:** 다양한 민족, 성별, 연령대를 고려한 마케팅 캠페인을 통해 포괄적인 메시지를 전달하세요.

이러한 요소들을 강조하여 AirTempo를 다른 브랜드와 구별되게 만들 수 있으며, 지속 가능한 비즈니스 모델, 다양한 제품 라인, 그리고 고객 중심의 접근을 통해 브랜드의 강점을 부각시키세요. 더불어, 이러한 가치를 브랜드 메시지와 마케팅 캠페인에 통합하여 고객들에게 전달하는 것이 중요합니다.

그림 7.7 ChatGPT가 생성한 뛰어난 특징들의 예시

보시다시피, 제 제품 라인을 독특하게 만들 수 있는 흥미로운 특징들을 생성할 수 있었습니다.

- **제품 설명**: 이제 우리의 GTP 계획을 구축하기 시작할 시간입니다. 먼저, 이전에 언급한 모든 독특한 차별화 요소를 포함하여 웹사이트에 올릴 제품 설명을 생성하고 싶습니다.

V

generate a product description for SprintSoles using the unique differentiator you listed earlier. It should be catchy and effective, as well as SEO optimized. list also the SEO keywords you used once you finish.

Here's an example product description for SprintSoles, highlighting their unique features and differentiators:

Introducing SprintSoles - the ultimate running socks designed for both performance and sustainability. Our socks are made from eco-friendly materials, making them the perfect choice for runners who want to reduce their carbon footprint. But that's not all - we also offer a range of sizes to fit every foot, ensuring that everyone can enjoy the comfort and support that SprintSoles provide. And for the ultimate in personalized comfort, our socks feature extra cushioning and moisture-wicking materials, ensuring that you stay cool, dry, and comfortable no matter how far you run.

With SprintSoles, you can run with confidence, knowing that you're not only performing at your best but also doing your part to protect the environment. Order now and experience the comfort, sustainability, and performance of SprintSoles running socks.

SEO keywords used:

- Running socks
- Sustainable running socks
- Eco-friendly running socks
- Moisture-wicking running socks
- Performance running socks
- Personalized running socks
- Comfortable running socks
- Running socks for all sizes
- Eco-conscious running gear

이러한 차별화 요소를 사용해서 AirTempo에 대한 제품 설명을 만들어줘. 감각적이면서도 세련돼야 하고, SEO 최적화가 되어 있어야 해. 사용한 SEO 키워드도 나열해줘.

제품 설명을 만들면서 감각적이고 세련된 스타일을 유지하며 SEO 최적화를 고려한 내용을 포함시키겠습니다. 아래는 AirTempo 스포츠 양말에 대한 제품 설명입니다.

제품명: AirTempo 스포츠 양말 - 편안함과 성능의 완벽한 조화

SEO 최적화 키워드: 스포츠 양말, 편안한 양말, 성능 양말, AirTempo 양말

소개:

AirTempo 스포츠 양말은 현대적인 디자인과 지속 가능한 기술로 만들어져, 스포츠와 활동적인 라이프스타일을 사랑하는 모두에게 완벽한 선택입니다. 우리의 양말은 편안함과 성능의 조화를 제공하며, 다음과 같은 특징을 자랑합니다.

지속 가능한 소재: AirTempo 양말은 환경을 생각하는 현대 소비자를 위해 생산되었습니다. 친환경 재료를 사용하여, 지속 가능한 패션을 추구하는 분들에게 이상적입니다.

최고의 착용감: 고밀도 면과 특수한 통기성 구조로 제작된 AirTempo 양말은 발을 위한 완벽한 핏과 편안함을 제공합니다. 땀을 효과적으로 흡수하고 발 냄새를 방지하여 스포츠 활동 중에도 시원하고 건조한 느낌을 줍니다.

성능을 높이는 기술: AirTempo 양말은 특허받은 기술을 사용하여, 스포츠 선수들과 활동가들의 성능을 향상시키는 역할을 합니다. 발의 지지력을 높이고 피로를 줄여주며, 다양한 활동에 적합합니다.

다양한 스타일 옵션: AirTempo는 다양한 스타일, 컬러, 그리고 디자인으로 제공됩니다. 다양성을 추구하는 우리의 고객을 위해, 여러분의 스타일과 활동에 맞는 양말을 선택하세요.

AirTempo 스포츠 양말은 고객의 다양한 요구와 관심사를 고려한 제품으로, 편안함과 성능을 동시에 누릴 수 있는 양말입니다. 자연 친화적인 재료와 현대적인 스타일을 결합한 이 양말로 스포츠와 활동적인 라이프스타일을 더욱 즐겁게 즐겨보세요. AirTempo로 새로운 스포츠 양말의 차원을 경험하세요.

이러한 설명은 SEO 최적화를 고려하여 주요 키워드를 자연스럽게 통합하였습니다. SEO 키워드는 제품명, 특징, 지속 가능성, 스타일 다양성, 성능 향상 등을 포함하고 있어, 온라인 검색 결과에서 높은 가시성을 확보할 수 있을 것입니다.

그림 7.8 ChatGPT가 생성한 설명과 SEO 키워드 예시

- **합리적인 가격:** 또 다른 핵심 요소는 우리 제품에 대한 합리적인 가격을 결정하는 것입니다. 저는 경쟁적인 달리기 선수들, 캐주얼한 달리기 선수들, 그리고 체육인들을 대상으로 제품의 변형을 구분했기 때문에, 이런 클러스터링을 고려한 가격 범위를 설정하고 싶습니다.

V what could be a fair price for the preceding mentioned product variants, considering the competition and the different target audience?

Determining a fair price for SprintSoles would depend on several factors, including production costs, competition, and target audience. However, here are some general guidelines to consider for each product variant based on the target audience:

1. Competitive runners: SprintSoles Pro Edition. This variant is designed for high-performance runners and would likely command a higher price point than other variants. Based on market research and the pricing of similar high-end running socks, a fair price for the SprintSoles Pro Edition could be between $25 to $35.
2. Casual runners: SprintSoles Lite Edition. This variant is targeted at a more casual market, where price sensitivity may be a factor. A fair price for the SprintSoles Lite Edition could be between $10 to $20, depending on the features, materials, and design.
3. Fitness enthusiasts: SprintSoles Active Edition. This variant is designed for a versatile, multi-sport audience, and the price should reflect that. Based on the pricing of similar running socks and fitness gear, a fair price for the SprintSoles Active Edition could be between $15 to $25.

Of course, these price points are just a general guideline, and further market research and analysis would be necessary to determine the optimal pricing for each variant of SprintSoles based on your unique brand positioning and target audience.

경쟁 제품들 그리고 각기 다를 타겟들을 고려해보면 앞서 말했던 제품 변형의 합리적인 가격을 얼마일까?

경쟁 제품들과 다양한 타겟 그룹을 고려하여 제품 변형의 합리적인 가격을 결정하는 것은 복잡한 과정이며, 시장 조사와 경쟁 분석을 토대로 결정해야 합니다. 가격은 제품의 특징, 브랜드 이미지, 대상 시장의 지불 능력 등 여러 요인을 고려해야 합니다. 그러나 예시로 몇 가지 대표적인 가격 범위를 제시해 드리겠습니다.

1. **스포츠 열정가 대상:**
   - "에어템포 프로" 시리즈: 고성능과 기술적인 특징을 제공하는 프로 시리즈는 상대적으로 높은 가격대를 가질 수 있으며, 대략 $30에서 $50 이상의 범위가 가능합니다.
2. **운동 선수 대상:**
   - "에어템포 엘리트" 라인: 운동 선수들을 위한 엘리트 라인은 고가의 제품으로, 대략 $25에서 $40 사이의 범위가 적절할 수 있습니다.
3. **활동적인 라이프스타일 대상:**
   - "에어템포 에브리데이" 컬렉션: 일상 생활에서 착용할 수 있는 컬렉션은 더 접근 가능한 가격대를 가지며, 대략 $15에서 $25 정도가 적합할 수 있습니다.

가격을 결정할 때는 경쟁 제품의 가격대와 기능, 브랜드 이미지, 제품의 특징, 제조 비용, 목표 수익률 등을 고려해야 합니다. 또한, 시장의 반응을 모니터링하고 가격을 조절할 필요가 있을 수 있습니다. 또한, 프로모션과 할인 캠페인을 활용하여 고객을 유치하고 브랜드 인지도를 높일 수 있습니다.

그림 7.9 제품 변형에 대한 가격 범위

우리는 거의 다 왔습니다. 새로운 제품 개발과 시장 진출 단계를 많이 거쳤고, 각 단계에서 ChatGPT가 훌륭한 지원 도구로 작용했습니다.

마지막으로, 우리는 ChatGPT에게 관련 해시태그와 SEO 키워드를 포함한 우리의 새 제품에 대한 인스타그램 게시물을 생성하도록 요청할 수 있습니다. 그런 다음 DALL-E로 이미지를 생성할 수 있습니다!

V

I want to generate an instagram post to announce the launch of SprintSoles. Write a post including the unique features and differentiators mentioned before, as well as relevant hashtags.

Here's a sample Instagram post to announce the launch of SprintSoles:

👟 Introducing SprintSoles - the revolutionary new running socks designed to give you the edge you need to go the distance!

🏃 With targeted cushioning and moisture-wicking technology, SprintSoles help reduce fatigue and discomfort, so you can focus on your run and hit your personal best. And with our commitment to sustainability, diversity, and inclusivity, you can feel good about your choice to run with SprintSoles.

🌍 Our socks are made with recycled materials, so you can feel good about reducing your environmental impact. And with a range of sizes and styles to fit any foot and any taste, we're proud to offer a product that is truly for everyone.

💧 Whether you're a competitive runner, casual jogger, or fitness enthusiast, SprintSoles have the features and quality you need to stay comfortable and focused during your runs. Try them out today and see the difference for yourself!

#SprintSoles #RunningSocks #SustainableRunning #DiverseFitness #InclusiveAthletics #GoTheDistance #TargetedCushioning #MoistureWicking #ReduceFatigue #StayComfortable #PerformanceSocks #RunningGear #FitnessEssentials #HealthyLiving #EcoFriendly #RecycledMaterials #ForEveryFoot #PersonalBest #RunningCommunity

AirTempo의 출시를 알리는 인스타그램 포스트를 만들고 싶어. 이전에 언급한 독특한 특징과 차별화 요소, 그리고 관련 해시태그를 포함해서 포스트를 작성해줘.

물론, AirTempo 출시를 알리는 인스타그램 포스트를 작성해 드리겠습니다. 아래의 포스트는 독특한 특징과 차별화 요소를 강조하고 관련 해시태그를 포함하고 있습니다.

`![AirTempo](이미지 링크)`

🚀 **새로운 AirTempo 스포츠 양말 출시!** 🚀

AirTempo는 당신의 활동적인 라이프스타일을 위한 완벽한 동반자입니다. 🏃‍♂️🧘⚽

특징과 차별화 요소:

🌿 **지속 가능성**: 환경을 생각하는 우리의 선택! 친환경 재료와 지속 가능한 생산 과정을 통해 지구를 함께 지키세요.

🧦 **편안함과 성능의 조화**: 특허받은 기술로 디자인된 AirTempo 양말은 편안한 착용감과 뛰어난 성능을 제공합니다.

🌈 **스타일 다양성**: 다양한 스타일과 컬러 옵션으로, 당신의 개성을 표현하세요!

✨ **다양한 용도**: 스포츠, 캠핑, 런닝, 또는 단순히 일상에서, AirTempo 양말은 모든 활동에 적합합니다.

이제 AirTempo와 함께, 활동이 더욱 즐겁고 지속 가능한 스타일을 즐기세요!

#AirTempo #스포츠양말 #지속가능패션 #편안함 #성능 #다양성 #지구보호 #환경 #스타일 #활동적인라이프스타일 #신제품출시 #운동 #일상

[링크를 추가하여 제품 구매 또는 더 자세한 정보 확인하기]

이 포스트는 제품의 독특한 특징과 차별화 요소를 강조하고, 관련 해시태그를 활용하여 브랜드 인지도를 높이고 고객들에게 양말을 소개하는데 도움이 될 것입니다. 이미지와 제품 구매 또는 더 많은 정보 확인하기를 연결하여 고객들이 더 자세한 내용을 알아볼 수 있도록 해주세요.

그림 7.10 – ChatGPT가 생성한 소셜 미디어 게시물

그리고, DALL-E의 특별 기여로, 최종 결과물은 다음과 같습니다.

그림 7.11 ChatGPT와 DALL-E가 완전히 생성한 인스타그램 게시물

물론, 완전한 제품 개발과 시장 진출을 위해서는 아직 많은 요소들이 부족합니다. 그러나 ChatGPT의 지원(그리고 DALL-E의 특별한 기여 - https://openai.com/dall-e-2에서 직접 DALL-E를 시도해 볼 수 있습니다) 덕분에, 우리는 새로운 제품 라인과 변형, 잠재적 고객, 인상적인 슬로건을 브레인스토밍하고, 마침내 SprintSoles의 론칭을 알릴 수 있는 멋진 인스타그램 게시물을 생성할 수 있었습니다!

마케팅 비교를 위한 A/B 테스트

ChatGPT가 마케터들을 돕는 또 다른 흥미로운 분야는 바로 A/B 테스팅입니다.

마케팅에서의 A/B 테스팅은 마케팅 캠페인, 광고, 또는 웹사이트의 두 가지 다른 버전을 비교하여 어느 것이 더 좋은 성과를 내는지 판단하는 방법입니다. A/B 테스팅에서는 동일한 캠페인 혹은 요소의 두 가지 변형을 만들되, 두 버전 사이에 단 하나의 변수만 변경됩니다. 목표는 어느 버전이 클릭 수, 전환율, 또는 다른 원하는 결과를 더 많이 생성하는지 보는 것입니다.

A/B 테스팅의 예로는, 다른 제목을 사용한 이메일 캠페인의 두 가지 버전을 테스트하거나, 다른 액션 유도 버튼을 사용한 웹사이트 랜딩 페이지의 두 가지 버전을 테스트하는 것이 있습니다. 각 버전의 반응률을 측정함으로써, 마케터들은 어느 버전이 더 좋은 성과를 내는지 판단하고, 앞으로 어떤 버전을 사용할지에 대해 데이터 기반의 결정을 내릴 수 있습니다.

A/B 테스팅을 통해 마케터들은 자신들의 캠페인과 요소들을 최대 효과를 위해 최적화할 수 있게 되며, 이로 인해 더 좋은 결과와 높은 투자 수익률을 얻을 수 있습니다.

이 방법은 동일한 내용의 다양한 변형을 생성하는 과정을 포함하므로, ChatGPT의 생성 능력은 분명히 이를 돕는 데에 큰 역할을 합니다.

다음 예를 생각해봅시다. 저는 개발한 새로운 제품, 스피드 클라이밍용으로 가볍고 얇은 등반 하네스를 홍보하고 있습니다. 이미 시장 조사를 해서 제 특정 타겟 고객층을 알고 있습니다. 또한 그들에게 가장 효과적인 커뮤니케이션 채널 중 하나가 온라인 등반 블로그에 글을 게시하는 것임을 알고 있는데, 대부분의 클라이밍 체육관 회원들이 이 블로그의 독자입니다.

제 목표는 이 새로운 하네스의 출시를 공유하기 위한 뛰어난 블로그 포스트를 작성하고, 그것의 두 가지 다른 버전을 두 그룹에서 테스트하는 것입니다. 저가 곧 게시할 예정이며 A/B 테스팅의 대상이 될 블로그 포스트는 다음과 같습니다.

Lighter Climbing Harness for Speed Climbers

Introducing the Latest Addition to the World of Climbing Gear

Attention all climbers! Get ready to upgrade your climbing gear with the latest and greatest harness designed specifically for speed climbers. The new climbing harness is lighter than any other on the market, allowing climbers to move more efficiently and faster than ever before.
This innovative harness is perfect for climbers who want to improve their speed and performance without sacrificing safety. The new design features a lightweight, yet durable material that is both breathable and comfortable. Whether you are a beginner or a seasoned climber, this harness will take your climbing experience to new heights.
So, what are you waiting for? Head over to your nearest climbing gear store and get your hands on the newest addition to the world of climbing gear. Get ready to climb higher, faster, and more efficiently than ever before!

그림 7.12 등반 장비 출시를 위한 블로그 포스트 예시

여기서, ChatGPT는 우리에게 두 가지 방면에서 도움을 줄 수 있습니다:

- 첫 번째는 기사를 다시 쓰는 것으로, 다른 키워드나 눈길을 끄는 슬로건을 사용합니다. 이를 위해 이 포스트가 컨텍스트로 제공되면, 우리는 ChatGPT에게 기사에서 일부 요소를 약간 변경하도록 요청할 수 있습니다.

I'm doing an A/B testing for the launch of a new climbing harness. I'm using a climbing blog as sales channel with the preceding blog post.

please regenerate this content keeping all identical except for the following elements: title, subtitle and closing sentence.

Title: Elevate Your Climbing Game with the Latest Harness

Subheading: Designed for Speed Climbers Who Aim High

Attention all climbers! Are you ready to take your climbing game to the next level? We've got the perfect gear for you! Introducing the latest harness designed specifically for speed climbers who aim high.

This innovative harness is the lightest on the market, allowing you to move with unparalleled efficiency and speed. And don't worry, we haven't sacrificed safety for speed. The harness is made with a lightweight yet durable material that is breathable and comfortable. Whether you're just starting out or are a seasoned climber, this harness will help you reach new heights in your climbing journey.

Don't wait any longer to upgrade your gear. Head to your nearest climbing store now and grab the latest addition to the world of climbing gear. Elevate your game and climb higher than you ever thought possible!

그림 7.13 ChatGPT에 의해 생성된 블로그 포스트의 새 버전

제 요청에 따라, ChatGPT는 제가 요청한 요소들(제목, 부제목, 마지막 문장)만 재생성할 수 있었습니다. 그래서 저는 두 그룹의 반응을 모니터링함으로써 그러한 요소들의 효과를 모니터링할 수 있습니다.

- 두 번째는 웹 페이지의 디자인 작업입니다. 즉, 버튼의 위치가 아닌 이미지의 배열을 변경하는 것입니다. 이를 위해 저는 등반 블로그에 게시된 블로그 포스트를 위한 간단한 웹 페이지를 만들었습니다(코드는 책의 GitHub에서 찾을 수 있습니다. https://github.com/PacktPublishing/Modern-Generative-AI-with-ChatGPT-and-OpenAI-Models/tree/main/Chapter%207%20-%20ChatGPT%20for%20Marketers/Code)

그림 7.14 등반 블로그에 게시된 샘플 블로그 포스트

우리는 HTML 코드를 직접 ChatGPT에게 입력하고, 버튼의 위치나 문구와 같은 일부 레이아웃 요소를 변경하도록 요청할 수 있습니다. 예를 들어, '지금 구매하기'보다는 '나도 하나 갖고 싶어!' 버튼에 독자가 더 관심을 가질 수 있습니다.

그러니, HTML 소스 코드를 ChatGPT에게 입력해봅시다

V

```
<!-- Buy Button -->
<a href="http://example.com/buy-now" style="background-color:#04AA6D;color:white;padding:12px 20px;border:none;border-radius:4px;cursor:pointer;text-align:center;text-decoration:none;display:inline-block;font-size:16px;font-weight:bold;">Buy Now</a>

<!-- Share Button -->
<a href="https://www.facebook.com/sharer/sharer.php?u=http://example.com/your-article" target="_blank" style="background-color:#3B5998;color:white;padding:12px 20px;border:none;border-radius:4px;cursor:pointer;text-align:center;text-decoration:none;display:inline-block;font-size:16px;font-weight:bold;margin-left:10px;">Share on Facebook</a>

<!-- Feedback Button -->
<a href="http://example.com/feedback" style="background-color:#04AA6D;color:white;padding:12px 20px;border:none;border-radius:4px;cursor:pointer;text-align:center;text-decoration:none;display:inline-block;font-size:16px;font-weight:bold;margin-left:10px;">Leave Feedback</a>
```

I'm launching a new product with a blog post on a web page with the preceding buttons. Please re-generate the HTML of those buttons changing layout, color, position and wording of the embedded text.

```
<!-- Buy Button -->
<a href="http://example.com/buy-now" style="background-color:#E74C3C;color:white;padding:10px 20px;border:none;border-radius:20px;cursor:pointer;text-align:center;text-decoration:none;display:inline-block;font-size:18px;font-weight:bold;position:relative;top:10px;left:20px;">Get Yours Now</a>

<!-- Share Button -->

<a href="https://www.facebook.com/sharer/sharer.php?u=http://example.com/your-article" target="_blank" style="background-color:#1877F2;color:white;padding:10px 20px;border:none;border-radius:20px;cursor:pointer;text-align:center;text-decoration:none;display:inline-block;font-size:18px;font-weight:bold;position:relative;top:10px;left:40px;">Share on Facebook</a>

<!-- Feedback Button -->

<a href="http://example.com/feedback" style="background-color:#2ECC71;color:white;padding:10px 20px;border:none;border-radius:20px;cursor:pointer;text-align:center;text-decoration:none;display:inline-block;font-size:18px;font-weight:bold;position:relative;top:10px;left:60px;">Give Feedback</a>
```

그림 7.15 ChatGPT가 HTML 코드를 변경한 모습

결과가 어떻게 나오는지 살펴봅시다.

그림 7.16 New version of the website

보시다시피, ChatGPT는 버튼 레벨에서만 개입하여 그들의 레이아웃, 위치, 색상, 그리고 문구를 약간 변경하였습니다.

실제로, 두 버전의 웹 페이지 소스 코드를 살펴보면, 버튼 섹션에서 어떻게 다른지 확인할 수 있습니다.

```
Elements
  ▶ <head>…</head>
  ▼ <body>
    ▶ <header>…</header>
    ▼ <div class="article">
        <img src="climbing.jpg" alt="Climbing harness">
      ▶ <p>…</p>
      ▶ <p>…</p>
        <p> </p>
      ▶ <p>…</p>
...   ▼ <p> == $0
          <!-- Buy Button -->
          <a href="http://example.com/buy-now" style="background-color:#E74C
          3C;color:white;padding:10px 20px;border:none;border-radius:20px;cu
          rsor:pointer;text-align:center;text-decoration:none;display:inline
          -block;font-size:18px;font-weight:bold;position:relative;top:10px;
          left:20px;">Get Yours Now</a>
          <!-- Share Button -->
          <a href="https://www.facebook.com/sharer/sharer.php?u=http://examp
          le.com/your-article" target="_blank" style="background-color:#1877
          F2;color:white;padding:10px 20px;border:none;border-radius:20px;cu
          rsor:pointer;text-align:center;text-decoration:none;display:inline
          -block;font-size:18px;font-weight:bold;position:relative;top:10px;
          left:40px;">Share on Facebook</a>
          <!-- Feedback Button -->
          <a href="http://example.com/feedback" style="background-color:#2EC
          C71;color:white;padding:10px 20px;border:none;border-radius:20px;c
          ursor:pointer;text-align:center;text-decoration:none;display:inlin
          e-block;font-size:18px;font-weight:bold;position:relative;top:10p
          x;left:60px;">Give Feedback</a>
        </p>
      </div>
    </body>
  </html>
```

```
Elements
  <html>
  ▶ <head>…</head>
  ▼ <body>
    ▶ <header>…</header>
    ▼ <div class="article">
        <img src="climbing.jpg" alt="Climbing harness">
      ▶ <p>…</p>
      ▶ <p>…</p>
        <p> </p>
      ▶ <p>…</p>
..    ▼ <p> == $0
          <!-- Buy Button -->
          <a href="http://example.com/buy-now" style="background-color:#04AA
          6D;color:white;padding:12px 20px;border:none;border-radius:4px;cur
          sor:pointer;text-align:center;text-decoration:none;display:inline-
          block;font-size:16px;font-weight:bold;">Buy Now</a>
          <!-- Share Button -->
          <a href="https://www.facebook.com/sharer/sharer.php?u=http://examp
          le.com/your-article" target="_blank" style="background-color:#3B59
          98;color:white;padding:12px 20px;border:none;border-radius:4px;cur
          sor:pointer;text-align:center;text-decoration:none;display:inline-
          block;font-size:16px;font-weight:bold;margin-left:10px;">Share on
          Facebook</a>
          <!-- Feedback Button -->
          <a href="http://example.com/feecback" style="background-color:#04A
          A6D;color:white;padding:12px 20px;border:none;border-radius:4px;cu
          rsor:pointer;text-align:center;text-decoration:none;display:inline
          -block;font-size:16px;font-weight:bold;margin-left:10px;">Leave
          Feedback</a>
        </p>
      </div>
    </body>
  </html>
```

그림 7.17 두 버전의 웹사이트 소스 코드 비교

결론적으로, ChatGPT는 마케팅에서 A/B 테스팅에 귀중한 도구입니다. 같은 내용의 다른 버전을 빠르게 생성하는 능력은 새로운 캠페인의 출시 시간을 줄일 수 있습니다. ChatGPT를 A/B 테스팅에 활용함으로써, 당신은 마케팅 전략을 최적화하고 결국 비즈니스에 대한 더 좋은 결과를 가져올 수 있습니다.

검색 엔진 최적화 (SEO) 향상시키기

ChatGPT가 게임 체인저가 될 수 있는 또 다른 유망한 영역은 검색 엔진 최적화 (SEO)입니다. 이것은 Google이나 Bing과 같은 검색 엔진에서 순위를 결정하는 핵심 요소이며, 사용자들이 당신이 홍보하는 것을 찾을 때 당신의 웹사이트가 보일지를 결정합니다.

> **정의**
>
> SEO는 검색 엔진 결과 페이지(SERPs)에서 웹사이트의 가시성과 순위를 향상시키는 기술입니다. 이것은 웹사이트나 웹 페이지를 최적화하여 검색 엔진으로부터의 유기적인(무료) 트래픽의 양과 질을 늘리는 것으로 이루어집니다. SEO의 목적은 특정 키워드나 구문에 대해 웹사이트를 최적화함으로써 더 많은 타겟 방문자들을 웹사이트로 유치하는 것입니다.

당신이 Hat&Gloves라는 전자상거래 회사를 운영한다고 가정해봅시다. 이 회사는 이름에서

짐작할 수 있듯이 모자와 장갑만을 판매합니다. 당신은 지금 전자상거래 웹사이트를 만들고 그 순위를 최적화하려고 합니다. 웹사이트에 포함시킬 관련 키워드를 몇 가지 ChatGPT에게 요청해봅시다:

I'm building a website for my e-commerce called "Hat&Gloves", that only sells hats and gloves. I want to optimize the ranking of my websites. Please list 20 keywords I should embed in my website code in order to have SEO relevant results

Sure! Here are 20 potential keywords you could consider embedding in your website code to optimize your e-commerce site for SEO:

1. Hats
2. Gloves
3. Winter wear
4. Cold weather accessories
5. Beanies
6. Mittens
7. Scarves
8. Fashion accessories
9. Men's hats
10. Women's hats
11. Kids' hats
12. Wool hats
13. Knit gloves
14. Leather gloves
15. Touchscreen gloves
16. Outdoor gear
17. Gift ideas
18. Affordable hats
19. Designer hats
20. Sale items

It's important to note that keyword research should be conducted to determine which specific keywords are most relevant and have the highest search volume for your target audience. This can help ensure that you're targeting the right keywords and not wasting effort on less valuable keywords. Additionally, it's important to use keywords in a natural way that enhances the user experience, rather than overloading your site with irrelevant or repetitive keywords that could negatively impact your SEO.

나는 모자와 장갑을 파는 "Hat&Gloves"라는 쇼핑몰 웹사이트를 만들고 있어. 나는 내 웹사이트의 랭킹을 최적화하고 싶어. SEO 관련 결과를 얻기 위해 내 웹사이트 코드에 추가해야 할 20개의 키워드를 나열해봐.

당신의 "Hat&Gloves" 쇼핑몰 웹사이트를 최적화하기 위해 다음과 같은 키워드를 고려할 수 있습니다. 이 키워드들을 웹사이트의 코드, 제목, 메타 설명, 내용 및 이미지 태그에 포함시키면 SEO에 도움이 될 수 있습니다.

1. 모자와 장갑
2. 온라인 쇼핑몰
3. 모자 판매
4. 장갑 판매
5. 패션 액세서리
6. 겨울 액세서리
7. 스타일리시 모자
8. 털 모자
9. 가죽 장갑
10. 여성 모자
11. 남성 모자
12. 겨울 모자
13. 모자와 장갑 세트
14. 핸드메이드 모자
15. 따뜻한 장갑
16. 모자 스타일 가이드
17. 겨울 패션 액세서리
18. 모자와 장갑 선물 아이디어
19. 할인 모자와 장갑
20. 모자와 장갑 트렌드

이러한 키워드들을 자연스럽게 웹사이트의 콘텐츠에 통합하고, 중요한 페이지의 제목과 메타 설명에 사용하면 검색 엔진에서 더 높은 랭킹을 얻을 수 있을 것입니다. 또한 웹사이트의 속도, 모바일 친화성, 사용자 경험 등을 개선하는 것도 중요합니다. SEO는 지속적인 작업이므로 웹사이트를 주기적으로 검토하고 최적화하는 것이 좋습니다.

그림 7.18 ChatGPT가 생성한 SEO 키워드 예시

보시다시피, ChatGPT는 다양한 종류의 키워드 목록을 생성할 수 있었습니다. 그 중 일부는 '모자'와 '장갑'처럼 상당히 직관적입니다. 다른 일부는 간접적인 연관성이 있는 키워드입니

다. 예를 들어, '선물 아이디어'는 반드시 내 전자상거래 사업과 관련이 있는 것은 아니지만, 이를 키워드에 포함시킴으로써 대상 고객 범위를 넓힐 수 있습니다.

SEO의 또 다른 핵심 요소는 검색 엔진 의도입니다. 검색 엔진 의도, 즉 사용자 의도는 사용자가 검색 엔진에서 특정 검색 쿼리를 입력할 때의 근본적인 목적이나 목표를 말합니다. 검색 엔진 의도를 이해하는 것은 중요합니다. 왜냐하면 이것이 기업과 마케터들이 검색자의 필요와 기대에 부합하는 더욱 타겟맞춤형이고 효과적인 콘텐츠와 마케팅 전략을 만드는 데 도움을 주기 때문입니다.

일반적으로 검색 엔진 의도는 네 가지 유형이 있습니다.

- **정보 검색 의도**: 사용자는 특정 주제나 질문에 대한 정보를 찾고 있습니다. 예를 들어, '프랑스의 수도는 무엇인가?' 또는 '집에서 피자 만드는 방법' 등이 있습니다.
- **탐색 검색 의도**: 사용자는 특정 웹사이트나 웹 페이지를 찾고 있습니다. 예를 들어, '페이스북 로그인'이나 'Amazon.com' 등입니다.
- **상업적 검색 의도**: 사용자는 제품이나 서비스를 구매하려고 하지만 아직 최종 결정을 내리지 않았을 수 있습니다. 상업적 검색 의도의 예로는 '1,000달러 이하 최고의 노트북'이나 '온라인 할인 신발' 등이 있습니다.
- **거래 검색 의도**: 사용자는 거래를 완료하는 목표가 있으며, 이것은 물건 구매나 서비스 가입을 포함할 수 있습니다. 거래 검색 의도의 예로는 '아이폰 13 구매하기'나 '헬스장 회원 등록하기' 등이 있습니다.

특정 검색 쿼리 뒤에 숨겨진 의도를 이해함으로써, 기업과 마케터들은 대상 고객의 필요와 기대를 충족시키는 더욱 타겟 맞춤형이고 효과적인 콘텐츠를 만들 수 있습니다. 이는 더 높은 검색 엔진 순위, 더 많은 트래픽, 그리고 궁극적으로는 더 많은 전환 및 수익을 가져올 수 있습니다.

그럼 지금 문제는 ChatGPT가 주어진 요청의 의도를 파악할 수 있을지에 대한 것입니다. 답하기 전에, 주어진 프롬프트의 의도를 추론하는 활동이 바로 GPT를 포함한 대형 언어 모델(LLMs)의 핵심 업무라는 점을 알아두는 것이 중요합니다. 따라서 분명하게 ChatGPT는 프롬프트의 의도를 파악할 수 있습니다.

여기서 추가 가치가 있는 부분은 우리가 ChatGPT가 마케팅이라는 구체적인 분야와 구체적인 분류 체계에서 의도를 파악할 수 있는지 보고 싶다는 점입니다. 이것이 바로 프롬프트 설계가 다시 한번 ChatGPT를 올바른 방향으로 인도하는 중추적인 역할을 하는 이유입니다.

Organize the preceding keyword list in groups based on their search intent, whether commercial, transactional, navigational, or informational

Sure! Here's how the keywords can be grouped based on search intent:

Informational:

- Cold weather accessories
- Scarves
- Outdoor gear
- Gift ideas

Navigational:

- Hat&Gloves (your e-commerce brand name)

Commercial:

- Hats
- Gloves
- Winter wear
- Beanies
- Mittens
- Fashion accessories
- Men's hats
- Women's hats
- Kids' hats
- Wool hats
- Knit gloves
- Leather gloves
- Touchscreen gloves
- Affordable hats
- Designer hats

Transactional:

- Sale items

It's important to note that some keywords can fit into multiple search intent categories, and the specific search intent for a keyword can vary depending on the specific context of the search query. Additionally, understanding the search intent of your target audience is important for creating effective SEO strategies and optimizing your e-commerce site for search engines.

방금 제시한 키워드 목록을 상업적(commercial), 거래적(transactional), 탐색적(navigational), 정보적(informational)인 검색 의도에 따라 그룹으로 정리해줘.

제시한 키워드 목록을 검색 의도에 따라 다음과 같이 그룹으로 정리할 수 있습니다.

상업적 (Commercial) 검색 의도:

1. 모자와 장갑
2. 모자 판매
3. 장갑 판매
4. 겨울 액세서리
5. 스타일리시 모자
6. 털 모자
7. 가죽 장갑
8. 여성 모자
9. 남성 모자
10. 겨울 모자
11. 모자와 장갑 세트
12. 할인 모자와 장갑

거래적 (Transactional) 검색 의도:

1. 모자와 장갑
2. 모자 판매
3. 장갑 판매
4. 모자와 장갑 세트
5. 할인 모자와 장갑

탐색적 (Navigational) 검색 의도:

1. 온라인 쇼핑몰
2. 모자 스타일 가이드

정보적 (Informational) 검색 의도:

1. 패션 액세서리
2. 겨울 패션 액세서리
3. 핸드메이드 모자
4. 따뜻한 장갑
5. 모자와 장갑 트렌드
6. 모자와 장갑 선물 아이디어

상업적 검색 의도는 제품을 구매하려는 사용자들을 대상으로 합니다. 거래적 검색 의도는 구체적인 거래나 할인을 찾고 있는 사용자를 대상으로 합니다. 탐색적 검색 의도는 웹사이트 내 페이지 또는 콘텐츠를 찾으려는 사용자를 대상으로 하며, 정보적 검색 의도는 제품 정보나 트렌드 등에 관심 있는 사용자를 대상으로 합니다. 이러한 그룹화를 통해 웹사이트 콘텐츠 및 마케팅 전략을 개발할 때 더 효과적으로 타겟팅할 수 있습니다.

그림 7.19 SEO 전문가 역할을 하는 ChatGPT의 예

마지막으로, 우리는 더 나아가서 4장에서 이미 언급한 "~처럼 행동해" 기법을 한 번 더 활용할 수 있습니다. 웹사이트를 최적화하여 가능한 많은 사용자에게 도달하도록 하는 방법을 이해하는 것은 매우 흥미롭습니다. 마케팅에서 이런 분석은 SEO 감사라고 부릅니다.

SEO 감사는 웹사이트의 SEO 성능과 개선 가능 영역을 평가하는 것입니다. 일반적으로 SEO 전문가, 웹 개발자, 마케터들이 SEO 감사를 수행하며, 웹사이트의 기술 인프라, 콘텐츠, 백링크 프로필 등을 종합적으로 분석합니다. SEO 감사 과정에서 감사인은 키워드 분석, 웹사이트 속도 분석, 웹사이트 구조 분석, 콘텐츠 분석 등 다양한 도구와 기법을 사용하여 개선 가능 영역을 파악합니다. 그 후에 감사인은 주요 문제점과 개선 가능성 및 그에 대응하기 위한 권장 조치를 요약한 보고서를 작성합니다.

ChatGPT에게 SEO 전문가처럼 행동하도록 요청하고, 어떻게 보면 좋을지 그리고 어떤 지표와 KPIs를 포함해야 할지 지시해달라고 해봅시다.

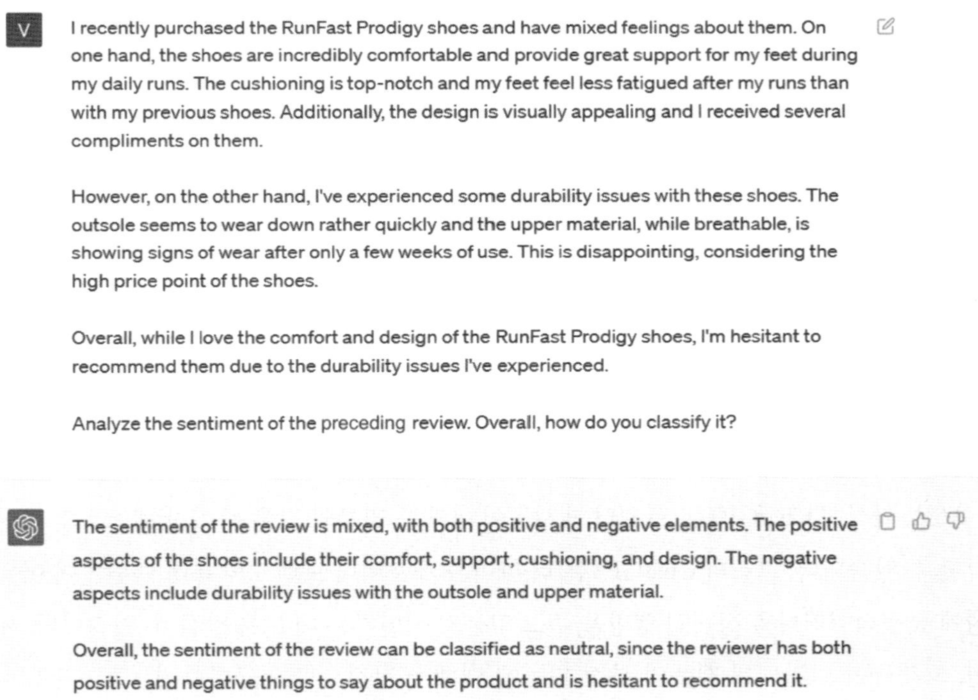

그림 7.20 최적화된 HTML 코드를 제공하는 ChatGPT의 예

ChatGPT는 관련된 의견과 제안을 포함한 상당히 정확한 분석을 생성할 수 있었습니다. 전반적으로, ChatGPT는 SEO 관련 활동에 대해 흥미로운 잠재력을 가지고 있으며, 웹사이트를 처

음부터 만들어가는 중이든 기존의 것을 개선하고 싶은 경우이든 좋은 도구가 될 수 있습니다.

품질 향상 및 고객 만족도 향상을 위한 감성 분석

감성 분석은 마케팅에서 브랜드, 제품, 서비스에 대한 고객의 감정과 의견을 분석하고 해석하는 기법입니다. 이는 자연어 처리(NLP)와 기계 학습(ML) 알고리즘을 사용하여 소셜 미디어 게시물, 고객 리뷰, 피드백 설문 등의 텍스트 데이터의 감성을 식별하고 분류하는 것을 포함합니다.

감성 분석을 수행함으로써 마케터들은 브랜드에 대한 고객 인식을 파악하고, 개선할 영역을 식별하며, 마케팅 전략 최적화를 위해 데이터 기반의 결정을 내릴 수 있습니다. 예를 들어, 고객 리뷰의 감성 추적하여 어떤 제품이나 서비스가 긍정적이거나 부정적인 피드백을 받는지 파악하고 그에 따라 마케팅 메시지를 조절할 수 있습니다.

전체적으로 보면 감성 분석은 마케터들이 고객 성향과 만족도를 이해하며 대상 고객들과 잘 맞는 효과적인 마케팅 캠페인 개발에 유용한 도구입니다.

감성 분석은 이미 꽤 오래 전부터 있었기 때문에, ChatGPT가 어떤 추가적인 가치를 가져다줄 수 있는지 궁금할 수 있습니다. 현재 시장에서 가장 강력한 모델로서의 분석 정확도 외에도, ChatGPT는 인공 일반 지능(AGI)으로서 다른 감성 분석 도구들과 차별화됩니다.

이것은 우리가 감성 분석을 위해 ChatGPT를 사용할 때, 특정 API를 사용하는 것이 아니라는 것을 의미합니다: ChatGPT와 OpenAI 모델의 핵심 아이디어는 한 번에 여러 일반적인 작업에서 사용자를 돕고, 작업과 상호작용하며 사용자의 요청에 따라 분석 범위를 변경할 수 있다는 것입니다.

그러므로, 확실히 ChatGPT는 트위터 게시물이나 제품 리뷰와 같은 주어진 텍스트의 감성을 파악할 수 있습니다. 그러나 ChatGPT는 더 나아가 제품이나 브랜드의 특정 측면들이 어떻게 감성에 긍정적이거나 부정적인 영향을 주고 있는지 식별하는 데 도움을 줄 수 있습니다. 예를 들어, 고객들이 일관되게 제품의 특정 기능에 대해 부정적으로 언급한다면, ChatGPT는 그 기능을 개선해야 할 영역으로 강조할 수 있습니다. 또는, 매우 섬세한 리뷰에 대한 응답을 생성하도록 요청받을 수 있는데, 이때 리뷰의 감성을 고려하고 응답의 맥락으로 사용합니다. 다시 말해서, 리뷰나 코멘트에서 발견된 모든 부정적인 요소와 긍정적인 요소를 정리하여 보고서를 생성하고 카테고리로 분류할 수 있습니다.

다음 예시를 생각해봅시다. 한 고객이 최근에 제 전자상거래 회사인 'RunFast'에서 신발을 구매했고, 다음과 같은 리뷰를 남겼습니다.

저는 최근에 'RunFast Prodigy' 운동화를 구매했는데, 감정이 좀 복잡합니다. 한편으로는 이 신발은 굉장히 편안하고, 제가 매일 달리기를 할 때 발에 훌륭한 지지력을 제공합니다. 쿠션감이 일품이라서 달리기 후에 발이 이전 신발을 신었을 때보다 피로감이 덜 합니다. 또한 디자인도 시각적으로 매력적이어서 몇 차례 칭찬도 받았습니다.

그러나 반면에, 이 신발과 관련하여 내구성 문제를 겪고 있습니다. 밑창이 상당히 빠르게 마모되는 것 같고, 통기성이 좋은 상단 재질도 몇 주 사용한 후에 이미 마모의 징후를 보이고 있습니다. 이런 점은 신발의 높은 가격을 고려하면 매우 실망스럽습니다.

결론적으로, 'RunFast Prodigy' 신발의 편안함과 디자인은 매우 좋아하지만, 제가 겪었던 내구성 문제 때문에 이 신발을 추천하는 데에는 주저하게 됩니다.

이 리뷰의 감정을 ChatGPT에게 파악하도록 요청해봅시다:

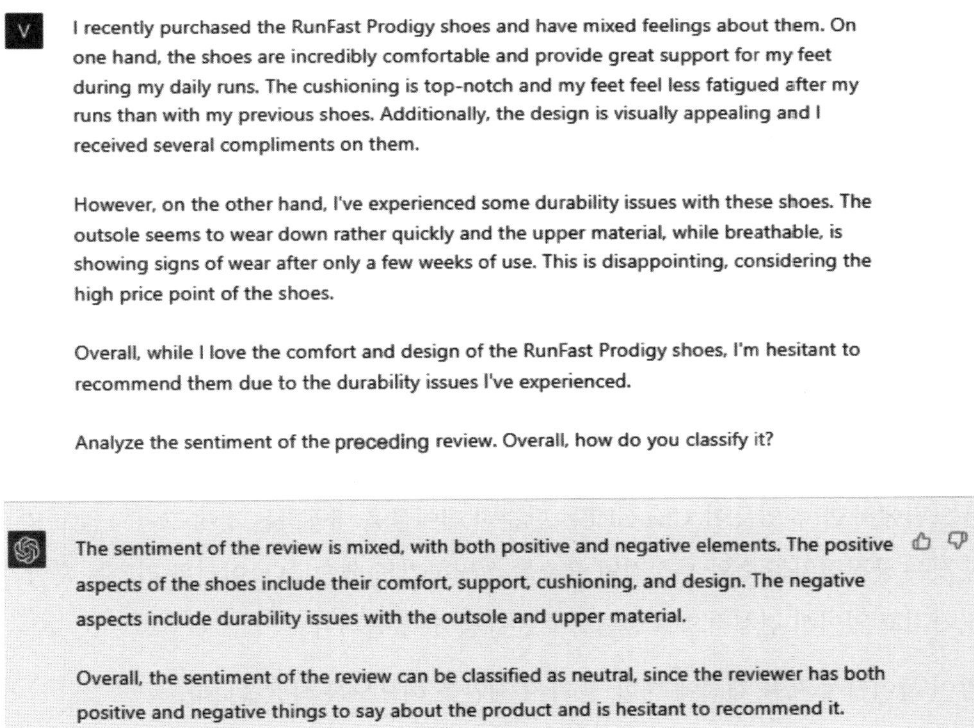

####
저는 최근에 'RunFast Prodigy' 운동화를 구매했는데, 감정이 좀 복잡합니다. 한편으로는 이 신발은 굉장히 편안하고, 제가 매일 달리기를 할 때 발에 훌륭한 지지력을 제공합니다. 쿠션감이 일품이라서 달리기 후에 발이 이전 신발을 신었을 때보다 피로감이 덜 합니다. 또한 디자인도 시각적으로 매력적이어서 몇 차례 칭찬도 받았습니다.

그러나 반면에, 이 신발과 관련하여 내구성 문제를 겪고 있습니다. 밑창이 상당히 빠르게 마모되는 것 같고, 통기성이 좋은 상단 재질도 몇 주 사용한 후에 이미 마모의 징후를 보이고 있습니다. 이런 점은 신발의 높은 가격을 고려하면 매우 실망스럽습니다.

결론적으로, 'RunFast Prodigy' 신발의 편안함과 디자인은 매우 좋아하지만, 제가 겪었던 내구성 문제 때문에 이 신발을 추천하는 데에는 주저하게 됩니다.
####

위 리뷰의 전체적인 감정을 분석해줘.

이 리뷰의 전체적인 감정은 복잡한 것으로 보입니다. 리뷰어는 'RunFast Prodigy' 운동화에 대한 몇 가지 긍정적인 측면과 부정적인 측면을 모두 언급하고 있습니다.

긍정적인 측면:

1. 신발은 매우 편안하다고 언급하며, 달리기 시 발에 훌륭한 지지력을 제공한다고 언급합니다.
2. 쿠션감이 일품이며, 이전 신발 대비 피로감이 덜하다고 언급합니다.
3. 디자인이 시각적으로 매력적이라고 언급하며, 몇 차례 칭찬을 받았다고 언급합니다.

부정적인 측면:

1. 내구성 문제를 겪고 있으며, 밑창과 상단 재질이 빠르게 마모되고 있다고 언급합니다.
2. 높은 가격을 고려할 때 내구성 문제로 실망스러워하고 있으며, 이로 인해 신발을 추천하는 데 주저하게 되었다고 언급합니다.

따라서 이 리뷰는 긍정적인 경험과 부정적인 경험을 모두 다루고 있으며, 신발에 대한 전반적인 감정은 복합적이라고 볼 수 있습니다.

그림 7.21 ChatGPT가 고객 리뷰를 분석하는 모습

이전 그림에서 볼 수 있듯이, ChatGPT는 단순히 레이블을 제공하는 것에 그치지 않고 리뷰를 특징 짓는 긍정적인 요소와 부정적인 요소를 설명하기도 했습니다. 이러한 리뷰는 혼합된 감정을 가지고 있어서 전체적으로 중립으로 분류될 수 있습니다.

더 깊이 들어가서 제품 개선에 대한 몇 가지 제안을 해보도록 하겠습니다.

V based on the preceding review, how could I improve the RunFast Prodigy shoes?

Based on the review, there are a few ways the RunFast Prodigy shoes could be improved:

1. Improve durability: As the reviewer mentioned, the outsole and upper material of the shoes seem to wear down quickly. This could be addressed by using more durable materials or improving the manufacturing process to ensure the shoes can withstand regular use over a longer period of time.
2. Lower the price point: The reviewer also mentioned that the shoes are expensive, which could be a barrier to recommending them to others. Lowering the price point could make them more accessible and competitive with other running shoe brands.
3. Maintain the level of comfort: The reviewer praised the shoes for their comfort and support, so it's important to maintain this aspect while making improvements to durability and price. This could be achieved by finding materials and manufacturing processes that balance comfort and durability, or by providing additional cushioning in the shoes to improve comfort over time.

Overall, addressing these issues could help improve the RunFast Prodigy shoes and make them a more attractive option for runners.

해당 리뷰를 기반으로 "RunFast Prodigy" 신발을 어떻게 개선할 수 있을까?

"RunFast Prodigy" 신발을 개선하기 위해 다음과 같은 측면을 고려할 수 있을 것입니다:

1. 내구성 강화: 사용자가 언급한 것처럼 밑창과 상단 재질의 내구성을 강화하는 것이 중요합니다. 더 강력한 소재나 보강 방법을 도입하여 마모를 줄이고, 신발의 수명을 늘릴 수 있습니다.
2. 통기성 향상: 통기성이 좋은 상단 재질을 사용하여 발에 편안함을 제공하면서도 신발 내부의 환기를 향상시킬 수 있습니다. 사용자의 발이 땀을 흘리지 않고 시원하게 유지되도록 설계해야 합니다.
3. 가격 대비 가치 강화: 사용자가 높은 가격을 지불한 만큼 신발의 내구성과 기능을 향상시켜 가격 대비 가치를 높이는 것이 중요합니다. 고객이 만족할 수 있는 품질을 유지하면서도 가격을 조정할 필요가 있을 수 있습니다.
4. 고객 피드백 수집: 신발을 사용하는 고객들로부터 피드백을 주기적으로 수집하고 이를 개선에 반영하는 것이 중요합니다. 고객들의 의견을 듣고 신발을 개선해나가면서 더 나은 제품을 만들 수 있을 것입니다.
5. 품질 테스트 강화: 제조 과정에서 품질 테스트를 강화하여 제품의 품질을 확보하고 내구성 문제를 최소화해야 합니다.
6. 경쟁 제품 분석: 시장에서 경쟁하는 유사 제품을 분석하여 더 나은 기술, 디자인, 내구성 등을 제공하여 경쟁 우위를 확보할 수 있도록 개선 방안을 도출해야 합니다.

이러한 조치들을 통해 "RunFast Prodigy" 신발을 개선하고 고객들의 만족도를 높일 수 있을 것으로 기대됩니다.

그림 7.22 고객 피드백을 기반으로 제품을 개선하는 방법에 대한 제안

마지막으로, 우리는 회사로서 고객의 피드백에 관심이 있으며 제품을 개선하고자 한다는 메시지를 전달하는 응답을 생성해보겠습니다.

V generate a response to the preceding customer review, specifying that we are on the process of always improving our products with the suggestion you shared there .

Dear [Customer],

Thank you for taking the time to share your feedback on the RunFast Prodigy shoes. We are sorry to hear about the durability issues you have experienced and appreciate your suggestion regarding the outsole and upper material. We take all feedback seriously and are constantly working to improve our products.

Rest assured that your comments will be shared with our product development team, who will consider them as we work to make enhancements to our shoes. We want to ensure that all our customers have the best possible experience with our products and will continue to strive towards this goal.

If you have any further comments or concerns, please do not hesitate to reach out to us. We value your business and look forward to serving you in the future.

Sincerely,
[Your Company]

앞서 말한 고객 리뷰에 대한 응답을 작성해줘. 방금 제안한 사항으로 제품에 개선하고 있다는 것을 명시하면서 말이야.

고객님,

먼저 "RunFast Prodigy" 신발을 구매하셨고, 제품에 대한 솔직하고 자세한 리뷰를 공유해 주셔서 감사합니다. 우리는 고객의 의견을 매우 소중히 여기고 있으며, 여러분의 피드백은 저희 제품을 지속적으로 개선하는 데 큰 도움이 됩니다.

고객님께서 언급하신 내구성 문제와 통기성 문제에 대해 깊은 이해를 가지고 있으며, 이를 개선하기 위한 노력을 진행 중입니다. 우리는 다음과 같은 조치를 취하고 있습니다:

1. 내구성 강화: 밑창과 상단 재질의 내구성을 향상시키는 연구와 개발을 진행하고 있습니다. 사용자가 신발을 더 오래 사용하실 수 있도록 노력하고 있습니다.
2. 통기성 향상: 발에 편안함을 제공하면서도 통기성을 향상시키기 위해 새로운 재질과 기술을 도입 중입니다.
3. 가격 대비 가치 강화: 우리는 제품의 가격 대비 가치를 높이기 위해 노력하고 있으며, 고객들이 만족할 수 있는 품질을 유지할 것입니다.
4. 고객 피드백 수집: 고객들의 의견을 듣고 이를 제품 개선에 반영하는 것이 우리의 우선 과제 중 하나입니다. 여러분의 의견을 더욱 주시하겠습니다.
5. 품질 테스트 강화: 제품의 품질을 보다 엄격하게 테스트하여 고객들에게 신뢰성 있는 제품을 제공하겠습니다.

우리는 고객들의 만족도를 최우선으로 생각하며, "RunFast Prodigy" 신발을 계속해서 개선해 나가겠습니다. 다시 한 번 리뷰와 소중한 의견을 공유해 주셔서 감사합니다. 만약 추가적인 질문이나 제안이 있으시면 언제든지 연락 주시기 바랍니다.

감사합니다,
[회사명] 고객 서비스 팀

그림 7.23 ChatGPT에 의해 생성된 응답

본 예시는 하나의 리뷰만 있는 매우 간단한 예시였습니다. 이제 여러분이 다양한 판매 채널에서 받은 수많은 리뷰들과 함께 상상해보세요. ChatGPT 및 OpenAI 모델과 같은 도구들은 이러한 모든 정보를 분석하고 통합하여 제품의 장점과 단점을 식별하는 능력이 있으며, 고객의 추세 및 구매 습관도 파악할 수 있습니다. 게다가, 고객 관리와 유지를 위해 우리는 선호하는 글쓰기 스타일로 리뷰 응답도 자동화할 수 있습니다. 사실, 챗봇의 언어와 톤을 고객의 특정 요구사항과 기대에 맞게 조정함으로써 더욱 매력적이고 효과적인 고객 경험을 만들어낼 수

있습니다.

다음은 몇 가지 예입니다.

- **공감 챗봇**: 문제를 겪고 있거나 민감한 문제에 대한 도움이 필요한 고객과 공감하기 위해 공감적인 말투와 언어를 사용하는 챗봇
- **전문 챗봇**: 전문적인 말투와 언어를 사용하여 대화하는 챗봇 특정 정보를 찾고 있거나 기술적 문제에 대한 도움이 필요한 고객과 대화하는 챗봇
- **대화형 챗봇**: 개인화된 경험을 원하거나 보다 일반적인 문의가 있는 고객과 대화하기 위해 캐주얼하고 친근한 어조를 사용하는 챗
- **재치있는 챗봇**: 유머와 재치 있는 언어를 사용하여 가벼운 경험을 원하는 고객과 대화하거나 긴장된 상황을 완화하는 챗봇
- **교육용 챗봇**: 교육적인 의사소통 스타일을 사용하여 대화를 원하는 고객과 대화하는 챗봇 제품이나 서비스에 대해 자세히 알아보기

결론적으로, ChatGPT는 감정 분석체계 구축부터 품질 개선, 그리고 고객 유지에 이르기까지 기업들이 필요로 하는 다양한 분야에서 강력한 도구가 될 수 있습니다. ChatGPT의 발전된 자연어 처리 능력은 실시간으로 고객의 피드백과 리뷰를 정확히 분석하고, 이를 통해 고객의 감정과 선호도에 대한 중요한 인사이트를 기업에 제공합니다. 이런 방식으로 ChatGPT를 고객 경험 전략에 활용하면, 기업은 고객 만족도에 악영향을 미치는 문제점을 신속하게 파악하고 조치를 취할 수 있습니다. 이는 단순히 서비스 품질을 높이는 것뿐 아니라, 고객의 충성도와 재구매율 증가까지 이어집니다.

요약

이번 장에서 우리는 마케터들이 자신들의 마케팅 전략을 더욱 효과적으로 만드는 데 어떻게 ChatGPT를 활용할 수 있는지 살펴보았습니다. 우리가 알아본 바에 따르면, ChatGPT은 신제품 개발부터 시장 진출 전략 설정까지 지원하며 A/B 테스팅 설계와 SEO 분석 개선에도 크게 기여합니다. 뿐만 아니라 고객 반응인 리뷰나 소셜 미디어 게시글 등에서 나타나는 세세한 감정 변화까지 파악하는 것 역시 가능합니다.

ChatGPT가 마케터에게 중요한 이유는 바로 기업들이 고객과 소통하는 방식을 전혀적으로 바꿔놓을 가능성 때문입니다. 자연어 처리(NLP), 머신러닝(ML) 그리고 빅 데이터라는 강력한 도구를 활용함으로서 ChatGPT는 기업에게 보다 개인화되고 타겟팅된 마케팅 메세지 생성은 물론, 고객 서비스와 만족도 향상 그리고 결정적으로 매출증대까지 가능하게 합니다.

ChatGPT가 지속적으로 발전하고 변화해 가면서, 그것의 활용범위가 마케팅 분야와 특히 기업과 고객 간의 소통 방식까지 확장될 것으로 예상되어집니다. 실제로 AI를 대대적으로 활용함으로써 기업들은 고객의 행동 패턴과 선호도에 대해 보다 깊이 있는 이해력을 갖출 수 있습니다.

마케터들이 반드시 기억해야 할 핵심은 바로 이런 변화를 적극적으로 받아들이고 AI 중심의 새로운 마케팅 패러다임에 빠르게 적응함으로써 경쟁력을 유지하고 그객의 요구 사항을 충분히 만족시키는 것입니다.

다음 장에서는, 이 책을 통해 소개되고 있는 ChatGPT 활용 분야 중, 세 번째이자 마지막으로 '연구'에 대해서 알아보도록 하겠습니다.

제8장

연구자를 위한 ChatGPT

이번 장에서는 ChatGPT를 활용하고자 하는 연구자들에게 초점을 두었습니다. 이 장은 ChatGPT가 다룰 수 있는 주요 사용 사례 몇 가지를 소개함으로써, 구체적인 예시를 통해 연구에서 어떻게 ChatGPT를 활용할 수 있는지 배우게 됩니다.

이 장을 마치면 다음과 같은 여러 방법으로 ChatGPT를 연구 도우미로 사용하는 데 익숙해질 것입니다:

- 연구자들에게 ChatGPT가 필요한 이유
- 연구를 위한 브레인스토밍
- 실험의 설계 및 프레임워크 지원 제공
- 연구 과제에 포함시킬 참고문헌 생성 및 서식화
- 다양한 청중을 대상으로 한 연구에 대한 발표 또는 슬라이드 쇼 제공

그리고 이번 장에서는 실전 예시도 함께 제공하며, 여러분들이 직접 명령어를 시도해보는 것도 가능합니다.

연구자들에게 ChatGPT가 필요한 이유

ChatGPT는 다양한 분야에서 활동하는 연구자들에게 상당히 유용한 자원으로 작용할 수 있습니다. 대규모 데이터로 학습된 섬세한 언어 모델인 ChatGPT은 대량의 정보를 신속하고 정확하게 처리해내며, 기존 연구 방식으로는 찾아내기 까다롭거나 시간이 오래 걸리는 통찰력까지도 창출해낼 수 있습니다.

그 외에도, ChatGPT는 인간 연구원이 직접 발견하기 어려울 수 있는 패턴이나 경향성을 분석하여 해당 분야에 대한 독특한 시각을 연구자들에게 제공할 수 있습니다. 예를 들어, 기후 변화를 연구하고 이에 대한 사회적 인식을 파악하고자 하는 연구자가 있다고 가정해봅시다. 이 연구자는 ChatGPT에게 기후 변화와 관련된 소셜 미디어 데이터를 분석하도록 요청하고, 인터넷 사용자들이 표현하는 가장 일반적인 주제와 감정을 식별해달라고 요청할 수 있습니다. 그럼 ChatGPT는 해당 주제와 관련된 가장 흔히 나타나는 단어, 문장, 감정과 함께 알아두면 유익할 신규 트렌드나 패턴 등을 상세 보고서 형태로 제공하여 연구원의 이해를 돕게 됩니다.

ChatGPT와 함께 작업하는 것은 연구자들이 최신 기술과 통찰력을 활용하게 해주며, 그들이 해당 분야에서 선두를 지속적으로 유지하도록 돕습니다.

이제부터는 ChatGPT가 연구의 생산성을 향상시키는 데 도움이 될 수 있는 네 가지 경우에 대해 좀 더 깊게 알아보도록 하겠습니다.

연구를 위한 브레인스토밍

문헌 검토는 특정 주제나 질문에 대한 기존의 출판된 연구를 비판적이고 체계적으로 검토하는 과정입니다. 이 과정은 책, 학회 발표록, 회색문헌 등과 같은 관련 출판물 및 기타 자료를 검색, 검토, 통합하는 것을 포함합니다. 문헌 검토의 목적은 해당 분야에서 아직 다루지 않은 부분들, 일관성 없는 부분들 그리고 추가로 연구할 수 있는 기회를 찾아내는 것입니다.

문헌 조사 과정은 대체로 아래와 같은 순서로 진행됩니다:

1. **연구 질문 설정**: 문헌 검토를 시작할 때 가장 먼저 해야 할 일은 관심 있는 주제에 관한 연구 질문을 설정하는 것입니다. 예컨대, 우리가 소셜미디어가 정신건강에 어떤 영향을 미치는지에 대한 연구를 계획한다고 생각해봅시다. 그럼 우리는 이번 연구에서 중점적으로 다루어야 할 핵심적인 연구 질문들을 생각해내야 하는데, 이 과정에서 ChatGPT의 도움을 받을 수 있습니다.

   모두가 더 깊게 연구해볼 만한 흥미로운 질문들이군요. 제가 개인적으로 마지막 질문에 가장 관심이 있기 때문에, 이를 분석의 다음 단계에서 참고하도록 하겠습니다.

V I am interested in carrying out research on the effects of social media on mental health. Generate five potential research questions to focus my research on.

Sure, here are five potential research questions related to the effects of social media on mental health that you could consider exploring further:

1. How does the frequency and duration of social media use relate to mental health outcomes, such as anxiety, depression, and stress?
2. What are the mechanisms through which social media use impacts mental health outcomes, and are there certain populations or individuals who may be more vulnerable to these effects?
3. How do different types of social media platforms (e.g., Instagram, Facebook, Twitter) impact mental health outcomes, and are there specific features or content types that are more or less harmful?
4. What are the potential benefits of social media use for mental health, such as social support, connection, and self-expression, and how can these benefits be harnessed while minimizing negative effects?
5. How can social media use be effectively moderated or managed to promote positive mental health outcomes, and what are the best practices for promoting healthy social media use among different populations and age groups?

These research questions could serve as a starting point for your investigation into the effects of social media on mental health, and you may choose to narrow or broaden your focus depending on your interests and available resources. Good luck with your research!

소셜 미디어가 정신 건강에 미치는 영향에 대한 연구를 진행하는 데에 관심이 생겼어. 내 이목을 끌만한 잠재력 있는 연구 질문을 제시해봐.

물론, 여기 소셜 미디어와 정신 건강에 관한 잠재적인 연구 질문 몇 가지를 제시해 드리겠습니다:

1. 소셜 미디어에서의 "좋아요"와 "공유"와 같은 상호작용이 정신 건강에 미치는 영향은 무엇인가요?
2. 소셜 미디어에서의 외모와 몸매 관련 내용에 노출된 사람들은 정신 건강 문제에 미치는 영향이 어떻게 다를까요?
3. 소셜 미디어에서의 가짜 뉴스와 정보 과부하는 정신 건강에 어떤 영향을 미치는지 연구할 가치가 있을까요?
4. 소셜 미디어에서 사회적 연결성과 지원을 제공하는 그룹 및 커뮤니티는 정신 건강을 어떻게 증진시킬 수 있을까요?
5. 다양한 연령대의 사람들 간에 소셜 미디어의 정신 건강 영향에는 차이가 있을까요? 특히 어린이와 청소년에게 미치는 영향을 연구해 볼 가치가 있을까요?

이러한 연구 질문 중 하나를 선택하여 깊게 탐구해 나갈 수 있을 것이며, 소셜 미디어와 정신 건강 간의 관계에 대한 흥미로운 결과를 얻을 수 있을 것입니다.

그림 8.1 주어진 주제에 기반한 연구 질문 예시

2. **문헌 조사**: 이제 우리가 중점적으로 다룰 연구 질문이 정해졌다면, 그 다음 단계는 여러 데이터베이스나 검색 엔진 등을 활용하여 해당 주제와 관련된 문헌들을 찾아보는 것입니다. 여기서는 특정 키워드나 검색어를 활용하면 원하는 결과에 더 가깝게 접근할 수 있습니다.

   ChatGPT의 제안에서 시작하여, 이러한 참조 자료들을 더 깊게 살펴볼 수 있습니다.

I want to investigate research questions. Please list all the relevant literature that might support my research. Include research papers, links to relevant datasets, existing books, and YT videos. Make sure to quote the source for each reference and add a summary of what it is about.

Sure, here are some relevant literature that may support your investigation into research question 5, which focuses on the effective moderation and management of social media use to promote positive mental health outcomes:

1. "Promoting Healthy Social Media Use Among Adolescents and Young Adults: A Framework for Intervention" by Moreno et al. (2018)
   This research article provides a framework for promoting healthy social media use among adolescents and young adults, with a focus on identifying key risk factors, developing targeted interventions, and evaluating their effectiveness.
2. "Social Media Use and Mental Health: A Review" by Firth et al. (2019)
   This literature review examines the current state of research on the relationship between social media use and mental health outcomes, with a focus on the potential benefits and harms of social media use and strategies for promoting healthy use.
3. "The Social Dilemma" (documentary film)
   This documentary explores the impact of social media on society, including its potential harms on mental health and well-being, and highlights the need for greater regulation and user empowerment.
4. "Social Media and Mental Health: A Review of the Literature" by O'Dea et al. (2018)
   This literature review summarizes the current research on the impact of social media on mental health outcomes, including the potential benefits and harms of social media use, and identifies key areas for future research.
5. "Digital Self-Harm: Prevalence, Motivations, and Outcomes" by Hinduja and Patchin (2018)
   This research article examines the phenomenon of "digital self-harm," in which individuals post negative or self-critical comments about themselves on social media, and explores the potential mental health impacts of this behavior.
6. Pew Research Center - Social Media Use in 2021 (dataset)
   This dataset provides information on the prevalence of social media use among different age groups and demographics, as well as attitudes towards social media and its impact on society.
7. "Ten Arguments for Deleting Your Social Media Accounts Right Now" by Jaron Lanier (book)
   This book presents a critical view of social media and its potential harms on mental health and society, and offers suggestions for alternative approaches to online communication and connection.

These sources may provide valuable insights and perspectives on effective strategies for promoting healthy social media use and minimizing potential harms on mental health outcomes. Remember to properly cite all sources you use in your research.

###
다양한 연령대의 사람들 간에 소셜 미디어의 정신 건강 영향에는 차이가 있을까요? 특히 어린 이와 청소년에게 미치는 영향을 연구해 볼 가치가 있을까요?
###
위 연구 질문을 조사하고 싶어. 내 연구를 지원할 수 있는 모든 관련 문헌을 나열해줘. 연구 논문, 관련 데이터셋에 대한 링크, 책, 그리고 유튜브 비디오를 포함시켜. 각 참조에 대한 출처를 인용하고 그것이 무엇에 대한 것인지 요약을 추가하는 것도 잊지마.

물론, 아래는 연구 질문에 대한 관련 문헌과 자료를 나열한 것입니다. 각 참조에 대한 출처를 인용하고 간단한 요약도 포함하겠습니다.

1. **"The Association Between Social Media Use and Depressive Symptoms Among Adolescents: A Meta-Analysis" by Primack et al. (2017)**
   - This meta-analysis explores the association between social media use and depressive symptoms among adolescents, providing insights into the potential negative impacts of social media on mental health in this age group.
2. **"Social Media Use and Perceived Social Isolation Among Young Adults in the U.S." by Primack et al. (2017)**
   - This research investigates the relationship between social media use and perceived social isolation among young adults, shedding light on how social media may affect the sense of social connectedness in this demographic.
3. **"Digital Youth: The Role of Media in Development" by Kaveri Subrahmanyam and David Smahel (2010)**
   - This book discusses the broader impact of digital media on the development of youth, including both positive and negative aspects, providing valuable context for studying the effects of social media on children and adolescents.
4. **National Survey on Drug Use and Health (NSDUH)**
   - The NSDUH is a comprehensive dataset that includes information on substance use and mental health among individuals of various age groups, including adolescents and young adults. It can be a valuable resource for understanding the mental health trends in different age groups in relation to social media use.
5. **"The Social Dilemma" - Netflix Documentary (2020)**
   - This documentary film explores the impact of social media on society, including its effects on the mental health of people of all ages. It provides valuable insights into the concerns surrounding social media use.

이러한 참고 자료들을 통해 다양한 연령대의 사람들 간에 소셜 미디어의 정신 건강 영향에 대한 연구를 진행하는 데 도움이 될 것입니다.

그림 8.2 ChatGPT를 활용한 문헌 조사

3. **문헌 심사:** 관련 문헌이 확인되면 다음 단계는 연구를 선별하여 검토를 위한 포함 기준을 충족하는지를 결정하는 것입니다. 여기에는 일반적으로 초록을 검토하고 필요한 경우 연구의 전체 텍스트를 검토하는 작업이 포함됩니다.

만약 특정 연구 논문에 대해서 좀 더 깊이 파고들길 원한다면 어떨까요? ChatGPT에게 이를 검토해달라고 요청해봅시다.

V elaborate the research paper "Promoting Healthy Social Media Use Among Adolescents and Young Adults: A Framework for Intervention" by Moreno et al. (2018). Generate a summary of the paper, its research question, and the main topics discussed

The research paper "Promoting Healthy Social Media Use Among Adolescents and Young Adults: A Framework for Intervention" by Moreno et al. (2018) presents a framework for promoting healthy social media use among adolescents and young adults. The paper aims to provide practical guidance for clinicians, educators, parents, and policy makers on how to address the potential harms of social media use and promote positive mental health outcomes.

The research question of the paper is: How can interventions be designed to promote healthy social media use among adolescents and young adults?

The paper starts by reviewing the current state of research on the relationship between social media use and mental health outcomes, including the potential benefits and harms of social media use. The authors identify key risk factors for negative mental health outcomes related to social media use, such as cyberbullying, social comparison, and exposure to harmful content.

The paper then presents a framework for intervention, which includes four key components: identifying at-risk individuals, educating and empowering youth, promoting positive online behaviors, and evaluating interventions. The authors provide specific examples and strategies for each component, such as identifying warning signs of negative mental health outcomes, promoting digital literacy and critical thinking skills, and encouraging positive social media use.

Overall, the paper highlights the need for targeted interventions to promote healthy social media use among adolescents and young adults, and provides a practical framework for clinicians, educators, parents, and policy makers to address this important issue.

"The Association Between Social Media Use and Depressive Symptoms Among Adolescents: A Meta-Analysis" by Primack et al. (2017) 논문을 자세히 설명해줘. 논문의 요약, 연구 질문, 주요 논의 사항을 생성해줘.

"Primack et al. (2017)의 논문인 'The Association Between Social Media Use and Depressive Symptoms Among Adolescents: A Meta-Analysis'는 소셜 미디어 사용과 청소년의 우울증 증상 간의 관계를 메타분석을 통해 조사한 연구입니다.

요약:
이 논문은 다양한 연구를 종합적으로 분석하여 소셜 미디어 사용과 청소년들의 우울증 증상 간의 관계를 탐구합니다. 메타분석 방법을 사용하여 다양한 연구 결과를 통합하고, 결과를 종합적으로 평가하여 소셜 미디어 사용과 우울증 증상 사이의 강도와 방향을 파악하고자 합니다.

연구 질문:
이 논문의 주요 연구 질문은 다음과 같습니다:

- 소셜 미디어 사용과 청소년의 우울증 증상 사이에 어떤 관계가 있는가?
- 이 관계는 얼마나 강력한가?
- 다양한 연령, 성별, 및 소셜 미디어 사용 유형에 따라 이 관계에 차이가 있는가?

주요 논의 사항:
이 논문은 다양한 연구 결과를 종합하여 다음과 같은 주요 논의 사항을 다룹니다:

- 소셜 미디어 사용과 청소년 우울증 증상 간의 통계적 연관성: 논문은 소셜 미디어 사용과 청소년의 우울증 증상 간의 통계적 관련성을 검토하며, 이 관련성이 통계적으로 유의미한지를 확인합니다.
- 관련 변수의 고려: 연구는 연령, 성별, 사용된 소셜 미디어 플랫폼 종류 등과 같은 다양한 변수를 고려하여 소셜 미디어와 우울증 간의 관계에 대한 보다 정확한 이해를 제공합니다.
- 원인과 결과 관계 논의: 논문은 소셜 미디어 사용이 우울증을 유발하는 원인과 결과 관계를 다루며, 이에 대한 향후 연구 방향을 제시합니다.

이 논문은 소셜 미디어 사용과 청소년의 정신 건강에 대한 중요한 관심사를 다루며, 다양한 연구 결과를 종합적으로 분석하여 우울증과의 관계를 탐구한 중요한 참고 자료로 평가됩니다."

그림 8.3 특정 논문의 문헌 심사

ChatGPT는 논문의 개요를 제공하였고, 그 연구 질문과 주요 논의 주제를 고려할 때, 이 논문이 제 연구에 상당히 도움이 될 것 같습니다.

참고

ChatGPT는 해당 논문이 자신의 지식 베이스에 확실히 포함되어 있으므로, 이를 분석할 수 있었습니다. 만약 2021년 (ChatGPT 학습 마감 시점) 이후로 작성된 논문을 같은 방법으로 분석하고 싶다면, 해당 논문의 초록 혹은 본문 내용을 ChatGPT에 입력해야 할 것입니다.

4. **데이터 추출**: 관련 연구를 찾은 후에는, 연구자들은 각 연구로부터 연구 설계, 표본 크기, 데이터 수집 방법, 그리고 주요 결과와 같은 데이터를 추출해야 합니다.

   예를 들어, 특정 논문에서 다음과 같은 정보를 수집하길 원한다고 해봅시다.

   - 논문에서 수집된 데이터 소스 및 연구 대상
   - 연구자들이 채택한 데이터 수집 방법
   - 데이터 표본 크기
   - 분석의 주요 한계 및 단점
   - 연구자들이 채택한 실험 설계

   다음과 같이 진행됩니다.

write the following information about the paper "Digital Self-Harm: Prevalence, Motivations, and Outcomes" by Hinduja and Patchin (2018).
1. Data sources collected in the paper and object of the study
2. data collection method adopted by researchers
3. data sample size
4. main limitations and drawbacks of the analysis
5. the experiment design adopted by researchers

Sure, here's the information you requested about the paper "Digital Self-Harm: Prevalence, Motivations, and Outcomes" by Hinduja and Patchin (2018):

1. The paper examines the phenomenon of digital self-harm, which refers to the practice of individuals anonymously posting hurtful comments about themselves on social media platforms. The study aims to understand the prevalence, motivations, and outcomes of digital self-harm, as well as its potential linkages with other forms of online and offline victimization.
2. The researchers collected data through an online survey administered to a nationally representative sample of 5,593 middle and high school students in the United States. The survey included questions on various forms of online and offline victimization, including digital self-harm, as well as demographic and psychosocial variables.
3. The sample size was 5,593 middle and high school students in the United States.
4. The main limitations and drawbacks of the analysis may include potential biases and limitations of self-reported data, such as social desirability bias and memory recall errors. In addition, the study did not explore the potential cultural and contextual factors that may influence the prevalence, motivations, and outcomes of digital self-harm.
5. The researchers did not adopt an experiment design, but rather conducted a survey-based research study to collect self-reported data from participants.

"Social Media Use and Perceived Social Isolation Among Young Adults in the U.S." by Primack et al. (2017) 논문에 대한 다음 정보를 작성해줘.
- 논문에서 수집된 데이터 소스 및 연구 대상
- 연구자들이 채택한 데이터 수집 방법
- 데이터 표본 크기
- 분석의 주요 한계 및 단점
- 연구자들이 채택한 실험 설계

"Social Media Use and Perceived Social Isolation Among Young Adults in the U.S." 논문에 대한 정보를 제공해드립니다:

- **데이터 소스 및 연구 대상:**
  - 이 연구에서는 미국 내의 젊은 성인들을 연구 대상으로 삼았습니다. 데이터는 미국 내에서 수집되었으며, 젊은 성인들의 소셜 미디어 사용과 사회적 고립 간의 관계를 탐구하기 위한 목적으로 사용되었습니다.
- **데이터 수집 방법:**
  - 연구자들은 설문 조사를 사용하여 데이터를 수집했습니다. 이 설문 조사는 소셜 미디어 사용 패턴, 사회적 고립 수준, 대상자의 개인 정보 등을 포함한 다양한 정보를 수집하기 위해 설계되었습니다.
- **데이터 표본 크기:**
  - 논문에서 데이터 표본 크기에 대한 구체적인 정보는 제공되지 않았습니다. 그러나, 이러한 유형의 연구에서는 일반적으로 수백 명에서 수천 명의 참가자를 대상으로 데이터를 수집하며, 적절한 표본 크기를 유지하기 위해 노력합니다.
- **주요 한계 및 단점:**
  - 논문은 주요 한계나 단점에 대한 명확한 언급을 제공하지 않았습니다. 그러나 연구에서 사용된 설문 조사나 데이터 수집 방법에는 편향이나 응답 왜곡 가능성이 있을 수 있으며, 결과의 일반화 가능성이 제한될 수 있다는 점을 고려해야 합니다.
- **실험 설계:**
  - 이 논문은 실험 설계보다는 관찰적 연구 설계를 사용한 것으로 보입니다. 연구자들은 참가자들의 소셜 미디어 사용과 사회적 고립 간의 관계를 조사하기 위해 설문 조사 데이터를 분석했으며, 원인과 결과의 인과 관계를 확인하기 위한 실험적 개입은 수행하지 않았습니다.

이 논문은 소셜 미디어 사용과 젊은 성인들의 사회적 고립 간의 관련성을 탐구하는데 사용된 데이터와 방법론에 대한 일부 정보를 제공하며, 소셜 미디어와 사회적 관계 사이의 복잡한 관계를 조사하는 중요한 연구입니다.

그림 8.4 주어진 논문에서 관련 데이터 및 프레임워크 추출

5. **문헌 종합**: 문헌 검토 과정의 마지막 단계는 연구 결과를 종합하고 해당 분야의 현재 지식 상태에 대한 결론을 도출하는 것입니다. 여기에는 공통 주제를 식별하고, 문헌의 격차나 불일치를 강조하고, 향후 연구 기회를 식별하는 것이 포함될 수 있습니다.

ChatGPT에서 제안한 논문 외에도 우리가 종합하고 싶은 다른 제목과 논문을 수집했다고 생각해봅시다. 좀 더 구체적으로 말하면, 그들이 동일한 결론을 지향하는지, 공통된 경향이 있는지, 어떤 방법이 다른 방법보다 더 신뢰할 수 있는지 알고 싶습니다. 이 시나리오에서는 세 가지 연구 논문을 고려할 것입니다.

- Grant Sean Bossard의 "The Effects of Social Media on Mental Health: A Proposed Study" (https://digitalcommons.bard.edu/cgi/viewcontent.cgi?article=1028&context=senproj_f2020)
- Vardanush Palyan의 "The Impact of Social Media on Mental Health" (https://www.spotlightonresearch.com/mental-health-research/the-impact-ofsocial-media-on-mental-health)
- Sarah Nichole Koehler와 Bobbie Rose Parrell의 "The Impact of Social Media on Mental Health: a mixed-methods research of service providers' awareness" (https://scholarworks.lib.csusb.edu/cgi/viewcontent.cgi?article=2131&context=etd)

결과는 다음과 같습니다.

V

Highlight the conclusions, research methods and considerations about reliability for the below papers. Also, highlight the common trends and findings among the three papers.

"The Effects of Social Media on Mental Health: A Proposed Study", by Grant Sean Bossard
"The Impact of Social Media on Mental Health", by Vardanush Palyan
"The Impact of Social Media on Mental Health: a mixed methods research of service providers' awareness", by Sarah Nichole Koehler and Bobbie Rose Parrell

1. "The Effects of Social Media on Mental Health: A Proposed Study" by Grant Sean Bossard:

- Conclusion: The study proposed to investigate the effects of social media on mental health and hypothesized that excessive social media use would be associated with increased symptoms of anxiety and depression.
- Research Methods: The proposed study used a cross-sectional survey design, with a sample of undergraduate students completing self-report measures of social media use, anxiety, and depression.
- Considerations about reliability: The reliability of the proposed study is unknown, as the study has not yet been conducted.

2. "The Impact of Social Media on Mental Health" by Vardanush Palyan:

- Conclusion: The paper reviewed existing literature on the impact of social media on mental health and found that social media use is associated with increased risk of depression, anxiety, and other mental health problems.
- Research Methods: The paper used a systematic review of existing literature on the topic, analyzing studies that investigated the association between social media use and mental health outcomes.
- Considerations about reliability: The reliability of the paper's findings is strengthened by the systematic review methodology, which is designed to reduce bias and increase the reliability of findings.

3. "The Impact of Social Media on Mental Health: a mixed methods research of service providers' awareness" by Sarah Nichole Koehler and Bobbie Rose Parrell:

- Conclusion: The study investigated service providers' awareness of the impact of social media on mental health and found that many service providers lack knowledge and training on the topic.
- Research Methods: The study used a mixed-methods design, with both qualitative interviews and a quantitative survey administered to service providers.
- Considerations about reliability: The reliability of the study's findings is strengthened by the mixed-methods design, which allows for triangulation of findings from different sources and methods.

Common Trends and Findings:

- All three papers investigate the impact of social media on mental health.
- The papers all find evidence to suggest that social media use is associated with negative mental health outcomes.
- The papers use different research methods, with one proposing a new study, one conducting a systematic review, and one using a mixed-methods design.

아래 논문들에 대한 결론, 연구 방법, 그리고 신뢰성에 대한 고려 사항을 요약해줘. 그리고 세 논문 사이의 공통적인 추세와 결과를 요약해줘.
"The Effects of Social Media on Mental Health: A Proposed Study', by Grant Sean Bossard
"The Impact of Social Media on Mental Health', by Vardanush Palyan
"The Impact of Social Media on Mental Health: a mixed methods research of service providers' awareness", by Sarah Nichole Koehler and Bobbie Rose Parrell

아래는 세 논문에 대한 요약과 공통된 추세 및 결과에 대한 요약입니다:

1. "The Effects of Social Media on Mental Health: A Proposed Study" (Grant Sean Bossard)
    - 연구 방법: 이 논문은 제안된 연구로, 구체적인 연구 결과를 제시하지는 않습니다. 대신, 소셜 미디어가 정신 건강에 미치는 영향을 조사하기 위한 연구 계획과 방법을 소개합니다.
    - 신뢰성: 이 논문은 연구 결과를 제시하지 않으므로 결과의 신뢰성을 판단하기 어렵습니다.
2. "The Impact of Social Media on Mental Health" (Vardanush Palyan)
    - 결론: Palyan의 논문은 소셜 미디어 사용이 정신 건강에 부정적 영향을 미칠 수 있다는 결론을 내립니다. 특히, 소셜 미디어 사용과 우울증 및 불안증세 간의 양의 상관 관계를 제시하며, 이러한 영향은 소셜 미디어의 과도한 사용과 불안정한 자아 이미지와 관련이 있다고 주장합니다.
    - 연구 방법: Palyan의 연구는 문헌 고찰과 설문 조사 데이터를 사용하여 소셜 미디어와 정신 건강 간의 관계를 조사합니다.
    - 신뢰성: 연구 방법과 분석 과정은 상당히 신뢰성 있게 보이며, 결과는 이 연구의 범위 내에서 신뢰할 만합니다.
3. "The Impact of Social Media on Mental Health: a mixed methods research of service providers' awareness" (Sarah Nichole Koehler and Bobbie Rose Parrell)
    - 결론: Koehler와 Parrell의 논문은 정신 건강 서비스 제공자들의 의식이 소셜 미디어의 부정적인 영향을 인식하고 있다는 결론을 내립니다. 이들은 서비스 제공자들이 소셜 미디어와 정신 건강 간의 연결성을 이해하고, 환자들에게 해당 정보를 제공할 필요가 있다고 강조합니다.
    - 연구 방법: 이 논문은 혼합 방법 연구로, 설문 조사와 인터뷰를 통해 정신 건강 서비스 제공자들의 인식을 조사합니다.
    - 신뢰성: 혼합 방법 연구로 다양한 데이터를 수집하여 신뢰성을 높이려 노력하고 있으며, 연구자들은 자료의 분석 및 결과 해석에 주의를 기울이고 있습니다.

공통된 추세와 결과:
세 논문 모두 소셜 미디어와 정신 건강 간의 관계에 주목하고 있으며, 부정적 영향을 강조하고 있습니다. 특히, 소셜 미디어의 과도한 사용이 우울증, 불안증세, 불안정한 자아 이미지 등의 정신 건강 문제와 관련이 있는 것으로 나타나고 있습니다. 또한, 정신 건강 서비스 제공자들은 이러한 부정적 영향을 인식하고 환자들에게 관련 정보를 제공하는 것이 중요하다는 공통된 결론에 도달하고 있습니다.

그림 8.5 세 가지 연구 논문의 문헌 분석 및 벤치마킹

또한 이 경우 ChatGPT는 방법 간 벤치마킹 및 신뢰성 고려 사항을 포함하여 제공된 세 가지 논문에 대한 관련 요약 및 분석을 생성할 수 있었습니다.

전반적으로 ChatGPT는 연구 문제 브레인스토밍부터 문헌 종합까지 문헌 검토 분야에서 많은 활동을 수행할 수 있었습니다. 항상 그렇듯이 결과를 검토하려면 주제 전문가(SME)가 필요합니다. 그러나 이러한 지원을 통해 많은 활동을 보다 효율적으로 수행할 수 있습니다.

ChatGPT가 지원할 수 있는 또 다른 활동은 연구자가 수행하려는 실험의 설계입니다. 이에 대해서는 다음 섹션에서 살펴보겠습니다.

실험의 설계 및 프레임워크에 대한 지원 제공

실험 설계는 연구 질문에 답하기 위해 과학적 실험이나 연구를 계획하고 실행하는 과정입니다. 여기에는 연구 설계, 측정할 변수, 표본 크기, 데이터 수집 및 분석 절차에 대한 결정이 포함됩니다.

ChatGPT는 무작위 대조 시험, 준실험 설계 또는 상관 연구와 같은 연구 프레임워크를 제안하고 해당 설계를 구현하는 동안 지원함으로써 연구용 실험 설계에 도움을 줄 수 있습니다.

다음 시나리오를 고려해 보겠습니다. 우리는 새로운 교육 프로그램이 학생의 수학 학습 결과에 미치는 영향을 조사하고 싶습니다. 이 새로운 프로그램에는 프로젝트 기반 학습(PBL)이 포함됩니다. 즉, 학생들은 수학 개념과 기술을 사용하여 문제를 해결하고 솔루션을 만들어 실제 프로젝트에서 협력해야 합니다.

이를 위해 우리는 연구문제를 다음과 같이 정의합니다.

"새로운 PBL 프로그램은 학생 성과 향상에 있어서 기존 교수법과 어떻게 비교됩니까?"

ChatGPT가 도움을 줄 수 있는 방법은 다음과 같습니다.

- **연구 설계 결정**: ChatGPT는 무작위 대조 시험, 준실험 설계 또는 상관 연구와 같은 연구 질문에 대한 적절한 연구 설계를 결정하는 데 도움을 줄 수 있습니다.

V

I want to design an experiment on the following research question, "How does the new PBL program compare to traditional teaching methods in improving student performance?" What kind of study design should I carry on for this goal?

To compare the effectiveness of the new project-based learning program and traditional teaching methods in improving student performance, a randomized controlled trial (RCT) study design would be appropriate.

In an RCT, participants are randomly assigned to either the experimental group (in this case, the project-based learning program) or the control group (traditional teaching methods). This helps to ensure that any observed differences in student performance are due to the intervention (project-based learning program) and not other factors such as pre-existing differences in ability or motivation.

Both groups should be as similar as possible in terms of key characteristics, such as age, gender, academic level, and socioeconomic status. Additionally, to minimize the risk of bias, the study should be double-blinded where both the participants and the researchers are unaware of the group assignment.

To measure student performance, a standardized test or a pre- and post-test design can be used. Other factors that could potentially affect performance, such as student motivation, engagement, and satisfaction, should also be assessed through surveys or interviews.

Overall, an RCT study design would provide strong evidence to determine the effectiveness of the new project-based learning program compared to traditional teaching methods in improving student performance.

다음 연구 질문에 대한 실험을 설계하고 싶어, "새로운 PBL 프로그램이 학생 성적 향상에 있어서 전통적인 교육 방법과 어떻게 비교되는가?" 이 목표를 위해 어떤 종류의 연구 설계를 해야 할까?

"새로운 PBL 프로그램이 학생 성적 향상에 있어서 전통적인 교육 방법과 어떻게 비교되는가?"라는 연구 질문에 대한 실험을 설계하기 위해 다음과 같은 종류의 연구 설계를 고려할 수 있습니다:

1. **랜덤화 대조 실험 (Randomized Controlled Trial, RCT):**
    - 연구 대상 학생들을 무작위로 두 그룹으로 나눕니다. 하나의 그룹은 전통적인 교육 방법을 받고, 다른 그룹은 새로운 PBL 프로그램을 받습니다.
    - 성적 향상을 측정하기 위한 표준화된 평가 지표를 선택하고, 학기 시작 전과 종료 후에 이러한 평가를 진행합니다.
    - 두 그룹 간의 성적 차이를 통계적으로 분석하여 두 교육 방법의 효과를 비교합니다.
2. **교차 실험 (Crossover Trial):**
    - 모든 학생들에게 전통적인 교육 방법과 PBL 프로그램을 번갈아 가며 제공합니다.
    - 각 학기 혹은 교육 주기가 끝날 때마다 성적을 평가하고, 두 교육 방법 간의 차이를 비교합니다.
    - 이러한 설계는 학생들 간의 개체적인 차이를 고려할 수 있습니다.
3. **코호트 연구 (Cohort Study):**
    - 한 그룹의 학생들을 새로운 PBL 프로그램으로 진학한 코호트와 다른 그룹의 학생들을 전통적인 교육 방법으로 진학한 코호트로 나눕니다.
    - 일정 기간 동안 이러한 두 코호트의 성적 향상을 추적하고 비교합니다.
    - 이 설계는 실제 교육 환경에서 발생하는 변인들을 고려합니다.
4. **단일 사례 연구 (Single-Case Study):**
    - 특정 학교나 강의실에서 PBL 프로그램을 도입한 후 학생 성적을 모니터링합니다.
    - 개별 학생들의 성적 변화를 추적하고, 이러한 변화를 PBL 프로그램 도입과 관련된 요소와 연결시킵니다.
    - 이 설계는 교육 방법의 개별적인 효과를 이해하는 데 도움이 됩니다.

선택한 연구 설계는 연구 목표와 가용한 자원에 따라 달라질 수 있으며, 특히 대규모 연구의 경우 RCT와 코호트 연구가 더 일반적으로 사용됩니다. 연구 설계를 선택할 때 표본 크기, 연구 기간, 데이터 수집 방법 및 통계 분석 계획을 고려해야 합니다.

그림 8.6 실험에 적합한 연구 설계를 제안하는 ChatGPT

ChatGPT는 RCT(Randomized Control Trial, 무작위 대조 시험)를 진행할 것을 제안하고 그 이유에 대해 명확한 설명을 제공했습니다. 이 접근 방식을 진행하는 것이 합리적이라고 생각됩니다. 다음 단계는 실험에서 고려할 결과 측정과 변수를 식별하는 것입니다.

- **결과 지표 파악**: ChatGPT는 여러분이 테스트 결과를 판단하기 위한 몇 가지 잠재적인 결과 지표를 찾아내는 데에 도움이 될 수 있습니다. 우리 연구를 위한 몇 가지 제안을 요청하겠습니다.

V I want to compare the new PBL program with traditional teaching methods in improving student performance in a research study with an RCT. What could be possible outcome measures?

There are several outcome measures that can be used to assess the effectiveness of the new project-based learning program compared to traditional teaching methods. Here are some possible options:

1. Test scores: This can be a straightforward way to measure student performance. Standardized tests can be administered to both groups of students before and after the intervention to compare their performance.
2. Grades: Another measure of student performance is their grades in the subject being studied. Both groups of students can be graded on the same assignments and exams to compare their performance.
3. Attendance: Attendance can be an indicator of student engagement and motivation. Tracking attendance for both groups of students can provide insight into the effectiveness of the intervention.
4. Surveys: Surveys can be used to gather student and teacher feedback on the effectiveness of the new project-based learning program compared to traditional teaching methods. These surveys can include questions about student engagement, motivation, and understanding of the subject matter.
5. Behavioral observations: Observing student behavior in the classroom can provide valuable insights into the effectiveness of the intervention. This can include tracking student participation, engagement, and collaboration during group work.

It is important to select outcome measures that are valid and reliable, and that align with the research question and hypothesis of the study.

RCT를 이용한 연구에서 새로운 PBL 프로그램과 전통적인 교육 방법을 학생 성적 향상 측면에서 비교하고 싶어. 가능한 결과 척도는 뭐가 있을까?

새로운 PBL 프로그램과 전통적인 교육 방법을 학생 성적 향상 측면에서 비교하기 위한 가능한 결과 척도는 다양할 수 있으며, 연구 목표와 연구 대상 학생들의 특성에 따라 선택해야 합니다. 아래에 몇 가지 일반적인 결과 척도 예제를 제시합니다:

1. **평균 성적 비교:** 새로운 PBL 프로그램과 전통적인 교육 방법을 받은 학생들의 평균 성적을 비교합니다. 이를 통해 두 교육 방법 간 성적 차이를 측정할 수 있습니다.
2. **성적 분포 분석:** 성적 분포를 비교하여 두 교육 방법 간 성적 분산의 차이를 확인합니다. 이를 통해 성적 향상의 일관성과 변동성을 이해할 수 있습니다.
3. **학습자 그룹 간 성적 비교:** 학습자 그룹 간에 성적 비교를 수행하여 특정 하위 그룹의 향상을 평가할 수 있습니다. 예를 들어, 성별, 성적 수준, 인종, 학력 수준 등에 따른 차이를 확인할 수 있습니다.
4. **표준화된 평가 사용:** 표준화된 평가 도구를 사용하여 학생 성적을 평가합니다. 이러한 평가 도구는 두 교육 방법 간 성적 비교를 더 객관적으로 만들어 줄 수 있습니다.
5. **학업 성과 이외의 변수 고려:** 학업 성적 이외의 변수를 고려하여 학생의 향상을 평가할 수 있습니다. 예를 들어, 학습 과정에서 학생의 참여, 자기 조절 학습 능력, 문제 해결 능력, 비학적 스킬 향상 등을 고려할 수 있습니다.
6. **시간 경과에 따른 성적 추이 분석:** 교육 프로그램이 여러 학기 또는 년도에 걸쳐 제공될 경우, 학생들의 성적 추이를 분석하여 장기적인 효과를 이해할 수 있습니다.
7. **만족도 및 학습 경험 조사:** 학생들의 만족도 조사 및 학습 경험에 대한 피드백을 수집하여, 학습 환경의 효과와 학습 과정의 개선점을 파악할 수 있습니다.

선택한 결과 척도는 연구 목표와 연구 설계에 따라 조절되어야 합니다. 또한 결과 척도를 선택할 때는 신뢰성과 타당성을 고려하여 학생 성적 향상을 정확하게 평가할 수 있는 척도를 활용하는 것이 중요합니다.

그림 8.7 주어진 연구에 대한 학습 결과

결과 지표로 평균 성적를 선택하는 것이 합리적입니다.

- 변수 식별: ChatGPT는 연구원이 연구에서 독립 변수와 종속 변수를 식별하는 데 도움이 될 수 있습니다.

I want to compare the new project-based learning program with traditional teaching methods in improving student performance in a research study with a RCT. What variables should I include in my study?

To compare the new project-based learning program with traditional teaching methods in improving student performance in an RCT, the following variables could be included:

1. Independent variable: Teaching method (project-based learning program or traditional teaching method)
2. Dependent variable: Student performance (measured by a standardized test or other relevant assessment)
3. Control variables:

- Age and grade level of the students
- Socioeconomic status of the students
- Prior academic achievement of the students
- Teacher experience and qualifications
- Classroom environment and resources

It is important to ensure that the groups being compared (project-based learning program and traditional teaching method) are similar in terms of these control variables to isolate the effects of the teaching method on student performance.

RCT를 이용한 연구에서 새로운 프로젝트 기반 학습 프로그램과 전통적인 교육 방법을 학생 성적 향상 측면에서 비교하고 싶어. 내 연구에 어떤 변수들을 포함시켜야 할까?

새로운 프로젝트 기반 학습 프로그램과 전통적인 교육 방법을 학생 성적 향상 측면에서 비교하기 위한 연구에서 포함해야 할 변수들은 다음과 같습니다:

1. 독립 변수 (Independent variable):
   - 교육 방법 (프로젝트 기반 학습 프로그램 또는 전통적인 교육 방법)
2. 종속 변수 (Dependent variable):
   - 학생 성적 (표준화된 시험 또는 다른 관련 평가로 측정)
3. 통제 변수 (Control variables):
   - 학생의 나이 및 학년 수준
   - 학생의 사회경제적 지위
   - 학생의 이전 학업 성취도
   - 교사의 경험과 자격
   - 교실 환경과 자원

교육 방법의 효과를 학생 성적 향상에 대해 분석하려면 이러한 통제 변수들이 비슷하게 조절되어야 합니다. 이렇게 하면 교육 방법이 학생 성적에 미치는 영향을 분리할 수 있습니다.

그림 8.8 주어진 연구에 대해 변수를 생성하는 ChatGPT

ChatGPT가 우리가 고려하고 있는 연구 설계(RCT)에 특정한 변수 유형인 통제 변수를 생성할 수 있었다는 점을 주목하세요.

통제 변수는 공변량이라고도 알려져 있으며, 독립 변수와 종속 변수 사이의 관계를 분리시키기 위해 연구에서 일정하게 유지되거나 통제되는 변수입니다. 이러한 변수들은 연구의 주요 초점이 아니지만, 혼동 변수의 결과에 대한 영향을 최소화하기 위해 포함됩니다. 이러한 변수를 통제함으로써, 연구자들은 거짓 양성 또는 거짓 음성 결과를 얻는 위험을 줄이고 자신들의 연구에서 내부 타당성을 높일 수 있습니다.

앞서 말한 변수들이 갖추어졌으니, 이제 실험을 진행할 준비가 됐습니다. 다음으로 필요한 것은 참여자 선정인데, 이 과정에서도 ChatGPT가 도움을 줄 수 있습니다.

- **표본 추출 전략:** ChatGPT는 연구를 위한 잠재적인 표본 추출 전략을 제안할 수 있습니다:

V

I need to select the participant for my RCT about the effectiveness of a new project-based learning program in improving student performance, compared with traditional teaching methods. what sampling strategy should I use?

For an RCT, the recommended sampling strategy is random sampling. This means that participants are selected randomly from the population being studied, ensuring that each member of the population has an equal chance of being selected. Random sampling helps to reduce bias and increase the generalizability of the study findings to the larger population.

In this case, you could use a random sampling strategy to select participants from the population of students who will be included in the study. This could involve randomly selecting students from a list of eligible participants or using a random number generator to select participants. However, it's important to ensure that the sample size is large enough to provide sufficient statistical power for the study.

나는 전통적인 교육 방법과 비교했을 때, 새로운 프로젝트 기반 학습 프로그램의 효과성에 대한 내 RCT에 참가자를 선택해야 해. 학생 성적 향상이 목표야. 나는 어떤 표본 추출 전략을 사용해야 할까?

RCT(임의 대조 시험)에 대한 적합한 표본 추출 전략은 임의 추출(random sampling)입니다. 이는 연구 대상 모집단에서 참가자를 무작위로 선택하는 방식으로, 모집단의 각 구성원이 동일한 선택 기회를 가질 수 있도록 합니다. 임의 추출은 편향을 줄이고 연구 결과를 더 큰 모집단에 일반화하기 위한 방법으로 사용됩니다.

이 경우, 연구에 포함될 학생 모집단에서 참가자를 무작위로 선택하기 위해 임의 추출 전략을 사용할 수 있습니다. 이는 대상 참가자 목록에서 무작위로 학생을 선택하거나 임의 숫자 생성기를 사용하여 참가자를 선택하는 것을 포함할 수 있습니다. 그러나 중요한 점은 연구에 충분한 통계적 파워를 제공하기 위해 표본 크기가 충분하다는 것을 보장하는 것입니다.

그림 8.9 ChatGPT의 RCT 표본 추출 전략 제안

실제 상황에서는 항상 AI 도구에게 그 뒤에 있는 설명과 함께 더 많은 옵션을 생성하도록 요청하는 것이 좋은 습관임을 주목하세요. 이렇게 하면 근거 있는 결정을 내릴 수 있습니다. 이 예시에서는 관심 대상인 인구와 표본 크기에 대한 제안도 포함된 ChatGPT의 조언에 따라 진행해봅시다.

- 데이터 분석: ChatGPT는 ANOVA, t-검정 혹은 회귀분석과 같이 연구에서 수집된 데이터를 분석하기 위해 어떤 통계적 시험 방법이 적절한지 판단하는 데에 연구자에게 도움을 줍니다.

V

I'm conducting an experiment with RCT about the effectiveness of a new project-based learning program in improving student performance, compared with traditional teaching methods. The outcome measure is score test, and the sampling strategy is random sampling. What statistical test should I use to assess the statistical significance of my results? elaborate.

Since the outcome measure is a continuous variable (i.e., scores), the appropriate statistical test for analyzing the results of your experiment would be a two-sample t-test. Specifically, you would perform an independent samples t-test, which is used to compare the means of two independent groups. In this case, the two groups are the students who received the new project-based learning program and those who received traditional teaching methods.

The independent samples t-test compares the means of the two groups and provides a p-value, which indicates the probability of obtaining a difference between the means as large as the one observed in the study, assuming that there is no difference between the two groups. If the p-value is less than the chosen significance level (e.g., 0.05), we can conclude that the difference between the means is statistically significant, and that the new project-based learning program had a significant impact on student performance compared to traditional teaching methods.

It's important to note that when performing a t-test, certain assumptions must be met, such as normality of the outcome measure and equal variances between the two groups. These assumptions can be checked using diagnostic tests, such as the Shapiro-Wilk test for normality and Levene's test for equal variances. If the assumptions are not met, alternative non-parametric tests, such as the Mann-Whitney U test, may be more appropriate.

It's also important to report effect sizes along with the p-value, as effect sizes provide information about the magnitude of the difference between the two groups, and can help interpret the practical significance of the results. Common effect sizes used in t-tests include Cohen's d and Hedges' g.

나는 전통적인 교육 방법과 비교했을 때, 새로운 프로젝트 기반 학습 프로그램의 효과성에 대한 RCT 실험을 진행하고 있어. 결과 척도는 시험 점수고, 표본 추출 전략은 무작위 표본 추출이야. 내 결과의 통계적 유의성을 평가하기 위해 어떤 통계 검정을 사용해야 할까? 자세히 설명해봐.

RCT(Randomized Controlled Trial) 실험을 통해 전통적인 교육 방법과 새로운 프로젝트 기반 학습 프로그램의 효과성을 비교하는 경우, 결과의 통계적 유의성을 평가하기 위해 일반적으로 t-검정 또는 ANOVA(Analysis of Variance)와 같은 통계 검정 방법을 사용합니다. 이러한 검정 방법을 사용하여 두 그룹 간의 시험 점수 차이가 우연에 의한 것인지 실제로 효과가 있는지를 평가할 수 있습니다. 아래에서 각각의 검정 방법을 설명하겠습니다.

1. **독립표본 t-검정 (Independent Samples t-test):**
   - 이 검정은 두 개의 독립적인 그룹 간의 평균 차이를 비교합니다. 여기서는 전통적인 교육 방법 그룹과 프로젝트 기반 학습 프로그램 그룹 간의 시험 점수 평균 차이를 비교할 수 있습니다.
   - 귀무 가설(H0): 두 그룹 간의 평균 점수 차이가 없다.
   - 대립 가설(H1): 두 그룹 간의 평균 점수 차이가 있다.
2. **분산 분석 (Analysis of Variance, ANOVA):**
   - 만약 세 개 이상의 그룹을 비교하려면 ANOVA를 사용할 수 있습니다. 예를 들어, 전통적인 교육, 프로젝트 기반 학습, 그리고 다른 교육 방법 그룹이 있다면, ANOVA를 통해 그룹 간의 평균 점수 차이를 평가할 수 있습니다.
   - 귀무 가설(H0): 그룹 간의 평균 점수 차이가 없다.
   - 대립 가설(H1): 적어도 하나의 그룹 간에는 평균 점수 차이가 있다.

이러한 검정을 수행하기 전에 데이터의 정규성과 등분산성을 확인해야 합니다. 만약 데이터가 정규 분포를 따르지 않거나 등분산성이 없다면, 적절한 변환 기법을 적용하거나 비모수적인 검정 방법을 고려해야 할 수 있습니다.

또한, 표본 크기와 검정력 분석을 고려하여 실험 설계를 평가하는 것이 중요합니다. 표본 크기가 충분하지 않으면 효과를 감지하기 어려울 수 있으므로 표본 크기를 결정할 때 검정력 분석을 수행하는 것이 좋습니다.

마지막으로, 유의수준을 선택하여 통계적 결론을 내립니다. 일반적으로 0.05 또는 0.01 수준을 사용하며, 이 수준에서 귀무 가설을 기각하면 두 그룹 간에 통계적으로 유의한 차이가 있다고 결론할 수 있습니다.

그림 8.10 ChatGPT가 제안하는 주어진 연구를 위한 통계 검정

ChatGPT가 제안한 모든 것은 일관성이 있고, 통계 검정을 어떻게 수행하는지에 대한 논문에서 확인할 수 있습니다. 또한 우리가 '점수'라는 연속적인 변수에 관해 이야기하

고 있을 가능성을 파악해냈습니다. 그래서 앞으로의 모든 정보는 이 가정에 기반하고 있다는 것을 알 수 있습니다. 만약 우리가 이산 점수를 원한다면, 이 정보를 추가하여 프롬프트를 조정할 수 있으며, 그러면 ChatGPT는 다른 접근법을 제안할 것입니다.

결론적으로, ChatGPT는 실험을 설계할 때 연구자에게 유용한 도구가 될 수 있습니다. ChatGPT는 자연어 처리(NLP) 기능과 방대한 지식 기반을 활용하여 연구자가 적절한 연구 설계를 선택하고, 표본 추출 기법을 결정하고, 변수 및 학습 결과를 식별하고, 심지어 데이터 분석을 위한 통계 검정를 제안하는 데 도움을 줄 수 있습니다.

다음 장에서는 참고문헌 생성에 초점을 맞추어 ChatGPT가 연구자들에게 어떤 방식으로 도움을 줄 수 있는지를 좀 더 깊이 있게 살펴보겠습니다.

참고문헌 생성 및 서식 지정

ChatGPT는 자동화된 인용 및 참조 도구를 제공함으로써 연구자들이 참고문헌을 생성하는 데 도움을 줄 수 있습니다. 이러한 도구들은 책, 논문, 웹사이트 등 다양한 출처에 대한 정확한 인용과 참조를 생성할 수 있습니다. ChatGPT는 APA, MLA, 시카고 스타일, 하버드 스타일 등 다양한 인용 스타일을 알고 있어 연구자들이 그들의 작업에 적합한 스타일을 선택할 수 있게 합니다. 추가로, ChatGPT는 연구자의 입력에 기반하여 관련 소스를 제안함으로써 연구 과정을 간소화하고 모든 필요한 소스가 참고문헌에 포함되도록 보장하는 데 도움을 줍니다. 연구자들은 이런 기능들을 활용하여 시간 절약은 물론 참고문헌의 정확성과 완성도를 높일 수 있습니다.

다음 예제를 생각해보겠습니다. "기술이 업무 생산성에 미치는 영향: 실증 연구"라는 제목의 연구 논문을 완성했다고 상상해봅시다. 이 연구와 글쓰기 과정에서 다음과 같은 참고 자료들을 수집하였으며 이들은 차례대로 연구 논문 세 편, YouTube 동영상 하나 그리고 웹사이트 하나입니다:

- The second machine age: Work, progress, and prosperity in a time of brilliant technologies. Brynjolfsson, 2014. https://psycnet.apa.org/record/2014-07087-000
- Leveraging the capabilities of service-oriented decision support systems: Putting analytics an d big data in cloud. Demirkan, 2013. Pages 412-421. https://www.sciencedirect.com/scienc e/article/pii/S0167923612001595

- The Impact of Technostress on Role Stress and Productivity. Tarafdar. Pages 300-350. 2014. https://www.tandfonline.com/doi/abs/10.2753/MIS0742-1222240109
- The big debate about the future of work, explained. Vox. https://www.youtube.com/watch?v=TUmyygCMMGA
- The Impact Of Technology And Automation On Today's Businesses"., Forbes. 2021. The Impact Of Technology And Automation On Today's Businesses (forbes.com), Forbes. 2021.

당연히, 우리는 위의 목록을 연구 논문에 그대로 포함시킬 수 없습니다; 우리는 이에 대해 적절한 형식이 필요합니다. 이를 위해, 우리는 ChatGPT에 원시 참조 목록을 제공하고 특정 형식으로 재생성하도록 요청할 수 있습니다. 예를 들어, 교육, 심리학 및 사회과학에서 참조 형식 스타일로 일반적으로 사용되는 미국 심리학회(APA)의 공식 스타일인 APA 스타일입니다.

ChatGPT가 어떻게 작동하는지 살펴봅시다:

I have the following links as reference for my bibliography:
• "The second machine age: Work, progress, and prosperity in a time of brilliant technologies." Brynjolfsson, 2014. https://psycnet.apa.org/record/2014-07087-000
• "Leveraging the capabilities of service-oriented decision support systems: Putting analytics and big data in cloud." Demirkan, 2013. Pages 412-421. https://www.sciencedirect.com/science/article/abs/pii/S0167923612001595
• "The Impact of Technostress on Role Stress and Productivity". Tarafdar, 2014. Pages 300-350. https://www.tandfonline.com/doi/abs/10.2753/MIS0742-1222240109
• "The big debate about the future of work, explained". Vox, 2017. https://www.youtube.com/watch?v=TUmyygCMMGA
• "The Impact Of Technology And Automation On Today's Businesses". Tim T. Mercer, Forbes. 2021. The Impact Of Technology And Automation On Today's Businesses (forbes.com)

Regenerate those links with APA format. If you don't know some details (like the month and day of publication) don't generate them.

• Brynjolfsson, E. (2014). The second machine age: Work, progress, and prosperity in a time of brilliant technologies. Retrieved from https://psycnet.apa.org/record/2014-07087-000

• Demirkan, H. (2013). Leveraging the capabilities of service-oriented decision support systems: Putting analytics and big data in cloud. MIS Quarterly, 37(4), 412-421. https://doi.org/10.1016/j.dss.2012.05.048

• Tarafdar, M. (2014). The impact of technostress on role stress and productivity. Journal of Management Information Systems, 31(1), 301-328. https://doi.org/10.2753/MIS0742-1222310109

• Vox. (2017). The big debate about the future of work, explained. [Video]. YouTube. https://www.youtube.com/watch?v=TUmyygCMMGA

• Mercer, T. T. (2021). The impact of technology and automation on today's businesses. Forbes. https://www.forbes.com/sites/forbestechcouncil/2021/05/20/the-impact-of-technology-on-workplace-productivity/?sh=1b80a8b875a6

내 참고문헌에 대한 다음 링크들이 있어:
- "The second machine age: Work, progress, and prosperity in a time of brilliant technologies." Brynjolfsson, 2014. https://psycnet.apa.org/record/2014-07087-000
- "Leveraging the capabilities of service-oriented decision support systems: Putting analytics and big data in cloud." Demirkan, 2013. Pages 412-421. https://www.sciencedirect.com/science/article/abs/pii/S0167923612001595
- "The Impact of Technostress on Role Stress and Productivity". Tarafdar, 2014. Pages 300-350. https://www.tandfonline.com/doi/abs/10.2753/MISO742-1222240109
- "The big debate about the future of work, explained". Vox, 2017. https://www.youtube.com/watch?v=TUmyygCMMGA
- "The Impact Of Technology And Automation On Today's Businesses'. Tim T. Mercer, Forbes. 2021. The Impact Of Technology And Automation On Today's Businesses (forbes.com)

이 링크들을 APA 형식으로 다시 만들어줘. 만약 일부 세부 사항들(예: 출판일의 월 및 일)을 모르면 만들지 마.

아래는 주어진 참고문헌을 APA 형식으로 다시 작성한 것입니다. 출판일의 월 및 일 정보가 없는 경우, 그대로 표기하겠습니다.

1. Brynjolfsson, E. (2014). The second machine age: Work, progress, and prosperity in a time of brilliant technologies. APA PsycNET. **https://psycnet.apa.org/record/2014-07087-000**
2. Demirkan, H. (2013). Leveraging the capabilities of service-oriented decision support systems: Putting analytics and big data in cloud. Pages 412-421. ScienceDirect. **https://www.sciencedirect.com/science/article/abs/pii/S0167923612001595**
3. Tarafdar, M. (2014). The Impact of Technostress on Role Stress and Productivity. Pages 300-350. Taylor & Francis Online. **https://www.tandfonline.com/doi/abs/10.2753/MISO742-1222240109**
4. Vox. (2017). The big debate about the future of work, explained. YouTube. **https://www.youtube.com/watch?v=TUmyygCMMGA**
5. Mercer, T. T. (2021). The Impact Of Technology And Automation On Today's Businesses. Forbes. The Impact Of Technology And Automation On Today's Businesses. (**https://www.forbes.com**)

그림 8.11 ChatGPT가 생성한 APA 형식의 참조 목록

ChatGPT가 정확히 알지 못하는 부분은 넣지 말라고 지정한 것에 유의해야 합니다. 실제로, 가끔 ChatGPT가 출판일의 월과 일자 정보를 잘못 넣는 경우도 있었기 때문입니다.

ChatGPT가 도울 수 있는 다른 흥미로운 부분 중 하나는 우리가 인용하고 싶을 가능성이 있는 참고문헌들을 추천해주는 것입니다. 이미 이 장의 첫 부분에서 볼 수 있듯이, ChatGPT는 글쓰기 시작하기 전에 관련된 학술자료들에 대해서 아이디어를 모으는 데 도움을 줍니다. 하지

만 한번 논문 작업이 마무리되면서 중요한 학술자료들의 인용을 잊어버릴수도 있고, 혹은 타인의 연구 결과를 인용했다는 사실조차 알지 못할 때도 있습니다.

ChatGPT는 우리가 잊어버릴 수 있는 참조 자료들에 대해 아이디어를 모으는 데 상당히 유용합니다. 다시 한번 "기술이 업무 생산성에 미치는 영향: 실증 연구" 이라는 제목의 우리의 연구 보고서를 생각해보세요. 이 논문의 요약은 다음과 같습니다:

> 이 실증 연구는 기술이 업무 현장의 생산성에 어떤 영향을 미치는지를 조사합니다. 이 연구의 목표는 기술이 업무 현장에서의 생산성에 얼마나 영향을 미쳤는지 파악하고, 가장 큰 영향을 미친 특정 기술들을 확인하는 것입니다. 다양한 산업 분야의 직원을 대상으로 설문 조사를 실시하고 그 결과를 회귀분석으로 분석하였습니다. 연구 결과, 기술은 업무 현장의 생산성에 상당한 긍정적인 효과를 주며, 특히 커뮤니케이션, 협업 및 작업 관리를 편리하게 하는 기술들이 가장 큰 영향력을 가진다는 것으로 나타났습니다. 이 연구는 이러한 기능을 지원하는 기술에 대한 투자를 계속해야 업무 현장에서 최대의 생산성을 달성할 수 있다고 결론 내렸습니다.

이런 종류의 연구와 관련될 수 있는 모든 가능한 참조를 ChatGPT에게 나열하도록 요청해봅시다:

List all the possible references (papers, articles, videos, blogs etc.) that might be related to the previous abstract

Sure, here are some possible references that might be related to the abstract "The Impact of Technology on Workplace Productivity: An Empirical Study":

- Brynjolfsson, E., & McAfee, A. (2014). The Second Machine Age: Work, Progress, and Prosperity in a Time of Brilliant Technologies. W. W. Norton & Company.
- Brynjolfsson, E., & McAfee, A. (2011). Race Against the Machine: How the Digital Revolution is Accelerating Innovation, Driving Productivity, and Irreversibly Transforming Employment and the Economy. Digital Frontier Press.
- Demirkan, H., Spohrer, J. C., & Krishna, V. (2011). Leveraging the capabilities of service-oriented decision support systems: Putting analytics and big data in cloud. Decision Support Systems, 51(1), 412-421.
- McAfee, A., & Brynjolfsson, E. (2012). Big data: the management revolution. Harvard business review, 90(10), 61-67.
- McAfee, A., & Brynjolfsson, E. (2017). Machine, Platform, Crowd: Harnessing Our Digital Future. W. W. Norton & Company.
- OECD. (2016). The productivity-inclusiveness nexus. OECD.
- Pew Research Center. (2018). The future of work and automation. https://www.pewresearch.org/internet/2018/03/21/the-future-of-work-and-automation/
- Ruggles, R., & Brodie, M. (2018). Technological change and the future of work. Brookings Institution. https://www.brookings.edu/wp-content/uploads/2018/01/ed-technological-change-and-the-future-of-work.pdf
- Tarafdar, M., Tu, Q., Ragu-Nathan, T. S., & Ragu-Nathan, B. S. (2015). The impact of technostress on role stress and productivity. Journal of Management Information Systems, 31(1), 301-328.
- World Economic Forum. (2018). The future of jobs report 2018. World Economic Forum. https://www.weforum.org/reports/the-future-of-jobs-report-2018

그림 8.12 제공된 초록과 관련된 참고문헌 목록

또한 여러분은 논문 내 다른 부분들에서도 이런 절차를 반복해보면서, 작성해야 할 참고문헌 목록에서 중요한 항목을 잊어버리지 않았는지 확인할 수 있습니다.

여러분의 연구가 준비되었다면, 아마도 간결하게 요약하여 설명하는 '엘리베이터 피치' 형식으로 발표해야 할 것입니다. 다음 장에서는 ChatGPT가 이런 일을 어떻게 지원할 수 있는지 알아보도록 하겠습니다.

연구 발표 생성

연구 과정의 마지막 단계는 종종 다양한 대상들에게 연구 결과를 발표하는 것입니다. 이는 발표자료, 바료 대본, 웹세미나 등을 준비하고 연구자가 다양한 종류의 관객에게 발표해야 하는 상황을 포함할 수 있습니다.

예를 들어, 우리의 연구인 "기술이 업무 생산성에 미치는 영향: 실증 연구"가 석사 학위 논문 토론을 위한 것이라고 가정해봅시다. 그 경우에, 우리는 ChatGPT에게 15분 동안 지속될 예정이며 과학적 방법을 준수하는 발표 구조를 만들어 달라고 요청할 수 있습니다. 어떤 결과가 나오는지 살펴보겠습니다. (문맥상, 이전 단락의 초록을 참조하고 있습니다):

V

I have to discuss my thesis titled "The Impact of Technology on Workplace Productivity: An Empirical Study" with the previous abstract. Generate a thesis discussion structure that addresses a commission of professors. It should last no longer than 15 minutes. The structure should follow the scientific approach.

Title: "The Impact of Technology on Workplace Productivity: An Empirical Study"

Thesis Discussion Structure:

I. Introduction

- Greeting and introduction of the topic
- Briefly explain the background and significance of the research question

II. Research Objectives and Hypotheses

- State the specific research objectives and hypotheses of the study
- Provide a rationale for the chosen objectives and hypotheses

III. Methodology

- Describe the research design and approach (e.g., empirical study, survey, data collection methods)
- Explain the sample selection process and data collection procedures
- Discuss the variables and measurements used in the study
- Highlight any statistical analysis techniques employed

"기술이 업무 생산성에 미치는 영향: 실증 연구"라는 제목의 내 논문을 이전의 요약을 가지고 논의해야 해. 교수님들로 구성된 위원회에게 맞춰진 논문 토론 구조를 만들어봐. 이건 15분보다 길지 않아야 돼. 그 구조는 과학적 접근법을 따라야 해.

제목: "기술이 업무 생산성에 미치는 영향: 실증 연구"

논문 토론 구조

I. 소개 (Introduction)

- 연구 주제 및 목적 소개
- 연구의 중요성 및 배경 소개
- 연구의 주요 질문 및 가설 소개
- 연구 방법 및 구조 개요 제시

II. 문헌 고찰 (Literature Review)

- 이전 연구 및 학문적 관점에서의 기술과 생산성 관련 연구 리뷰
- 기술과 생산성 사이의 연관성을 다루는 중요한 이론 및 모델 소개

III. 연구 방법론 (Methodology)

- 연구 설계 및 접근 방법 소개 (실증 연구)
- 연구 샘플 선정과 데이터 수집 방법 설명
- 사용된 변수와 측정 방법 설명
- 통계 분석 기법 소개

IV. 주요 결과 (Key Findings)

그림 8.13 ChatGPT에 의해 생성된 논문 토론

정말 인상적입니다. 대학 시절을 돌이켜보면 이렇게 토론 설계에 도움이 되는 도구가 있었다면 유용했을 것입니다.

이런 구조를 바탕으로, 우리는 ChatGPT에게 석사 학위 논문 토론을 위한 발표 자료를 만들어 달라고 요청할 수도 있습니다.

참고

1장에서 우리는 이미 AI 기반 도구인 Tome AI의 예를 보았습니다. 이 도구는 텍스트 생성과 이미지 생성을 모두 사용하여 엔드-투-엔드로 발표 자료를 생성합니다. 이 단락에서는 텍스트 생성 구성 요소에 초점을 맞추겠지만, 자료 자체의 생성에 도움을 줄 수 있는 AI 도구도 있다는 것을 기억해주세요.

이 요청을 진행해보겠습니다.

V generate a slide deck template for the previous pitch.

Sure! Here's a slide deck template for your thesis discussion presentation:

Slide 1: Title

- Title of the presentation: "The Impact of Technology on Workplace Productivity: An Empirical Study"
- Your name and affiliation

Slide 2: Introduction

- Greeting and introduction
- Briefly explain the background and significance of the research question

Slide 3: Research Objectives and Hypotheses

- State the specific research objectives and hypotheses of the study
- Provide a rationale for the chosen objectives and hypotheses

Slide 4: Methodology

- Describe the research design and approach
- Explain the sample selection process and data collection procedures
- Discuss the variables and measurements used in the study

Slide 5: Results and Findings

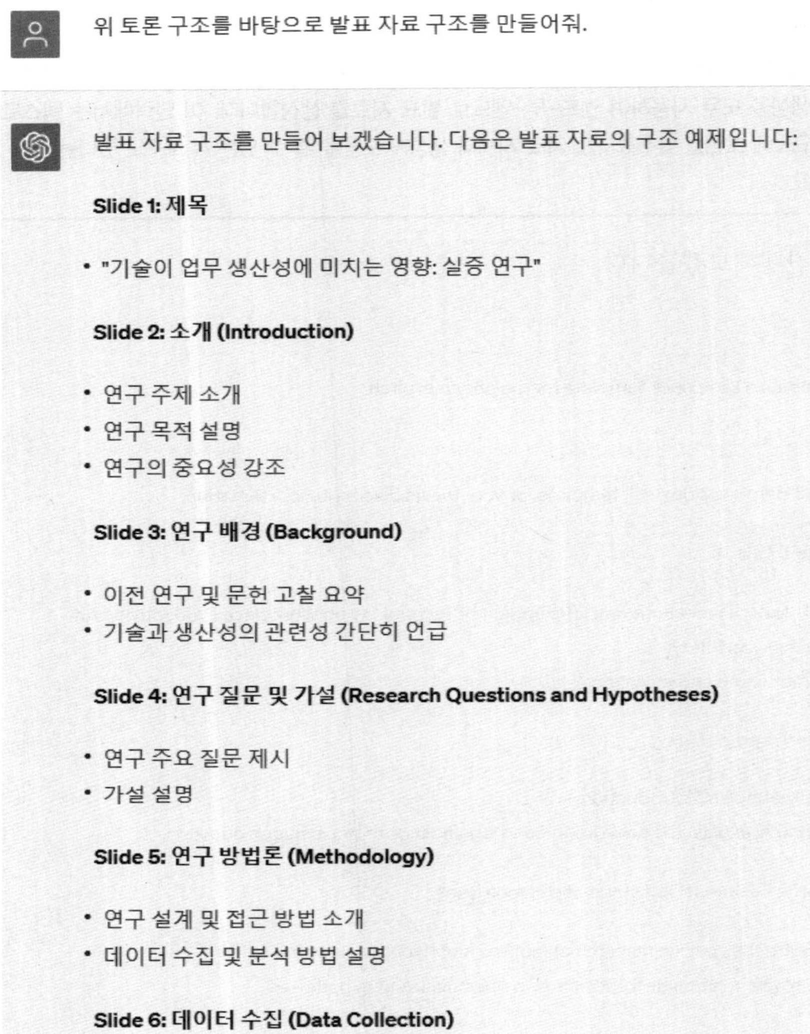

그림 8.14 토론 구조에 기반한 발표 자료 구조

마지막으로, 우리의 논문 토론이 그 주제를 계속해서 연구하기 위해 연구비 지원 대상으로 선정될 정도로 훌륭했다고 가정해보겠습니다. 이제 자금위원회를 설득하려면 엘리베이터 피치가 필요합니다. ChatGPT에 도움을 요청해보겠습니다.

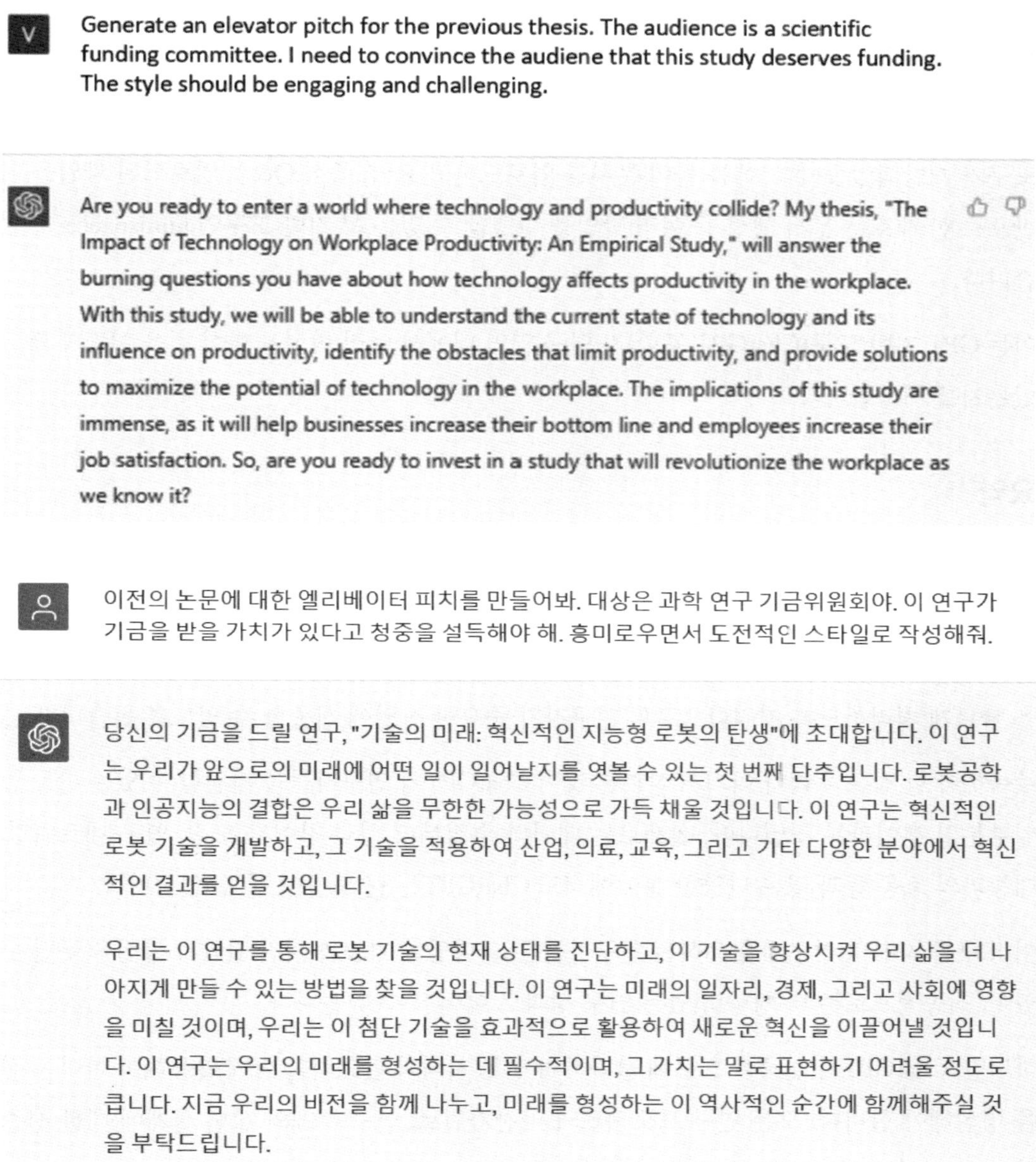
Generate an elevator pitch for the previous thesis. The audience is a scientific funding committee. I need to convince the audiene that this study deserves funding. The style should be engaging and challenging.

Are you ready to enter a world where technology and productivity collide? My thesis, "The Impact of Technology on Workplace Productivity: An Empirical Study," will answer the burning questions you have about how technology affects productivity in the workplace. With this study, we will be able to understand the current state of technology and its influence on productivity, identify the obstacles that limit productivity, and provide solutions to maximize the potential of technology in the workplace. The implications of this study are immense, as it will help businesses increase their bottom line and employees increase their job satisfaction. So, are you ready to invest in a study that will revolutionize the workplace as we know it?

이전의 논문에 대한 엘리베이터 피치를 만들어봐. 대상은 과학 연구 기금위원회야. 이 연구가 기금을 받을 가치가 있다고 청중을 설득해야 해. 흥미로우면서 도전적인 스타일로 작성해줘.

당신의 기금을 드릴 연구, "기술의 미래: 혁신적인 지능형 로봇의 탄생"에 초대합니다. 이 연구는 우리가 앞으로의 미래에 어떤 일이 일어날지를 엿볼 수 있는 첫 번째 단추입니다. 로봇공학과 인공지능의 결합은 우리 삶을 무한한 가능성으로 가득 채울 것입니다. 이 연구는 혁신적인 로봇 기술을 개발하고, 그 기술을 적용하여 산업, 의료, 교육, 그리고 기타 다양한 분야에서 혁신적인 결과를 얻을 것입니다.

우리는 이 연구를 통해 로봇 기술의 현재 상태를 진단하고, 이 기술을 향상시켜 우리 삶을 더 나아지게 만들 수 있는 방법을 찾을 것입니다. 이 연구는 미래의 일자리, 경제, 그리고 사회에 영향을 미칠 것이며, 우리는 이 첨단 기술을 효과적으로 활용하여 새로운 혁신을 이끌어낼 것입니다. 이 연구는 우리의 미래를 형성하는 데 필수적이며, 그 가치는 말로 표현하기 어려울 정도로 큽니다. 지금 우리의 비전을 함께 나누고, 미래를 형성하는 이 역사적인 순간에 함께해주실 것을 부탁드립니다.

그림 8.15 주어진 논문에 대한 엘리베이터 피치

우리는 항상 결과를 조정하고 우리가 찾고 있는 결과에 더 부합하도록 만들 수 있습니다. 그러나 이미 사용 가능한 구조와 프레임워크가 있으면 많은 시간을 절약할 수 있고 우리가 가져오고 싶은 기술 콘텐츠에 더 집중할 수 있습니다.

전반적으로 ChatGPT는 문헌 수집 및 검토부터 연구의 최종 제안 생성에 이르기까지 연구의

엔드투엔드 여정을 지원할 수 있으며, 이것이 연구원을 위한 훌륭한 AI 보조자가 되는 방법을 보여주었습니다.

또한 연구 분야에서는 최근 ChatGPT와 다르지만, 여전히 GPT 모델을 기반으로 하는 일부 도구가 개발되었습니다. 예를 들어 문서를 업로드하고 요약, 즉석 Q&A, 업로드된 파일을 기반으로 한 새로운 문서 생성 등 여러 작업을 수행할 수 있는 AI 기반 도구인 humanata.ai가 있습니다.

이는 GPT 기반 도구(ChatGPT 포함)가 연구 영역 내에서 여러 혁신을 향한 길을 어떻게 닦고 있는지를 시사합니다.

요약

이번 장에서 우리는 연구자들에게 유용한 도구로서 ChatGPT를 어떻게 활용할 수 있는지 살펴보았습니다. 문헌 조사부터 실험 설계, 참고문헌 작성과 정리, 그리고 발표 자료 제작까지 이런 과정에서 ChatGPT는 추가적인 가치를 거의 또는 전혀 창출하지 못하는 일련의 작업들을 빠르게 처리하도록 지원함으로써 연구자가 중요한 작업에 집중할 수 있도록 돕습니다.

주목해야 할 점은 우리가 여기서 살펴본 것이 ChatGPT가 연구자들을 지원할 수 있는 활동 중 일부분일 뿐이라는 것입니다. 실제로는 데이터 수집부터 실험 참여자 모집, 연구 네트워킹, 대중과의 소통 등과 같은 다양한 분야에서도 ChatGPT는 큰 도움이 될 수 있습니다.

이 도구를 자신의 연구에 활용하는 연구자들은 그 다양한 기능과 시간 절약의 장점을 누릴 수 있어, 최종적으로는 더 영향력 있는 연구 성과로 이어질 수 있습니다.

하지만, ChatGPT가 결국은 도구에 불과하며 전문 지식과 판단력을 함께 활용해야 한다는 점을 명심해야 합니다. 모든 연구 프로젝트와 마찬가지로, 연구 주제와 실험 설계에 대한 신중한 고려 없이는 결과의 타당성 및 신뢰성을 확보할 수 없습니다.

이번 장으로서 우리는 이 책의 2부를 마치게 됩니다. 여기서는 ChatGPT가 활용될 수 있는 다양한 상황과 분야에 집중했습니다. 하지만 그 과정에서 우리가 주로 살펴본 것은 개인적 생산성 향상에서부터 연구 지원까지, 주로 개인이나 소규모 팀에서의 활용 방안이었습니다. 3부에서 우리는 Microsoft Azure 클라우드 상에서 사용할 수 있는 OpenAI 모델 API들을 어떻게 활용해 대기업 규모 프로젝트에 ChatGPT와 같은 생성형 AI 기술을 적용할 수 있는지 알아볼 것입니다.

참조

- https://scholarworks.lib.csusb.edu/cgi/viewcontent.cgi?article=2131&context=etd
- http://ww16.spotlightonresearch.com/mental-health-research/the-impact-of-social-media-on-mental-health?sub1=20230906-1249-241a-9d4c-823fd9f5e593
- https://digitalcommons.bard.edu/cgi/viewcontent.cgi?article=1028&context=senproj_f2020
- https://www.humata.ai/

기업용 OpenAI

PART 3

본 파트3에서는 여러분에게 OpenAI 모델의 기업 응용 분야를 소개합니다.

OpenAI와 Microsoft의 파트너십 소개로 시작되며, 이어서 Azure OpenAI 서비스가 시장 출시에 대해 설명합니다. Azure OpenAI 서비스는 클라우드 관리 서비스로, 클라우드 규모 아키텍처의 확장성, 유연성 및 보안을 모두 갖춘 OpenAI 모델을 제공합니다.

그런 다음 실용적인 부분에 대한 내용으로 진행되며 기업 사용 사례에 대한 개요를 제공합니다. 각 사용 사례는 비즈니스 시나리오의 설명과 Python 및 Azure OpenAI의 모델 API를 사용한 end-to-end 구현을 제공합니다. 다루어지는 시나리오로는 HR 어시스턴트, 계약 분석, 콜 센터 분석 및 의미적 검색이 포함됩니다.

마지막으로 이 파트에서는 본 책에서 다루는 전체적인 내용을 요약합니다. 최신 업데이트 사항들(예 : GPT-4와 같은 다중 모달 대형 모델의 소개)을 포함합니다. 또한 최근 급속하게 발전한 Generative AI 기술의 성장과 근시일 내에 예상되는 것에 대한 몇 가지 사고 및 고찰에 관한 내용을 제공합니다.

이 파트는 다음과 같은 챕터들로 구성됩니다:

제9장

기업용 OpenAI 및 ChatGPT - Azure OpenAI 소개

이 장에서는 OpenAI 모델의 기업 수준 응용에 초점을 맞추며 OpenAI와 Microsoft, 그리고 Azure OpenAI (AOAI) 서비스 간의 파트너십을 소개합니다. 우리는 인공 지능 (AI) 분야에서 Microsoft의 이정표와 발전을 살펴볼 것이며, Azure 클라우드가 OpenAI의 영역으로 진입한 과정을 강조하고 이것이 대규모 조직에게 어떤 변화를 가져왔는지를 설명합니다. 마지막으로, 우리는 responsible AI 주제를 다루며 AI 시스템이 윤리적 기준을 준수하는지 확인하는 방법에 대해 고려할 것입니다.

이 챕터에서는 다음 주제들에 대해 논의합니다:

- Microsoft와 OpenAI의 파트너십 역사와 AOAI 서비스 도입
- OpenAI 모델의 맥락에서 퍼블릭 클라우드의 역할
- responsible AI

이 장을 마치면, 여러분은 AOAI 서비스의 주요 기능과 지금까지 논의한 OpenAI 모델과의 차이에 대해 배웠을 것입니다. 여러분은 또한 Microsoft와 OpenAI 간의 파트너십 역사에 대해 알게 되며, 왜 기업 규모의 인프라에 OpenAI 모델을 배치해야 했는지를 이해할 것입니다. 마지막으로, 여러분은 Microsoft의 지속적이고 오래 지속되는 responsible AI에 대한 약속과 이것이 AOAI 서비스에 어떻게 이익을 주는지를 이해하게 될 것입니다.

기술 요구 사항

이 장의 기술 요구 사항은 다음과 같습니다.

- 다음 URL을 통해 무료로 Azure를 구독할 수 있습니다: https://azure.microsoft. com/free/cognitive-services.
- 원하는 Azure 구독에서 Azure OpenAI에 액세스 권한이 부여됩니다. 이 글을 쓰는 시점에서 이 서비스에 대한 액세스는 애플리케이션을 통해서만 허용됩니다. https://aka.ms/oai/access에서 양식을 작성하여 Azure OpenAI에 대한 액세스를 신청할 수 있습니다.

기업 수준 AI를 위한 OpenAI 및 Microsoft – Azure OpenAI 소개

Microsoft는 AI 연구 및 개발에 대한 오랜 역사를 가지고 있으며, 복잡한 문제 해결과 생산성 향상을 위해 기업 및 개인이 사용할 수 있는 AI 기반 도구와 서비스를 구축하는 데 중점을 두고 있습니다.

그리고 음성 인식 (2017), 기계 번역 (2018), 대화형 Q&A (2019), 이미지 캡션 생성 (2020) 및 자연어 이해 (2021)와 같은 AI 분야에서 인간 수준의 도달을 위한 여러 이정표를 자랑합니다.

> **정의**
>
> 인공 지능에서의 인간 수준 동등은 인공 지능 시스템이 인간과 동등하거나 구별할 수 없는 수준으로 작업을 수행할 수 있는 지점을 의미합니다. 이 개념은 종종 자연어 이해, 음성 인식, 이미지 인식과 같은 영역에서 특히 인공 지능 시스템의 성능을 측정하는 데 사용됩니다. 인간 수준 동등의 달성은 특정 영역에서 인간의 능력과 효과적으로 맞먹을 수 있는 인공 지능의 능력을 증명하는 중요한 이정표로 간주됩니다.

다음 몇 섹션에서는 Microsoft AI 분야에서의 연구 역사와 배경을 탐색하여 OpenAI와의 파트너십으로 나아가는 과정과 AOAI 서비스의 개발을 완전히 이해해 볼 것입니다.

Microsoft AI 배경

AI 분야의 초기 연구는 Microsoft가 1990년대 후반에 머신 러닝 (ML) 및 응용 통계 그룹을 설립한 시기로 거슬러 올라갑니다. 이를 시작으로 Microsoft는 지능형 에이전트와 가상 어시스턴트에 대한 연구와 실험을 시작했습니다. 이 경우에는 프로토타입으로서 Microsoft Office용 개인 디지털 어시스턴트인 Clippy가 있었습니다:

그림 9.1 Clippy는 기본 오피스 어시스턴트로 2000년에 출시되었습니다.

Clippy는 Cortana와 같은 더 정교한 도구보다 앞서 개발된 선구자 격의 오피스 어시스턴트였습니다. 2014년에 출시된 Cortana는 자연어 처리 (NLP)와 머신 러닝 (ML)을 활용하여 사용자에게 맞춤형 지원을 제공하는 디지털 어시스턴트입니다.

그 후 2016년에는 Microsoft Project Oxford의 확장으로, Microsoft가 Azure 클라우드에서 Microsoft Cognitive Services를 출시했습니다. 이는 개발자들에게 ML과 데이터 과학 전문 지식이 필요하지 않고도 AI 기능을 제공하는 API 세트였습니다:

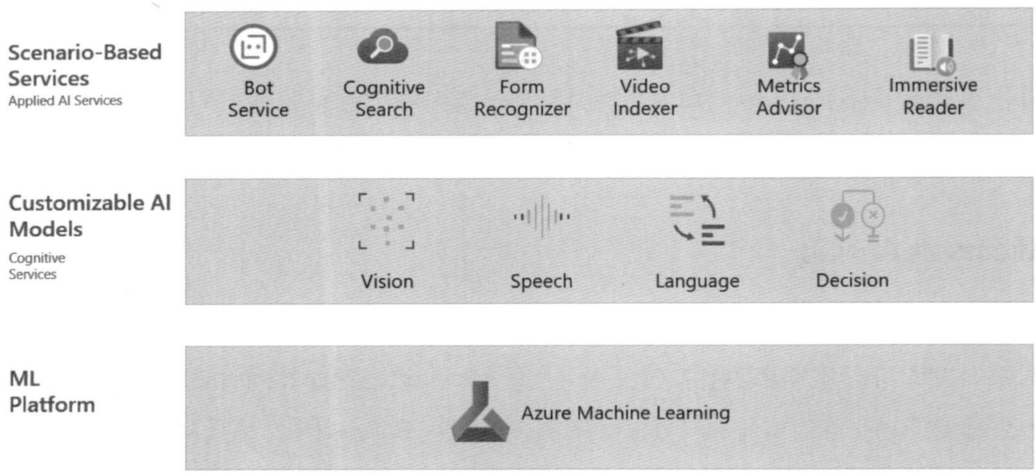

그림 9.2 Microsoft Azure AI services

인지 서비스(Cognitive Services)로 이제 대규모 기업부터 개인 개발자까지 다양한 사용자들이

AI를 활용할 수 있게 되었습니다. 이를 통해 우리는 지금 우리가 AI 민주화라고 부르는 것을 목격했습니다. AI는 이제 더 이상 깊은 기술 지식과 강력하고 비싼 모델 훈련용 하드웨어를 갖춘 사람들의 특권이 아닙니다. 인지 서비스는 다음과 같은 이유로 개발되었습니다:

- 데이터 과학자부터 비즈니스 사용자까지 누구나 코드를 작성하지 않고 인지 서비스를 활용할 수 있도록 함
- 미리 훈련된 사전 구축 모델 세트를 제공하여 GPU 기반 하드웨어 없이도 사용할 수 있도록 함

Microsoft의 AI에 대한 투자는 최근 몇 년간 AI 기업 인수로 확인할 수 있습니다. 이에는 2016년에 SwiftKey (예측 키보드 앱: https://blogs.microsoft.com/blog/2016/02/03/microsoft-acquires-swiftkey-in-support-of-re-inventing-productivity-ambition/)을 인수한 사례, 2017년에 Maluuba (심층 학습 스타트업: https://blogs.microsoft.com/blog/2017/01/13/microsoft-acquires-deep-learning-startup-maluuba-ai-pioneer-yoshua-bengio-advisory-role/)를 인수한 사례, 그리고 2018년에 Bonsai (AI 모델을 구축하는 플랫폼: https://blogs.microsoft.com/blog/2018/06/20/microsoft-to-acquire-bonsai-in-move-to-build-brains-for-autonomous-systems/)를 인수한 사례가 포함됩니다.

Microsoft가 투자하고 파트너십을 맺은 회사들 가운데 OpenAI도 포함됩니다.

이 두 기술 회사 간의 파트너십은 2016년에 시작되었습니다. 그때 OpenAI는 자사의 AI 실험을 실행하기 위해 Microsoft의 Azure 클라우드 인프라를 활용하기로 합의했습니다. 이후 2019년에는 Microsoft가 OpenAI와 10억 달러의 파트너십을 발표했습니다. (https://news.microsoft.com/2019/07/22/openai-forms-exclusive-computing-partnership-with-microsoft-to-build-new-azure-ai-supercomputing-technologies/) 이 파트너십은 인류의 이익을 위해 사용될 수 있는 AI 모델과 기술을 개발하기 위한 것입니다. 이 파트너십은 다음 세 가지 주요 기반에서 이루어졌습니다:

- Microsoft와 OpenAI는 함께 새로운 Azure 초고성능 컴퓨팅 인프라를 구축하여 AI 모델을 훈련할 것입니다.
- OpenAI는 자사의 모델과 기술을 Azure 클라우드에서 사용 가능하게 만들 것입니다.
- Microsoft는 OpenAI의 시장에 새로운 AI 솔루션을 상용화하는 파트너가 될 것입니다.

이후 두 회사는 계속해서 투자하고 연구를 진행하였으며, 마침내 2023년 1월에 AOAI 서비스를 통해 Azure에서 OpenAI 모델 세트가 사용 가능하게 되었습니다.

AOAI 서비스의 일반적인 이용 가능성과 함께 새로운 이정표가 달성되었으며, Microsoft의 AI 포트폴리오가 OpenAI의 강력한 대형 언어 모델로 확장되었습니다.

Azure OpenAI Service

AOAI 서비스는 Microsoft의 제품으로, GPT-3.5, Codex, DALL-E와 같은 OpenAI의 강력한 언어 모델에 대한 REST API 액세스를 제공합니다. 이 모델들은 OpenAI 모델과 마찬가지로 콘텐츠 생성, 요약, 의미적 검색, 자연어 및 코드 번역과 같은 작업에 사용할 수 있습니다.

Microsoft Azure AI 포트폴리오의 맥락에서, AOAI 서비스는 다음과 같은 인지 서비스 제공 사항 중에서 공존합니다:

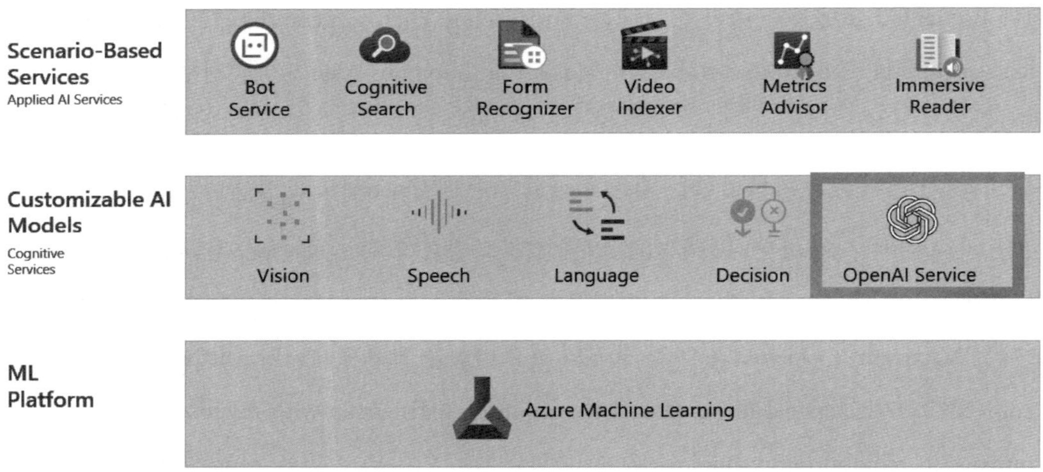

그림 9.3 일반적으로 이용 가능한 (General Availability) AOAI 서비스

기타 인지 서비스 제공과 마찬가지로, AOAI는 이미 훈련되어 사용 가능한 모델을 제공합니다.

AOAI 리소스를 생성하려면 다음 지침을 따르세요:

1. URL: https://ms.portal.azure.com 을 따라 Azure 포털에 이동하세요.

2. 리소스 만들기 (Create a resource)를 클릭하세요.

3. 'azure openai'를 입력하고 '만들기 (Create)'를 클릭하세요.

4. 필요한 정보를 입력한 후 '검토 + 만들기 (Review + create)'를 클릭하세요.

이는 다음 스크린샷에서 확인할 수 있습니다:

그림 9.4 AOAI 리소스 생성 단계

이 과정은 몇 분 정도 걸릴 수 있습니다. 한 번 준비되면 모델을 배포하기 전에 테스트할 수 있는 사용자 친화적 인터페이스인 AOAI Playground로 바로 이동할 수 있습니다:

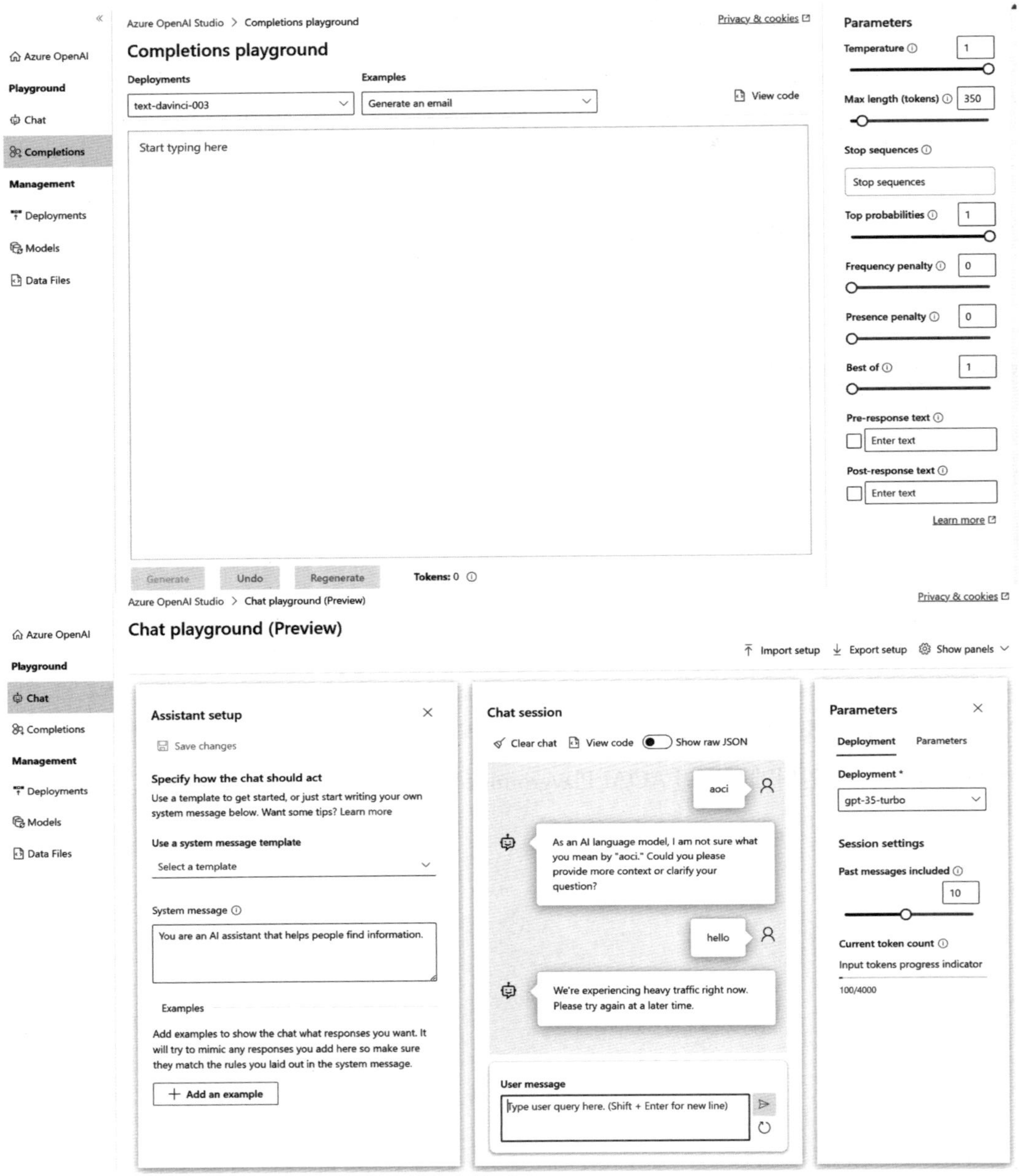

그림 9.5 AOAI UI와 Playground

AOAI Playground는 2장에서 본 OpenAI Playground 버전과 거의 동일한 모습입니다. 차이점은 여기에서 AOAI 모델을 사용하려면 모델에 연결할 수 있는 서버리스(serverless) 컴퓨팅 인스턴스인 배포를 시작해야 한다는 점입니다. 이 작업은 Playground에서 수행하거나 Azure 포털의 리소스 백엔드 페이지에서 할 수 있습니다.

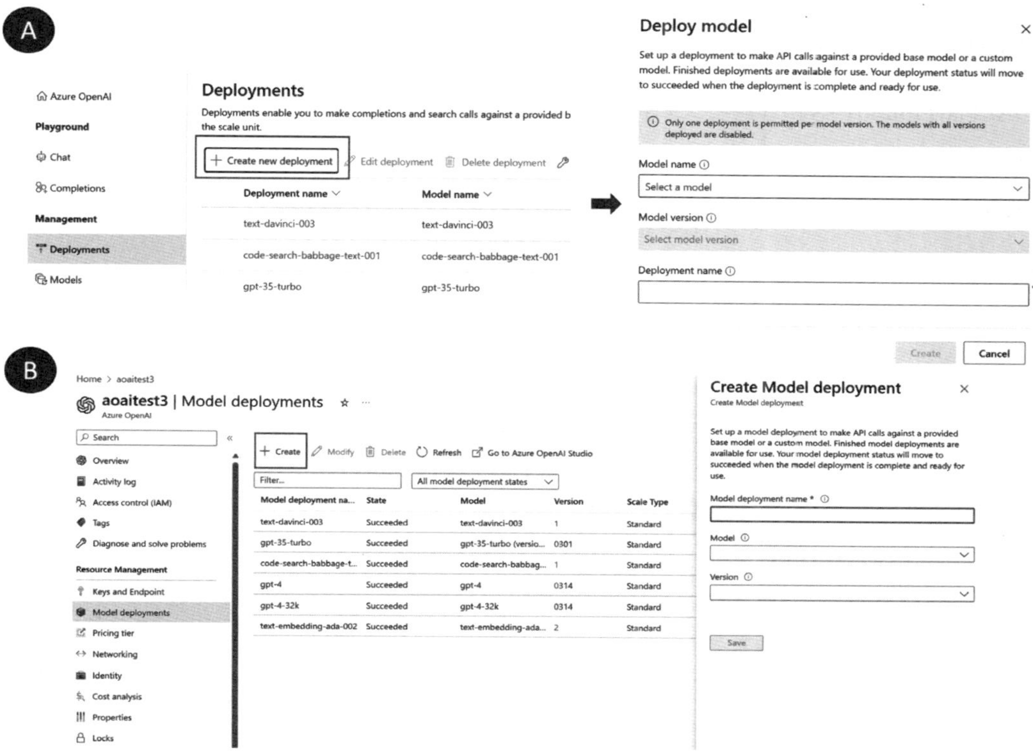

그림 9.6 AOAI Playground를 통해 새로운 AOAI 배포를 생성하기 (A) 또는 Azure 포털에서 생성하기 (B)

예를 들어, 그림 9.7과 같이 text-davinci-003이라는 배포를 생성하여 연결된 text-davinci-003 모델이 있습니다:

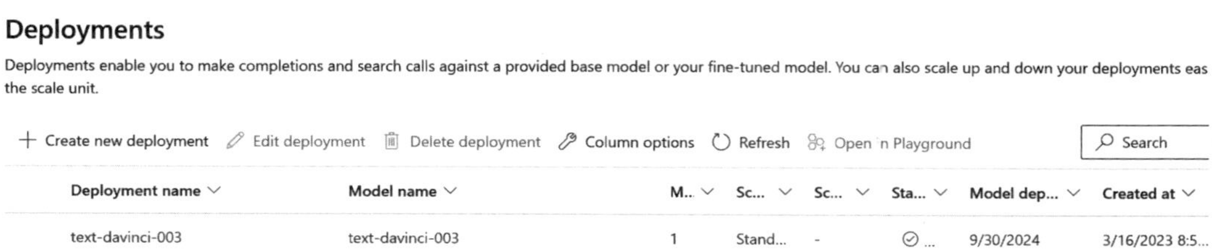

그림 9.7 활성화된 AOAI 배포

OpenAI Playground에서는 이러한 모델을 사용자 인터페이스를 통해 직접 테스트하거나 API를 응용 프로그램에 포함시켜 테스트할 수 있습니다. 다음 섹션에서는 Playground와 상호작용하고 다양한 모델 구성을 시도하는 방법을 알아보겠습니다. 10장에서는 AOAI의 모델 API를 기업 응용 프로그램에 통합하는 방법을 배우게 될 것입니다.

Playground 탐색하기

AOAI Playground는 백그라운드 모델을 알아보고 프로젝트에 가장 적합한 모델 버전을 계획하는 가장 쉬운 방법입니다. 사용자 인터페이스는 다양한 탭과 작업 공간을 제공합니다. 아래 스크린샷에서 확인할 수 있습니다:

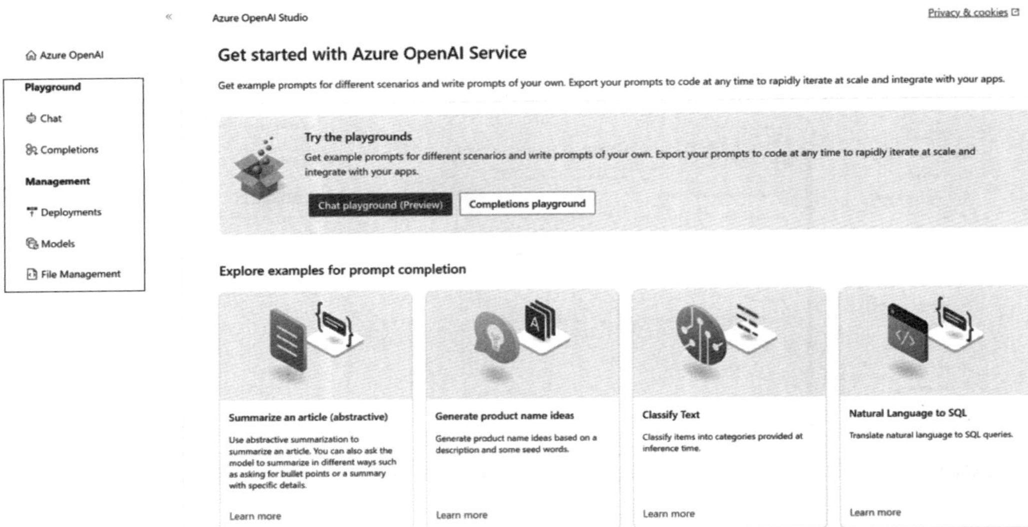

그림 9.8 AOAI Playgound 개요

각각을 살펴보겠습니다:

- **Playground | Chat:** 채팅 작업 공간은 ChatGPT의 모델인 GPT-3.5-turbo와 같은 대화형 모델과 함께 사용하기 위해 설계되었습니다:

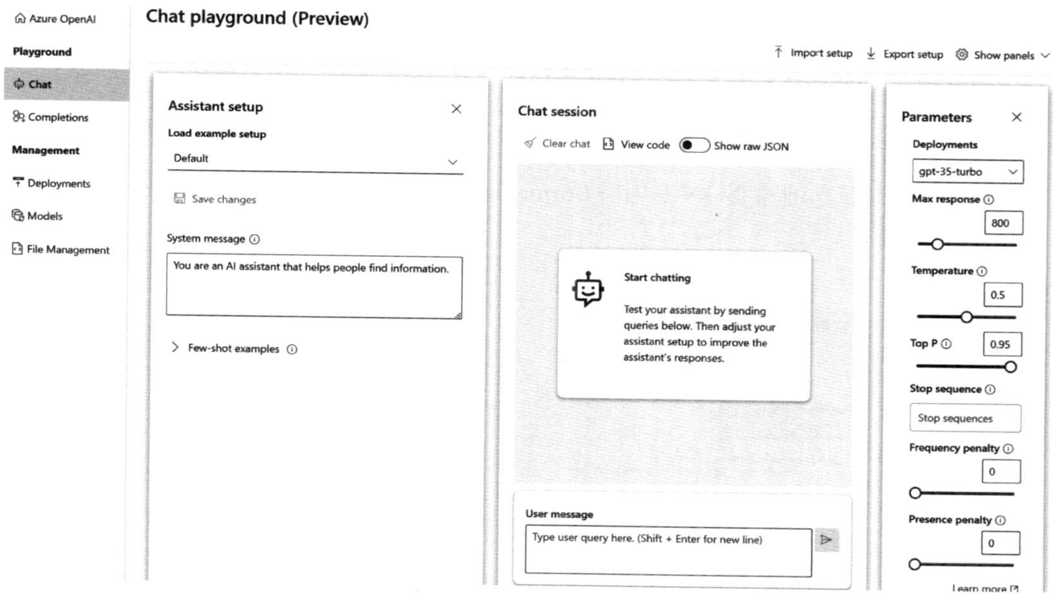

그림 9.9 AOAI Chat의 작업 공간

이는 ChatGPT 자체와 유사한 경험을 제공하며 (2장에서 OpenAI Playground에서 본 것과 같이) 추가 매개변수를 사용하여 모델을 구성할 수 있는 기능을 제공합니다. 더욱 흥미로운 것은 시스템 메시지(System message)라고 불리는 Chat 작업 공간의 추가 기능입니다:

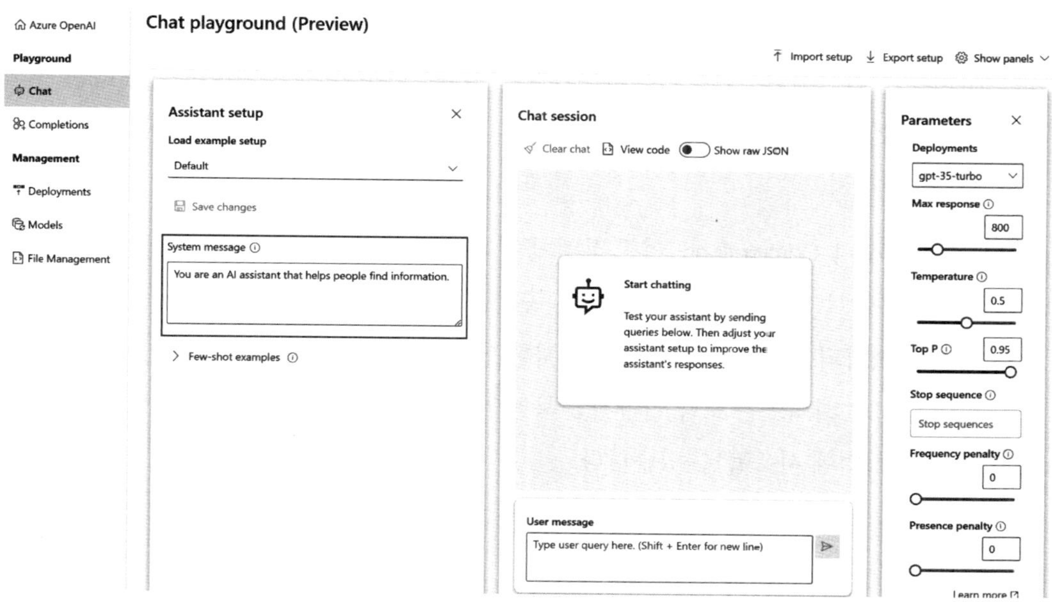

그림 9.10 시스템 메시지 예시

시스템 메시지는 모델에게 어떻게 동작하고 우리와 상호작용해야 하는지를 알려주는 지시문 집합입니다. 프롬프트와 마찬가지로, 시스템 메시지는 모델의 구성의 주요 구성 요소를 대표합니다. 왜냐하면 모델 성능에 큰 영향을 미치기 때문입니다.

예를 들어, 모델에게 JSON 포매터 (formatter) 어시스턴트처럼 동작하도록 지시해 봅시다:

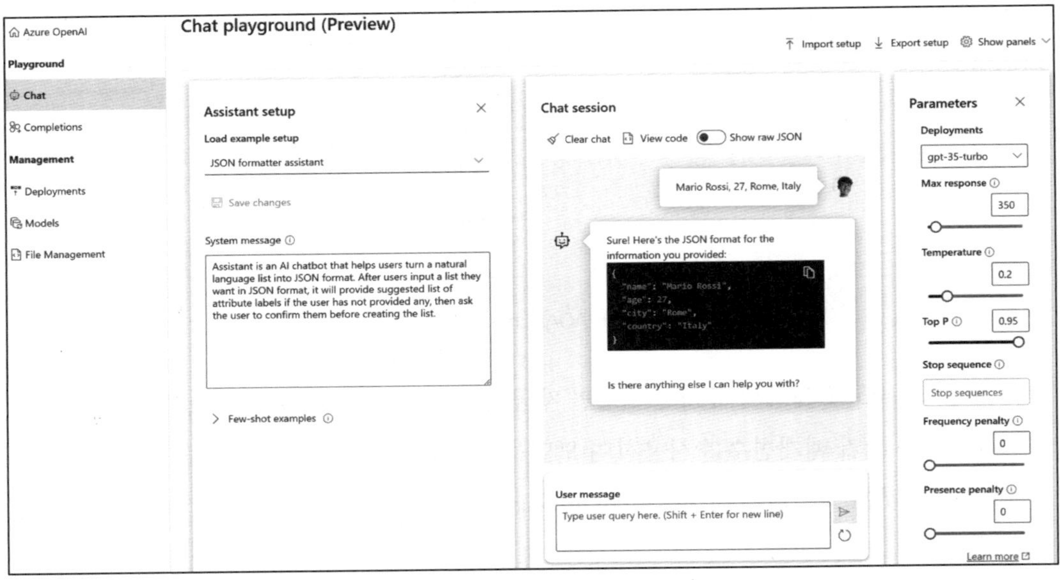

그림 9.11 JSON 포매터 어시스턴트로 동작하는 모델의 예

이전 스크린샷에서 볼 수 있듯이, 모델은 이름과 나이와 같은 간단한 데이터를 통해 JSON 파일을 제안할 수 있었습니다. 이때 어떤 레이블을 지정할 필요 없이 진행되었습니다.

- **Playground | Completions:** 이전 작업 공간과는 달리 Completions 작업 공간은 모델과 상호작용할 수 있는 종류의 백지 같은 공간을 제공합니다. GPT-3.5-turbo는 대화형 작업에 최적화되어 있습니다(챗봇과 유사한 인터페이스를 통해 사용할 수 있음). 그와는 달리 GPT-3 시리즈는 보다 일반적인 목적의 모델로, 콘텐츠 생성, 요약 등과 같은 다양한 언어 작업에 사용될 수 있습니다.

  예를 들어, 주제의 설명과 일회성 예시를 제공하여 모델에게 퀴즈를 생성하도록 요청할 수 있습니다. 아래와 같이 보여집니다:

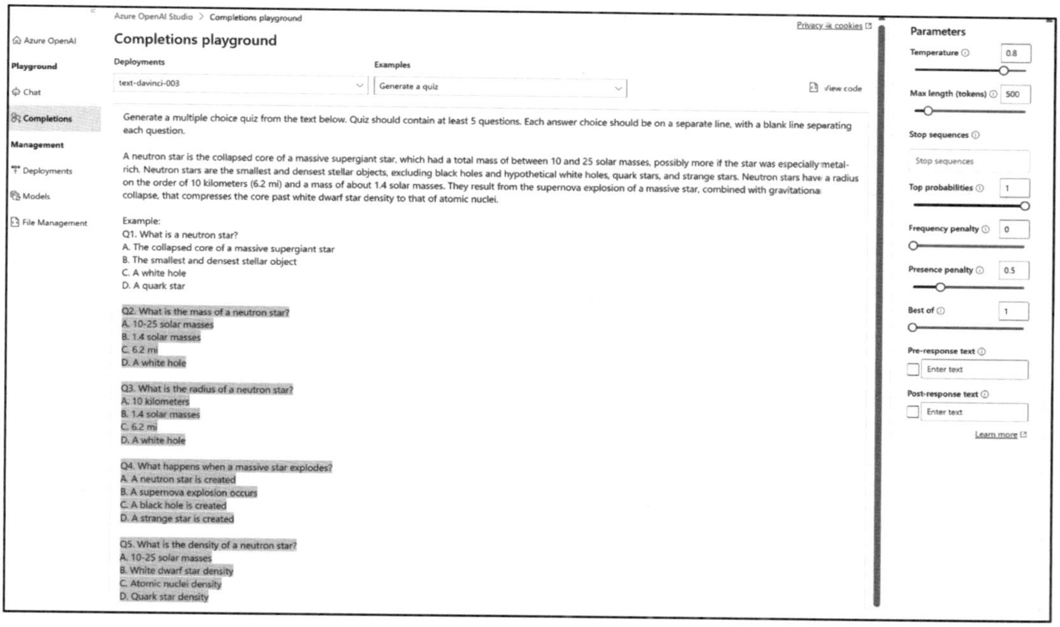

그림 9.12 GPT 모델이 퀴즈를 생성하는 예시

마지막으로, 채팅 작업 공간과 마찬가지로 Completions에서도 최대 토큰 수나 온도(이러한 매개변수와 그 의미에 대한 포괄적인 목록은 2장을 참조하세요)와 같은 매개변수를 구성할 수 있습니다.

- **Management | Deployments:** 배포 탭 내에서는 AOAI 모델과 연결될 새로운 배포를 생성하고 관리할 수 있습니다. 아래에 그림으로 나타나 있습니다:

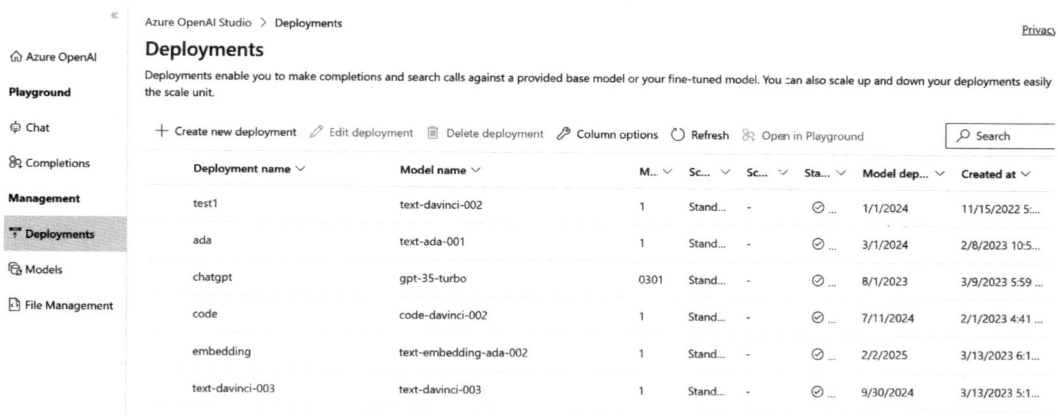

그림 9.13 AOAI 배포 리스트

각 배포는 하나의 모델만 호스팅할 수 있습니다. 언제든지 배포를 편집하거나 삭제할 수 있습니다. 이전에 언급했듯이, 모델 배포는 AOAI 서비스 내의 Completions 또는 Chat 작업 공간을 사용하기 위한 활성화 단계입니다.

- **Management | Models:** 이 탭 내에서는 AOAI 서비스 내에서 사용 가능한 모델 및 그 중에서 배포될 수 있는 모델 (아직 배포되지 않은 모델)을 빠르게 평가할 수 있습니다. 예를 들어, 아래의 스크린샷을 고려해 보겠습니다:

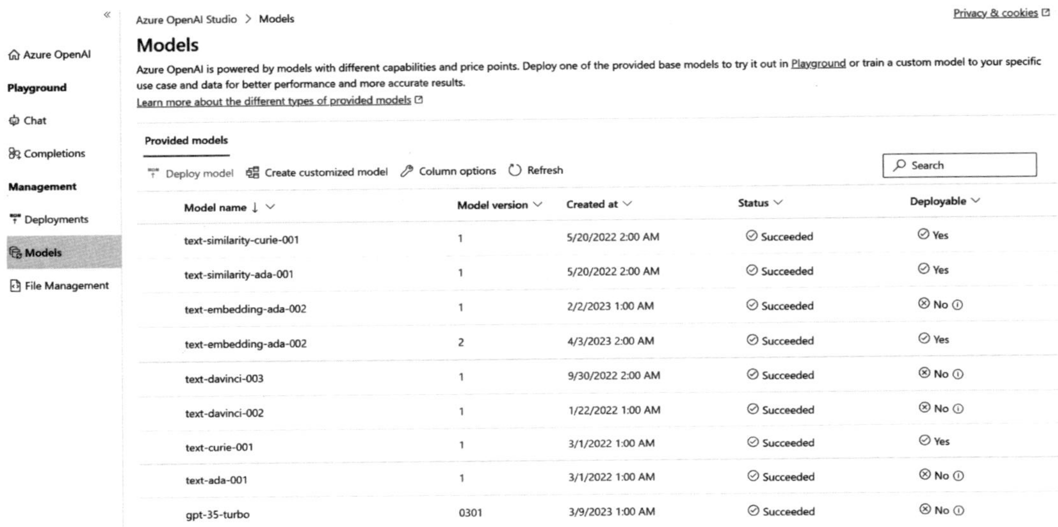

그림 9.14 AOAI 모델 리스트

여기서는 text-similarity-curie-001이 있습니다. 이 모델에는 연결된 배포가 없으므로 배포할 수 있습니다 (배포 가능 열에 표시됨). 반면에, text-similarity-ada-002는 이미 배포가 있기 때문에 더 이상 사용할 수 없습니다.

이 탭 내에서는 또한 세밀 조정 (fine-tuning)이라는 절차를 따라 사용자 정의 모델을 생성할 수도 있습니다. 이에 대해서는 2 장에서 자세히 알아보았습니다:

그림 9.15 모델 세밀 조정 예시

이 안내형 위젯을 통해 교육 및 검증 데이터를 업로드하여 기본 모델(즉, text-davinci-002)에서 시작하여 전용 배포에 호스팅될 맞춤형 모델을 생성할 수 있습니다.

> **참고**
>
> 2장에서 본 바에 따르면 교육 데이터셋은 다음 유형의 특정 형식(JSONL이라고 불리는)과 일치해야 합니다:
>
> ```
> {"prompt": "<prompt text>", "completion": "<ideal generated text>"}
> {"prompt": "<prompt text>", "completion": "<ideal generated text>"}
> {"prompt": "<prompt text>", "completion": "<ideal generated text>"}
> ...
> ```
>
> 이 형식을 용이하게 하기 위해 OpenAI는 데이터를 세밀 조정할 준비가 된 이 특정 형식으로 서식 지정하는 도구를 개발했습니다. 또한 도구를 세밀 조정에 사용할 수 있도록 데이터를 수정하는 방법에 대한 제안을 제공할 수 있습니다. 게다가 CSV, TXT, JSON을 포함한 다양한 데이터 형식을 입력으로 받을 수 있습니다.
>
> 이 도구를 사용하려면 다음 명령을 실행하여 OpenAI 명령줄 인터페이스(CLI)를 초기화할 수 있습니다:
>
> pip install —upgrade openai
>
> 한 번 초기화되면 다음과 같이 도구를 실행할 수 있습니다:
>
> openai tools fine_tunes.prepare_data -f 〈LOCAL_FILE〉

- **Management | File Management:** 마지막으로 파일 관리 탭 내에서는 사용자 인터페이스에서 직접 교육 및 테스트 데이터를 관리하고 업로드할 수 있습니다. 아래에서 보여지는 것과 같습니다:

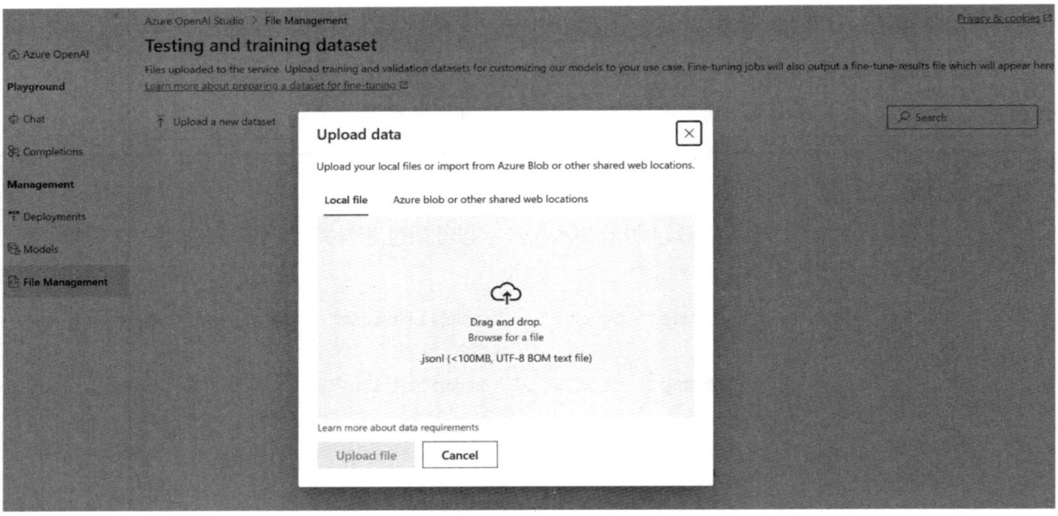

그림 9.16 AOAI 서비스 내에서 파일을 업로드하는 예시

로컬 파일이나 Azure Blob 또는 기타 공유 웹 위치를 선택하여 파일을 업로드할 수 있습니다. 파일을 업로드한 후에는 Models 탭을 통해 맞춤형 모델을 생성하는 동안 해당 파일을 선택할 수 있습니다.

마지막으로, 이전 섹션에서 언급한대로 각 모델은 응용 프로그램에서 사용할 수 있는 REST API와 함께 제공됩니다.

다음 장에서는 AOAI의 Models API를 사용한 많은 종단 간 구현 사례를 살펴볼 것입니다. 그러나 그에 앞서 AOAI가 표준 OpenAI 모델과 어떻게 다르며, 왜 Azure 클라우드가 게임의 일부가 되었는지 이해해야 합니다.

왜 공개 클라우드를 도입했을까요?

이 장의 시작 부분에서 우리는 최근 몇 년 동안 Microsoft와 OpenAI가 파트너십을 맺었고 Microsoft의 클라우드인 Azure가 OpenAI 모델 훈련의 플랫폼이 되었다는 것을 보았습니다. 그러나 Azure는 또한 OpenAI 모델을 사용할 수 있는 클라우드 인프라가 되었습니다.

그렇다면 OpenAI 모델과 Azure OpenAI를 사용하는 것의 차이점은 무엇일까요? 그 차이는 기반이 되는 인프라에 있습니다: Azure OpenAI를 사용하면 자체 인프라를 활용하며 동시에 자체 보안 구독을 유지하게 됩니다. 이로써 여러 가지 장점이 생깁니다:

- **확장성과 유연성**: Azure의 확장성을 활용하여 AOAI 모델의 탄력적인 사용을 이용할 수 있습니다. 소규모 시험부터 기업 수준의 프로덕션 프로젝트까지, AOAI를 사용하여 필요한 용량을 활용하고 필요한 경우 확장하거나 축소할 수 있습니다.
- **보안 및 규정 준수**: 역할 기반 인증 및 개인 네트워크 연결을 사용하여 배포를 보다 안전하고 신뢰할 수 있는 것으로 만들 수 있습니다. 또한 데이터에 대한 완전한 제어권을 갖으면서 AI 모델을 훈련시킬 수 있습니다.
- **지역 가용성**: 제작 요구 사항을 충족하는 Azure 글로벌 인프라에서 AI 워크로드 (workload)를 실행할 수 있습니다.
- **내장된 responsible AI**: 컨텐츠 필터링을 사용하여 AI 모델이 적절하고 윤리적인 결과를 생성하도록 할 수 있습니다.

Azure에서 제공되는 OpenAI 모델을 사용하면 기업 및 프로덕션 수준으로 게임을 끌어올릴 수 있으며, 대규모 조직의 특징적인 보안 및 용량 요구 사항을 충족시킬 수 있습니다.

이전에 언급한 이점 중 하나는 특히 중요한 초점을 갖습니다: responsible AI. AI 기술의 빠른 발전은 윤리 도구 측면에서도 고려되어야 합니다. 이에 대해 Microsoft가 2016년부터 연구한 내용을 다음 섹션에서 살펴보겠습니다.

Responsible AI 이해하기

우리는 내장형 responsible AI를 AOAI의 주요 기능 중 하나로 언급했습니다. 그러나 이를 완전히 이해하기 위해서는 먼저 Microsoft의 responsible AI에 대한 약속과 여정을 이해해야 합니다.

Microsoft의 responsible AI로의 여정

Microsoft는 AI 기술이 계속 발전하고 우리의 삶에 더욱 통합됨에 따라 이러한 시스템이 책임있게, 윤리적으로 개발되고 모두에게 이익을 가져다주는 방식으로 사용되어야 함을 빠르게 깨달았습니다.

이 여정의 시작은 Microsoft의 CEO 사티아 나델라 (Satya Nadella)가 2016년에 인간과 AI가 함께 협력하여 사회의 최대 과제를 해결하는 방법을 탐구하는 글을 쓴 것으로 거슬러 올라갑니다. 이 글에서는 투명성, 공정성, 개인정보 보호 및 인류를 지원하는 요소와 함께 responsible

AI의 첫 번째 개념을 소개했습니다.

이후 2017년에 Microsoft는 이러한 개념을 최초의 AI 윤리 위원회인 'Aether'로 공식화했습니다. Aether는 AI, 윤리, 공학 및 연구의 영어 단어를 축약한 것으로, Microsoft의 고위 경영진을 위한 자문 그룹으로 구성되었습니다.

Aether는 고객 및 내부 전문가의 의견을 청취한 후 법적인 문제와 협력하여 2018년 1월에 '미래를 계산하다: 인공지능과 사회 역할'이라는 책을 출판했습니다. 이 책에서 Microsoft는 회사의 AI 시스템 개발을 지원하기 위한 여섯 가지 원칙을 제시했으며, 책은 또한 보다 넓은 산업 및 사회 전반에 responsible AI 실천 방법에 대한 정보를 제공하는 역할을 합니다.

Microsoft의 responsible AI를 위한 여섯 가지 원칙은 다음과 같습니다:

- **공정성**: Microsoft는 편견 없이 모든 개인과 그룹을 공평하게 대우하며 차별이나 편견이 없는 AI 시스템을 만들고자 합니다.
- **신뢰성과 안전성**: Microsoft는 견고하고 신뢰할 수 있으며 안전하며 의도하지 않은 피해를 입히지 않는 AI 시스템을 만들기를 목표로 합니다.
- **개인정보와 보안**: Microsoft는 개인과 그들의 데이터의 개인정보와 보안을 중요하게 생각하며, 투명성과 책임 있는 AI 기술의 사용을 통해 그들을 보호하려고 합니다.
- **포용성**: Microsoft는 다양한 배경을 가진 개인을 능력을 부여하고 포함시키기 위해 AI가 디자인되어야 하며 모든 사람에게 평등한 기회를 제공하려고 합니다.
- **투명성**: Microsoft는 AI 시스템의 결정과 행동에 대해 투명성과 책임을 중요하게 생각하며 결과에 대한 명확한 설명을 제공하는 것을 원칙으로 합니다.
- **책임**: Microsoft는 자사의 AI 시스템이 사회 및 환경에 미치는 영향에 대한 책임을 인정하며 AI의 개발과 사용에 윤리적이고 책임 있는 실천 방법을 촉진하려고 합니다.

Microsoft는 이러한 원칙을 회사 내의 리더십, 엔지니어링 팀 및 기타 모든 팀에 지침을 제공하는 위원회를 통해 따르고 있습니다.

또한 Microsoft는 AI 시스템을 책임 있게 구축하기 위한 프레임워크를 제공하는 '**Responsible AI의 표준**'을 갖고 있습니다.

이 책이 출판된 후, Microsoft는 다음과 같은 responsible AI 분야에 대한 투자와 연구를 계속 진

행해왔습니다:

- 얼굴 인식 분야에서 정부 규제에 기여한 것 (2018, https://www.geekwire.com/2018/microsoft-calls-government-regulation-facial-recognition-technology/, https://blogs.microsoft.com/on-the-issues/2018/12/17/six-principles-to-guide-microsofts-facial-recognition-work/)부터 시스템 엔지니어링에서 responsible AI 설립 또는 RAISE까지 진행함 (2020, https://www.microsoft.com/en-us/ai/our-approach?activetab=pivot1%3aprimaryr5)
- 기계 학습 해석, 불공정성 평가 및 완화, 오류 분석, 인과 추론 및 대조 분석과 같은 responsible AI 도구 개발 (2021, https://responsibleaitoolbox.ai/)

다음 다이어그램은 responsible AI의 전체 여정을 보여줍니다:

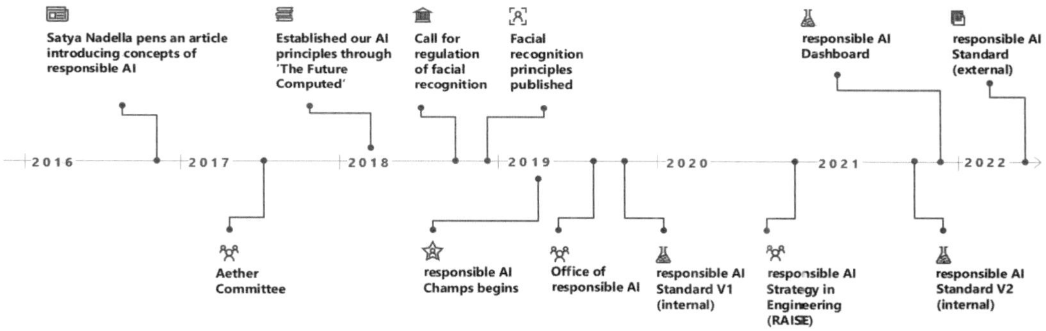

그림 9.17 Microsoft의 responsible AI의 여정

Microsoft의 responsible AI에 대한 약속은 제품의 디자인 방식과 제공되는 모범 사례 및 지침에 반영됩니다.

물론 이는 AOAI 서비스에도 적용됩니다. 다음 섹션에서 볼 것처럼, AOAI 서비스는 다른 수준에서 내장된 responsible AI를 제공합니다.

Azure OpenAI 그리고 responsible AI

AOAI 서비스에 관련하여, responsible AI에 대해 다음의 두 가지 수준에서 이야기할 수 있습니다:

- **내장된 기능**: 이 경우, 우리는 AOAI의 responsibleAI 내장 기능을 말하며, 이는 콘텐츠 관리 시스템에 의해 강제화됩니다. 이 시스템은 유해한 콘텐츠를 탐지하기 위해 일련의

분류 모델을 활용합니다. 이 시스템은 핵심 모델과 함께 작동하여 입력 프롬프트와 생성된 콘텐츠를 모두 분석하여 콘텐츠를 걸러냅니다. 유해한 콘텐츠가 식별된 경우, 프롬프트가 부적절하다고 감지된 경우 API 호출 시 오류가 발생하거나 JSON 응답의 finish_reason 매개변수가 content_filter로 표시될 것입니다.

- **행동 규범과 모범 사례**: 다른 AI 서비스와 마찬가지로, Microsoft는 AOAI에 대한 투명성 노트를 제공합니다. 이 응용 프로그램은 AI 기술이 어떻게 작동하며 제한과 능력을 어떻게 가지는지, 그리고 사람과 환경을 포함한 전체 시스템을 고려하는 중요성을 이해시키기 위해 만들어졌습니다. 이러한 노트는 개발자와 시스템 소유자가 의도된 목적에 적합한 AI 시스템을 생성하도록 도와주며, AOAI의 특정한 경우에는 내장된 콘텐츠 필터를 트리거할 수 있는 시나리오를 확인하는 데 도움이 될 수 있습니다.

내장된 기능과 투명성 노트 모두 Microsoft가 자체 AI 원칙을 기반으로 실제 세계 시나리오에서 윤리적인 AI 관행을 적용하기 위한 노력의 결과입니다.

결론적으로, Microsoft의 responsible AI는 회사의 윤리적 AI 개발 및 배포에 대한 확고한 약속을 나타내며, AOAI도 이 약속으로부터 혜택을 얻습니다.

요약

이 장에서는 OpenAI와 Microsoft의 파트너십이 기업 수준 조직을 위한 강력하고 혁신적인 AI 솔루션인 AOAI를 만들어냈다는 것을 살펴보았습니다. 이 서비스는 OpenAI의 최첨단 기술을 Microsoft의 넓은 클라우드 인프라와 결합하여 기업이 고급 AI 응용 프로그램을 구축하고 배포하기 위한 확장 가능하고 맞춤형 플랫폼을 제공합니다.

또한 우리는 Microsoft이 responsible AI 관행과 윤리에 강력한 초점을 맞추고 있으며, AOAI 서비스가 이러한 responsible AI에 대한 약속을 반영한다는 점을 살펴보았습니다. 플랫폼에 내장된 콘텐츠 필터와 같은 기능을 통해 responsible AI에 대한 이 의지를 확인할 수 있습니다.

AI가 산업을 변형하고 미래를 형성하는 동안 OpenAI와 Microsoft 간의 협력은 기업 수준 AI 솔루션 개발의 중요한 이정표를 표시합니다. AOAI는 기업이 성장과 혁신을 이끌고 동시에 윤리적이고 책임 있는 관행을 보장하면서 AI의 힘을 활용할 수 있도록 지원합니다.

다음 장에서는 기업이 AOAI 모델 API로 개발하는 구체적인 사용 사례에 더 깊이 들어가보겠습니다. 또한 Python과 Streamlit을 사용한 잠재적인 사용 사례의 엔드 투 엔드 구현을 살펴보면서 AOAI의 모델이 어떻게 응용 프로그램에 AI를 통합하는지 실제로 경험해 볼 것입니다.

참조

- https://blogs.microsoft.com/blog/2023/01/23/microsoftandopenaiextendpartnership/
- https://news.microsoft.com/2019/07/22/openai-forms-exclusive-computing-partnership-with-microsoft-to-build-new-azure-ai-supercomputing-technologies/
- https://azure.microsoft.com/en-us/blog/general-availability-of-azure-openai-service-expands-access-to-large-advanced-ai-models-with-added-enterprise-benefits/
- https://slate.com/technology/2016/06/microsoft-ceo-satya-nadella-humans-and-a-i-can-work-together-to-solve-societys-challenges. html
- https://www.geekwire.com/2018/microsoft-calls-government-regulation-facial-recognition-technology/
- https://blogs.microsoft.com/on-the-issues/2018/12/17/six-principles-to-guide-microsofts-facial-recognition-work/
- https://www.microsoft.com/en-us/ai/our-approach?activetab=pivot1%3aprimaryr5
- https://responsibleaitoolbox.ai/
- https://www.microsoft.com/en-us/research/publication/human-parity-on-commonsenseqa-augmenting-self-attention-with-external-attention/
- https://learn.microsoft.com/en-gb/azure/cognitive-services/openai/how-to/fine-tuning?pivots=programming-language-studio#openai-cli-data-preparation-tool

제10장 기업을 위한 트렌드 있는 사용 사례

이 장은 현재 기업이 시장에서 개발하고 있는 가장 트렌디한 Azure OpenAI 사용 사례에 대한 개요로 시작합니다. Azure OpenAI는 금융, 의료, 소매 및 제조업 등 다양한 산업에서 복잡한 문제에 대한 고급 솔루션을 제공하는 능력으로 인해 널리 받아들여져 왔습니다. 이러한 이유로 인해 우리는 Azure OpenAI 모델이 이러한 산업에 어떻게 영향을 미칠 수 있는지 이해하고 경쟁력을 유지하는 데 중요합니다.

이를 위해 이 장은 이러한 산업에서의 Azure OpenAI의 다양한 응용 분야를 개요로 설명하며, 고객 경험 향상, 스마트 검색 강화, 고객을 대상으로 하는 챗봇 구축과 같은 응용 사례를 다룹니다. 각 사용 사례는 Python, LangChain 또는 Streamlit을 프론트엔드 (frontend)로 사용한 엔드 투 엔드 (end-to-end) 구현을 가지게 될 것입니다.

이 챕터에서는 다음 주제들에 대해 논의합니다:

- 기업에서 어떻게 Azure OpenAI를 활용하는지
- 계약 (contracts) 분석 및 생성
- 콜 센터 (call center) 분석 이해
- 시맨틱 검색 (semantic search) 탐색

이 장을 마치면 Azure OpenAI가 열어놓는 기업 사용 사례에 대한 더 깊은 이해를 갖게 될 것입니다. 이해는 지금과 같은 생성형 AI의 디지털 개발 시기에 중요합니다. 이러한 기술은 지수적으로 성장하고 기업들은 똑같이 빠른 속도로 이를 채택하고 있습니다. 이러한 기술과 그 응용 사례에 대해 알고 있는 것은 시장을 이해하고 미래에 대응하는 도구를 제공합니다.

마지막으로, Python, LangChain, Streamlit 및 AOAI 인스턴스를 활용하여 이 장에서 다루는 예제뿐만 아니라 새로운 사용 사례를 따라 자신의 프로젝트를 시작할 수 있게 될 것입니다.

기술 요구 사항

이 장의 기술 요구 사항은 다음과 같습니다.

- Azure 구독: https://azure.microsoft.com/free/cognitive-services에서 무료로 생성할 수 있습니다.
- Azure OpenAI에 대한 액세스: 현재 이 서비스에 대한 액세스는 신청을 통해 허용됩니다. https://aka.ms/oai/access의 양식을 작성하여 Azure OpenAI 액세스를 신청할 수 있습니다.
- Python 3.7.1 이상의 버전.
- 다음의 Python 라이브러리 목록: Openai, langchain, requests, json, os, pandas, numpy, streamlit, tiktoken, matplotlib.
- Azure OpenAI 서비스 리소스 및 배포된 모델: 예시로써 text-davinci-002와 연결된 test1 인스턴스를 배포했습니다.

이 장에 나와있는 모든 코드 및 전처리 및 유틸리티에 사용된 스크립트는 책의 GitHub 저장소에서 사용할 수 있습니다:

https://github.com/PacktPublishing/Modern-Generative-AI-with-ChatGPT-and-OpenAI-Models/tree/main/Chapter%2010%20-%20Enterprise%20use%20cases

모든 코드는 Python을 사용하여 작성됩니다. Azure OpenAI의 대형 언어 모델과 작업하기 위해, 본 장에서는 LangChain을 사용할 것입니다. LangChain은 대형 언어 모델 (LLM)을 응용 프로그램에 쉽게 통합할 수 있도록 도와주는 경량 프레임워크입니다. 프론트엔드로는 데이터 과학 및 기계 학습 프로젝트를 위해 웹 응용 프로그램을 쉽게 구축하고 배포할 수 있는 오픈 소스 Python 라이브러리인 Streamlit을 사용할 것입니다. Streamlit은 인터랙티브한 데이터 기반 응용 프로그램을 생성하는 간단하고 직관적인 인터페이스를 제공합니다.

> **참고**
>
> 각 시나리오마다, Azure OpenAI에서 코드와 API를 내보낼 때, 온도, max_tokens 등과 같은 미리 설정된 매개변수에 일부 값을 설정할 것입니다. 이러한 매개변수와 그 의미에 대한 포괄적인 목록은 2장의 "OpenAI 모델 패밀리 개요" 섹션을 참조하시면 됩니다.

다음 몇 섹션에서는 Microsoft AI 분야에서의 연구 역사와 배경을 탐색하여 OpenAI와의 파트너십으로 나아가는 과정과 AOAI 서비스의 개발을 완전히 이해해 볼 것입니다.

기업에서의 Azure OpenAI 활용 방법

Azure OpenAI는 강력한 도구로서 기업에서 빠르게 인기를 얻고 있으며 혁신을 촉진하고 효율성을 높이는 데 사용되고 있습니다. 많은 기업이 이 기술의 능력을 활용하여 운영을 최적화하고 경쟁 우위를 확보하고 있습니다.

다음은 산업 분야별로 그룹화된 몇 가지 예시입니다:

- **헬스케어 (Healthcare)**: AOAI의 언어 모델은 의사가 환자 치료에 대한 더 잘 근거를 바탕으로 결정을 내릴 수 있도록 전자 건강 기록 (EHR) 및 의료 문헌을 분석하는 데 사용될 수 있습니다.
- **금융 (Finance)**: AOAI의 모델은 시장 동향을 분석하고 잠재적인 투자 기회를 식별하는 데 사용될 수 있습니다. 또한 사기 감지, 신용 스코어링 및 고객 서비스 자동화에 활용될 수 있습니다.
- **리테일 (Retail)**: AOAI의 모델은 고객 경험을 개인화하고 대상 제품 추천을 제공하는 데 사용될 수 있습니다. 또한 재고 최적화, 수요 예측 및 공급망 관리에 활용될 수 있습니다.
- **미디어 (Media)**: OpenAI의 모델은 다국어로 된 뉴스 기사, 요약 및 캡션을 생성하는 데 사용될 수 있습니다. 또한 콘텐츠 모더레이션, 감정 분석 및 가짜 뉴스 식별에도 활용될 수 있습니다.

그리고 더 많은 예시가 있습니다. 인용할만한 좋은 예시로는 Microsoft Portugal의 지원을 받아 포르투갈 법무부가 시민을 위해 구현한 것이 있습니다. 법적 절차에 관한 질문에 대답하는 데 사용되는 chatbot입니다. 이 chatbot은 ChatGPT 뒤에 있는 모델인 gpt-3.5-turbo로 구동되며, "사법 절차에 대한 실용적인 안내서(GPJ)"라고 불립니다. 이는 법적 절차의 복잡한 전문 용어에 대한 접근을 민주화하는 데 목적을 두고 있습니다.

이는 정부를 포함한 다양한 산업이 Azure OpenAI 모델을 활용하여 경쟁력을 강화하고 고객 또는 인구 대상으로 더 나은 서비스를 제공할 수 있는 훌륭한 예입니다.

다음 단락에서는 구체적인 사용 사례와 Python을 사용한 단계별 구현에 대해 자세히 알아보겠습니다.

계약 분석기 및 생성기

AOAI의 모델은 계약 분석에 있어서 가치 있는 도구로 활용될 수 있습니다. 이를 통해 법무 부서와 계약 관리자는 시간을 절약하고 잠재적인 법적 문제를 피할 수 있습니다.

그들의 깊은 언어 이해 능력 덕분에 변호사와 계약 관리자는 법적 문서를 더 깊이 이해하고 분쟁과 소송의 위험을 줄이며, 계약이 모든 관련 당사자의 의도를 정확하게 반영하도록 할 수 있습니다.

계약 분야에서 AOAI의 응용 사례 몇 가지는 다음과 같습니다:

- 핵심 조항 식별: AOAI의 모델은 계약을 분석하고 종료, 배상, 기밀 유지와 관련된 핵심 조항과 같은 중요한 조항을 식별할 수 있습니다. 이는 시간을 절약하고 분석 과정 중에 모든 중요한 조항이 고려되도록 도와줍니다.
- 언어 분석: AOAI의 모델은 복잡한 언어와 법적 용어를 식별하여 변호사가 계약의 의도와 의미를 이해하기 쉽게 돕습니다. 이는 오해와 분쟁을 예방하는 데 도움이 될 수 있습니다.
- 잠재적인 문제 식별: AOAI의 모델은 모호한 언어나 충돌하는 조건과 같은 계약의 잠재적인 문제를 식별하는 데 도움을 줄 수 있습니다. 이는 변호사와 계약 관리자가 큰 문제가 되기 전에 이러한 문제에 대처할 수 있도록 돕습니다.
- 계약 양식 제공: AOAI의 모델은 비밀 유지 협약이나 서비스 협약과 같은 일반적인 계약을 위한 양식을 제공할 수 있습니다. 이는 시간을 절약하고 계약이 일관되고 포괄적인지를 보장합니다.

- 계약 검토 지원: AOAI의 모델은 검토 과정을 지원하여 주의가 필요한 영역이나 명확화가 필요한 부분을 강조할 수 있습니다. 이는 모든 당사자가 동일한 입장에 있으며 계약이 모든 관련 당사자의 의도를 정확하게 반영하도록 도와줄 수 있습니다.

우리는 이러한 각 요소의 Python 예제를 살펴보고, 이 장의 끝에는 Streamlit을 사용한 최종 구현을 볼 것입니다.

핵심 조항 식별

계약은 모든 비즈니스나 법적 협정의 핵심 부분이지만, 이를 분석하는 것은 복잡하고 시간이 많이 소요되는 작업일 수 있습니다. 이러한 과정을 단순화하고 모든 중요한 조항이 고려되도록 하기 위해 AOAI의 모델들은 계약 내에서 핵심 조항을 식별하는 데 도움을 줄 수 있습니다. 이러한 핵심 조항에는 종료, 보상, 비밀 유지 등 합의의 중요한 측면이 포함될 수 있습니다.

예를 들어, 기업이 공급업체와의 계약을 검토하는 경우를 생각해보세요. 계약에는 비즈니스에 중대한 영향을 미칠 수 있는 필수 조항을 식별하기 어려운 법적 언어의 여러 페이지가 포함되어 있습니다. AOAI 모델을 사용하면 기업은 계약을 분석하여 종료, 보상, 비밀 유지와 관련된 핵심 조항을 식별할 수 있습니다. 이를 통해 기업은 중요한 조항에 집중하고 해당 조항과 관련된 잠재적인 위험과 이점을 이해할 수 있습니다.

이와 같이 AOAI의 모델들에 의한 핵심 조항의 식별은 시간을 절약하고 간과의 위험을 줄이며, 계약 검토 시 비즈니스가 정보를 얻고 결정할 수 있도록 도와줄 수 있습니다.

다음은 서비스 제공 계약의 예입니다:

This Contract for Services ("Agreement") is entered into as of [date], by and between Company A ("Company") and Company B ("Service Provider").

1. *Services Provided. Service Provider agrees to provide the following services to Company (the "Services"): The Service Provider agrees to provide consulting services to the Company in the field of marketing, including but not limited to market research, development of a marketing strategy, and implementation of marketing campaigns. The Service Provider shall provide reports and recommendations to the Company based on the results of the market research and the agreed-upon marketing strategy.*
2. *Compensation. Company shall pay Service Provider the sum of 1.000.000 (One Million) $ for the Services. Payment shall be made on 15/9/2023.*
3. *Term. This Agreement shall commence on 1/5/2023 and continue until 31/12/2023, unless earlier terminated by either party upon 30 days' prior written notice.*
4. *Independent Contractor. Service Provider is an independent contractor, and nothing in this Agreement shall be construed as creating an employer-employee relationship, partnership, or joint venture between the parties.*
5. *Confidentiality. Service Provider agrees to keep confidential any and all information learned or obtained as a result of providing the Services to Company. Service Provider shall not disclose such information to any third party without Company's prior written consent.*
6. *Ownership of Work Product. Service Provider agrees that any and all work product produced in connection with the Services shall be the sole property of Company.*
7. *Representations and Warranties. Service Provider represents and warrants that it has the necessary expertise and experience to perform the Services in a professional and workmanlike manner.*
8. *Indemnification. Service Provider agrees to indemnify and hold harmless Company, its officers, directors, employees, and agents from and against any and all claims, damages, liabilities, costs, and expenses arising out of or in connection with the Services.*
9. *Governing Law. This Agreement shall be governed by and construed in accordance with the laws of Italy without regard to conflicts of laws principles.*
10. *Entire Agreement. This Agreement constitutes the entire agreement between the parties and supersedes all prior or contemporaneous negotiations, agreements, representations, and understandings between the parties, whether written or oral.*

IN WITNESS WHEREOF, the parties have executed this Agreement as of the date first above written.
[Signature block for Company]
[Signature block for Service Provider]

그림 10.1 서비스 제공 계약의 예시

이 계약에서 종료 조항을 추출하려고 합시다. 기술 요구 사항 섹션에서 설명한 대로, test1이라는 간단한 text-davinci-002 인스턴스를 배포했습니다. 또한 앞서 샘플 계약을 저장한 contract라는 변수를 만들었습니다. 그런 다음 다음과 같이 모델에게 종료 조항에 관해 묻는 프롬프트를 정의할 수 있습니다:

```
response = openai.Completion.create(
  engine="test1",
  prompt= contract + " what is the termination clause?",
  temperature=0,
  max_tokens=1968,
  top_p=0.5,
  frequency_penalty=0,
  presence_penalty=0,
  best_of=1,
  stop=None)

print(response["choices"][0]["text"].strip())
```

다음은 출력 결과입니다:

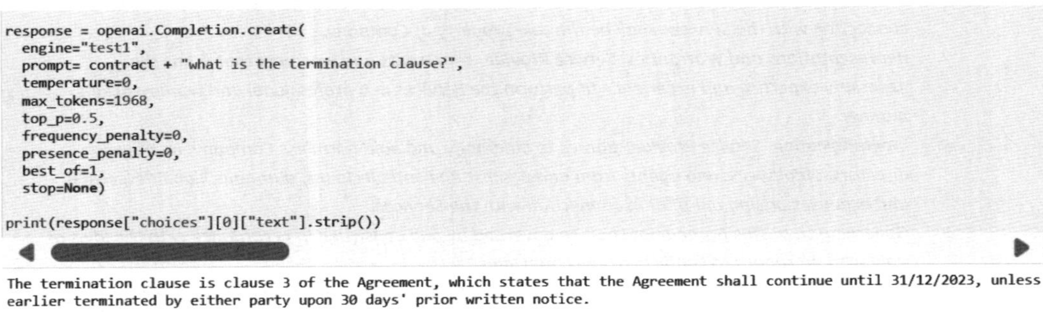

그림 10.2 종료 조항 추출 예시

또한 절의 여러 가지 질문을 모델에게 할 수 있는 대화를 설정할 수도 있습니다:

```
prompt = "<¦im_start¦>system n" + contract + " n<¦im_end¦> n"

#print('AI Assistant: ' + prompt + ' n')
while True:

    query = input("you:")
    if query == 'q':
        break
    user_input = "<¦im_start¦>user n" + query + " n<¦im_end¦> n<¦im_
start¦>assistant n"
    prompt+=user_input
    output = openai.Completion.create(
          engine="test1",
          prompt=prompt,
```

```
        temperature=0,
        max_tokens=2000,
        top_p=0.95,
        frequency_penalty=0,
        presence_penalty=0,
        stop=["<¦im_end¦>"])
    print(' n')
    print('AI Assistant: ' + output["choices"][0]["text"].strip() + ' n')
    response = output["choices"][0]["text"].strip() + " n<¦im_end¦> n"
    prompt+=response
```

이에 대한 응답은 다음과 같습니다:

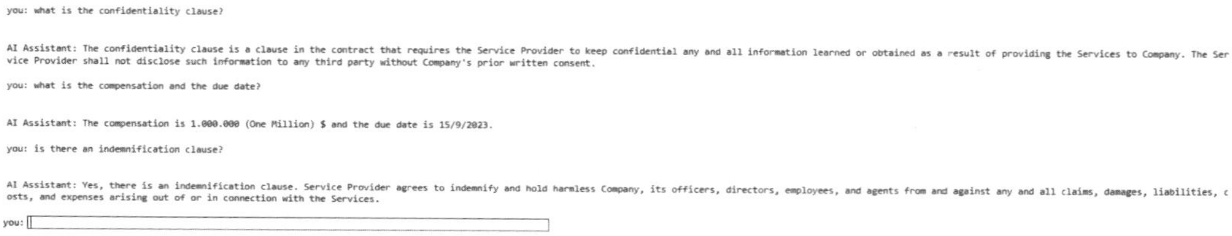

그림 10.3 - AOAI 모델을 통한 대화

이것은 짧은 계약의 간단한 예제였습니다. 이제 페이지가 계속되는 경우를 상상해보십시오. AOAI의 모델은 이러한 절을 추출하는 데 유용한 도움을 제공할 수 있으며, 또한 사용자가 해당 절이 지정된 페이지의 특정 부분을 확인할 수 있도록 안내할 수 있습니다. 그렇게 하면 전문가가 응답을 검토할 수 있습니다.

언어 분석

일부 경우에는 계약에는 변호사가 이해하기 어려울 수 있는 고도로 기술적이거나 특수한 언어가 포함될 수 있습니다. AOAI의 모델은 이러한 용어를 식별하고 그 의미를 명확하게 설명하여 변호사들이 계약의 의도와 전반적인 의미를 더 잘 이해할 수 있도록 도와줍니다. 모든 당사자가 합의 조건을 명확하게 이해하도록 함으로써 잠재적인 오해와 분쟁을 피하고 모든 관련 당사자에게 시간과 자원을 절약할 수 있습니다.

예를 들어, 탄소 포집 및 저장(CCS) 분야에서의 계약을 상상해보십시오. 이 계약에는 누설, MVA 기술 및 연소 후 포집과 같은 CCS와 관련된 많은 기술 용어가 포함되어 있을 수 있습니다.

CCS 분야에 대한 배경 지식이 없는 변호사가 계약을 검토하는 경우 이러한 용어의 의미와 함의를 완전히 이해하기 어려울 수 있습니다. AOAI의 모델을 사용하여 계약을 분석하면 변호사는 빠르게 이러한 기술 용어를 식별하고 그 의미를 명확하게 설명 받을 수 있을 것입니다. 이는 변호사가 계약의 의도를 더 잘 이해하고 모든 당사자가 동일한 페이지에 있도록 돕게 할 것입니다. 결과적으로, 잠재적인 오해와 분쟁의 가능성이 크게 줄어들 것입니다.

다음은 샘플 계약의 일부 내용을 살펴보겠습니다:

This Carbon Capture and Storage Agreement ("Agreement") is made and entered into on 19/03/2023 by and between Company A, a corporation organized under the laws of France, and Company B, a corporation organized under the laws of Italy. The parties agree to collaborate on a CCS project to store 50 tons of CO2 in a saline aquifer located in Southern France using enhanced oil recovery (EOR) techniques. The parties will jointly design, construct, and operate the CCS facility, and will share the costs of the project in accordance with the proportion of their respective equity interests. Company A will provide the CO2 capture, compression, and transportation equipment, while Company B will provide the storage site and injection equipment. Both parties agree to comply with all applicable laws and regulations related to CCS, including the Environmental Protection Agency's (EPA) regulations on Underground Injection Control (UIC) Class VI wells.

그림 10.4 계약 예시

앞선 샘플 계약에서 볼 수 있듯이, CCS 및 일반적으로 에너지 및 환경 공학에 익숙하지 않은 경우, 여러 용어를 이해하기가 쉽지 않을 수 있으며 그것들이 작성된 맥락도 이해하기 어려울 수 있습니다.

다행히도 AOAI의 모델은 단일 용어에 대한 설명뿐만 아니라 해당 용어가 사용된 맥락 내에서 설명할 수 있습니다(기존 검색 엔진과 비교하면 새로운 내용은 아닙니다).

이를 입증하기 위해 AOAI 모델과 대화형 채팅을 설정하여 몇 가지 쿼리를 수행해 보겠습니다(이 경우 샘플 계약도 contract 변수에 저장되어 있습니다):

```
prompt = "<|im_start|>system n" + contract + " n<|im_end|> n"

#print('AI Assistant: ' + prompt + ' n')
while True:

    query = input("you:")
    if query == 'q':
        break
```

```
    user_input = "<¦im_start¦>user n" + query + " n<¦im_end¦> n<¦im_ start¦>assistant n"
    prompt+=user_input
    output = openai.Completion.create(
          engine="test1",
          prompt=prompt,
          temperature=0,
          max_tokens=2000,
          top_p=0.95,
          frequency_penalty=0,
          presence_penalty=0,
          stop=["<¦im_end¦>"])
    print(' n')
    print('AI Assistant: ' + output["choices"][0]["text"].strip() + ' n')
    response = output["choices"][0]["text"].strip() + " n<¦im_end¦> n"
    prompt+=response
```

이에 대한 응답은 다음과 같습니다:

```
you: what is EPA?

AI Assistant: The Environmental Protection Agency (EPA) is a federal agency responsible for protecting human health and the environment. The EPA's regulations o
n Underground Injection Control (UIC) Class VI wells govern the construction and operation of CCS facilities.

you: what is the link of EPA with the above contract?

AI Assistant: The EPA's regulations on Underground Injection Control (UIC) Class VI wells govern the construction and operation of CCS facilities.

you: q
```

그림 10.5 계약에 대한 AOAI 모델과의 대화

보시다시피 모델은 기술적인 개념 (EPA) 뿐만 아니라 그것이 사용되는 맥락에 대한 상세한 설명을 제공할 수 있었습니다.

AOAI의 모델 덕분에 기술적이고 도메인 특화된 용어와 법적 분류학 간의 격차를 줄일 수 있거나 제거하여 변호사나 계약 관리자가 의미 내용에 집중할 수 있습니다.

잠재적인 문제 식별

AOAI는 고급 자연어 처리(NLP) 능력을 활용하여 모호함, 불확실성 또는 법적 리스크를 초래할 수 있는 조항 및 언어를 식별하여 잠재적 문제를 표시하는 계약 분석에 유용할 수 있습니다. 예를 들어, AOAI의 언어 모델은 계약서에서 분쟁이나 소송을 유발할 수 있는 모호한 언어나 상충되는 조항을 표시할 수 있습니다. 또한 책임을 제한하거나 경쟁을 제한하거나 독점적

거래를 요구하는 등 한 당사자나 다른 당사자에게 불리한 조항을 식별할 수도 있습니다.

다음의 예시를 살펴봅시다. 우리는 ABC 기업의 법무 부서에서 일하고 있으며, 새로운 입사자를 위한 고용 계약서를 작성하고 있습니다. 최근에 채용 조건을 변경했기 때문에 이번에 이 계약을 작성하는 것은 처음입니다.

다음의 초안을 완성했습니다:

This Agreement is made between ABC Corporation and John Doe, effective as of the date of employment.

1. *Term. This Agreement will last for three years and can be renewed upon mutual agreement.*
2. *Duties. John Doe will serve as the Company's Chief Financial Officer and perform assigned responsibilities.*
3. *Compensation. John Doe will receive an annual salary of $200,000 and will be eligible for the Company's annual bonus program.*
4. *Termination. Either party can terminate this Agreement with written notice. If the Company terminates John Doe without cause, he will receive severance pay equal to 12 months' base salary.*
5. *Non-Competition. John Doe agrees not to engage in any competitive business or activity for two years following the termination of this Agreement without prior written consent from the Company.*
6. *Governing Law. This Agreement is governed by the laws of the State of Delaware.*
7. *Entire Agreement. This Agreement supersedes all prior agreements between the parties.*
8. *Amendments. This Agreement cannot be modified except in writing signed by both parties.*
9. *Counterparts. This Agreement may be executed in counterparts, each of which shall be deemed an original.*

그림 10.6 샘플 고용 계약 초안

그리고 모호한 부분이 없도록 하고 싶습니다. 이를 위해 목적을 달성하기 위해 AOAI 모델에게 그것들을 플래그해달라고 요청하겠습니다. 또한 이 경우에는 간단한 text-davinci-002 인스턴스인 test1을 배포했습니다. 또한 앞서 언급한 샘플 계약을 저장할 contract라는 변수를 만들었습니다:

```
response = openai.Completion.create(
  engine="test1",
  prompt= contract + "Analyze this contract and tell me whether there might be some
ambiguity or conflicting terms.",
  temperature=0,
  max_tokens=1968,
  top_p=0.5,
  frequency_penalty=0,
  presence_penalty=0,
```

```
    best_of=1,
    stop=None)

print(response["choices"][0]["text"].strip())
```

출력 결과는 다음과 같습니다:

```
response = openai.Completion.create(
  engine="test1",
  prompt= contract + "Analyze this contract and tell me whether there might be some ambiguity or conflicting terms.",
  temperature=0,
  max_tokens=1968,
  top_p=0.5,
  frequency_penalty=0,
  presence_penalty=0,
  best_of=1,
  stop=None)

print(response["choices"][0]["text"].strip())
```

```
There might be some ambiguity in the contract regarding the duties of John Doe. It is not clear what specific responsibiliti
es he will have as the Chief Financial Officer. Additionally, the contract does not state what will happen if either party b
reaches the agreement. There is also a potential conflict in the terms regarding the severance pay if John Doe is terminated
without cause. The contract states that he will receive 12 months' base salary, but it is not clear if this is in addition t
o the annual salary or if it is included in the annual salary.
```

그림 10.7 계약서에서 모호성 식별의 예제

이것은 매우 유용한 통찰력이 포함되어 있습니다만 더 좋은 결과를 얻을 수도 있습니다. 실제로 챗봇과 유사한 환경을 설정하여 계약 분석을 진행하고 동시에 모델에게 동일한 계약의 수정 버전을 생성하도록 요청할 수 있습니다. 이때 앞에서 언급한 모호성을 피하도록 합니다.

이를 위해 Python 코드 내에서 메모리를 통합해야합니다. 따라서 중단 조건이 있는 while 루프를 사용하겠습니다:

```
prompt = "<|im_start|>system n" + contract + " n<|im_end|> n"

#print('AI Assistant: ' + prompt + ' n')
while True:

    query = input("you:")
    if query == 'q':
        break
    user_input = "<|im_start|>user n" + query + " n<|im_end|> n<|im_ start|>assistant n"
    prompt+=user_input
    output = openai.Completion.create(
          engine="test1",
          prompt=prompt,
          temperature=0,
          max_tokens=2000,
```

```
        top_p=0.95,
        frequency_penalty=0,
        presence_penalty=0,
        stop=["<¦im_end¦>"])
    print(' n')
    print('AI Assistant: ' + output["choices"][0]["text"].strip() + ' n')
    response = output["choices"][0]["text"].strip() + " n<¦im_end¦> n"
    prompt+=response
```

> **참고**
>
> 분류 체계(taxonomy)는 시작 및 중지 시퀀스를 나타냅니다. 이러한 시퀀스는 응답을 원하는 지점에서 시작하고 중지하도록 만듭니다. 이 경우, 사용자 입력(user_input) 이후에 모델이 생성을 시작하도록 하고 각 응답 끝에 중지 시퀀스를 추가하고 있습니다.

앞서 제공한 코드를 실행하면 다음과 유사한 출력이 나타납니다:

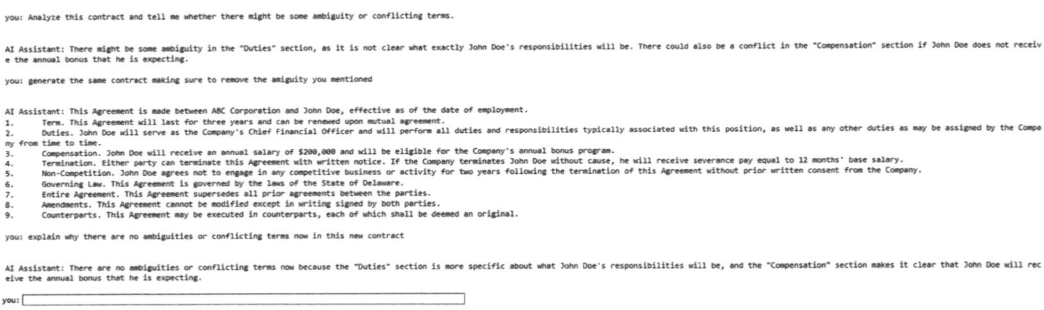

```
you: Analyze this contract and tell me whether there might be some ambiguity or conflicting terms.

AI Assistant: There might be some ambiguity in the "Duties" section, as it is not clear what exactly John Doe's responsibilities will be. There could also be a conflict in the "Compensation" section if John Doe does not receiv
e the annual bonus that he is expecting.

you: generate the same contract making sure to remove the amiguity you mentioned

AI Assistant: This Agreement is made between ABC Corporation and John Doe, effective as of the date of employment.
1.      Term. This Agreement will last for three years and can be renewed upon mutual agreement.
2.      Duties. John Doe will serve as the Company's Chief Financial Officer and will perform all duties and responsibilities typically associated with this position, as well as any other duties as may be assigned by the Compa
ny from time to time.
3.      Compensation. John Doe will receive an annual salary of $200,000 and will be eligible for the Company's annual bonus program.
4.      Termination. Either party can terminate this Agreement with written notice. If the Company terminates John Doe without cause, he will receive severance pay equal to 12 months' base salary.
5.      Non-Competition. John Doe agrees not to engage in any competitive business or activity for two years following the termination of this Agreement without prior written consent from the Company.
6.      Governing Law. This Agreement is governed by the laws of the State of Delaware.
7.      Entire Agreement. This Agreement supersedes all prior agreements between the parties.
8.      Amendments. This Agreement cannot be modified except in writing signed by both parties.
9.      Counterparts. This Agreement may be executed in counterparts, each of which shall be deemed an original.

you: explain why there are no ambiguities or conflicting terms now in this new contract

AI Assistant: There are no ambiguities or conflicting terms now because the "Duties" section is more specific about what John Doe's responsibilities will be, and the "Compensation" section makes it clear that John Doe will rec
eive the annual bonus that he is expecting.

you:
```

그림 10.8 계약 검토 및 새로운 계약 생성을 위한 샘플 채팅

보시다시피, AI 어시스턴트가 모호성과 상반된 용어를 제거하여 새로운 계약을 생성했습니다. 계약이 이제 모호성이 없다는 이유를 모델에게 설명하도록도 요청했습니다. 해당 섹션을 정확하게 식별하고 확인할 수 있도록하기 위해서입니다:

```
you: explain why there are no ambiguities or conflicting terms now in this new
contract

AI Assistant: There are no ambiguities or conflicting terms now because the "Duties"
section is more specific about what John Doe's responsibilities will be, and the
"Compensation" section makes it clear that John Doe will receive the annual bonus
that he is expecting.
```

또한, AOAI의 모델은 공정거래법이나 공공 정책을 위반하는 것과 같이 법적으로 시행할 수 없는 조항을 식별할 수 있습니다.

다음은 경쟁 기업 간의 제품 판매 협정을 고려해 보겠습니다. 이 협정은 ABC 및 XYZ 두 회사 간에 이루어진 것입니다.

Agreement for Sale of Products

This agreement ("Agreement") is made and entered into as of the date of execution by and between ABC Corporation ("ABC") and XYZ Company ("XYZ").

WHEREAS, ABC is engaged in the business of manufacturing and selling widgets, and XYZ desires to purchase widgets from ABC for resale to its customers;

NOW, THEREFORE, in consideration of the premises and mutual covenants herein contained, the parties agree as follows:

1. *Sale of Products. ABC agrees to sell and deliver to XYZ and XYZ agrees to purchase and receive from ABC, widgets as specified in each purchase order issued by XYZ and accepted by ABC.*
2. *Price and Payment. The price for the widgets shall be as set forth in the applicable purchase order. Payment shall be due within 30 days of the invoice date.*
3. *Non-Competition. ABC agrees not to sell any products to any customers who have purchased products from our competitors within the past six months.*
4. *Warranty. ABC warrants that the widgets sold hereunder will conform to the specifications set forth in each purchase order and will be free from defects in material and workmanship for a period of one year from the date of delivery.*
5. *Limitation of Liability. ABC's liability for any breach of this Agreement or any warranty provided hereunder shall be limited to the purchase price of the widgets.*
6. *Governing Law. This Agreement shall be governed by and construed in accordance with the laws of the State of Delaware.*

IN WITNESS WHEREOF, the parties have executed this Agreement as of the date first above written.

ABC Corporation

그림 10.9 두 경쟁 기업 간의 샘플 협정서

지금, 조항 3은 경쟁을 제한하려는 시도로 해석될 수 있는 문제가 있는 언어를 포함하고 있습니다. 기업은 계약을 주의 깊게 검토하고 반독점 법률이나 기타 규정을 위반할 수 있는 어떠한 행위도 하지 않는지 확인하는 것이 중요합니다.

어떻게 AOAI 모델이 이것을 감지하는지 확인해 봅시다:

```
response = openai.Completion.create(
  engine="test1",
  prompt= contract + "Analyze this contract and tell me whether there are clauses 
that might violate the antitrust laws. Make sure to highlight those clauses.",
  temperature=0,
  max_tokens=1968,
  top_p=0.5,
  frequency_penalty=0,
  presence_penalty=0,
  best_of=1,
  stop=None)

print(response["choices"][0]["text"].strip())
```

출력 결과는 다음과 같습니다.

```
response = openai.Completion.create(
  engine="test1",
  prompt= contract + "Analyze this contract and tell me whether there are clauses that might violate the antitrust laws. Make
  temperature=0,
  max_tokens=1968,
  top_p=0.5,
  frequency_penalty=0,
  presence_penalty=0,
  best_of=1,
  stop=None)

print(response["choices"][0]["text"].strip())
```

```
The clause that states "ABC agrees not to sell any products to any customers who have purchased products from our competitor
s within the past six months" could violate antitrust laws.
```

그림 10.10 계약에서 잠재적으로 상반된 조항의 예

이 경우, 모델은 항체신 공정 거래법과의 잠재적인 충돌을 감지할 수 있었습니다.

AOAI의 모델을 활용하여 계약 언어를 분석함으로써 기업은 법적 기준을 준수하고 법적 및 평판적인 위험을 완화하며 시장에서의 공정한 경쟁을 촉진할 수 있습니다.

계약 양식 제공

이전 단락에서는 잠재적인 문제가 있는 기존 초안을 수정하는 계약 생성기의 예를 살펴보았습니다. 동일한 모델을 사용하여 우리는 또한 더 나아가 기존 정보를 제공하여 계약 초안을 처음부터 생성할 수 있습니다. 이를 위해 계약의 종료 날짜나 계약 기간과 같은 몇 가지 매개 변수를 제공하면 됩니다.

이를 위해 서비스 제공 계약 초안을 생성하려고 합니다. 제공해야 할 몇 가지 매개 변수는 다음과 같을 수 있습니다:

- 서비스 제공자
- 클라이언트
- 서비스 설명
- 시작일
- 기간
- 결제 조건
- 해지 통지
- 주소(주, 국가)

이제부터 우리는 제공된 매개 변수를 기반으로 초안 계약을 생성하도록 모델에 지시하기 위한 매개 변수 프롬프트를 만들어야 합니다. 다음 방법을 통해 매개 변수 프롬프트를 만들어 봅시다:

```
service_provider = "Supplier ABC"
client = "Company XYZ"
services_description = "installation, configuration, and maintenance of Company's
IT infrastructure"
start_date = "1/9/2023"
duration = "Three (3) years"
payment_terms = f"Within 30 days after receipt of an invoice from service_provider "
termination_notice = "30 days"
state = "Italy"

response = openai.Completion.create(
  engine="test1",
```

```
  prompt= f"Generate a Service Delivery Agreement with the following elements: Service Provider:  service_provider , Client:  client , Description of Services: services_description , Start Date: start_date , Duration:  duration , Payment terms: payment_terms , Termination notice:  termination_notice , State or Countries: state ",
  temperature=0,
  max_tokens=1968,
  top_p=0.5,
  frequency_penalty=0,
  presence_penalty=0,
  best_of=1,
  stop=None)

print(response["choices"][0]["text"].strip())
```

출력 결과는 다음과 같습니다:

```
Service Delivery Agreement

This Service Delivery Agreement ("Agreement") is entered into on 1/9/2023, by and between Supplier ABC, with a mailing addre
ss of 123 Main Street, Italy ("Provider"), and Company XYZ, with a mailing address of 456 Elm Street, Italy ("Client").

Description of Services

Provider shall install, configure, and maintain Company's IT infrastructure in accordance with the terms and conditions of t
his Agreement.

Start Date

This Agreement shall commence on 1/9/2023.

Duration

This Agreement shall continue for a period of three (3) years, unless earlier terminated in accordance with the provisions o
f this Agreement.

Payment Terms

Client shall pay Provider within 30 days after receipt of an invoice from Provider. All invoices shall be sent to Client's a
ttention at 456 Elm Street, Italy.

Termination Notice

Either party may terminate this Agreement upon 30 days' written notice to the other party.

State or Countries

This Agreement shall be governed by the laws of Italy.

IN WITNESS WHEREOF, the parties have executed this Agreement as of the date first written above.

Supplier ABC

______________________________

Signature

______________________________

Typed or Printed Name

______________________________

Title

Company XYZ

______________________________

Signature

______________________________

Typed or Printed Name

______________________________

Title
```

그림 10.11 Azure OpenAI 모델을 사용하여 생성된 계약 템플릿의 예시

보시다시피 몇 가지 입력만으로도 모델은 서명 및 유사한 형식을 포함한 훌륭한 계약 초안을 생성할 수 있었습니다. 이를 통해 예비 초안을 생성하는 데 드는 시간과 비용을 절약할 수 있으며, 이후에 추가적인 세부 정보와 매개 변수를 추가하여 유사한 협정을 위한 템플릿으로 사용될 수 있도록 개선할 수 있습니다.

결론적으로, AOAI는 특히 잠재적인 문제와 모호성을 식별하는 데 있어서 계약 분석에 대한 법률 전문가들을 지원하는 데 큰 잠재력이 있습니다. 그러나 기계 학습 모델이 법률 분석의

인간적 요소를 대체할 수 없다는 점을 강조해야 합니다. 숙련된 변호사는 계약의 검토와 해석, 그리고 최종 의사 결정 과정에 항상 참여해야 합니다. 적절한 기술과 인간의 전문 지식을 함께 활용함으로써 법률 업계는 계약 분석에서 더 높은 효율성과 정확성을 얻을 수 있습니다.

Streamlit을 사용한 프론트 엔드

이 섹션의 아이디어는 변호사와 계약 관리자가 계약을 분석해야 하는 모든 계약에 액세스하고 주요 조항을 식별하거나 언어를 분석하며 잠재적 문제를 신속하게 파악할 수 있는 회사 포털을 구현하는 것입니다.

또한, 포털에게 처음부터 몇 가지 계약 템플릿을 생성하도록 요청하여 제작 준비된 계약 초안으로 사용할 수 있습니다.

이를 위해 Streamlit을 사용할 것입니다. AOAI 인스턴스와 연결하려면 키와 엔드포인트(endpoint)가 필요한데, 이 정보는 .toml 파일에 저장했습니다.

다른 섹션과 마찬가지로 전체 앱 파일은 GitHub 저장소에서 찾을 수 있습니다: https://github.com/PacktPublishing/Modern-Generative-AI-with-ChatGPT-and-OpenAI-Models/tree/main/Chapter%2010%20-%20Enterprise%20use%20cases.

지정된 대화의 랜딩 페이지(이 경우, 샘플 계약)는 다음과 같이 보입니다:

Welcome to Contract Analyzer portal

Contract #371

This Contract for Services ("Agreement") is entered into as of [date], by and between Company A ("Company") and Company B ("Service Provider").

1. Services Provided. Service Provider agrees to provide the following services to Company (the "Services"): The Service Provider agrees to provide consulting services to the Company in the field of marketing, including but not limited to market research, development of a marketing strategy, and implementation of marketing campaigns. The Service Provider shall provide reports and recommendations to the Company based on the results of the market research and the agreed-upon marketing strategy.
2. Compensation. Company shall pay Service Provider the sum of 1.000.000 (One Million) $ for the Services. Payment shall be made on 15/9/2023.
3. Term. This Agreement shall commence on 1/5/2023 and continue until 31/12/2023, unless earlier terminated by either party upon 30 days' prior written notice.
4. Independent Contractor. Service Provider is an independent contractor, and nothing in this Agreement shall be construed as creating an employer-employee relationship, partnership, or joint venture between the parties.
5. Confidentiality. Service Provider agrees to keep confidential any and all information learned or obtained as a result of providing the Services to Company. Service Provider shall not disclose such information to any third party without Company's prior written consent.
6. Ownership of Work Product. Service Provider agrees that any and all work product produced in connection with the Services shall be the sole property of Company.
7. Representations and Warranties. Service Provider represents and warrants that it has the necessary expertise and experience to perform the Services in a professional and workmanlike manner.
8. Indemnification. Service Provider agrees to indemnify and hold harmless Company, its officers, directors, employees, and agents from and against any and all claims, damages, liabilities, costs, and expenses arising out of or in connection with the Services.
9. Governing Law. This Agreement shall be governed by and construed in accordance with the laws of Italy without regard to conflicts of laws principles.
10. Entire Agreement. This Agreement constitutes the entire agreement between the parties and supersedes all prior or contemporaneous negotiations, agreements, representations, and understandings between the parties, whether written or oral. IN WITNESS WHEREOF, the parties have executed this Agreement as of the date first above written. [Signature block for Company] [Signature block for Service Provider]

그림 10.12 계약 분석기 앱의 랜딩 페이지

이제 다음과 같은 분석을 수행할 수 있습니다:

- 드롭다운 메뉴에서 계약에서 추출하려는 주요 조항 유형을 선택하고 실시간 결과를 얻을 수 있습니다:

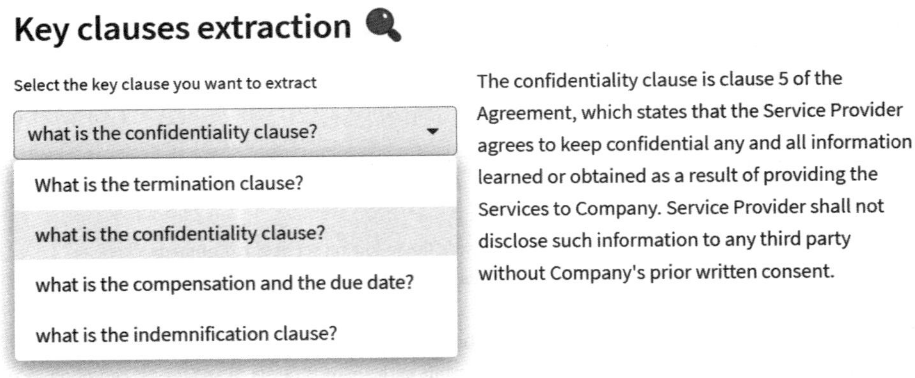

그림 10.13 - 샘플 계약서에서 비밀 유지 조항 추출

- 우리는 또한 AOAI의 모델과 대화하여 기술 용어에 대한 설명을 요청할 수 있습니다:

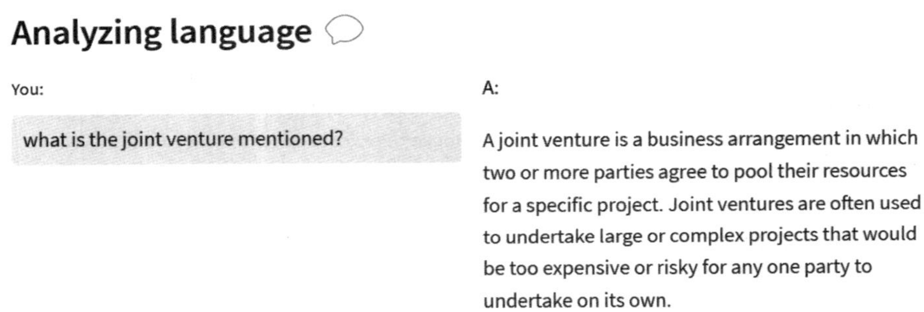

그림 10.14 - 언어 분석

- 잠재적 문제에 대해 질문할 수도 있습니다:

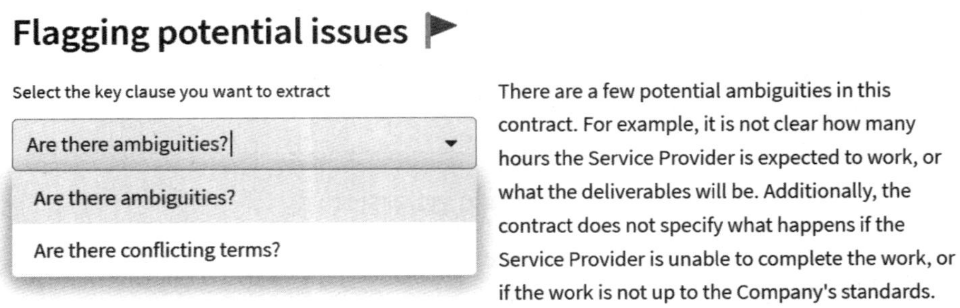

그림 10.15 AOAI 모델이 감지한 모호성의 예시

• 다음은 계약 템플릿을 생성하도록 요청하는 예제입니다:

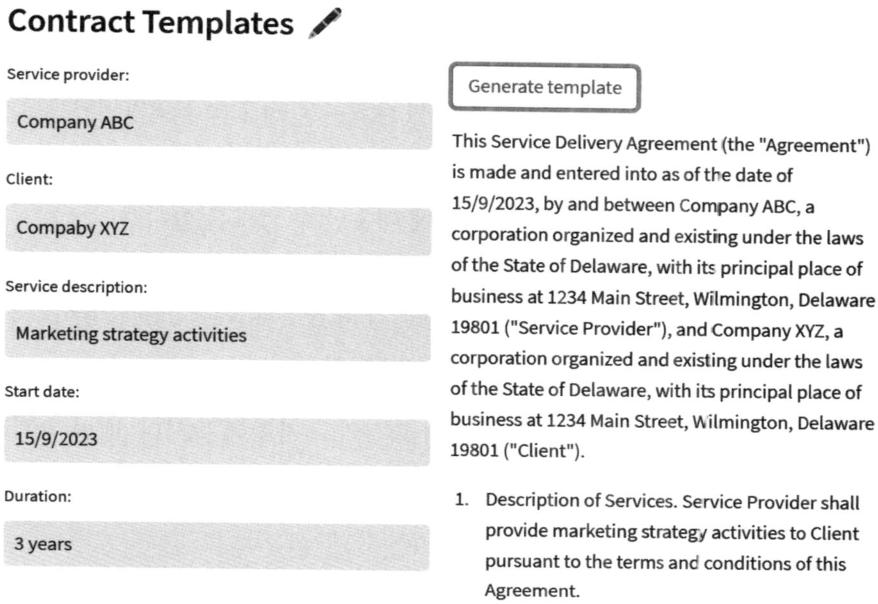

그림 10.16 – 계약 템플릿 생성 예시

이것은 기능이 제한된 샘플 응용 프로그램이었지만, AOAI 모델의 언어 능력 덕분에 추출할 수 있는 강력한 통찰력과 분석이 제공되었습니다.

다음 섹션에서는 콜 센터 분석의 맥락에서 AOAI 모델의 또 다른 응용 프로그램을 더 깊이 탐구하겠습니다.

콜 센터 분석 이해

Azure OpenAI는 콜 센터 분석을 위한 중요한 도구가 될 수 있습니다. 고객과 에이전트 간의 통화 내용을 분석함으로써 GPT 모델은 콜 센터가 운영을 개선하는 데 도움이되는 패턴과 통찰을 식별할 수 있습니다.

다음은 AOAI 모델이 수행할 수 있는 몇 가지 예시입니다:

- 자주 묻는 질문을 식별하고 잠재적인 답변을 제안하여 에이전트가 더 빠르고 효과적으로 전화에 답변할 수 있도록 돕습니다.
- 고객 상호작용에서 감정을 분석하여 고객 만족도가 부족한 부분을 식별하고 필요한 개

선 사항을 찾아내는데 도움을 줍니다.

- 통화량 추세, 대기 시간 및 통화 기간에 대한 통찰력을 제공하여 콜 센터가 인력 수준과 자원 할당을 최적화할 수 있도록 합니다.
- 대화에서 관련 정보를 추출하여 CRM에서 자동으로 티켓을 생성합니다.
- 고객과 대화하는 챗봇에 대한 관련 지식 베이스를 제공하여 더 많은 질문/클레임을 처리한 후 실제 오퍼레이터로 전환하기 전에 대응할 수 있도록 합니다.

강력한 자연어 처리 능력을 갖춘 AOAI는 콜 센터가 효율성과 효과성을 향상시키는 데 도움이 되어 고객 만족도와 비즈니스 성과를 향상시킬 수 있습니다.

우리의 샘플 시나리오에서 우리는 자동차 보험 회사라고 가정해 봅시다. 매일 고객으로부터 자동차 사고로 인한 보험 처리 지원이 필요한 수많은 전화를 받습니다. 매 통화 후, 오퍼레이터는 우리 CRM에 티켓을 열어야 합니다.

우리의 목표는 다음과 같은 기능을 구현함으로써 전반적인 절차를 단순화하는 것입니다.

- 통화 내용에서 관련 파라미터를 추출하여 티켓을 자동으로 생성합니다.
- 대화의 주요 주제를 가져와 해당 범주에 분류합니다.
- 고객의 감정을 파악합니다.
- 특히 어려운 대화에 응답하기 위한 안내서를 생성합니다.

다음은 이를 시각적으로 표현한 것입니다:

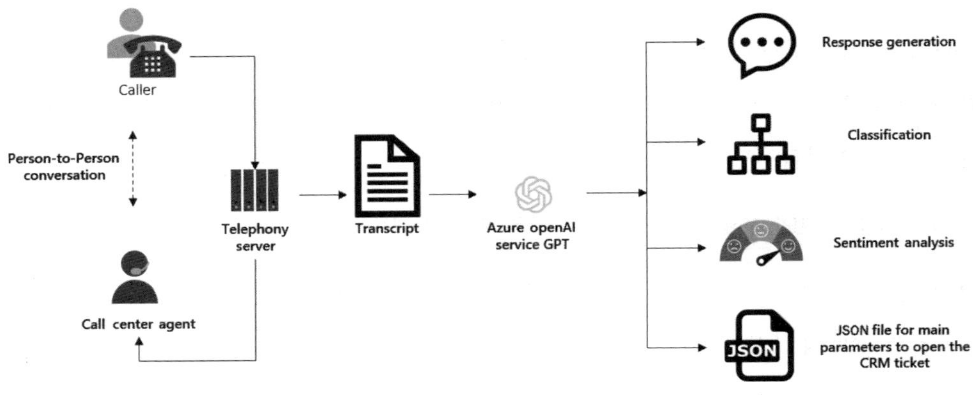

그림 10.17 콜 센터 분석을 위한 샘플 아키텍처

이를 위해, 우리 회사를 위한 가상의 대화의 샘플 대본을 다음과 같이 준비했습니다:

Operator: Good morning, thank you for calling the auto insurance company, my name is John, how can I assist you today?
Customer: Yes, hi, I just noticed a dent on the side of my car and I have no idea how it got there. There were no witnesses around and I'm really frustrated.
Operator: I'm sorry to hear that, I understand how frustrating it can be. Can you please provide me with your name and policy number so I can look up your account?
Customer: Yes, I'm Mario Rossi and the policy number is 123456.
Operator: Thank you Mr. Rossi, let me take a look. I see that you've called earlier today, was there an issue with that call?
Customer: Yes, I was on hold for over an hour and the issue was not resolved. I'm really not happy about it.
Operator: I'm sorry about that, let me assure you that we value your time and we'll do our best to assist you today. As for the dent on your car, I'd like to inform you that our policy does cover accidental damage like this. I can help you file a claim and connect you with one of our trusted repair shops in your area. Would you like me to proceed with that?
Customer: Yes, please. That would be great.
Operator: Thank you for your cooperation. I'm now processing your claim and I'll be sending you an email with the next steps to follow. Please let me know if you have any other questions or concerns.
Customer: Thank you, I appreciate your help.
Operator: You're welcome. Have a great day!

그림 10.18 요청을 하기 위한 가짜 대화 예시

그럼 이 시나리오에서는 관련 AOAI 인스턴스 하나만 있으면 되며, 연결된 text-davinci-002 인스턴스가 필요합니다.

이후 섹션에서 대화 내용에서 관련 매개변수를 추출하는 방법, 주제를 카테고리로 분류하는 방법, 고객의 감정을 분석하는 방법, 그리고 작업자의 응답을 용이하게 하는 안내 튜토리얼을 생성하는 방법을 배우게 될 것입니다.

매개변수 추출

첫 번째 단계는 대화 내에서 관련 있는 매개변수를 추출하는 것입니다. 이것은 적절한 정보로 CRM에서 자동으로 티켓을 만들고자 하는 경우에 중요합니다. 예를 들어, 티켓을 만들기 위해 다음과 같은 요소가 필요한 경우를 생각해 보겠습니다:

- 이름과 성씨
- 전화한 이유
- 보험 번호
- 해결 방법

다음 코드는 Python을 사용하여 이를 어떻게 구현할 수 있는지 보여줍니다 (다음 코드를 통해 이전 대화와 관련된 변수로 'transcript'를 초기화했습니다):

```
response = openai.Completion.create(
  engine="test1",
  prompt= transcript + "Extract the following information from the above text: n
Name and Surname nReason for calling n Policy Number n Resolution  n n",
  temperature=1,
  max_tokens=1968,
  top_p=0.5,
  frequency_penalty=0,
  presence_penalty=0,
  best_of=1,
  stop=None)

print(response["choices"][0]["text"].strip())
```

출력 결과는 다음과 같습니다:

```
Name and Surname: Mario Rossi
Reason for calling: Accidental damage to car
Policy Number: 123456
Resolution: The operator is processing the customer's claim and sending an email
with next steps.
```

마지막으로, 이 정보를 JSON 파일로 변환하여 티켓을 생성하도록 트리거할 수 있도록 합시다. 이를 위해 프롬프트에 "The output format should be JSON"라는 줄을 추가했습니다. 결과를 여기에서 볼 수 있습니다:

```
[
  {
    "name": "Mario Rossi",
    "reason_for_calling": "To file a claim for an accidental damage",
    "policy_number": "123456",
    "resolution": "The operator is processing the claim and will send an email with
the next steps to follow."
  }
]
```

감정 분석

또 하나 알아보고 싶은 요소는 통화의 감정입니다. 감정 분석은 콜 센터 분석에서 중요한 역할을 합니다. 이것은 고객 상호 작용의 감정적 톤을 이해하는 데 도움이 되며, 이전 대화에서와 같이 고객이 표현한 분노와 불만의 정도를 파악하는 데 사용될 수 있습니다. 이 정보는 콜 센터 관리자가 고객의 전반적인 만족도를 이해하고 서비스 개선을 위한 영역을 식별하는 데 유용합니다.

예를 들어, 감정 분석이 전화 대기 시간이 너무 길어서 불만을 표현하는 많은 고객을 보여주면, 콜 센터 관리자는 이 정보를 사용하여 인력 고용을 개선하거나 대기 시간을 줄이기 위한 새로운 기술 투자를 할 수 있습니다. 마찬가지로, 감정 분석이 고객이 콜 센터에서 제공하는 서비스에 대해 일반적으로 만족하고 있다는 것을 보여줄 때, 관리자는 우수한 영역을 식별하고 이러한 강점을 높일 수 있습니다.

우리가 해야 할 일은 AOAI 인스턴스에게 대화의 감정이 무엇인지 묻는 것뿐입니다.

보시다시피 대화의 끝에 고객이 고객 서비스에 만족하고 있기 때문에 응답은 긍정적입니다. 그러나 대화 내용을 읽어보면 고객이 처음에는 매우 좌절했다는 것을 알 수 있으므로 조금 더 정확한 결과를 얻기 위해 프롬프트 디자인을 약간 조정할 수 있습니다:

```
response = openai.Completion.create(
  engine="test1",
  prompt= transcript + "What is the initial and final sentiment of the conversation?",
  temperature=1,
  max_tokens=1968,
  top_p=0.5,
  frequency_penalty=0,
  presence_penalty=0,
  best_of=1,
  stop=None)

print(response["choices"][0]["text"].strip())
```

다음은 출력 결과입니다:

```
response = openai.Completion.create(
  engine="test1",
  prompt= transcript + "What is the initial and final sentiment of the conversation?",
  temperature=1,
  max_tokens=1968,
  top_p=0.5,
  frequency_penalty=0,
  presence_penalty=0,
  best_of=1,
  stop=None)

print(response["choices"][0]["text"].strip())
```

```
The sentiment of the conversation is initially negative because the customer is frustrated. However, it becomes positive by the end of the conversation because the customer's issue is resolved.
```

그림 10.19 고객의 요청에 대한 감정 분석 예제

우리는 또한 더 깊게 들어가서 초기 부정적 감정을 식별한 이유를 설명하도록 요청할 수 있습니다:

```
response = openai.Completion.create(
  engine="test1",
  prompt= transcript + "why is the customer's sentiment initially negative?",
  temperature=1,
  max_tokens=1968,
  top_p=0.5,
  frequency_penalty=0,
  presence_penalty=0,
  best_of=1,
  stop=None)

print(response["choices"][0]["text"].strip())
```

다음은 출력 결과입니다:

```
response = openai.Completion.create(
  engine="test1",
  prompt= transcript + "why is the customer's sentiment initially negative?",
  temperature=1,
  max_tokens=1968,
  top_p=0.5,
  frequency_penalty=0,
  presence_penalty=0,
  best_of=1,
  stop=None)

print(response["choices"][0]["text"].strip())
```

```
The customer is initially negative because they are frustrated. They were on hold for a long time and their issue was not re
solved.
```

그림 10.20 AOAI 모델을 사용한 감정 분석 예제

이것은 우리 고객 서비스의 개선 여지가 있다는 사실을 이해하는 데 중요한 정보입니다. 우리는 이 불만 - 첫 번째 전화 중에 길고 쓸데없는 대기 시간 - 을 다른 대화에서 검색한 유사한 요소와 매칭하여 시스템적인지 여부 및 그 개선 방법을 이해할 수 있습니다.

우리의 분석 목적을 위해 우리는 JSON 파일에 추가 정보를 추출하여 다른 유형의 작업(티켓 생성 외)을 트리거할 수 있도록 합니다. 프롬프트를 수정하여 결과는 다음과 같습니다:

```
response = openai.Completion.create(
  engine="test1",
  prompt= transcript + """Extract the following information from the above text:\n Name and Surname\nReason for calling
  \n Policy Number
  \n Resolution
  \n Initial Sentiment
  \n Reason for initial Sentiment
  \n Final sentiment\n Reason for final sentiment\n Contact center improvement \n \n\n. The ouput format should be JSON""",
  temperature=1,
  max_tokens=1968,
  top_p=0.5,
  frequency_penalty=0,
  presence_penalty=0,
  best_of=1,
  stop=None)

print(response["choices"][0]["text"].strip())
```


```
{
  "Name and Surname": "Mario Rossi",
  "Reason for calling": "To file a claim for accidental damage",
  "Policy Number": "123456",
  "Resolution": "The issue was resolved and the customer was assisted with filing a claim",
  "Initial Sentiment": "Frustration",
  "Reason for initial Sentiment": "The customer was frustrated because they did not know how the damage occurred and there w
ere no witnesses",
  "Final sentiment": "Satisfied",
  "Reason for final sentiment": "The customer was assisted with filing a claim and was given information on the next steps t
o follow",
  "Contact center improvement": "Reduce wait time for customers"
}
```


그림 10.21 고객의 요청에서 추출된 JSON 예시

고객의 요청 분류

고객의 요청을 분석할 때 각 요청을 적절한 범주로 분류하는 것이 매우 유용합니다. 이렇게 하면 관련 부서가 각 요청을 보다 신속하게 처리할 수 있습니다. 여기에서는 요청 분류를 위한 세 가지 일반적인 범주를 찾을 수 있습니다.

- **문제 보고**: 이 범주에는 고객이 자신의 보험 또는 계정과 관련된 문제나 이슈를 보고하지만 전화 통화 중에 해결할 수 없는 경우가 포함됩니다. 대화는 일반적으로 에이전트가 문제를 문서화하고 적절한 부서가 문제를 조사하고 처리하도록 보고서를 작성하는 과정을 포함할 것입니다. 예를 들어 청구 오류 신고 또는 즉시 처리할 수 없는 보험 정책 변경 요청이 포함될 수 있습니다.

- **클레임 처리**: 이 범주에는 고객이 보고한 문제 또는 전화 센터의 서비스에 대한 불만 또는 불만 표현이 있는 트랜스크립트(transcript)가 포함됩니다. 대화는 일반적으로 고객이 부정적인 경험을 공유하고 에이전트가 대응하여 긴 대기 시간에 대한 사과를 제공하거나 문제에 대한 해결책을 제안하는 과정을 포함할 것입니다.
- **일반 문의**: 이 범주에는 고객이 자신의 보험 또는 전화 센터에서 제공하는 다른 서비스에 대한 질문 또는 문의가 있는 트랜스크립트가 포함됩니다. 대화는 일반적으로 에이전트가 정보를 제공하고 고객의 질문에 답변하는 과정을 포함할 것이며 해결해야 할 특정한 문제나 불만 사항은 없을 것입니다.

이제 AOAI 인스턴스에게 트랜스크립트를 분류하도록 요청해 보겠습니다:

```
response = openai.Completion.create(
  engine="test1",
  prompt= transcript + "classify the above text in one of the following: reporting
issue, claim handling and general inquiry.",
  temperature=1,
  max_tokens=1968,
  top_p=0.5,
  frequency_penalty=0,
  presence_penalty=0,
  best_of=1,
  stop=None)

print(response["choices"][0]["text"].strip())
```

다음은 출력 결과입니다:

```
response = openai.Completion.create(
  engine="test1",
  prompt= transcript + """classify the above text in one of the following: reporting issue,
  claim handling -  and general inquiry.""",
  temperature=1,
  max_tokens=1968,
  top_p=0.5,
  frequency_penalty=0,
  presence_penalty=0,
  best_of=1,
  stop=None)

print(response["choices"][0]["text"].strip())
This is a claim handling issue.
```

그림 10.22 고객 분류 요청의 예시

다시 한 번, 이 정보를 JSON 파일에 추가할 수 있습니다. 이전 요청을 포함한 프롬프트를 업데이트하면 다음과 같습니다:

```
response = openai.Completion.create(
  engine="test1",
  prompt= transcript +
    """Extract the following information from the above text:\n Name and Surname\nReason for calling
    \n Policy Number\n Resolution\n Initial Sentiment\n Reason for initial Sentiment\n Final sentiment
    \n Reason for final sentiment\n Contact center improvement\n Category (choose among reporting issue,
    claim handling and general inquiry) \n \n\n. Return the output in JSON.""",
  temperature=1,
  max_tokens=1968,
  top_p=0.5,
  frequency_penalty=0,
  presence_penalty=0,
  best_of=1,
  stop=None)

print(response["choices"][0]["text"].strip())
```

```
{
    "name": "Mario Rossi",
    "reason_for_calling": "To report a dent on the side of his car",
    "policy_number": "123456",
    "resolution": "The operator helped file a claim and connect the customer with a trusted repair shop in the area.",
    "initial_sentiment": "Frustration",
    "reason_for_initial_sentiment": "The customer was frustrated because he did not know how the dent got there and there we
re no witnesses around.",
    "final_sentiment": "Satisfaction",
    "reason_for_final_sentiment": "The customer was satisfied because the operator was able to help him file a claim and con
nect him with a trusted repair shop.",
    "contact_center_improvement": "The customer would like the contact center to value his time more and not keep him on hol
d for long periods of time.",
    "category": "Claim Handling"
}
```

그림 10.23 JSON 파일 생성 예시

이제 트랜스크립트의 메타데이터로 다양한 정보가 있습니다. 이제 이러한 정보를 활용하여 매개변수형 프롬프트를 작성하고 이 작업을 가능한 빨리 처리하기 위한 추가 작업을 생성하겠습니다. 이를 위해 Streamlit을 사용한 간단한 프론트 엔드를 만들겠습니다.

Streamlit을 사용한 프론트 엔드 구현

이 섹션의 아이디어는 운영자가 대화 내용의 모든 트랜스크립트에 액세스하고 티켓 생성이나 고객에게 이메일 응답 생성과 같은 몇 가지 작업을 신속하게 수행할 수 있는 회사 포털을 구현하는 것입니다. 또한 운영자는 고객 서비스를 개선하는 방법에 대한 추천을 받을 수도 있습니다(이 정보는 높은 관리 수준에서도 사용 가능하므로 회사 개선에 대한 통찰력을 풍부하게 할 수 있음).

이를 위해 Streamlit을 사용할 것입니다. 또한 이 경우에도 Streamlit 앱에서 비밀을 안전하게 호출할 수 있도록 API를 포함하는 .toml 파일을 만들고 있습니다.

다른 섹션과 마찬가지로 이 책의 GitHub 저장소에서 전체 앱 파일을 찾을 수 있습니다.

특정 대화의 랜딩 페이지(이 경우, 샘플 트랜스크립트)는 다음과 같습니다:

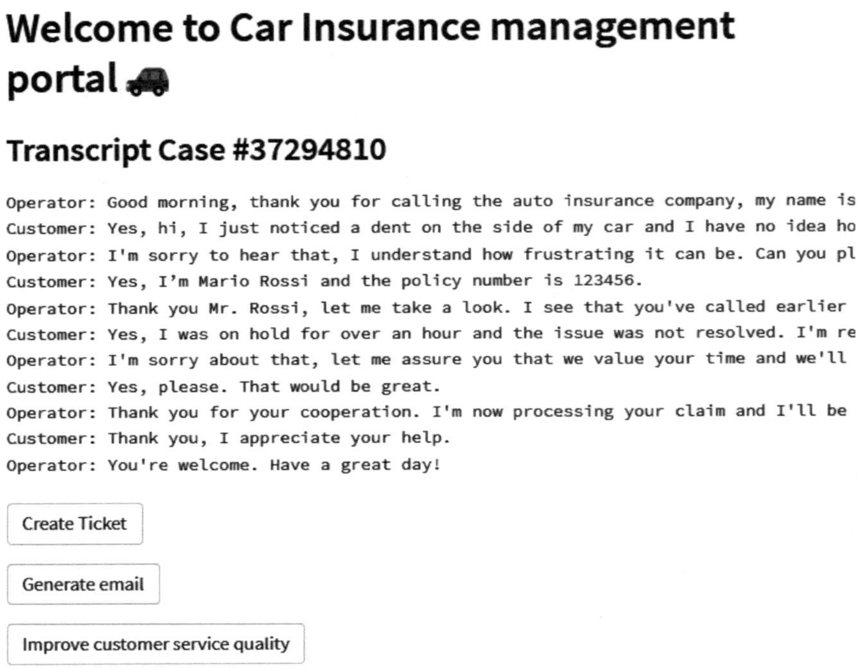

그림 10.24 트랜스크립트 랜딩 페이지 예시

우리의 AOAI 모델이 우리를 위해 어떤 작업을 할 수 있는지 알아보겠습니다:

1. 운영자로서 할 수 있는 첫 번째 작업은 JSON 파일에서 수집한 정보로 티켓을 생성하는 것입니다:

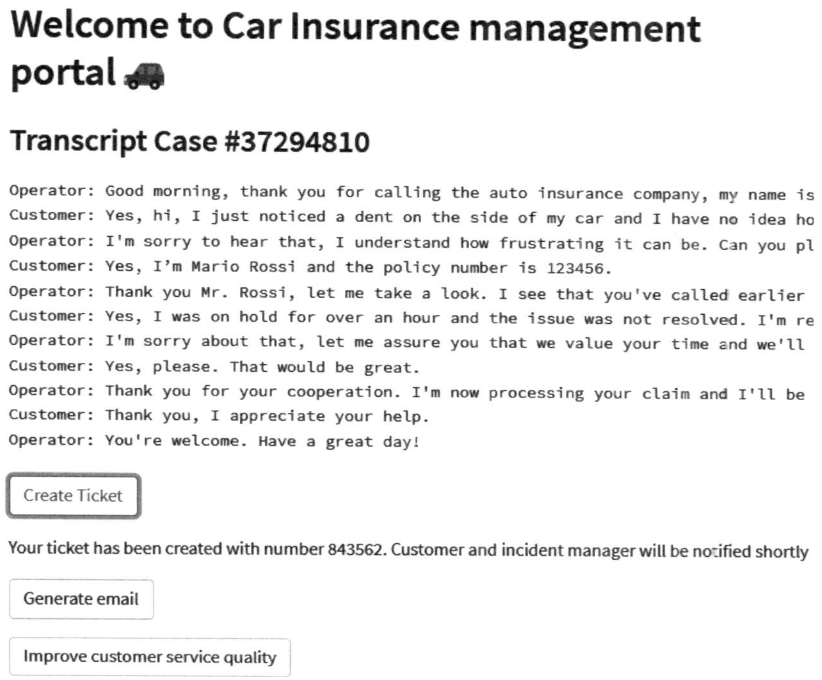

그림 10.25 티켓 생성을 위한 프론트 엔드

2. Mario Rossi 씨에게 문제 해결 과정을 시작한다는 통지를 하기 위해 이메일을 자동으로 생성할 수 있습니다. 이를 위해 AOAI 인스턴스에게 메일 생성을 요청하는 매개 변수화된 프롬프트를 사용하는 함수를 정의했습니다:

```
def generate_email(transcript):
    response = openai.Completion.create(
      engine="test1",
prompt= transcript + f"Generate a response email to the transcript above,
notifying the customer that the ticket has been created and apologizing if it
was complaining. The name of the customer is  data['name']  and the policy
number is data['policy_number'] .",
      temperature=1,
      max_tokens=1968,
      top_p=0.5,
      frequency_penalty=0,
      presence_penalty=0,
      best_of=1,
      stop=None)
    return response["choices"][0]["text"].strip()
```

여기서 데이터는 이전 섹션에서 본 대로 트랜스크립트에서 추출된 JSON 비즈니스 인텔리전스(BI)입니다.

프론트엔드는 다음과 같이 보일 것입니다:

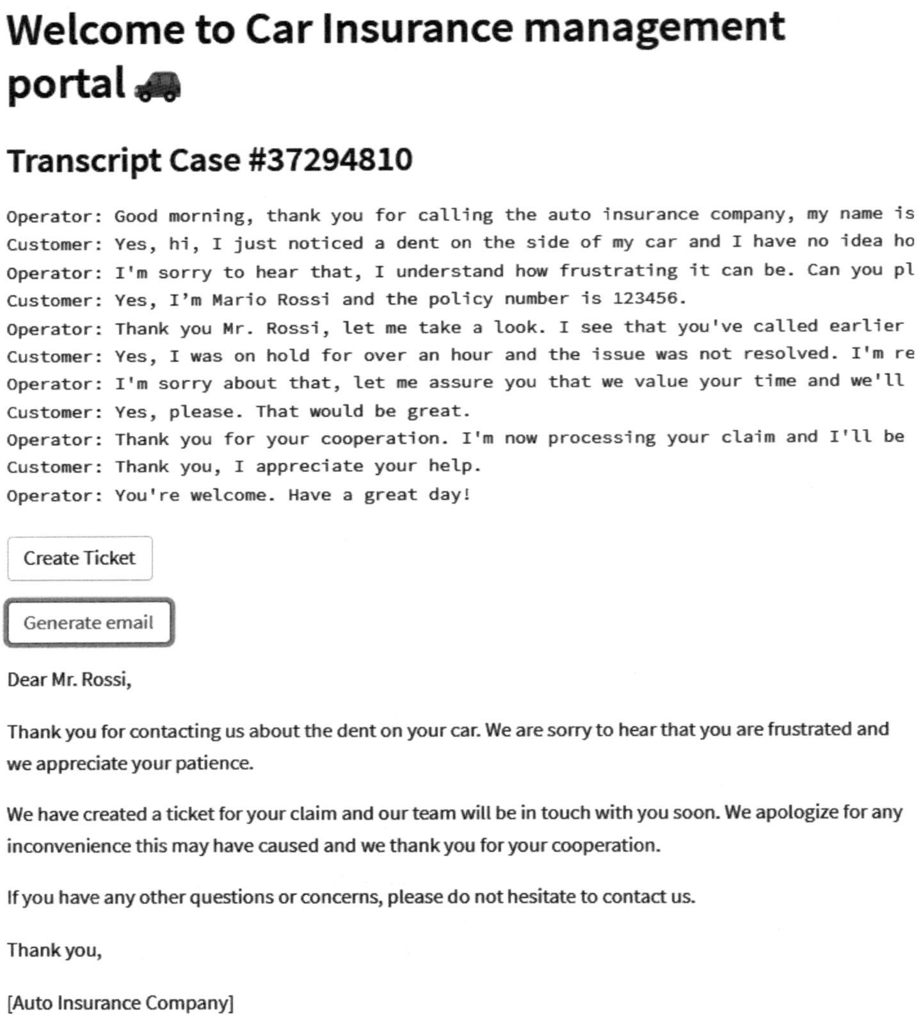

그림 10.26 AOAI에 의해 생성된 이메일 예시

3. 마지막으로 해결 프로시저와 고객 만족도를 향상시키기 위한 권고사항을 요청할 수 있습니다. 이 경우에도 매개변수 프롬프트를 사용했습니다:

```
def improvement(data):
    response = openai.Completion.create(
      engine="test1",
      prompt= f"Elaborate a list of remediations to get to the following
improvement:  data['contact_center_improvement'] ",
      temperature=1,
      max_tokens=1968,
      top_p=0.5,
      frequency_penalty=0,
      presence_penalty=0,
      best_of=1,
      stop=None)
    return response["choices"][0]["text"].strip()
```

여기서 data는 이전 섹션에서 추출한 트랜스크립트에서 생성된 JSON 파일입니다. 프론트엔드는 다음과 같이 보일 것입니다:

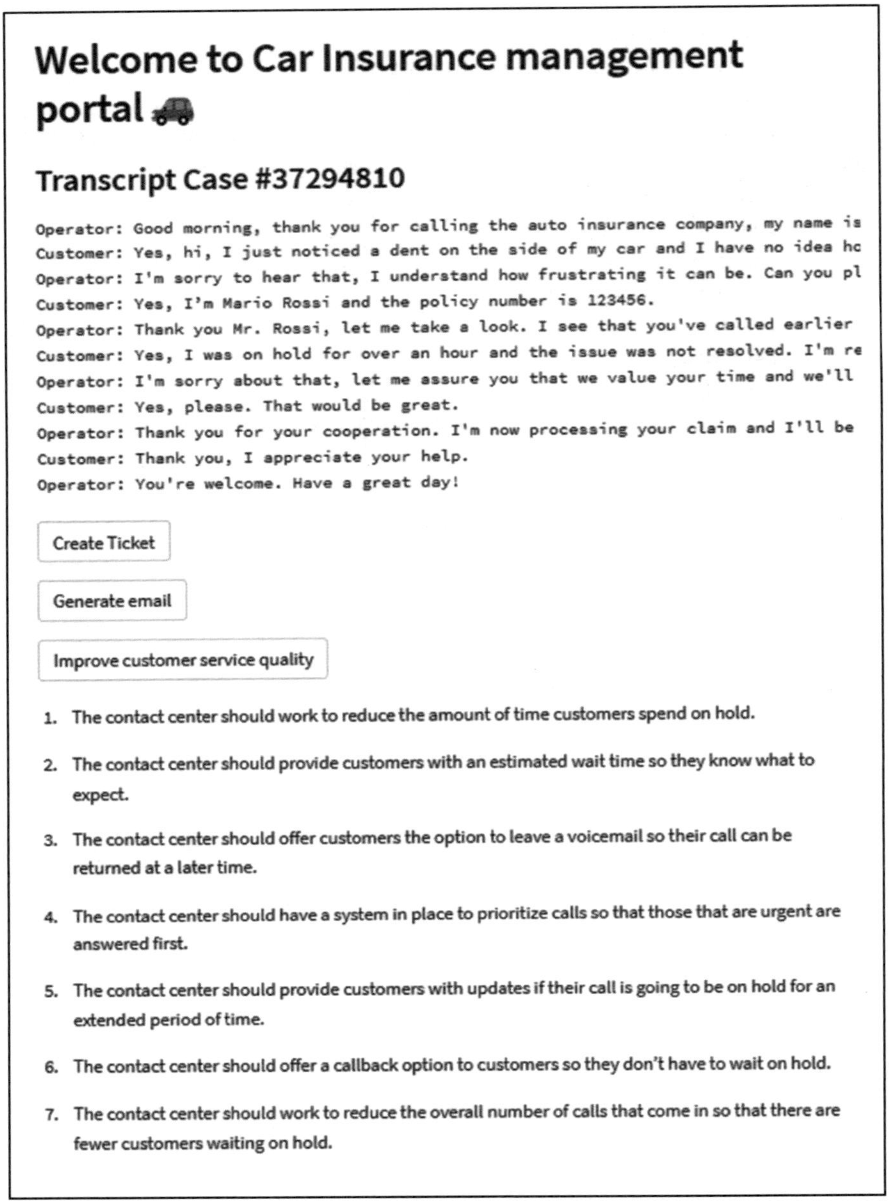

그림 10.27 AOAI에 의해 생성된 콜 센터 개선을 위한 몇 가지 권장 사항

이것은 기능이 제한된 샘플 응용 프로그램에 불과하지만 이미 콜 센터 생산성과 고객 만족도를 높일 수 있는 강력한 자동화와 통찰력을 제공합니다.

실제 환경에서 우리 상상의 자동차 보험 회사가 추가해야 할 몇 가지 요소는 다음과 같습니다:

- CRM 소프트웨어에서 티켓 생성을 자동으로 트리거하는 기능.

- 콜 센터 대화 내용에 교육된 고객용 챗봇. 이렇게 하면 과거에 다루지 않았던 경우에만 운영자와의 통화가 발생합니다.
- 관련 트랜스크립트 통찰력이 모아지는 비즈니스 인텔리전스 (BI) 대시보드. 예를 들어 다음과 같은 몇 가지 통계 정보가 포함될 수 있습니다:
  - 가장 일반적인 불만 사항
  - 통화 기간 동안의 감정 분포
  - 시간에 따른 범주의 빈도수

이로써 우리는 어떻게 감정 분석 추출을 수행하는지, 고객 요청과 상호 작용하는 방법, 그리고 프론트 엔드로 Streamlit을 사용하는 개념을 이해했습니다. 이 모든 것은 이해 관계자와 더 나은 협력을 통해 작업하고 운영을 개선하는 데 도움이 됩니다.

의미론적 검색(semantic search) 탐색

Semantic search는 온라인에서 정보를 찾는 방식을 혁신적으로 바꾼 최신 검색 기술입니다. 기업 환경에서는 방대한 양의 데이터를 신속하고 정확하게 검색해야 하는 비즈니스에게 필수적인 도구가 되었습니다. Semantic 검색 엔진은 검색 쿼리와 검색 대상 콘텐츠의 의미를 이해하기 위해 NLP(Natural Language Processing) 기술을 사용합니다. 이 기술은 ML(기계 학습) 알고리즘을 사용하여 검색 쿼리의 문맥을 이해하는 데 기존의 키워드 기반 검색 엔진을 뛰어넘는 결과를 제공합니다.

Semantic 검색의 주요 구성 요소 중 하나는 임베딩(embedding)의 사용입니다. 임베딩은 단어나 구를 숫자 벡터로 나타내는 과정입니다. 이러한 벡터는 주어진 텍스트 말뭉치(corpus) 내에서 각 단어나 구의 문맥을 분석하는 신경망에 의해 생성됩니다. 단어를 벡터로 변환함으로써 단어와 구 사이의 의미적 유사성을 측정하는 것이 더 쉬워지며, 이는 정확한 검색 결과에 중요합니다.

예를 들어 의료 문서와 논문 분야에서는 임베딩을 사용하여 의미론적 검색 알고리즘을 향상시킬 수 있습니다. 임베딩은 관련된 개념과 주제를 식별하기를 쉽게 만들어줍니다. 예를 들어, 연구자가 암 치료에 관한 정보를 찾고 있다면, 임베딩을 사용하는 의미론적 검색 엔진은 화학요법, 방사선 치료 및 면역요법과 같은 관련 용어를 식별할 수 있습니다. 이러한 용어 간의 의미론적 관계를 이해함으로써 검색 엔진은 더 정확하고 관련성 높은 결과를 반환할 수 있습니다.

또한 임베딩은 검색 쿼리에서 즉시 명확하지 않은 관련 주제와 개념을 식별하는 데 사용될 수 있습니다. 예를 들어, 연구자가 유방암에 관한 정보를 찾고 있다면, 임베딩을 사용하는 의미론적 검색 엔진은 유방암 예방, 유방암 검사 및 호르몬 요법과 같은 관련 주제를 식별할 수 있습니다. 유방암과 관련된 주제와 개념에 대한 이러한 보다 폭넓은 이해는 연구자가 전통적인 키워드 검색을 통해 발견하지 못했을 수도 있는 관련 논문과 문서를 찾는 데 도움이 될 수 있습니다.

예를 들어, 다음 시나리오를 고려해 봅시다. 우리는 개인 클리닉이며 매일 많은 문서에서 정보를 찾는 데 어려움을 겪고 있습니다. 의사들은 진단을 내리기 위해 많은 논문을 훑어야 하며 이는 매우 시간이 많이 소요됩니다.

우리는 연구 과정에서 도움을 줄 AI 연구 어시스턴트를 찾고 있다고 가정합시다. 이를 위해 Azure OpenAI 배포 중 하나인 "임베딩"을 사용할 것이며, "text-embedding-ada-002" 모델과 연계하여 활용할 예정입니다.

아이디어는 다음과 같습니다:

1. 사용 가능한 텍스트의 임베딩을 임베딩 모델로 가져옵니다.
2. 사용자 쿼리의 임베딩을 임베딩 모델로 가져옵니다.
3. 임베딩된 쿼리와 임베디드 지식 베이스 간의 거리를 계산합니다.
4. 임베디드된 쿼리와 가장 유사한 텍스트 조각을 찾아 GPT 모델의 문맥으로 사용합니다.
5. GPT 모델을 사용하여 응답을 생성합니다.

이는 다음과 같이 나타낼 수 있습니다:

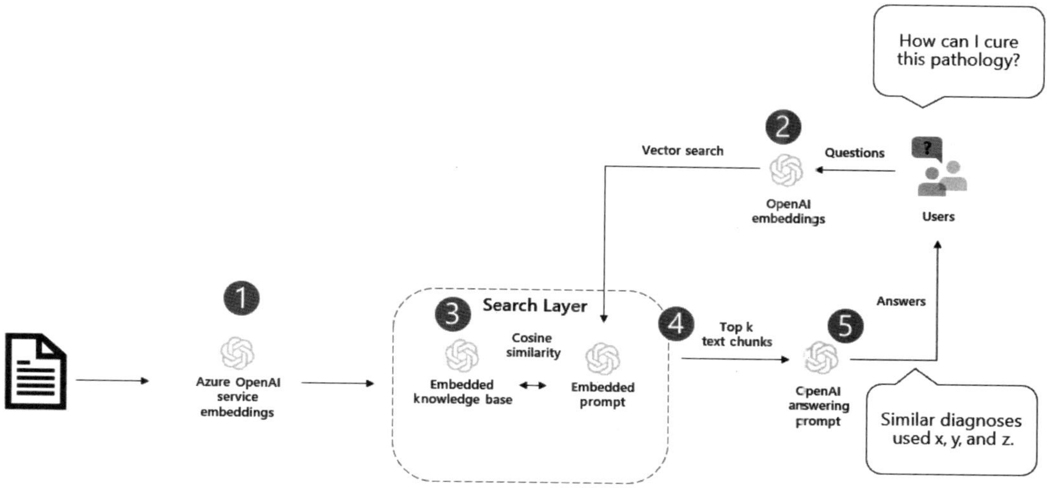

그림 10.28 의미론적 검색 프로젝트의 참조 아키텍처

지식 베이스를 시뮬레이션하기 위해, 저희는 요추신경통에 대한 대안 치료에 관한 논문을 사용할 것입니다 (논문은 https://doi.org/10.1136/bmj-2022-070730에서 찾을 수 있습니다).

임베딩 및 질문 응답 관리를 위해, 우리는 LangChain 모듈을 사용할 것입니다.

LangChain 모듈을 사용한 문서 임베딩

우리 프로젝트의 첫 번째 단계는 임베딩 모델을 초기화하여 사용자 정의 문서를 벡터화하는 것입니다. 이를 위해 LangChain OpenAIEmbeddings 모듈을 사용할 수 있습니다. 이 모듈은 Azure OpenAI에서 직접 임베딩 모델을 래핑(wrapping)합니다:

```
from langchain.embeddings import OpenAIEmbeddings from langchain.chat_ models
import AzureOpenAI
from langchain.embeddings import OpenAIEmbeddings
from langchain.vectorstores.faiss import FAISS
from pypdf import PdfReader
from langchain.document_loaders import PyPDFLoader
  embeddings = OpenAIEmbeddings(document_model_name="text-embedding-ada-002") embe
ddings.embed_query('this is a test')
```

출력 결과는 다음과 같습니다:

```
from langchain.embeddings import OpenAIEmbeddings
#from langchain.chat_models import AzureChatOpenAI

embeddings = OpenAIEmbeddings(document_model_name="text-embedding-ada-002")
embeddings.embed_query('this is a test')
```

```
[7]
... Output exceeds the size limit. Open the full output data in a text editor
[-0.012838087975978851,
 -0.007421397138386965,
 -0.01761752180755l384,
 -0.028278311714529999,
 -0.0186663419008255,
 0.0173785500228405,
 -0.01821495033800602,
 -0.006950092036277056,
 -0.009937237948179245,
 -0.03858064487576485,
 0.010674066841602325,
 0.02412286028265953,
 -0.013647936284542084,
 0.013189907185733318,
 0.0021125758066773415,
 0.012406611815094948,
 0.02079053409397602,
 0.0007459566695615649,
 0.008397198282182217,
 -0.005350309889763594,
 0.008968074806034565,
 0.014351575635373592,
 -0.014086050912737846,
 0.015055214054882526,
 -0.022211087867617607,
...
 0.014271917752921581,
 0.005108801887139678,
 -0.010906400015900135,
 0.014391403645277023,
 ...]
```

그림 10.29 텍스트 임베딩의 예시

보시다시피 결과는 text-embedding-ada-002 임베딩 모델로 계산된 숫자 벡터입니다.

이제 전체 문서를 벡터화해야 합니다. 또한 문서를 저장하기 위한 저장 공간도 필요합니다. LangChain은 여러 벡터 저장소를 제공하며, 우리는 FAISS 벡터 저장소를 사용할 것입니다.

그러니 FAISS 인덱서를 초기화해 봅시다:

```
loader = PyPDFLoader("path_to_file") pages = loader.load_and_split() faiss_index =
FAISS.from_documents(pages, embeddings)
```

이제 AzureOpenAI 클래스를 사용하여 모델을 초기화할 수 있습니다. 이를 위해 배포의 이름만 전달하면 됩니다:

```
llm = AzureOpenAI(deployment_name="text-davinci-003")
```

마지막으로, 사용자 쿼리와 임베디드된 지식 베이스 간의 유사도를 계산해야 합니다. 이를 위해 다음과 같은 함수를 초기화하겠습니다:

```
using langchain QA chain""" docs = index.similarity_ search(query) chain =
load_qa_chain(llm) answer = chain. run(input_documents=docs, question=query) return
answer
```

앞서 설명한 함수를 사용하여 사용자 프롬프트와 임베디드 문서 간의 의미론적 유사성을 계산합니다. 이를 통해 사용자 프롬프트와 높은 유사성을 가진 텍스트 청크만을 Azure OpenAI 모델의 컨텍스트로 사용하므로 토큰의 최대 수 제한을 극복할 수 있습니다. 이를 통해 더 정확하고 관련성 높은 답변을 생성할 수 있습니다.

Streamlit을 위한 프론트엔드 생성하기

우리는 시맨틱 검색 엔진의 논리를 만들었으므로 이제 사용자가 UI를 통해 상호 작용할 수 있도록 프론트엔드를 만들 차례입니다. 이를 위해 Streamlit을 사용하겠습니다.

또한 이 경우에도 .toml 파일을 만들어 API를 안전하게 호출할 수 있도록 하겠습니다.

이를 위해 이전 섹션에서 본 코드와 함께 일부 프론트엔드 요소를 추가한 .py 파일을 만들 것입니다(전체 .py 파일은 GitHub 저장소에서 찾을 수 있습니다).

구체적으로, 다음 지침을 추가하여 간단한 검색 창을 만들었습니다:

```
query = st.text_area("Ask a question about the document")
if query:

    docs = faiss_index.similarity_search(query, k=1)
    button = st.button("Submit")
    if button:
        st.write(get_answer(faiss_index, query))
```

그런 다음 파일을 Medical_Smart_Search_App.py로 저장하고 Streamlit Run Smart_Search.py 명령을 사용하여 Anaconda Prompt에서 실행했습니다.

결과는 다음과 같습니다:

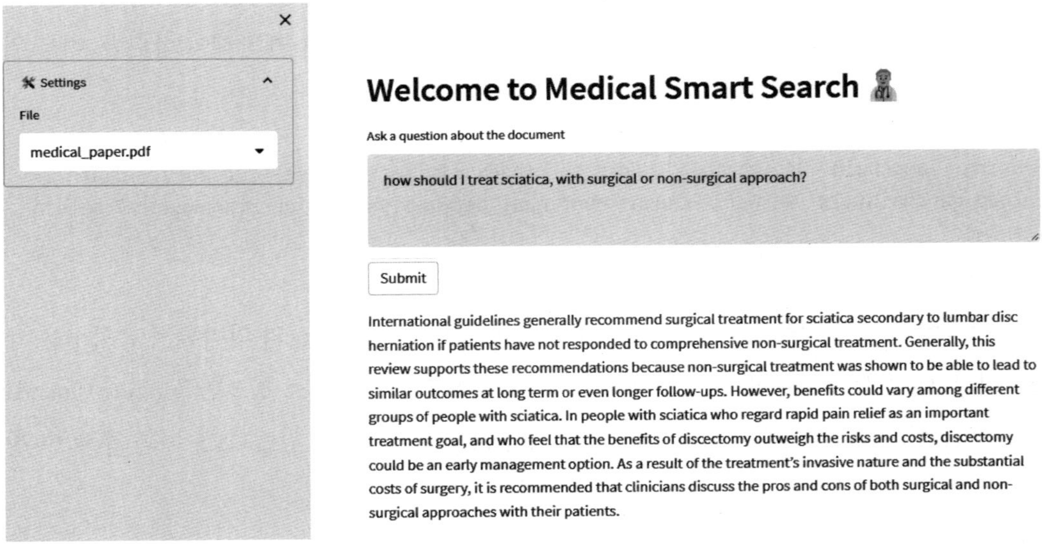

그림 10.30 Streamlit와 AOAI를 사용한 프론트엔드 예시

검색 엔진에 추가할 수 있는 몇 가지 요소가 있습니다. 예를 들어 다음과 같습니다:

- 답변이 컨텍스트에 없는 경우 AOAI 모델에 응답하지 않도록 지시하는 것입니다. 이를 위해 프롬프트에서 지정할 수 있습니다.
- 답변 뿐만 아니라 컨텍스트의 원시 텍스트와 원본 페이지의 링크(있는 경우)도 제공하는 것입니다.
- AOAI 응답 및 추가 컨텍스트를 다음 사용자 프롬프트에 유지하여 몇 가지 학습을 통한 메모리를 유지하는 것입니다.

의료 문서 예제를 살펴보았지만, 법적 엔터티에서부터 대규모 기술 문서를 가진 제조업체까지 다양한 도메인에서 의미론적 검색 엔진을 사용할 수 있습니다.

조직 내에 스마트 검색 시스템을 보유하면 검색 시간을 단축하는데 그치지 않고 부분적인 응답을 포함하는 여러 문서의 요약을 제공합니다.

비슷한 시나리오에서 (특히 의료 또는 법적 도메인에서) 결과를 검증하기 위해 인간의 개입이 필요하다는 것을 명심하는 것이 중요합니다. 그러나 이러한 AI 어시스턴트를 보유하는 것은 생산성을 향상시키고 검색 비용과 시간을 줄이며 검색 품질을 향상시키며 드문 문서를 찾는 데 도움이 될 수 있습니다.

요약

Azure OpenAI 모델은 대규모 언어 모델의 능력을 기업 수준에서 향상시키며 다양한 산업 분야에서 기업 운영을 혁신할 수 있는 잠재력을 가지고 있습니다.

최신 NLP 기술을 활용함으로써 비즈니스는 일상적인 작업을 자동화하고 복잡한 프로세스를 최적화하며 데이터에서 가치 있는 통찰력을 얻을 수 있습니다.

이 장에서는 계약 분석 및 생성, 콜 센터 분석 및 사용자 정의 지식 베이스를 위한 의미 검색 분야에서 구체적인 사용 사례를 살펴보았습니다. 이를 Python으로 단계별 안내서와 Streamlit을 사용하여 실행했습니다.

물론 Azure OpenAI 모델의 성공적인 통합에는 관련 사용 사례 식별, 적절한 도구와 플랫폼 선택, 직원 교육 및 개발에 대한 전략적 접근이 필요합니다. AI 분야가 계속 발전함에 따라 기업은 시장에서 경쟁력을 유지하고 Azure OpenAI의 모든 이점을 실현하기 위해 최신 트렌드와 혁신에 대해 최신 정보를 유지해야 합니다.

이 장에서 언급된 것들은 대규모 언어 모델의 능력을 통해 어떤 것이 달성될 수 있는지에 대한 사용 사례의 일부에 불과합니다. 다음 마지막 장에서는 지금까지의 모든 내용을 요약하고 AI의 발전이 미래 시장에 가져올 것들에 대해 논의합니다.

참조

- https://python.langchain.com/en/latest/index.html#
- https://www.aroged.com/2023/02/17/chatgpt-ministry-of-justice-will-use-gpj-to-respond-to-citizens-in-portugal/

제11장

에필로그와 고찰

여기까지 와 주셨습니다 - 축하합니다! 이 책을 흥미롭게 읽으셨고 여러분의 목표에 도움이 되었기를 바랍니다.

이 책을 쓰면서 몇 가지 변경과 새로운 개발 사항이 발생했으며, 이것들은 분명 언급할 가치가 있습니다. 우리는 Generative AI 모델의 복잡성과 정확도가 증가함에 따라 Moore의 법칙에 따른 발전을 보고 있습니다.

그래서 이 마지막 장에서는 이 책 전반에 걸쳐 배운 내용을 간단히 복습하고, 가장 최근의 개발 내용과 가까운 미래에 기대할 것들을 공개하겠습니다.

구체적으로 다음과 같은 주제를 다룰 것입니다:

- 지금까지 배운 내용 개요
- LLMs가 산업에 진출하는 방법
- 생성 모델 인공지능 분야의 최신 개발 동향과 우려사항
- 가까운 미래에 기대할 것들

이 장을 마치면, 생성 모델 인공지능 분야의 최신 개발 동향, 산업에 미치는 영향, 그리고 새로운 발전과 사회적 우려 사항에 대한 더 넓은 그림을 그릴 수 있을 것입니다.

지금까지 배운 내용의 요약

이 책은 Generative AI의 개념과 다양한 응용 분야에 대한 소개로 시작되었습니다. Generative AI는 텍스트 뿐만 아니라 이미지, 비디오 및 음악과 관련이 있다는 점을 살펴보았습니다.

제2장에서는 Generative AI를 가장 큰 인기로 이끈 회사인 OpenAI를 살펴보았습니다. OpenAI는 2015년에 설립되었으며 주로 Generative Pre-trained Transformers (GPT)라는 특정 유형의 생성 모델에 대한 연구에 중점을 두고 있습니다. 그런 다음 2022년 11월에 OpenAI는 GPT 모델을 기반으로 한 대화형 어시스턴트의 무료 웹 앱인 ChatGPT를 출시했습니다. 이 앱은 단 5일 만에 100만 명의 사용자에게 도달하는 등 엄청난 인기를 얻었습니다!

ChatGPT는 게임 체인저 역할을 했습니다. 그것의 일상 생산성 및 다양한 산업 분야에 미치는 영향은 엄청나다. 이러한 영역에 ChatGPT가 어떻게 영향을 미칠 수 있는지에 대해 다루기 전에, 제3장에서는 ChatGPT 계정을 설정하고 사용하는 방법을 배웠습니다. 또한 제4장에서는 ChatGPT와 같은 생성 모델을 사용할 때 가장 중요한 요소를 올바르게 설계하는 방법을 살펴보았습니다. 프롬프트는 사용자의 입력으로, 자연어로 된 지시사항일 뿐입니다. 프롬프트를 설계하는 것은 생성 모델에서 최대 가치를 얻기 위한 중요한 단계이며, 이러한 프롬프트 엔지니어링은 새로운 연구 분야가 되었습니다.

ChatGPT와 프롬프트 디자인에 익숙해진 후, 우리는 제5장으로 넘어가 ChatGPT가 어떻게 일상 생산성을 높이고 일상 도우미가 될 수 있는 구체적인 예제를 마침내 얻었습니다. 이메일 생성부터 글쓰기 기술 향상까지 다양한 활동이 ChatGPT의 생성 능력 덕분에 개선될 수 있는 방법을 확인했습니다.

하지만 거기서 그치지 않았습니다. 제6장, 제7장 및 제8장에서는 ChatGPT가 일상 생산성뿐만 아니라 도메인별 활동도 높일 수 있는 방법을 살펴보았습니다. 개발자의 경우 코드 생성 및 최적화부터 기계 학습 모델 해석까지; 마케터의 경우 신제품 개발부터 검색 엔진 최적화(SEO) 향상까지; 연구자의 경우 실험 설계부터 연구를 기반으로 한 프레젠테이션 생성까지 다양한 분야에서 ChatGPT가 도움을 줄 수 있는 방법을 알아보았습니다.

제9장에서 우리는 기업 수준으로 대화를 전환하여 OpenAI 모델이 Azure를 통해 직접 사용 가능하게 되어 기업이 신뢰성과 보안을 유지할 수 있는 방법을 논의했습니다.

마지막으로, 제10장에서는 Azure OpenAI 모델을 사용한 기업용 사례의 구체적인 예제를 보았습니다. 각 예제는 비즈니스 시나리오와 함께 Python을 사용한 Streamlit을 프론트 엔드로 사용한 엔드 투 엔드 구현이 포함되었습니다.

이 여정은 ChatGPT, OpenAI 및 LLM과 같은 인기 있는 용어에 대한 더 큰 명확성을 제공하기 위해 계획되었습니다.

그러나 다음 섹션에서는 지난 몇 달 동안의 엄청난 빠른 AI 발전이 우리가 지금까지 배운 내용 위에 새로운 기술을 가져오고 있는 것을 볼 것입니다.

AI 발전의 서막

이 책을 통해 우리는 생성형 인공지능 및 더 구체적으로 GPT 모델이 시민과 대기업이 작업하는 방식을 혁신하고 있다는 것을 보았습니다.

그러나 ChatGPT 및 GPT 모델은 이미 언어 이해 및 생성 능력에서 뛰어난 능력을 보여 주었지만, 생성형 인공지능의 실제 잠재력은 아직 완전히 실현되지 않았습니다.

우리가 기대할 수 있는 것의 한 줄기는 이미 Multimodal Large Language Models (MLLMs)의 첫 번째 릴리스와 Microsoft의 Copilot 시스템 도입으로 밝혀졌습니다.

다중 모달 대형 언어 모델의 출현

지금까지 주로 큰 언어 모델 (LLMs)에 중점을 두었습니다. 이 모델들은 GPT-x 패밀리와 ChatGPT의 아키텍처입니다. 이러한 모델들은 책, 기사 및 웹사이트와 같은 대량의 텍스트 데이터로 훈련되며 인간 언어의 패턴과 구조를 학습하기 위해 신경망을 사용합니다.

2장에서 보았듯이, 이미지 이해와 생성과 같은 LLMs의 추가적인 생성 AI 기능을 결합하려면 DALL-E와 같은 추가 모델의 지원이 필요합니다. 이는 MLLMs의 도입까지도 유효한 내용입니다.

MLLMs는 NLP와 컴퓨터 비전을 결합하여 텍스트 및 시각적 콘텐츠를 이해하고 생성하는 인공 지능 시스템입니다. 이러한 모델은 이미지와 텍스트와 같은 대량의 데이터로 훈련되며 텍스트 및 시각적 입력을 모두 포함하는 쿼리에 대한 인간과 유사한 응답을 생성할 수 있습니다.

최근 몇 달 동안 MLLMs 분야에서 큰 발전이 있었으며, 다음 섹션에서는 Kosmos-1 및 GPT-4라는 주요 모델 두 가지에 중점을 둘 것입니다.

Kosmos-1

마이크로소프트의 연구자인 Shaohan Huang 등은 "언어만으로는 충분하지 않다: 언어 모델과 지각을 조율하는" 논문에서 Kosmos-1을 소개했습니다. 이는 언어 및 시각적 단서에 모두 응답할 수 있는 MLLM으로, 이미지 캡션 생성 및 시각적 질문 응답과 같은 작업을 수행할 수 있게 합니다.

OpenAI의 ChatGPT와 같은 LLM들은 인기를 얻었지만 이미지와 오디오와 같은 다중 모달 입력에 대한 처리에 어려움을 겪고 있습니다. 마이크로소프트의 연구 논문은 다중 모달 인식과 실제 세계 기반의 필요성을 강조하여 인공 일반 지능 (AGI)으로 나아가기 위한 노력을 하고 있습니다.

Kosmos-1은 다양한 모달리티를 인식할 수 있으며 제로샷 학습을 통해 지시를 따르고, 제공된 맥락에서의 몇 가지 학습을 통해 능동적으로 배울 수 있습니다. 이 모델의 시연은 시각적 프롬프트를 포함하는 다양한 상황에서 작업을 자동화하는 데 있어서의 잠재력을 보여줍니다.

다음 그림은 그 작동 방식을 보여주는 예를 제공합니다:

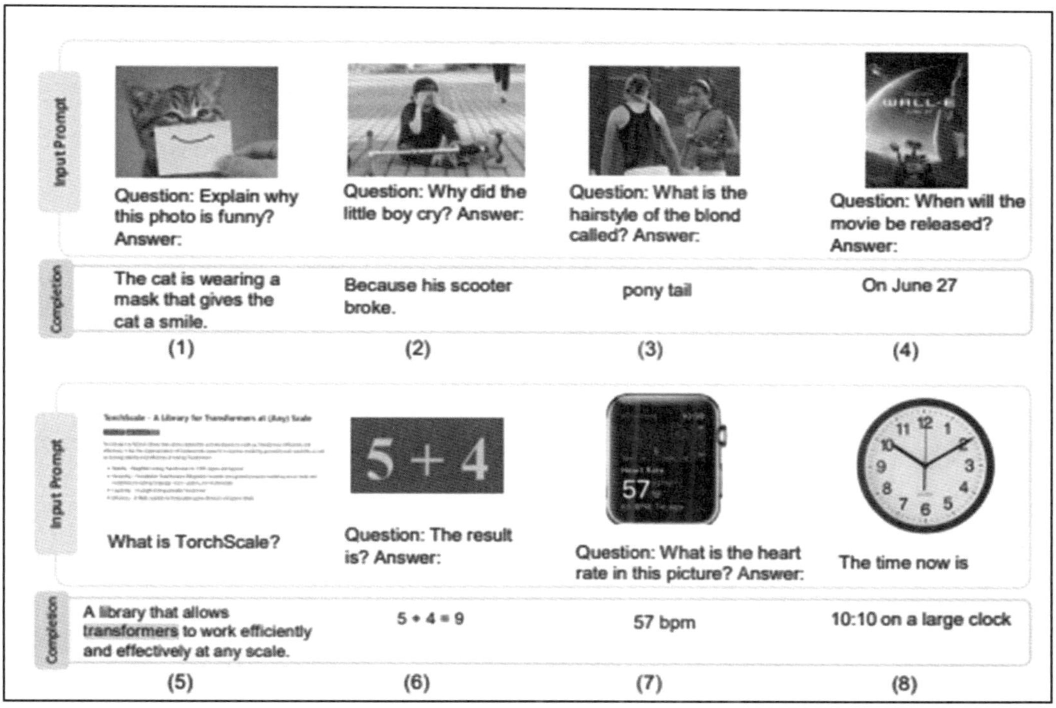

그림 11.1 Kosmos-1을 사용한 다중 모달 입력의 예시. 원본 사진 출처: https://arxiv.org/pdf/2302.14045.pdf.

제로 샷(zero-shot) 레이븐(Raven) IQ 테스트에서의 결과는 성인 수준과 비교했을 때 성능 차이가 있지만, 지각과 언어 모델을 조화롭게 조절함으로써 추상적 개념 패턴을 인식할 수 있는 능력에 대한 유망한 가능성을 보여주었습니다.

> **정의**
>
> 레이븐 IQ 테스트, 또는 레이븐의 진행 매트릭스로 알려진 이 테스트는 언어를 사용하지 않는 표준화된 테스트로서 개인의 추상적 추론 능력과 유체 지능을 측정하기 위해 고안된 것입니다. 1936년 John C. Raven이 개발한 이 테스트는 행렬 형식의 시각적 패턴을 가진 객관식 질문으로 이루어져 있습니다. 참가자의 임무는 패턴을 완성하는 빠진 부분을 식별하는 것입니다.

다음 그림은 Kosmos-1이 푼 Raven IQ 테스트의 예시를 보여줍니다:

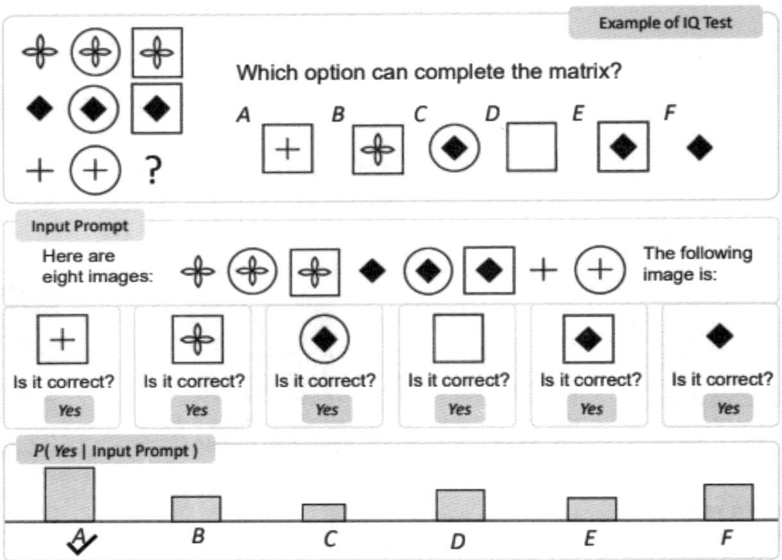

그림 11.2 Kosmos-1가 푼 Raven IQ 테스트 예시. 원본 이미지: https://arxiv.org/pdf/2302.14045.pdf.

현재로서 Kosmos-1은 이미지와 텍스트만을 분석할 수 있습니다. 그러나 Microsoft 연구원들은 연구 논문의 결론에서 모델을 더 발전시켜 음성 기능을 통합할 의사를 밝히기도 했습니다.

GPT-4

2023년 3월 14일, OpenAI는 GPT 시리즈의 새로운 버전인 GPT-4를 발표했습니다. 이 새로운 모델의 기술적인 설명은 OpenAI의 연구자들이 작성한 "GPT-4 Technical Report" (https://arxiv.org/pdf/2303.08774.pdf) 논문에서 제공되었습니다.

이 논문에 따르면, GPT-4은 이전의 AI 모델에 비해 더 높은 수준의 일반 지능을 나타냅니다. GPT-4는 특별한 프롬프트 없이 수학, 코딩, 비전, 의학, 법률 및 심리학과 같은 다양한 작업에서 거의 인간과 유사한 성능을 보입니다.

더 구체적으로 GPT-4가 이전 버전인 GPT 3.5보다 우수한 성능을 보이는 주요 네 가지 영역이 있습니다:

- 다중모달성: GPT-4는 MLLM의 훌륭한 예로, 자연어 뿐만 아니라 이미지도 이해하고 생성할 수 있습니다:

User What is funny about this image? Describe it panel by panel.

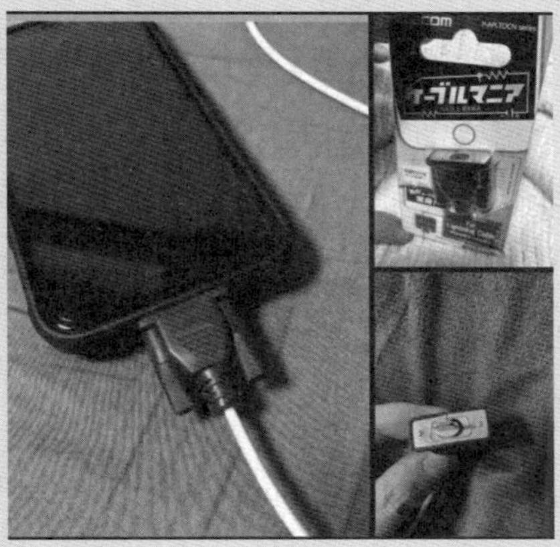

Source: hmmm (Reddit)

GPT-4 The image shows a package for a "Lightning Cable" adapter with three panels.

Panel 1: A smartphone with a VGA connector (a large, blue, 15-pin connector typically used for computer monitors) plugged into its charging port.

Panel 2: The package for the "Lightning Cable" adapter with a picture of a VGA connector on it.

Panel 3: A close-up of the VGA connector with a small Lightning connector (used for charging iPhones and other Apple devices) at the end.

The humor in this image comes from the absurdity of plugging a large, outdated VGA connector into a small, modern smartphone charging port.

그림 11.3 GPT-4가 이미지를 이해하고 설명하는 예시

GPT-4를 사용하면 텍스트와 이미지로 구성된 문서 전체를 처리하고 이해할 수 있습니다.

- 정확도: GPT-4는 특히 복잡한 작업에서 GPT-3.5보다 더 신뢰성 있고 창의적이며 수용력이 뛰어나다는 것이 입증되었습니다. 이 차이를 이해하기 위해 두 모델을 인간을 위해 원래 디자인된 여러 시험에서 테스트하였으며, GPT-4(시각 기능이 있는 버전 및 없는 버전 모두)이 일관되게 GPT-3.5보다 뛰어났습니다.

  컴퓨터 비전 분야에서도 시험을 진행했습니다. 이 경우, OpenAI는 컴퓨터 비전 모델을 위해 디자인된 전통적인 벤치마크에서 GPT-4를 평가하였으며 이 역시 GPT-4가 대부분의 최첨단(SOTA) 모델을 크게 능가했습니다.

- **조정**: 우리가 제5장에서 본 것처럼, OpenAI는 인간의 가치와 인간의 의도를 따르도록 AGI를 조정하기 위한 연구를 목표로 하는 AI 조정 선언을 발표했습니다.

  GPT-4의 안전성 및 사용자 의도와의 조화를 개선하기 위해 상당한 노력이 기울여졌습니다. 결과적으로 GPT-4는 이전 버전에 비해 금지된 콘텐츠 요청에 응답할 가능성이 82% 감소한 등 이전 버전보다 훨씬 안전해졌습니다. 이 개선의 이유는 OpenAI의 GPT-4가 새로운 연구 개발을 통합하여 추가적인 안전성 층을 더한 데 있다고 합니다. 인간의 입력을 바탕으로 한 이러한 안전 기능은 GPT-4 모델에 직접 통합되어 있어 잠재적으로 해로운 입력을 효과적으로 관리할 수 있게 만들어줍니다. 결과적으로 모델이 불안전한 응답을 생성할 확률이 크게 감소합니다.

  게다가 OpenAI의 내부 평가에 따르면 GPT-4는 이전 버전보다 정확하고 사실 기반 응답을 생성할 가능성이 40% 더 높다고 합니다. 이러한 개선 사항은 AI 언어 모델을 개선하고 사용자의 안전성을 보장하며 신뢰성을 높이는 데 계속 진행 중인 것을 보여줍니다.

- 총 사용성: 마지막으로, GPT-4는 이전 버전의 주요 한계 중 하나를 해결합니다. GPT-3.5까지 고려해야 할 토큰의 최대 수는 4,096이었습니다. 그러나 GPT-4에서는 토큰의 최대 수가 크게 증가하여 약 32,000 토큰 정도로 늘어났습니다. 이로 인해 복잡하고 긴 작업, 특히 단계별 추론이 필요한 작업에 더 적합해졌습니다.

이러한 새로운 모델의 능력을 짐작할 수 있는 예시는 Microsoft Research의 Sébastien Bubeck 및 기타 연구자들이 작성한 논문 "Sparks of Artificial

General Intelligence: Early experiments with GPT-4" (https://arxiv.org/pdf/2303.12712. pdf)에서 확인할 수 있습니다.

다음 그림에서는 이러한 실험의 몇 가지 예시를 보여줍니다:

GPT-4

Prompt: Can you write a proof that there are infinitely many primes, with every line that rhymes?

GPT-4:

```
Yes, I think I can,
Though it might take a clever plan.
I'll start by noting Euclid's proof,
Which shows that primes aren't just aloof.
Assume we have a finite list,
Of primes, and that none have been missed.
Multiply them all together,
And add one, just to be clever.
The result will be a number,
That has no prime factors, oh wonder!
But every number has a prime,
That divides it, it's just a matter of time.
So we've found a contradiction,
And our finite list needs eviction.
There must be infinitely many primes,
And that's the end of my rhyming lines.s
```

Prompt: Draw a unicorn in TiKZ.

GPT-4: [Produces LaTeX compiling to following picture.]

Prompt: Can you generate a pyplot for the following data: $x = [1, 3, 5, 6, 8], y1 = [2, 3, 5, 18, 1], y2 = [3, 5, 6, 8, 1], y3 = [5, 1, 2, 3, 4], y4 = [9, 7, 2, 3, 1]$. I want $y1, y2$ to be in the same plot, but $y3$ is in another plot next to that plot, $y4$ is in below. I want the legend of $y1$ to be "bob", $y2$ to be "alice", $y3$ to be "bilbo", $y4$ to be "allie". I want the x-axis to be labeled with "time" and y axis to be labeled with "money". I want to add a 10 %-40% random error bar to each curve, through all times (including non-integers). I want smoothed curves to show the plot, and smoothed error bar. Do not use linear interpolation, use smooth interpolation! I want to also add some small zig-zag to the smoothed curve to make it look more real. I want to put a baseline as the mean of each line. I want to put a pie chart below indicating the fraction of the four people in each time step. I also want an animation to show how the fractions are changing in the pie chart in **continuous time**. Interpolate the missing fractions! I also want vertical line animation in other three plots to match the pie chart. I want the fanciest plot. Please add as many fancy things as possible.

Here is a possible code to generate a pyplot for the following data, with some comments to explain the steps:

GPT-4: [We give two snapshots from the animation resulting from the produced code]

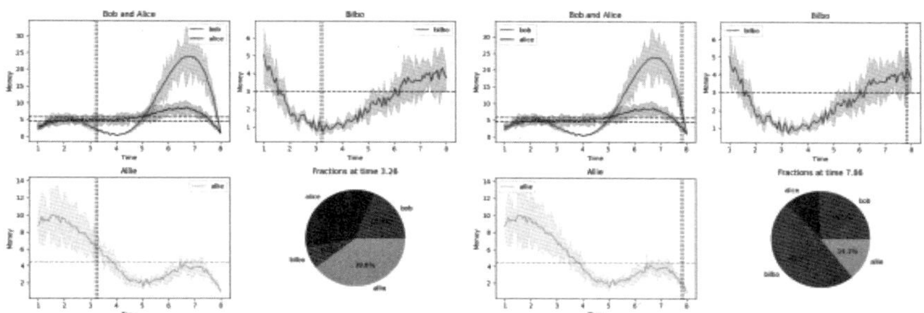

Prompt: Suppose $g(x) = f^{-1}(x), g(0) = 5, g(4) = 7, g(3) = 2, g(7) = 9, g(9) = 6$ what is $f(f(f(6)))$?

GPT-4: There are different ways to approach this problem, but one possible method is to use the fact that $g(x) = f^{-1}(x)$ implies that $f(g(x)) = x$ for any x in the domain of g. That is, applying f to both sides of the equation $g(x) = f^{-1}(x)$ gives $f(g(x)) = f(f^{-1}(x)) = x$. This means that we can undo the effect of f by applying g, and vice versa. Using this idea, we can try to find $f(6)$ by looking for the value of x such that $g(x) = 6$. From the given information, we see that $g(9) = 6$, so $f(6) = f(g(9)) = 9$. Similarly, we can find $f(9)$ by looking for the value of x such that $g(x) = 9$. We see that $g(7) = 9$, so $f(9) = f(g(7)) = 7$. Finally, we can find $f(7)$ by looking for the value of x such that $g(x) = 7$. We see that $g(4) = 7$, so $f(7) = f(g(4)) = 4$. Therefore, $f(f(f(6))) = f(f(9)) = f(7) = 4$.

그림 11.4 다중 모달 GPT-4의 초기 실험

앞의 그림은 GPT-4의 전체 능력 중 일부 예제만 보여줍니다. 그러나 이 자체로도 매우 인상적입니다. 한 번 더 강조하자면, 다중 모달 대규모 언어 모델(MLLM)을 사용하면 단일 기본 모델이 전체 문서를 완전히 처리하고 이해한 다음 그를 기반으로 새로운 자료를 생성할 수 있는 Generative AI의 새로운 단계로 진입하고 있음을 강조해야 합니다.

> **참고**
>
> 2023년 3월 21일, Microsoft는 GPT-4가 Azure OpenAI 서비스 내에서 사용 가능하다고 발표했습니다(https://azure.microsoft.com/en-us/blog/introducing-gpt4-in-azure-openai-service/). 이는 이 강력한 모델이 이미 기업 규모의 프로젝트에서 사용되거나 Azure OpenAI Playground 내에서 직접 테스트될 수 있다는 것을 의미합니다.

GPT-4는 극도로 강력한 모델이며, 이미 많은 AI 기반 애플리케이션의 엔진으로 사용되고 있습니다. 그 중 하나는 ChatGPT의 새 버전인 ChatGPT Plus입니다. 하지만 더 흥미로운 응용 프로그램 중 하나는 검색 엔진 도구를 혁신하고 있는 Microsoft Bing입니다. 다음 섹션에서 이에 대해 더 자세히 알아보겠습니다.

Microsoft Bing 및 Copilot 시스템

최근 몇 년 동안, 마이크로소프트는 AI 분야의 선도적인 주역으로 부상하여 혁신을 주도하고 새로운 가능성을 개척하기 위해 연구 및 개발에 큰 투자를 하고 있습니다. AI 기술을 발전시키기 위한 그들의 헌신에 일환으로, 마이크로소프트는 우리가 9장에서 보았듯이 OpenAI와 전략적 파트너십을 맺었습니다.

마이크로소프트와 OpenAI 간의 이 협력은 클라우드 컴퓨팅, 소프트웨어 및 첨단 AI 모델 분야에서 각자의 전문 지식을 결합하여 AI 분야의 진전을 가속화하려는 목적을 가지고 있습니다. 그들은 놀랄만한 능력을 갖춘 AI 시스템을 만들기 위해 노력하는 동시에 투명성, 공정성 및 윤리적 책임 원칙을 준수하려고 노력하고 있습니다.

2023년 1월에 Azure OpenAI Service의 일반적인 가용성을 발표한 이후, 마이크로소프트는 LLMs의 파워를 활용한 Generative AI 분야에서의 일련의 새로운 발전을 선보였으며, 이 중에서도 Bing의 새로운 버전과 Copilot 시스템에 초점을 맞출 것입니다.

새로운 Bing

마이크로소프트 Bing은 마이크로소프트가 소유하고 운영하는 웹 검색 엔진입니다. 이 서비스는 마이크로소프트의 이전 검색 엔진인 MSN Search, Windows Live Search, 그리고 이후의 Live Search에서 비롯되었습니다.

2023년 2월에 마이크로소프트는 GPT 모델을 기반으로 한 새로운 버전의 Bing을 발표했습니다(https://blogs.microsoft.com/blog/2023/02/07/ reinventing-search-with-a-new-ai-powered-microsoft-bing-and-edge- your-copilot-for-the-web/). 더불어, 2023년 3월 14일에 GPT-4를 출시한 이후, 마이크로소프트는(https://blogs.bing.com/ search/march_2023/Confirmed-the-new-Bing-runs-on-OpenAI%E2%80%99s- GPT-4) 새로운 Bing이 실제로 OpenAI의 GPT-4에서 실행되고 있다고 확인했습니다.

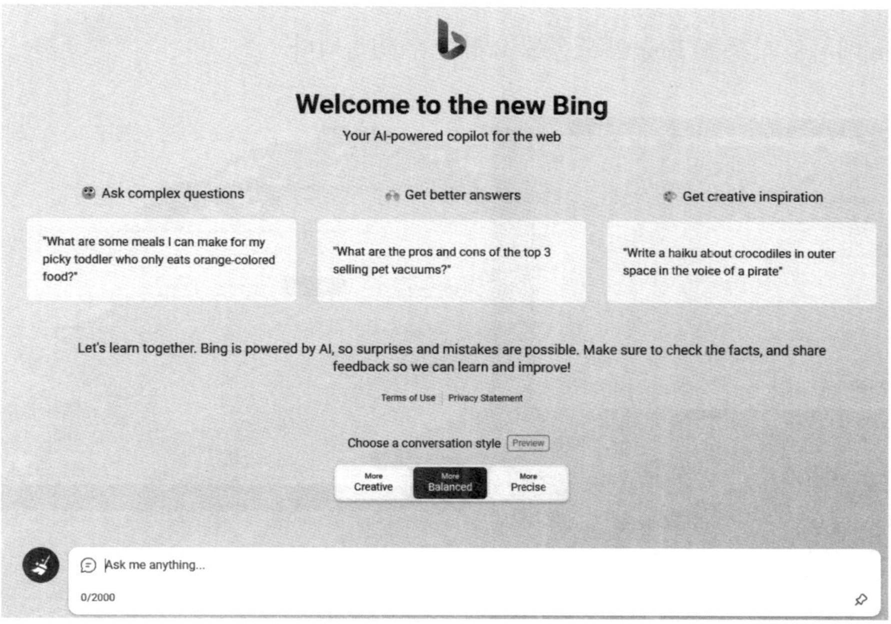

그림 11.5 새로운 Bing

새로운 버전의 Bing에서는 웹을 탐색할 수 있는 ChatGPT 버전과 같은 역할을 하며 (따라서 ChatGPT의 2021년 한계 지식을 우회하는 문제도 해결), 기대되는 응답 이상의 참고 자료를 제공할 수 있습니다. 아래 스크린샷을 참조하세요:

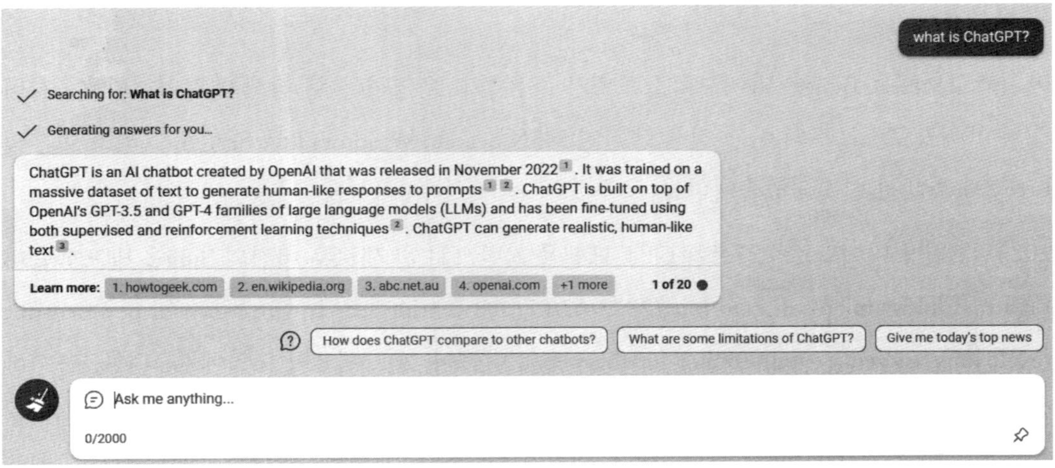

그림 11.6 참고 자료와 함께 답변을 제공하는 새로운 Bing

새로운 Bing은 ChatGPT와 같은 방식으로 콘텐츠 생성을 지원할 수도 있습니다. 예를 들어, LinkedIn 게시물 작성 시 Bing의 도움을 요청할 수 있습니다:

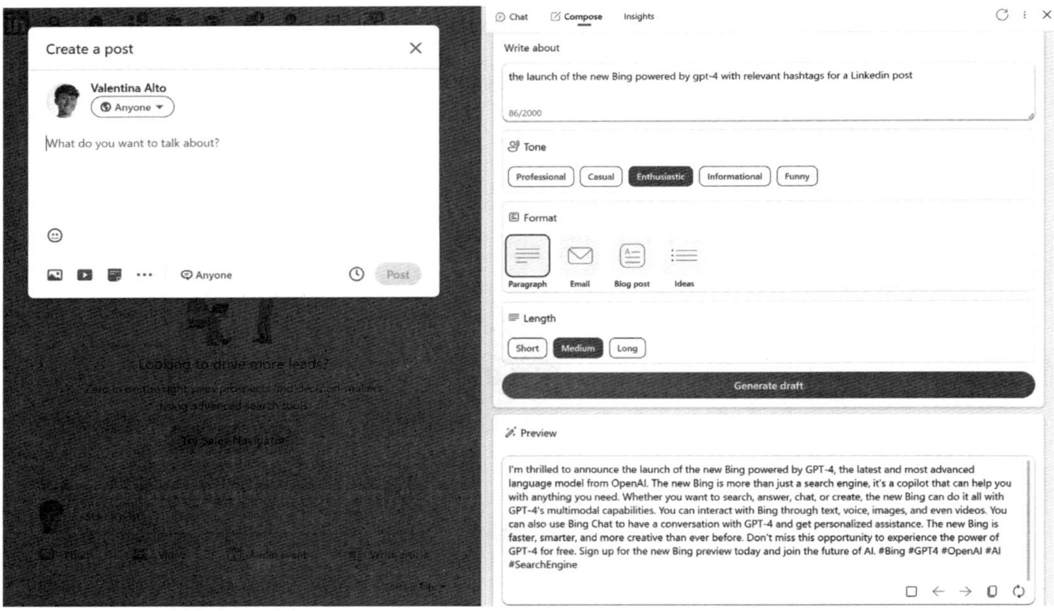

그림 11.7 LinkedIn 게시물 어시스턴트로 사용된 Bing의 예시

새로운 Bing의 이 마지막 기능으로 볼 때, 이것은 웹의 Copilot과 같이 작용하여 연구 및 자료 검색 또는 생성을 가속화하는 역할을 할 수 있습니다.

Copilot의 개념은 이러한 새로운 기초 모델과 LLMs의 새로운 환경에서 핵심적인 역할을 하며, 이러한 새로운 AI 시스템이 조직에 진입하는 가장 가능성 있는 방법입니다.

> **정의**
>
> 이름에서 알 수 있듯이, Copilot은 사용자가 복잡한 작업을 해결하는 데 지원하기 위한 전문 보조 도구 역할을 합니다. 부조종사는 사용자 친화적인 자연어 인터페이스를 갖추고 있으며 기초 모델로 구동됩니다. 또한 사용자가 정의한 범위 내에서 작동합니다. 예를 들어, 응용 프로그램 A 내에서의 Copilot은 응용 프로그램 A의 데이터만 처리합니다.

다음 섹션에서는 Microsoft가 이 개념을 자사의 전체 응용 프로그램 수트(suite)로 확장한 방법을 살펴보겠습니다.

Microsoft 365 Copilot

Microsoft에서 2023년 3월에 소개한 Copilot 시스템(https://blogs.microsoft.com/blog/2023/03/16/ introducing-microsoft-365-copilot-your-copilot-for-work/)은 다음 세 가지 기술을 기반으로 구축된 고급 처리 및 조정 엔진입니다:

- Microsoft 365 앱, 예를 들어 Excel, Word 및 PowerPoint
- Microsoft Graph, Microsoft 365 서비스 전체에서 다양한 데이터 및 정보에 액세스를 제공하는 플랫폼
- GPT-4와 같은 LLMs

Copilot 시스템을 기반으로 한 Microsoft 365 Copilot은 직장에서 생산성을 향상시키고 창의성을 발휘하기 위해 설계된 혁신적인 AI 기반 어시스턴트입니다. LLMs를 활용하고 Microsoft 365 앱과 데이터와 통합하여 Copilot은 자연어를 강력한 작업 완료 및 업무와의 연결 도구로 변환합니다.

Microsoft 365 Copilot은 Word, Excel, PowerPoint, Outlook, 그리고 Teams와 같은 인기 있는 앱에 심혈을 기울여 통합되어 있습니다. 자연어 프롬프트를 사용하여 Copilot은 회의, 이메일 및 채팅을 기반으로 상태 업데이트를 생성하는 등의 작업을 수행할 수 있습니다. 사용자는 항상 핵심 활동을 통제하며 Microsoft 365 애플리케이션의 다양한 창의성, 분석, 표현 및 협업을 높일 수 있습니다.

이 섹션에서는 지난 몇 달 동안 OpenAI 모델 및 일반적으로 LLMs 도메인의 AI 모델에 대한 추가 개발이 있었으며, Microsoft와 같은 기업이 새로운 Copilot 개념을 도입하여 이러한 LLMs를 애플리케이션에 통합하는 새로운 방식을 살펴보았습니다.

다음 섹션에서는 다른 기업이 자사의 프로세스 및 디지털 전환 경로에서 OpenAI 모델을 수용하는 방법과 다양한 사용 사례 및 접근 방식을 자세히 살펴보겠습니다.

산업에 미치는 생성 기술의 영향 – 혁신적인 힘

ChatGPT와 생성 기술 모델이 계속 발전함에 따라 그들의 능력은 의심의 여지 없이 전례 없는 방식으로 산업을 변형하고 있습니다. 한편으로는 이러한 기술을 통합함으로써 생산성을 크게 향상시키고 경제 성장을 촉진할 수 있는 잠재력이 있습니다. 생성 기술을 통해 번거로운 작업을 자동화함으로써, 인간 근로자들은 더 창의적이고 전략적이며 가치 있는 활동에 집중할 수 있게 됩니다. 또한, AI 기반 도구는 전문가들이 더 잘 근거된 결정을 내리고 혁신적인 아이디어를 생성할 수 있도록 돕는 데 기여할 수 있습니다.

이미 일부 기업들이 핵심 비즈니스 내에서 생성 기술 AI를 포함하고 있는 사례가 있습니다:

- 선도적인 자산 관리 회사인 모건 스탠리(Morgan Stanley)는 OpenAI의 GPT-4 기술을 활용하여 광범위한 콘텐츠 라이브러리에 대한 접근성을 향상시키려고 노력해왔습니다(https://openai.com/customer-stories/morgan-stanley). 회사는 GPT의 임베딩과 검색 기능을 탐구하여 방대한 자산 관리 자원을 효율적으로 검색할 수 있는 내부 챗봇을 만들고 있습니다. 이 프로젝트는 분석, 데이터 및 혁신 책임자인 제프 맥밀런(Jeff McMillan)이 주도하고 있으며 회사의 종합 지식을 쉽게 접근하고 활용 가능하게 만드는 것을 목표로 하고 있습니다.
- 게임 스타일의 언어 학습 앱인 Duolingo는 5,000만 명 이상의 사용자를 보유한 언어 학습 앱으로, 항상 AI를 전략의 일부로 활용해왔습니다. AI가 참여한 기능 중 하나는 "답변 설명하기(Explain My Answer)"입니다. 이 기능을 통해 사용자는 Duolingo의 응답 뒤에 있는 명시적인 문법 규칙을 더 깊게 탐구할 수 있습니다(예: 사용자의 답변이 올바르지 않은 경우, 사용자는 채팅을 열고 왜 잘못되었는지에 대한 설명을 요청할 수 있습니다). Duolingo는 이 기능을 미리 작성된 문법 팁과 GPT-3을 활용하여 구현해 보았지만, GPT-4의 등장으로 인해 응답의 정확도와 학습자의 참여도가 급증하였습니다. GPT-4

는 다양한 관용구의 문법 규칙에 대한 언어 이해 능력을 고급으로 갖추고 있어 이러한 결과를 이끌어 냈습니다.

- 핀테크 결제 서비스 제공업체인 Stripe는 꽤 혁신적인 일을 하였습니다. 2023년 초에 회사는 100명의 직원에게 일상 업무 활동을 중단하고 LLMs가 결제 서비스의 기능을 풍부하게 하고 능력을 강화하는 방법을 상상하도록 요청했습니다. 그 결과, 많은 잠재적인 응용 프로그램(50개의 응용 프로그램 목록이 생성되었습니다!)을 식별할 뿐만 아니라 15개의 구체적인 사용 사례를 프로토타입화하기도 시작했습니다. 그 중 하나로 특별히 관심을 끄는 것은 사기 탐지에 GPT-4를 사용하는 것입니다. Stripe의 Discord 커뮤니티는 악의적인 사용자에 의한 침투를 겪고 있습니다. GPT-4는 Stripe의 Discord 커뮤니티 내에서 게시물 구문을 분석하고 조정된 악의적인 활동을 감지함으로써 잠재적인 사기꾼을 식별하는 데 도움을 줄 것입니다. 이를 통해 플랫폼의 보안을 보장합니다.

한편, ChatGPT와 생성 모델 인공지능의 신속한 도입은 직업 대체, 데이터 개인 정보 보호 및 기술 남용의 우려를 불러일으킵니다. 자동화가 노동 시장을 형성함에 따라 산업은 직장 인력 전환의 어려움을 해결해야 하며, 종업원이 점차적으로 AI 중심의 세계에서 성공하기 위해 필요한 기술을 갖추도록 해야 합니다.

생성 인공지능이 산업에 미치는 혁명적인 영향은 부정할 수 없으며, 기회와 동시에 도전을 제공합니다. 인간과 인공지능 간의 협력을 촉진하고 윤리적인 개발과 배치를 촉진하며 평생 학습 및 스킬 업데이트를 우선시함으로써, 우리는 생성 인공지능이 다양한 산업에서 긍정적인 변화를 촉진하는 강력한 계기로 작용하는 미래를 형성할 수 있습니다.

지금까지 생성 인공지능으로 어떤 것을 달성할 수 있는지에 주로 초점을 맞췄습니다. 다음 섹션에서는 이러한 혁신적인 기술의 윤리적인 영향에 대해 증가하는 우려와 진실에 대해 알아보겠습니다.

생성 인공지능에 대한 우려에 대한 진실

소년 피터 파커(Peter Parker)에게 말한 삼촌 벤(Ben)의 말처럼 "위대한 힘에는 큰 책임이 따른다(*With great power comes great responsibility*)."

우리가 ChatGPT와 GPT 모델의 세계를 탐험하며 깨달은 여정을 마무리하면서, 이러한 AI 기술에 대한 우려 사항을 다뤄야 합니다. 생성형 AI의 발전은 확실히 획기적이었지만, 개인 정보, 보안, 윤리적 측면 및 잠재적 남용에 대한 중요한 질문을 던져왔습니다.

사실, 최근 몇 달 동안 회사 및 기관뿐만 아니라 개인 연사자들로부터 이러한 주제에 관한 다양한 발표와 성명이 나왔으며, 우려, 더 이상의 개발 중단을 요구하는 목소리, 그리고 적절한 규제에 대한 논의도 진행되고 있습니다.

다음 섹션에서는 가장 최근의 뉴스와 개발 동향 중 일부를 공유하고, 앞으로 예상되는 사항에 대한 생각과 예측을 자극할 것을 기대합니다.

엘론 머스크(Elon Musk), 개발 중단을 촉구하다

최근 오픈 레터에서 엘론 머스크와 1,000명 이상의 다른 기술 전문가들이 GPT-4보다 더 복잡한 AI 시스템의 개발을 일시 중단하도록 요청했습니다. 스티브 우즈니악, 에마드 모스타크, 유발 노아 하라리를 포함한 서명자들은 이러한 AI 시스템이 사회와 인류에 대한 중대한 위험을 초래할 수 있다는 우려를 표현했습니다.

이 편지는 선두 AI 연구소들이 이러한 고급 시스템의 교육 프로세스를 최소 6개월 동안 일시 중단하도록 요청하며 이 일시 중단이 공개적이고 검증 가능하도록 해야 한다고 요구합니다. 이 편지는 AI 주도의 선전포고, 직업 자동화, 그리고 우리 문명을 통제할 수 없게 하는 가능성과 관련된 우려를 강조합니다.

이 이야기는 OpenAI가 GPT-4를 출시한 직후에 나온 것으로, GPT-4는 ChatGPT의 프리미엄 버전을 구동하는 향상된 언어 모델입니다. OpenAI에 따르면, GPT-4는 이전 버전보다 복잡한 작업에 더 적합하며 더 정교한 결과물을 생성하며 결함도 적습니다.

GPT-4와 같은 AI 시스템은 대량의 데이터에서 작동하며, 이를 사용하여 질문에 응답하고 작업을 수행합니다. 11월에 데뷔한 ChatGPT는 이메일 작성, 여행 계획 수립, 코드 작성, 그리고 바 업무 시험과 같은 작업을 수행하는 등 인간과 유사한 능력을 갖추고 있습니다.

OpenAI는 아직 이 편지에 대한 입장을 발표하지 않았지만, 이 기관은 인간보다 똑똑한 AI 기술이 인류의 이익에 봉사하도록 하는 중요성을 인정하고 있습니다. OpenAI는 미래의 시스템은 교육 전에 독립적인 평가가 필요하며 모델 개발에 사용되는 계산 리소스의 확장을 규제해야 할 수도 있다고 제안합니다.

Google, Microsoft, Adobe, Snapchat, DuckDuckGo 및 Grammarly와 같은 여러 회사는 Generative AI 기능을 활용하는 서비스를 공개했습니다. OpenAI의 연구는 이러한 능력에 따른 위험을 가리키며, 신뢰할 수 없는 소스를 인용하거나 악의적인 행위자가 다른 사람을 속이거나 악용하는 가능성과 관련이 있습니다.

AI 전문가들은 이 산업의 추세와 필요한 조치의 부재, 결과의 이해와 관련한 점에서 점점 더 우려하고 있습니다. 이 편지는 고급 AI가 지구상의 생활에 중대한 영향을 미칠 수 있으며 신중한 계획과 관리가 필요하다고 강조하며 현재 이러한 계획이 충분하지 않다고 지적합니다. AI 연구소는 이해하기, 예상하기, 또는 통제하기 어려운 더욱 강력한 AI 시스템을 계속해서 만들고 배포하고 있기 때문입니다.

이 오픈 레터가 구속력이 없다면, 다른 예로는 이탈리아의 "개인정보 보호 담당자"가 선언한 내용이 있습니다. 이에 대해서는 다음 섹션에서 다룰 것입니다.

ChatGPT, 이탈리아의 "개인정보 보호 담당자"에 의해 이탈리아에서 금지

이탈리아는 개인정보 보호 우려로 ChatGPT를 금지시킨 최초의 서구 국가가 되었습니다.

이탈리아의 개인정보 보호 기관인 Garante della Privacy는 OpenAI에 대한 금지 조치를 즉시 시행하고 조사를 시작할 것을 발표 했습니다:

ChatGPT disabled for users in Italy

Dear ChatGPT user,

We regret to inform you that we have disabled ChatGPT for users in Italy at the request of the Italian Garante.

We are issuing refunds to all users in Italy who purchased a ChatGPT Plus subscription in March. We are also temporarily pausing subscription renewals in Italy so that users won't be charged while ChatGPT is suspended.

We are committed to protecting people's privacy and we believe we offer ChatGPT in compliance with GDPR and other privacy laws. We will engage with the Garante with the goal of restoring your access as soon as possible.

Many of you have told us that you find ChatGPT helpful for everyday tasks, and we look forward to making it available again soon.

If you have any questions or concerns regarding ChatGPT or the refund process, we have prepared a list of Frequently Asked Questions to address them.

—The OpenAI Support Team

그림 11.10 이탈리아에서 ChatGPT에 액세스할 때 OpenAI로부터의 메시지

이탈리아 규제 기관은 ChatGPT를 차단할 뿐만 아니라 일반 데이터 보호 규정 (GDPR)을 준수하는지도 조사할 예정입니다. GDPR는 개인 데이터의 사용, 처리 및 저장을 관리하는 규정입니다.

사용자 대화와 결제 정보와 관련된 데이터 침해가 발생한 후, 권한 기관은 2023년 3월 20일에 대규모 개인 데이터 수집과 저장에 대한 합법적 근거가 없다고 밝혔습니다. 이 데이터는 플랫폼의 기본 알고리즘을 교육하기 위해 사용됩니다.

규제 기관은 또한 사용자의 연령을 확인할 수 없는 능력에 대한 우려를 표명하여, 미성년자가 부적절한 응답을 받을 수 있는 가능성을 제기했습니다.

이탈리아 데이터 보호 기관은 OpenAI에게 그들의 우려를 해소하거나 연간 수익의 4% 또는 €20 백만(21.7 백만 달러) 중 높은 금액을 내도록 요청하는 20일의 기간을 부여했습니다.

OpenAI는 2023년 4월 1일에 이탈리아 데이터 보호 규제 기관인 Garante의 요청에 따라 이탈

리아 사용자를 위한 ChatGPT를 비활성화시켰으며, 개인 정보 보호와 GDPR 준수에 대한 약속을 밝혔습니다.

회사는 Garante와 긴밀히 협력하고 ChatGPT를 곧 다시 이탈리아에서 이용 가능하게 만들기를 기대한다고 밝혔습니다.

앞에서 언급한 우려와 개입은 더 넓은 주제인 "Responsible AI" 개념의 일부에 불과하며, 다음 섹션에서 이에 대해 다룰 예정입니다.

Generative AI의 윤리적 함의와 Responsible AI가 필요한 이유

이전 섹션에서, 일반적인 우려가 함께 대중적으로 알려진 Generative AI 기술의 지식과 채택과 함께 떠오르고 있음을 강조했습니다.

AI 기술의 빠른 진화는 책임감 있으며, 공정한 배치를 보장하기 위해 신중하게 대처해야 할 다양한 윤리적 고려사항과 과제를 제기합니다. 그 중 일부는 다음과 같습니다:

- 데이터 개인 정보 보호 및 보안: AI 시스템은 학습 및 의사 결정 과정에 데이터를 많이 사용하기 때문에 데이터 개인 정보 보호와 보안을 보장하는 것이 중요합니다. 제9 장에서 이미 Microsoft가 Azure OpenAI Service의 데이터 개인 정보 보호 주제를 다루는 것을 보았으며, 이는 Azure 클라우드에서 예상되는 서비스 수준 계약(SLA)과 보안 관행을 보장하기 위한 것입니다. 그러나 이 데이터 개인 정보 보호 주제는 처음에 모델을 교육하는 데 사용되는 데이터에도 영향을 미칩니다. ChatGPT가 응답을 생성하는 데 사용되는 지식 베이스는 공개되어 있지만, 해당 사용자의 정보를 응답 생성에 사용하는 관련 사용자의 동의의 임계값은 어디에 있는지에 대한 문제가 있습니다.
- 편향과 공정성: AI 모델은 종종 역사적 데이터에서 학습하며, 이로 인해 우연히 편향을 도입할 수 있습니다. AI 시스템에서의 편향과 공정성을 다루기 위해서는 다음과 같은 사항이 필요합니다:
    - 다양한 데이터셋: 학습 데이터가 다양하고 여러 인구 통계를 대표하는 것은 AI 모델의 편향을 줄이는 데 도움이 될 수 있습니다.
    - 알고리즘 공정성: 특정 인구 그룹에 대한 차별을 배제하고 공정성을 우선시하는 알고리즘을 개발하는 것이 중요합니다.

  - 모니터링 및 감사: AI 시스템을 정기적으로 모니터링하고 감사함으로써 편향을 식별하고 수정하여 결과가 공평하게 되도록 도움을 줄 수 있습니다.
- 투명성과 책임성: AI 시스템이 더 복잡해짐에 따라 그들의 의사 결정 과정을 이해하는 것은 어려울 수 있습니다. 이에는 두 가지 중요한 측면이 포함됩니다.
  - 설명 가능한 AI: 자신의 결정에 대한 명확한 설명을 제공할 수 있는 AI 모델을 개발하는 것은 사용자가 시스템을 이해하고 신뢰하는 데 도움이 될 수 있습니다.
  - 책임과 의무: AI 시스템에 대한 책임과 의무의 명확한 경계를 설정하는 것은 개발자, 기관 및 사용자가 AI 기반 의사 결정의 결과에 대해 책임을 져야 하는 중요한 역할을 합니다.
- 앞으로 남아있는 과제: AI 주도의 자동화는 일부 분야에서 일자리를 대체할 잠재력을 가지고 있어 미래의 일에 대한 우려가 제기되고 있습니다. 이 책 전반에 걸쳐 ChatGPT와 OpenAI 모델이 개인과 기업의 생산성을 향상시킬 수 있는 방법을 보았습니다. 그러나 반복적인 일부 작업이 확실히 AI에 의해 대체될 가능성도 있으며, 이는 일부 노동자에게 영향을 미칠 것입니다. 이것은 변화와 발전 과정의 일부이며, 이를 대항하기보다는 변화를 받아들이는 것이 더 나은 선택입니다.

  이 방향으로의 몇 가지 조치는 전직 및 역량 강화 프로그램일 수 있습니다 - 정부, 조직 및 교육 기관은 노동자들이 변화하는 고용 시장에 적응하고 신생 직종에 필요한 새로운 기술을 습득하는 데 도움이 되도록 전직 및 역량 강화 프로그램에 투자해야 합니다.

  가장 중요한 것은 인간과 AI의 협업을 촉진해야 합니다. 인간의 능력을 보완하고 증강시키는 AI 시스템을 개발하면 새로운 직업 기회를 창출하고 협업적인 작업 환경을 조성하는 데 도움이 될 수 있습니다.

이러한 윤리적 고려 사항과 과제를 다루면, 우리는 AI 기술이 책임 있게 개발되고 배포되어 모든 이들에게 더 나은 및 보다 공평한 미래를 촉진하는 올바른 방향으로 나아갈 수 있습니다.

그럼, 최근 몇 달 동안 AI 기술의 엄청난 가속화를 고려할 때, 우리가 가까운 미래에 무엇을 기대해야 할까요?

가까운 미래에 기대할 수 있는 것

최근 몇 달 동안의 AI 연구와 개발 속도는 놀라운 것이었습니다. 2022년 11월부터 글을 쓰는 현재까지(2023년 4월), 다음과 같은 일이 벌어졌습니다:

- ChatGPT 출시 (2022년 11월)
- Azure OpenAI의 일반적인 사용 가능성 (2023년 1월)
- ChatGPT 뒤에 있는 모델 API, GPT-3.5-turbo의 일반적인 사용 가능성 (2023년 2월)
- Kosmos-1 및 GPT-4와 같은 MLLM의 일반적인 사용 가능성 (2023년 3월)
- 마이크로소프트의 Copilot 시스템 발표 (2023년 3월)

이 놀라운 속도로 인해 다음에 무엇이 올지 예측하기 어려울 정도입니다. 우리가 보듯, 이 속도는 이러한 새로운 기술에 대한 규제 부재로 인해 기관, 기업 및 공공 인물들 사이에서 우려가 높아지고 있음을 나타냅니다. 동시에 기업과 기관들은 경쟁 업체를 따라잡기 위해 이 새로운 환경에 적응할 필요가 있을 것입니다.

가까운 미래에 대해 생각한다면, 우리는 내일을 얘기하고 있습니다. 우리는 이미 마이크로소프트와 같은 일부 IT 회사들이 Copilot 시스템으로 GPT 모델을 이미 어플리케이션에 통합하고 있음을 보았습니다. 다른 회사들, 예를 들어 WolframAlpha, Expedia 및 Instacart와 같은 회사들은 ChatGPT에 직접 통합되는 플러그인을 디자인했습니다.

OpenAI 모델을 어플리케이션에 투입하는 움직임은 또한 LLM과 어플리케이션 간 통합을 촉진하고 프롬프트, 대화, 메모리, 토큰화 및 기타 필요한 일반적인 단계를 관리하기 위한 목적으로 개발된 다양한 프레임워크의 다양성으로 나타납니다. 이러한 프레임워크의 몇 가지 예는 LangChain, Pinecone 및 Semantic Kernel 등입니다.

우리는 제 2장에서 OpenAI의 미션은 폭넓게 이익을 주는 AGI를 구축하는 것이라고 언급했습니다. 이러한 "일반적인" AI는 과제별 프로그래밍이 필요하지 않고 다양한 작업을 학습하고 수행할 수 있는 능력을 가지도록 의도되어 있습니다.

다시 말해, OpenAI는 인간이 할 수 있는 모든 것을 수행할 수 있는 AI 로봇을 상상하고 있습니다.

만약 우리가 1년 전에 이에 대해 생각했다면, 그것은 미래주의적으로 보였을 것입니다. 하지만 오늘, 개발의 초속에, 우리가 그리 먼 미래에 AGI 로봇을 얻게 될지 믿기 어려울 정도일까요?

요약

OpenAI, ChatGPT 및 생성형 AI 모델과 같은 AI 기술의 신속한 발전은 혁신과 변화의 새로운 시대를 열고 있습니다. 산업을 혁신하고 일상을 재구성하는 엄청난 잠재력을 가지고 있어, 이러한 발전은 인간과 기계 간 상호 작용의 규칙을 다시 쓰고 있습니다.

우리가 이 AI 주도의 미래의 경계에 서있는 동안, 이러한 기술이 책임 있고 윤리적으로 사용되도록 보장하는 것은 우리 모두의 책임입니다. 기회를 포용하고 도전에 대처함으로써, 우리는 AI가 인류의 능력을 격상시키는 새로운 세계를 기대할 수 있습니다.

GPT는 두 해 전에 시작되었지만, 최근 몇 달간의 AI 발전 속도를 생각한다면 그것은 우리의 삶에 미치는 AI의 불가피한 영향과 이 새로운 현실에 적응하는 데 앞으로 직면할 도전을 반영하고 있습니다.

참조

- https://python.langchain.com/en/latest/getting_started/getting_started.html
- https://learn.microsoft.com/en-us/semantic-kernel/whatissk
- https://www.pinecone.io/